"十一五"国家重点图书

铁路客运专线(高速)轨道结构关键技术丛书

车辆—轨道—路基系统动力学

刘学毅　王平　著

西南交通大学出版社
·成都·

图书在版编目（CIP）数据

车辆-轨道-路基系统动力学 / 刘学毅，王平著.
—成都：西南交通大学出版社，2010.3
（铁路客运专线（高速）轨道结构关键技术丛书）
ISBN 978-7-5643-0535-2

Ⅰ.①车… Ⅱ.①刘… ②王… Ⅲ.①铁路车辆－系统动力学②轨道（铁路）－系统动力学③铁路路基－系统动力学 Ⅳ.①U270.1②U213

中国版本图书馆 CIP 数据核字（2009）第 242345 号

铁路客运专线（高速）轨道结构关键技术丛书
车辆-轨道-路基系统动力学
刘学毅　王　平　著
＊
责任编辑　万　方　张　波
特邀编辑　于　河
封面设计　本格设计
西南交通大学出版社出版发行
成都二环路北一段 111 号　邮政编码：610031　发行部电话：028-87600564
http://press.swjtu.edu.cn
四川森林印务有限责任公司印刷
＊
成品尺寸：170 mm × 230 mm　　印张：18.375
字数：330 千字
2010 年 3 月第 1 版　　2010 年 3 月第 1 次印刷
ISBN 978-7-5643-0535-2
定价：38.00 元

图书如有印装质量问题　本社负责退换
版权所有　盗版必究　举报电话：028-87600562

前　言

随着世界范围内高速、重载铁路运输的快速发展，轮轨系统的动力作用加剧，对列车运行的舒适性和安全性要求更高、各部件的变形失效明显加快，轮轨系统动力学应运而生且发展迅速。

经过 20 多年的基础理论研究与试验数据积累，轮轨系统动力学的研究方法和研究成果已逐渐应用于铁路运输的系统分析与接口匹配、结构设计与参数选择、安全性判识与质量评价、病害成因分析与预防减缓措施等多个方面，并逐步由定性分析向定量研究快速发展。

在铁路机车车辆和线路的设计中，如车辆走行部、高速道岔、轨道过渡段、高速桥梁等，已成功地应用了轮轨系统动力学的基本原理和相关研究成果，部分结构的设计已初步建立起了基于动力学设计的基本原理和方法，正在完成由静力或准静力设计向动力设计的转变。除满足轮轨系统中各部件的强度和耐久性要求之外，力求使系统的结构与参数最合理配置，从而实现轮轨系统的动力特性优化，在保障铁路运输舒适、安全的前提下，尽可能优化各部件的工作环境并延长部件的使用寿命。

本书比较系统地总结了轮轨系统动力学近年来的主要研究成果及进展，全面地构建了车辆–轨道–路基系统动力学的基本原理、计算模型、计算参数及计算方法，并重点介绍了典型的应用研究情况，旨在为相关专业的研究者或研究生提供一个比较完整的参考资料。

本书的内容大致可分为四个部分。

第一部分即第一章绪论，简要介绍了我国高速、重载铁路运输的发展历程与现状，比较系统地介绍了国内外车辆–轨道–路基系统动力学的发展现状、主要研究内容及主要研究的问题。

第二部分是建立车辆–轨道–路基系统耦合动力学所必需的基础，即第二、三、四章的内容。在第二章车辆振动分析中，重点介绍了车辆的垂向振动、轮轨蠕滑的概念及计算方法、蛇形运动与曲线动力通过等方面振动分析的模型及算法；第三章轨道振动分析中，比较详细地介绍了轨道垂向、横向及纵向振动分析的模型及算法，连续支承模型的解析解法、点支承模型的有限单元与模态解法，时频转换及频域分析方法等；第四章路基振动分析中，重点介绍了路基的分层模型解法、路基中常见的振动分析模型及参数确定方法。

第三部分即第五章轮轨耦合振动分析，该章中系统地介绍了车辆–轨道–路基系统垂向及空间耦合振动的各种典型的平面耦合振动模型及空间耦合振动模型及解法，如连续支承模型的导纳方法、点支承模型的有限单元解法，并详细地介绍了有关的程序实现要点。

第四部分是关于车辆–轨道–路基系统动力学的典型应用研究实例，重点介绍了轮轨系统中各有关计算参数的选择方法、轨道合理刚度研究、高速道岔动力分析、钢轨波形磨耗成因及预防减缓措施、高速铁路上振动位移波的特性及影响因素等目前线路设计和运营维护方面重大问题研究中的应用情况。

本书编著过程中，参考和引用了本课题组 10 多年来的部分研究成果，也参考和引用了大量国内外其他研究者的研究成果，作者尽可能地在书后的参考文献中列出，但也不免有遗漏，在此对广大研究者和同仁一并表示感谢。

由于作者水平所限，书中谬误和疏漏在所难免，恳请广大读者批评指正，作者将十分感激并将在今后的研究中不断改进与完善。

刘学毅　王平

2009 年 12 月 8 日于成都

主 要 符 号 表

a——轨枕中心距，或振动加速度，或轮轨接触斑长半轴；
a_i——轮轨接触斑长半轴，或接触斑延线路方向的半轴；
b——两股钢轨轨顶中心距之一半，或轮轨接触斑短半轴，或轨枕宽度；
b_1——一系悬挂点横向距之一半；
b_2——二系悬挂点横向距之一半；
b_i——轮轨接触斑短半轴，或接触斑垂直于线路方向的半轴；
C——待定常数，或等效阻尼；
$[C]$——总阻尼矩阵；
C_{11}, C_{22}, C_{23}, C_{33}——计算蠕滑力系数时由接触斑长短半轴比确定的四个常数；
C_b——路基等效阻尼；
C_r——扣件等效阻尼；
C_s——道床等效阻尼；
c——阻尼；
c_{1x}——一系悬挂的纵向阻尼；
c_{1y}——一系悬挂的横向阻尼；
c_1, c_{1z}——一系悬挂的垂向阻尼；
c_{2x}——二系悬挂的纵向阻尼；
c_{2y}——二系悬挂的横向阻尼；
c_2, c_{2z}——二系悬挂的垂向阻尼；
$c_{2\xi}$——二系悬挂的点头角阻尼；
$c_{2\psi}$——二系悬挂的侧滚角阻尼；
c_b——路基垂向阻尼（半枕或分布阻尼）；
c_{cr}——临界阻尼；
c_{eq}——等效阻尼；
c_r, c_{2r}——扣件垂向阻尼（一组扣件或分布阻尼）；
c_{r1}, c_{r2}, c_{r3}——路基分层建模中各参振质量层下的分布支承阻尼；
c_{ry}, c_{1r}——扣件横向阻尼（一组扣件或分布阻尼）；

c_{rx} —— 扣件纵向阻尼（一组扣件或分布阻尼）；

c_s, c_{sz}, c_{2s} —— 道床垂向阻尼（半枕或分布阻尼）；

c_{sx} —— 道床纵向阻尼（半枕或分布阻尼）；

c_{sy}, c_{1s} —— 道床横向阻尼（半枕或分布阻尼）；

D —— 车轮直径；

E —— 车轮及钢轨钢材弹性模量；

E_b —— 道床弹性模量；

E_r —— 路基基床表层弹性模量；

F —— 钢轨断面面积；

F_i —— 轮缘力；

f —— 蠕滑力系数；

f_0 —— 模态法求解中钢轨的截断频率；

$f_{11}, f_{22}, f_{23}, f_{33}$ —— 轮轨蠕滑力系数；

G —— 计算轮轨接触刚度时的常数；

g —— 重力加速度；

H —— 横向力，或轨道外轨超高，或道床厚度；

H_1 —— 路基基床厚度；

H_c, H_b, H_w —— 作用在车体、构架及轮对上的未被平衡的离心力；

$H(s), H(\omega)$ —— 传递函数与频响函数；

$h(t)$ —— 脉冲响应；

i —— 表示位置及个数的脚标；

j —— 复数中的虚部符号；

J, J_z —— 钢轨在竖直面内的抗弯惯性矩；

$J_{b\xi}$ —— 整个转向架，或单侧转向架的点头转动惯量；

$J_{b\psi}$ —— 转向架的侧滚转动惯量；

$J_{b\phi}$ —— 转向架的摇头转动惯量；

$J_{c\xi}$ —— 整个车体，或单侧车体的点头转动惯量；

$J_{c\psi}$ —— 整个车体，或半个车体的侧滚转动惯量；

$J_{c\phi}$ —— 整个车体的摇头转动惯量；

J_s —— 轨枕的侧滚转动惯量；

$J_{t\phi}$ —— 刚性转向架摇头转动惯量；

$J_{w\phi}$ —— 轮对的摇头转动惯量；

$J_{w\psi}$ —— 轮对的侧滚转动惯量；

J_y —— 钢轨在水平面内的抗弯惯性矩；

K —— 等效刚度；

$[K]$ —— 总刚度矩阵；

K_{30b} —— 路基基床表层的 K_{30} 值；

K_{30d} —— 路基基床底层的 K_{30} 值；

K_b —— 路基等效刚度；

K_r —— 扣件等效刚度；

K_s —— 道床等效刚度；

k —— 刚度；

$[k]^e$ —— 钢轨单元的单元刚度矩阵；

k_1, k_{1z} —— 一系悬挂的垂向刚度；

k_{1x} —— 一系悬挂的纵向刚度；

k_{1y} —— 一系悬挂的横向刚度；

k_2, k_{2z} —— 二系悬挂的垂向刚度；

k_{2x} —— 二系悬挂的纵向刚度；

k_{2y} —— 二系悬挂的横向刚度；

$k_{2\xi}$ —— 二系悬挂的点头角刚度；

$k_{2\psi}$ —— 二系悬挂的侧滚角刚度；

$k_{2\phi}$ —— 二系悬挂的摇头角刚度；

k_b —— 路基垂向刚度（半枕或分布刚度）；

k_{eq} —— 等效刚度；

k_H —— 轮轨接触弹簧刚度；

k_r, k_{rz}, k_{2r} —— 扣件垂向刚度（一组扣件或分布刚度）；

k_{r1}, k_{r1}, k_{r3} —— 路基分层建模中各参振质量层下的分布支承刚度；

k_{ry}, k_{2r} —— 扣件横向刚度（一组扣件或分布刚度）；

k_{rx} —— 扣件纵向刚度（一组扣件或分布刚度）；

k_s, k_{sz}, k_{2s} —— 道床垂向刚度（半枕或分布刚度）；

k_{sy}, k_{1s} —— 道床横向刚度（半枕或分布刚度）；

k_{sx} —— 道床纵向刚度（半枕或分布刚度）；

L —— 路基面激振荷载的分布宽度、或拉氏变换符号；

l —— 轨枕长度、或轨面垂向不平顺波长、或模态法分析中轨道模型的长度；

l_1 —— 转向架固定轴距之一半；

l_2 —— 车辆前后转向架中心距之一半；

l_q —— 车辆全长（车钩中心距）；

M —— 等效参振质量；

$[M]$——总质量矩阵；

M_0——车辆走行部单轮簧下质量；

M_3, M_{i3}——轮轨间的自旋蠕滑力矩；

m——参振质量，或计算轮轨接触斑长半轴时的积分常数；

$[m]^e$——钢轨单元的单元质量矩阵；

m_b——整个转向架构架、或单侧转向架构架的参振质量；

m_{ba}——半枕下道床块参振质量或每延米道床参振质量；

m_c——整个车体、或单侧车体、或半个车体、或1/4个车体的参振质量；

m_{eq}——等效参振质量；

m_r——钢轨每延米质量；

m_s——轨枕、半枕质量或每延米轨枕质量；

m_t——刚性转向架的参振质量；

m_w——轮对或单轮参振质量；

N——轨道模型中的轨枕数量、或钢轨单元位移插值函数、或时域计算时的响应数据个数、或钢轨内的轴向力；

$[N]$——钢轨单元位移插值函数矩阵；

N_m——模态法中截取的钢轨模态数；

n——表示位置或时间步长个数的脚标，或计算轮轨接触斑短半轴时的积分常数；

P——轮轨间的垂向力，或垂向激振力幅值；

$\{P\}$——总荷载列阵；

$P(t)$——激振力；

P_0——静轮载；

q——广义坐标、或曲线内外上轮载的偏载系数；

$\dot{q}, \ddot{q}$——广义速度和加速度；

$\{q\}, \{\dot{q}\}, \{\ddot{q}\}$——广义坐标列阵、广义速度列阵和加速度列阵；

r_0, r_i——车轮的名义滚动半径和瞬时滚动半径；

R——线路曲线半径；

R_r——钢轨轨顶截面圆弧半径；

R_{r1}, R_{r2}——钢轨踏面的两个主曲率半径；

R_{w1}, R_{w2}——车轮踏面的两个主曲率半径；

s——拉普拉斯算子；

T——系统动能，或蠕滑力；

T_1, T_{i1}——轮轨接触斑上的纵向蠕滑力；

T_2, T_{i2} —— 轮轨接触斑上的横向蠕滑力；

T_3, T_6, T_9 —— 分别为 3，6，9 自由度系统的动能；

T_R, T_{iR} —— 轮轨接触斑上的合成蠕滑力；

t —— 时间；

U —— 系统势能；

U_3, U_6, U_9 —— 分别为 3，6，9 自由度系统的势能；

$\{u\}, \{\dot{u}\}, \{\ddot{u}\}$ —— 广义坐标列阵，广义速度列阵，加速度列阵；

V, v —— 车辆前进速度；

V_1, V_2 —— 车轮上轮轨接触斑的纵横向刚体移动速度；

V_1', V_2' —— 钢轨上轮轨接触斑的纵横向刚体移动速度；

W —— 轴重；

W_i —— 某一车轮下的磨耗功；

$x, \dot{x}$ —— 纵向位移，速度；

$y, \dot{y}$ —— 横向位移，速度；

y_0 —— 轮对纯滚动线距线路中心线的距离；

y_b, y_{bi} —— 转向架构架横向位移；

y_c —— 车体横向位移；

y_i —— 钢轨单元节点横向位移；

y_r, y_{ri} —— 钢轨横向位移；

y_s, y_{si} —— 轨枕横向位移；

y_w, y_{wi} —— 轮对横向位移；

$z, \dot{z}, \ddot{z}$ —— 垂向位移，速度，加速度；

$\{z\}, \{\dot{z}\}, \{\ddot{z}\}$ —— 垂向位移列阵，速度列阵，加速度列阵；

z, z_i —— 垂向位移，或钢轨单元节点垂向位移；

z_b, z_{bi} —— 转向架构架垂向位移；

z_{ba}, z_{bai} —— 道床垂向位移；

z_c —— 车体垂向位移；

z_r, z_{ri} —— 钢轨或钢轨节点垂向位移；

z_s, z_{si} —— 轨枕垂向位移；

z_w, z_{wi} —— 轮对垂向位移；

α, α_i —— 振动方程特征根的实部；

α_r, α_w —— 钢轨及车轮的位移导纳；

α_{r1}, α_{w1} —— 钢轨及车轮的交叉位移导纳；

β, β_i —— 振动方程特征根的虚部，或钢轨与基础的刚比系数，或由轮轴弯曲造成的车轮转动角；

γ —— 蠕滑率又称为蠕滑，或道床材料的密度；

γ_1, γ_{i1} —— 轮轨接触斑上的纵向蠕滑率；

γ_2, γ_{i2} —— 轮轨接触斑上的横向蠕滑率；

γ_r —— 路基基床表层材料的密度；

$\varDelta$ —— 轨面垂向不平顺幅值；

Δt —— 数值积分中的时间步长；

δ —— 变分符号，或虚位移符号，或狄拉克函数，或轮轨间的垂向相对压缩量；

δ_1 —— 轮轨游间之一半；

δW —— 系统的虚功；

$\delta W_3, \delta W_6, \delta W_9$ —— 分别为 3、6、9 自由度系统的虚功；

ζ_D, ζ_η —— 轨道各种振动响应对轨道刚度及扣件/道床刚度比的敏感系数；

η —— 扣件/道床刚度比；

η_r, η_{rz} —— 轨面垂向不平顺值；

$\dot\eta_r, \dot\eta_{rz}$ —— 轨面垂向不平顺随时间的变化率

η_{ry} —— 轨面横向不平顺值；

$\dot\eta_{ry}$ —— 轨面横向不平顺随值时间的变化率

η_w, η_{wi} —— 车轮上不平顺值；

θ_i —— 钢轨节点在垂直面内绕 y 轴的转角，或由轮轴扭转形成的车轮转角；

θ_{yi} —— 钢轨节点在水平面内绕 z 轴的转角；

θ_{zi} —— 钢轨节点在垂直面内绕 y 轴的转角；

λ —— 车轮踏面锥度、或椭圆积分常数、或振动方程的特征根；

μ —— 轮轨间的库仑摩擦系数；

μ_1 —— 轮缘摩擦系数；

μ_d —— 轮轨间的滑动摩擦系数；

ξ —— 阻尼率；

ξ_b, ξ_{bi} —— 转向架构架点头角位移；

ξ_c —— 车体点头角位移；

υ —— 车轮钢轨材料的泊松比；

ϕ —— 道床材料的内摩擦角；

ϕ_1 —— 路基基床表层材料的内摩擦角；

ϕ_b, ϕ_{bi} —— 转向架构架摇头角位移；

主要符号表

ϕ_c —— 车体摇头角位移；

ϕ_w, ϕ_{wi} —— 轮对摇头角位移；

ψ_b, ψ_{bi} —— 转向架构架侧滚角位移；

ψ_c —— 车体侧滚角位移；

ψ_s, ψ_{si} —— 轨枕侧滚角位移；

ψ_w, ψ_{wi} —— 轮对侧滚角位移；

Ω_3 —— 车轮上轮轨接触斑绕 z 轴的刚体旋转速度；

Ω_3' —— 钢轨上轮轨接触斑绕 z 轴的刚体旋转速度；

ω, ω_i —— 振动圆频率，或振动方程特征根的虚部；

ω_3, ω_{i3} —— 轮轨接触斑上的自旋蠕滑。

目 录

第一章　绪　论 ·· 1
　第一节　我国重载、提速和高速铁路运输的发展概况 ······················· 1
　第二节　轮轨系统动力学的发展概况 ··· 7
　第三节　车辆-轨道-路基系统动力学的研究内容及研究的问题 ······ 15

第二章　车辆振动分析方法 ·· 19
　第一节　应用哈密尔顿原理建立振动方程组 ································· 19
　第二节　车辆垂向振动的分析模型与方程 ····································· 23
　第三节　车辆振动方程的求解 ··· 30
　第四节　轮轨间蠕滑力的计算与修正 ··· 33
　第五节　车辆蛇形运动稳定性 ··· 44
　第六节　车辆动态曲线通过 ··· 51

第三章　轨道振动分析方法 ·· 56
　第一节　轨道振动分析的计算模型 ··· 56
　第二节　叠合梁模型轨道垂向振动分析 ··· 69
　第三节　连续弹性支承轨道横向和纵向振动分析 ···························· 75
　第四节　弹性点支承轨道垂向振动有限元法求解 ···························· 80
　第五节　弹性点支承轨道垂向振动模态法求解 ······························· 90
　第六节　轨道振动的频域分析 ··· 98

第四章　路基振动分析方法 ·· 109
　第一节　道床及路基的振动参数计算 ··· 109
　第二节　路基振动分析的分层建模方法 ······································· 116
　第三节　路基振动分析的其他建模方法 ······································· 122

第五章 轮轨系统耦合振动分析 ………………………………… 127
　第一节　轮轨振动耦合关系 ……………………………… 127
　第二节　车辆-轨道耦合振动分析模型 …………………… 134
　第三节　连续弹性支承轨道耦合模型的导纳方法求解 …… 147
　第四节　车辆-轨道垂向耦合振动模型的 有限单元解法 … 153
　第五节　半车-轨道空间耦合振动模型的有限单元解法 …… 164

第六章 车辆-轨道-路基系统动力学的应用研究 ……………… 179
　第一节　车辆-轨道-路基振动系统中的参数 ……………… 179
　第二节　轨道合理刚度及其匹配关系的研究 ……………… 191
　第三节　道岔动力学理论及其应用 ………………………… 201
　第四节　钢轨波形磨耗成因及预防减缓措施 ……………… 225
　第五节　高速铁路轨道位移波研究 ………………………… 247
　第六节　车辆-轨道-路基系统动力学的其他应用 ………… 266

参考文献 ……………………………………………………………… 273

第一章 绪 论

由弓网、列车（机车或动车、车辆）、轨道、路基（或桥梁、隧道等轨下基础）组成了一个轮轨大系统。有关轮轨系统振动特性、振动响应和各部分动力作用关系的研究，称之为轮轨系统动力学。轮轨系统动力学的研究领域宽广，研究内容也十分丰富，通常来讲，只要是针对轮轨系统中的某一个动力学问题进行动力学建模和分析的研究，都可归入轮轨系统动力学的研究范围。

随着铁路高速、重载运输的发展，旅客列车的运行速度与货运列车的牵引质量在不断提高，轮轨系统中的各种振动加剧，与动力学相关的问题便越来越突出。应用动力学的原理和分析方法，研究解决轮轨系统在线形与结构设计、施工与运营维护中存在的问题，确保高速列车的运行舒适性和安全性，优化系统的动力学特性，延长结构的使用寿命，是轮轨系统动力学的主要研究目的和应用途径。

本章中主要介绍我国重载、提速及高速铁路运输的发展概况及其中的主要技术问题，轮轨系统动力学的相关发展历程及现状，以及车辆-轨道-路基系统动力学的主要研究对象、研究内容和应用途径等。

第一节 我国重载、提速和高速铁路运输的发展概况

为了解决我国铁路长期存在的运能与运量的矛盾，大力推进重载、提速和高速铁路运输的发展。自1980初开始，围绕运煤专线和主要繁忙干线进行重载运输改造，在繁忙干线上推广应用牵引质量5 000 t列车的重载货运技术，在运煤线路上推广万吨列车的重载运输技术。自1990年初至今，经过了6次大的既有线提速，将繁忙干线的大多数区段的旅客列车车速提高到160 km/h，部分区段的车速提高到200 km/h，少数有条件的区段的车速提高到250 km/h。自2002年开始，规划并大规模修建速度250～350 km/h的高速客运专线，预计到2020年，将完成1.6万 km的高速客运专线，配合既有线的提速，构建我国的快速铁路网。

一、铁路重载运输的发展概况

自20世纪50年代以来，重载铁路运输因其运能大、效率高、运输成本低而受到世界各国铁路部门的广泛重视，在美国、加拿大、澳大利亚、南非等国家的发展尤为迅速。目前，国外重载列车牵引质量一般为1~3万t，一些国家单条重载线路年运量达到1亿t；国外重载列车最大轴重已达35.7 t并正在积极研究39 t轴重的可行性，美国、加拿大、澳大利亚等国家的重载列车轴重普遍达到32.5~35.7 t，瑞典、巴西的重载列车轴重已提高到30 t。

我国铁路从1980年开始在货物运输方面大力发展重载运输。先后在大秦线、石太线及丰沙线等运煤铁路和主要繁忙干线上，进行了牵引质量为5 000 t、6 000 t及10 000 t重载列车的试验，对列车合理操纵及重载列车对轨道的动力作用进行了全面的测试，对制动机、车钩、信号方式、线路平纵面、车站到发线有效长度、轨道结构、路基结构和桥梁结构进行了全面的改造或加强，成功地在繁忙干线上开行了牵引质量5 000 t的重载单元列车，在运煤线路上开行了6 000 t和1万t的重载单元列车和组合列车。至1990年，已形成了我国重载运输的成套技术研究成果并逐步推广应用，目前京沪、京广、京哈等主要繁忙干线普遍开行了5 000 t级重载列车。

为满足国民经济对煤炭运输的要求，从2004年初开始，我国铁路在大秦线进行了2万t重载组合列车技术的系统集成创新。2004年12月，中国铁路第一列2万t（4×5 000 t）重载组合列车试验开行成功。2005年底，又成功试验开行了2×1万t重载组合列车。2006年3月，大秦线正式开行2万t重载组合列车，为实现年运量2.5亿t的目标打下了坚实的基础，标志着我国铁路重载运输技术已跻身世界先进行列。同时，我国轴重25 t、运行速度120 km/h的重载货车，以及双层集装箱重载运输也在积极地试验和实践过程中。

根据《中长期铁路网规划》，我国铁路将围绕十大煤炭基地，建设大能力运煤通道。重载运输技术将在我国得到更大地应用和发展。

二、既有铁路提速运输的发展概况

我国既有铁路提速工程自1989年启动。第一阶段为广深准高速铁路（后称为快速铁路）建设阶段。1989年开始进行的广深线旅客列车最高速度提高到160 km/h的可行性研究，于1990年7月经过专家详细论证，通过了"广深准高速铁路实现160 km/h可行性研究报告"，铁道部正式下达了广深线准高速铁路科研攻关及试验计划的通知，从准高速机车车辆、线路工程，到安全保障体系、速度分级控制及安全评估与试验,共15大项攻关计划开始全面执行。广深线地处路网尽头,进行改造和试验对路网影响少,全长147 km,作为试验线路长度适中。经过4年的科技攻关和试验,对线路平纵面、轨道及桥梁结构、机车车辆及信号系统的改建,在研制成功160 km/h准高速机车车辆的基础上,于1994年12月开通160 km/h的旅客列车,为后来的繁忙干线提速奠定了技术基础。

第二阶段为三大繁忙干线的提速试验阶段。京沪、京广、京哈三大干线最为繁忙,总里程为5 046 km,占全国铁路运营里程的9.5%,但完成的客、货运周转量分别占39.4%和34.4%。1995年9～10月,上海铁路局沪宁线首次进行客、货列车提速试验,试验中日常运营客、货列车正常运行,旅客列车最高试验速度达173 km/h,货物列车最高试验速度达到100 km/h。1996年4月第一列提速列车"先锋号"在沪宁线上正式运营。

1996年6月,北京铁路局在京秦线上组织了提速试验,该试验为1996年7月"北戴河号"提速列车的正式运行做好了技术准备。1996年6～7月,沈阳铁路局组织在沈山线上进行了大规模的提速试验,旅客列车最高试验速度达183.5 km/h。在沈大线上专门进行了货车转8A型转向架提速动力性能试验,取得成功。1996年10月,北京—大连间首次开行长途快速客车,运行时间由16 h 15 min缩短到11 h 58 min。1996年11月,郑州铁路局组织在郑武线郑州—螺河段进行了我国首次电气化铁路提速试验,客车最高速度达185 km/h,为电气化线路接触网悬挂参数的确定提供了充分的科学依据。综合三大干线的提速试验,编制了"三大干线客货列车提速试验总结及提速装备技术条件研究论证报告",作为全国铁路提速的技术基础和依据。1996年底至1997年初,铁道部在所有提速试验的基础上,制订了"九五"期间的提速规划。

在三大干线上全面整治线路,更换提速道岔,封闭道口,进行全面的提速列车运行时分实际试验踏勘。1997年4月,全国铁路第一次调整运行图。客、货列车平均运行速度分别达到了54.91 km/h和31.4 km/h,比1993年分别提高了6.84 km/h和1.41 km/h。全国铁路开行"夕发朝至"客车(旅行速度超过90 km/h)78列,其中速度在140～160 km/h的8对。1998年10月,全国铁路第二次调整运行图,集中在三大干线,扩大快速客车、"夕发朝至"客车的数量和范围。新运行图线路允许速度平均达到92.8 km/h。新开快速列车80对,比1997年增加了40对,开行"朝发夕至"列车116列,比1997年增加了38列。新运行图实施后,旅客上座率、旅客发送量明显增加,货运形势也有所好转。

第三阶段为主要繁忙干线提速阶段。1999年,我国铁路以市场需求为导向,以提高经济效益和社会效益为中心,以缩短旅行时间为目的,以科技进步为手段，在三大干线提速的基础上，努力将提速范围向与三大干线连接的其他干线扩展，在少投入的前提下，实现全国主要干线，进而全国铁路范围内的普遍提速，重点是针对三大干线以外线路提速的主要限制性问题，即小半径曲线改造和部分道岔换铺。在胶济、浙赣、鹰厦线进行了小半径曲线及过渡型道岔、内锁闭60AT12固定辙叉型单开道岔的基础性提速试验。1999年6月试验结束，为解决全国铁路干线普遍提速的限制性问题提出了科学的解决办法，制订出了符合提速要求的技术标准和规范。在上海—厦门、徐州—宝鸡—兰州—阿拉山口等干线上进行提速列车运行安全性及时分模拟试验，为再次调整列车运行图做好了充分准备。2000年10月，全国铁路第三次调整运行图，提速主要集中在陇海、兰新东西向主要干线上，重点倾向西部地区。全路形成四纵两横提速网络，辐射全国主要地区，提速区段达9 215 km。比1988年的运行图增加了142对旅客列车，增加了"夕发朝至"客车150对，共达266对。在开行准高速、提速列车的基础上，发展了我国自己的160～200 km/h的快速列车技术。当1996年11月郑武线提速试验结束时，铁道部指示立即着手在环行线上进行速度200 km/h以上的机车车辆综合性试验。1996年12月，由SS8机车牵引4辆转向架经过改进的准高速客车，开始了在环行线上的高速运行试验。1997年1月，环行线上的列车试验速度达到212.6 km/h。

环行线试验后，铁道部决定继续改进、完善机车车辆性能，选取京广线郑武段既有繁忙干线地段，进行更高速度的提速试验。在对试验段线路平面加以少量改造，对接触网悬挂系统进行强化后，于1998年6月，SS8电力机车牵引4辆以200 km/h级转向架装备的快速客车在郑武段上试验，其速度达到240 km/h。

第四阶段为秦沈线客运专线的修建和试验阶段。1999年，铁道部决定建设我国第一条客运专线——秦沈客运专线，设计速度为200 km/h，将与京秦线、哈大线共同构成北京至东北地区的快速客运通道。全线于2003年建成通车。沟邦子南—台安间79.6 km作为试验段，试验列车最高速速达321 km/h。与此同时，在秦沈线上还完成了多项关键性技术的研究与试验：

（1）一次性铺设区间无缝线路的研究；

（2）24 m和32 m双线箱形梁桥的设计、施工、架设、运输及专用架桥机研究；

（3）客运专线路基工后沉降，软土、软弱地段的施工工艺及控制设备研究；

（4）大号码无缝提速道岔研制；

（5）200 km/h等级接触网系统设计与架设技术的研究；

（6）以机车信号为主体信号的区间自动闭塞和超速防护系统的研究；

（7）以车站计算机联锁为基础的调度集中系统的研究；

（8）200 km/h 动车组和电力机车、车辆的试运行及综合试验段的全面试验。

秦沈客运专线的试验和修建成功，对我国高速客运专线铁路的大规模修建打下了较为坚实的基础。

第五阶段为构造快速铁路网阶段。在广深线和三大干线提速的基础上，到 2015 年，不但要完成了大面积提速，而且还新建 200 km/h 客货混跑线路，实现了旅客出行"一日行动圈"的目标。"一日行动圈"包括三种类型：一是"朝发夕归"型，即路程在 600 km 左右，当天可以往返；二是"夕发朝至"型，即路程在 1 500 km 左右，尤其对出差公务人员及游客，不耽误工作或旅游时间，住宿就在车上；三是"夕发夕至"和"朝发朝至"型，即路程在 2 500 km 左右，旅行时间在 24～27 h，对旅客而言，从工作时间来讲，感觉仍然是 1 天。

三、高速客运专线铁路的规划与发展概况

我国铁路提速和高速铁路建设起步较晚，但发展迅猛。从 1997 年第一次列车提速至今，在短短的 10 多年时间里，在既有线改造、提高列车运行速度方面均取得了巨大成就，目前速度不低于 160 km/h 的线路延展里程达 14 025 km，速度不低于 200 km/h 的线路延展里程达 5 371 km。京津城际客运专线全长 115 km，已于 2008 年开通，运营速度 350 km/h。设计速度为 350 km/h 的武广和郑西客运专线即将于 2009 年底开通运营。我国台湾台北至高雄的高速铁路，全长 345 km，也已投入运营。

根据经济社会的发展需要和市场需求，客运专线网的规划目标是：努力覆盖主要城市，使北京、上海、广州、武汉、成都、西安六个中心城市至全国主要城市的旅行时间大大缩短。到 2020 年，初步形成总规模约 1.6 万 km 的"四纵四横"客运专线网，列车速度将达到 350 km/h。

1．"四纵"客运专线

（1）北京—上海：京沪高速铁路全长约 1 300 km，速度目标值为 350 km/h，2008 年动工。该线纵贯东部京、津、沪三市和冀、鲁、皖、苏四省，连接环渤海与长江三角洲两大经济区域，自北京经天津、济南、徐州、蚌埠、南京至上海，吸引区土地面积占全国的 6.5%，人口占全国的 25.8%，生产总值占全国的 40.4%，是我国经济和社会相对发达的地区。京沪高速铁路是我国《中长期铁路网规划》中投资规模最大、技术含量最高的一项工程，也是我国第一条全部依靠自主技术创新修建的具有世界先进水平的高速铁路。

（2）北京—武汉—广州—深圳：全长约 2 200 km，连接华北和华南地区。武汉至广州段全长 995 km，2005 年 6 月开工。

（3）北京—沈阳—哈尔滨（大连）：全长约 1 700 km，连接东北和关内地区。秦皇岛至沈阳段已于 2003 年建成。

（4）杭州—宁波—福州—深圳：全长约 1 600 km，连接长江三角洲、珠江三角洲和东南沿海地区。

2. "四横"客运专线

（1）徐州—郑州—兰州：全长约 1 400 km，连接西北和华东地区。已开工建设郑州至西安段 450 km。

（2）杭州—南昌—长沙：全长约 880 km，连接华中和华东地区。

（3）青岛—石家庄—太原：全长约 770 km，连接华北和华东地区。已开工建设石家庄至太原段 205 km。

（4）南京—武汉—重庆—成都：全长约 1 600 km，连接西南和华东地区，其中南京至合肥段、武汉至合肥段、宜万段、成遂渝段已开工建设。

3. 三个区域城际轨道交通

长江三角洲、珠江三角洲、环渤海（京、津、冀）地区城际客运系统覆盖区域内的主要城镇。

（1）长三角：以上海、南京、杭州为中心，形成"Z"字形主骨架，形成连接沪宁杭周边重要城镇的城际客运铁路网络。

（2）珠三角：以广深、广珠两条客运专线为主轴，形成"A"字形线网，辐射广州、深圳、珠海等 9 个大中城市，构建包括港、澳在内的城市 1 小时经济圈。105 km 长的广深客运专线和广珠城际轨道交通已开工建设。

（3）环渤海：以北京、天津为中心，北京—天津为主轴进行建设，形成对外辐射通路。京津城际客运专线全长约 115 km，已开通运营。

四、高速铁路的线路工程技术体系

我国高速铁路、客运专线的工务基础设施按以下标准执行。

① 最小曲线半径 7 000 m，最大曲线半径 ≥ 14 000 m；夹直线和圆曲线最小长度一般 ≤ 0.81V_{max}；区间正线最大坡度 ≥ 20‰，动车组走行线 ≥ 30‰；区间正线设计较长坡段，最小坡段长度一般 ≤ 900 m；相邻坡段坡度差 ≥ 1‰ 时，设竖曲线，半径 ≤ 25 000 m；车站数量按大中城市、枢纽和著名旅游胜地分布设置；始发、终到客站的到发线数量按满足高峰小时列车密集到发的需要设置。

② 高速、城际、普速列车共站的车站，原则上分场布置，设必要的联络进路；站台长 450 m，站台高出轨面 1.25 m。

③ 以无砟轨道作为主要结构形式，在地质灾害和地质活动活跃的断裂带地段，以及不宜铺设无砟轨道的地段，采用有砟轨道结构；无砟轨道铺设精度，高低和轨向≤2 mm/10 m，水平≤1 mm，轨距±1 mm；有砟轨道采用特级道砟，道床厚 350 mm，铺设精度高低和轨向≤2 mm/10 m，水平≤2 mm，扭曲≤2 mm，轨距±2 mm；到发线采用混凝土宽枕。

④ 采用跨区间无缝线路；采用 100 m 定尺长 60 kg/m 钢轨。

⑤ 无砟轨道采用弹性分开式扣件，节点间距≤650 mm，调高量 30 mm，调距量 −12/+10 mm，桥上抗拔力≥80 kN，其他地段≥100 kN。

⑥ 正线道岔直向通过速度 350 km/h，进出站侧向通过速度 80 km/h，跨线联络线道岔侧向通过速度≥160 km/h。

⑦ 无砟轨道正线区间直线地段路基面宽度 13.6 m；严格控制路基工后沉降、不均匀沉降和过渡段差异沉降，保持路基纵向刚度的均匀性和良好的动力特性。稳定安全系数≮1.5，工后沉降量≯3 cm，路基与结构物间的工后差异沉降量<0.5 cm，工后不均匀沉降≯2.0 cm/20 m。

⑧ 地基加固处理措施应根据地基的物理力学性质、岩土层分布厚度及其特性、路基高度等因素优选；软土、松软土地基，以复合地基法加固为主，地基处理后须有合理的放置时间，确保路基本体和地基沉降变形稳定，布置沉降观测设备进行沉降观测，并实时分析处置。

⑨ 在路基填方大于 5 m 的地段、地基处理困难地段，为节省用地，确保工后沉降控制，采用以桥代路通过。

第二节　轮轨系统动力学的发展概况

轮轨系统动力学根据其研究对象和内容大致可划分为：弓网关系及弓网动力学、机车动力学、车辆动力学、列车纵向动力学、轮轨关系、轨道动力学、路基动力学、桥梁车致振动分析及隧道空气动力学等研究方向和内容。本节中将介绍轮轨系统动力学的一些主要研究内容的发展概况。

一、轮轨系统动力学相关研究的发展概况

轮轨系统动力学研究的相关基础主要为车辆动力学、轮轨关系、轨道动力

学和路基动力学等方面。

车辆动力学主要研究车辆的垂向振动、横向振动、纵向冲击振动、蛇形运动和曲线通过等内容。在给定的轨道不平顺激励条件下，研究车辆在轨道上运行时的振动特性、平稳性、舒适性和安全性等，用以指导车辆各部件的设计，以及刚度、阻尼等悬挂参数的选择，解决诸如重载车辆的曲线通过性能和高速车辆的运行平稳性等问题。由于车辆是运动中的结构，所以从一开始车辆的设计就是以多刚体系统运动学和动力学的研究为指导进行的，因而车辆动力学的发展最早也最为完善。

车辆垂向和横向振动分析中，将车辆各部件简化为平面或空间刚体，建立多自由度刚体系统的振动方程进行求解。振动模型由单自由度模型、转向架式车辆模型、平面整车模型发展到空间整车模型。在车辆纵向冲击振动的研究中，车辆被简化为质量块，车辆之间简化为纵向连接的弹簧和阻尼器，主要研究列车在制动或缓解过程中车辆间的纵向冲击振动过程，由此求解纵向冲击力，指导车钩的设计和列车的操纵优化。

由于车轮锥形踏面的存在，车辆在轨道上的形运动不可避免地会出现蛇形运动。蛇形运动的失稳速度即为车辆的构造速度，因此对蛇形运动的研究始终是车辆动力学中的重要内容之一。早在 1883 年，Klinger 就推导得出自由轮对的蛇形运动公式。1926 年，Carter 最早认为车辆蛇形运动是一种不稳定的自激振动形式，首先研究了轮轨间的蠕滑现象，给出了纵、横向蠕滑力的定义及蠕滑力与蠕滑的简单线性关系，研究了直线地段车辆蛇形运动的稳定性。1939 年，Davies 对 Carter 的理论研究进行了试验验证。20 世纪六七十年代，Derby 中心的 Wickens 等专家对线性和非线性系统的车辆蛇形运动问题进行了更深入一步的研究，为解决高速车辆蛇形运动问题、防止蛇形运动失稳，以及高速车辆的设计方法提供了理论基础。

车辆蛇形运动的研究是解决车辆在直线地段的运动稳定性问题，而车辆动力学研究中的另一个方面的问题，则是注重车辆在曲线地段的通过性能。车辆曲线通过问题包括稳态曲线通过性能和动态曲线通过性能两个方面，是重载车辆设计的理论基础。20 世纪 30 年代，Poter 完成了经典的小半径曲线地段车辆稳态通过的摩擦中心法计算理论。60 年代末，Newland 及 Boocock 等人提出，在大半径曲线地段，轮对可依靠踏面蠕滑力导向通过曲线，而无须借助轮缘贴靠钢轨来提供导向力，从而建立了大半径曲线地段的车辆稳态通过理论。1964年，Kalker 提出了线性蠕滑理论，Johnson 通过实验验证了该线性蠕滑理论，并提出了当蠕滑较大时对线性蠕滑理论进行修正的三次修正曲线。70 年代，Elkins 等人提出了非线性稳态曲线通过理论，适用于各种线路曲线半径。80 年代，Nagurka 提出了动态曲线通过理论及求解方法。

轮轨关系是建立车辆-轨道系统动力学分析方法的重要基础，其主要研究内容为轮轨间的接触几何关系、位移关系和作用力关系等。轮轨间的接触关系是轮轨接触几何学的主要研究内容，早期发展了将轮轨简化为平面的接触求解方法，后来发展了考虑轮轨冲角、轮对侧滚及钢轨翻转等因素的空间接触理论。轮轨间垂向作用力关系为轮轨接触力关系，轮轨间的纵横向作用力关系为轮轨蠕滑力关系。轮轨踏面接触力关系基于赫兹接触理论，依据轮轨间的相对位移进行计算，近年来又发展了轮轨间的非赫兹接触理论。轮缘贴靠钢轨时的接触力作用关系目前尚未完全建立。

轨道动力学主要研究轨道在承受已知激振力的条件下的垂向、横向和纵向振动特性。1926 年，铁摩辛科应用 Wenkler 理论提出弹性地基梁模型研究了钢轨的应力问题。随着行车速度的逐步提高，对轨道结构的动力效应逐渐增大，开始在静力学计算的基础上根据荷载系数考虑轨道的动力学效应，即所谓"准静态"方法。

在连续弹性体振动理论建立之前，轨道振动也被简化为多刚体的振动，20 世纪 40 年代，铁摩辛科和前苏联沙湖年慈建立了单自由度集总参数的轨道振动模型，探讨了正弦波和矩形波轨道不平顺作用下的轨道位移问题，后来又发展成为 2 个或 3 个自由度的轨道振动集总质量模型。但是，多刚体系统的振动理论很显然难以适应轨道结构的振动分析，且振动参数难以确定，计算结果与实际情况存在较大偏差。所以，当弹性体振动理论一经建立，即被用于轨道振动研究中。20 世纪 60 年代，提出了连续弹性支承上的欧拉梁或铁摩辛科梁模型，并于 80 年代发展成为连续弹性支承上的多层叠合梁模型。70 年代，英国 Derby 研究中心提出了弹性点支承梁模型。虽然连续弹性支承梁模型求解方便，可以得到解析解，但难以反映轨枕间断支承效应、轨枕失效及支承刚度不均匀等问题。而弹性点支承模型的功能比较强大，其计算结果也更接近实际情况，是目前轨道振动分析中的常用模型。此外，还专门发展了用于研究轨道横向振动的连续弹性支承和点支承梁模型，以及用于轨道纵向振动的弹性支承杆模型。但因轨道横向和纵向振动与垂向振动直接相关，车辆作用于轨道上的垂向压力对轨道横向和纵向振动起到了决定性的控制作用，且横向和纵向的轨道参数存在较大的非线性因素，所以，在不考虑垂向振动的条件下，单独对轨道横向或纵向振动进行研究的实际意义不大。

铁路路基的动力学研究起步比较晚，直到 20 世纪 80 年代后期，因提速和高速运输的发展，路基固有振动频率与车轮通过频率相对较近可能产生路基共振时，才促使路基动力学的迅速发展。路基动力学主要研究路基在车轮荷载重复作用即低频振动条件下路基的动力特性。由于路基的固有振动频率较低，轮轨间产生的高频垂向振动、轮轨横向及纵向振动对路基的影响较小，因此路基的振动分析可以采取比较灵活的方式进行，只要能够明确轮轨间的准静态作用力的大小及激振频率，不一定要建立轮轨系统耦合振动模型。后来随着计算机技术的发展，建立考虑车辆、轨道及路基在内的系统模型的研究方法也逐渐广泛地应用于路基动力学研究之中。

二、国外轮轨系统动力学的发展概况

早期的研究多数将车辆和轨道系统分开进行。研究车辆系统振动时，轨道被视为刚性的，将轨道不平顺视为车辆系统的激励。而研究轨道振动时，则在轨道上施加已知幅值和频率的激振力。轮轨接触界面上的力和位移关系很少被作为研究对象，致使轨道振动的激励不能明确地求解。直到20世纪七八十年代，随着计算机技术的广泛应用，大型系统的振动分析才逐渐成为可能，才将车辆系统和轨道系统通过轮轨接触关系联系起来，形成轮轨系统动力学的研究领域。

20世纪70年代，轮轨系统动力学模型的研究进入了快速发展阶段。英国Derby铁路技术研究中心为了防止和整治轨道接头区病害，进行了车辆通过接头时的轮轨动力试验，测试并分析了接头折角和车轮扁疤不平顺下的轮轨作用力，认为轮轨冲击过程中存在着两个轮轨力峰值，即瞬时高频冲击力P_1（频率在2 000 Hz左右）和中低频响应力P_2（频率在200 Hz左右），并给出了力P_1，P_2的简化计算公式。D. Lyon和H. H. Jenkins等人建立了轮轨动力作用分析的基本模型，研究了车辆与轨道参数，如簧下质量和轨道刚度对轮轨动作用力的影响，该模型将轨道描述为连续弹性基础上的欧拉（Euler）梁，将车辆简化为簧下质量，并考虑了一系悬挂特性，轮轨接触采用Hertz非线性接触弹簧模型。Derby中心的轮轨动力分析模型在轨道结构动力分析的发展过程中具有重要的意义。

1973年，日本学者Sato Y.建立了著名的Sato半车模型，用以研究轮轨系统中的各种振动特性。1975年，Sato Y.和Sato H.研究了车轮脱轨时轮轨间的作用力问题，以研究日本高速铁路轮载波动的原因和影响。结果表明，最大动轮载可达400 kN，是由于车轮下落1 mm冲击产生的。此外，佐藤吉彦在研究轨道结构高频振动时，采用连续弹性基础上的无限长梁的轨道模型，并对轨道结构的固有振动特性进行了评价。

法国学者Cousty等针对车辆一系悬挂和二系悬挂两种模型，用傅里叶变换确定了其传递函数，研究了有砟轨道的阻尼对轮轨系统振动的影响特性。德国的 Bergander 采用简单的轮对-轨道系统模型,分析了该系统的固有频率,结果表明,系统固有频率在 25~60 Hz 之间。

1978 年,Ahlbeck D. R.等人提出与 Sato 模型类似的半车-轨道集总参数模型,该模型中轨道部分增加了一个道床的参振质量。1979 年,Newton 等人为了研究车轮踏面擦伤对轨道的动力影响,进行了现场测试,并将 Derby 中心的轮轨动力分析模型中的欧拉梁改为铁摩辛科梁。

1982 年,Clark R. A.等人研究车辆在波形磨耗钢轨上行驶的动态效应时,采用了弹性点支承连续梁模型,并单独考虑了轨枕参振的影响。英国的 Grassie S. L.建立了单轮——层和两层连续弹性支承或点支承的无限长梁轨道振动模型,该模型可分析行车速度对轨道结构的影响。在模型中车辆被简化为单个车轮作用,考虑了轨道的阻尼影响,首次将轮轨接触简化为线性弹簧,用于联系车轮与轨道的垂向振动,从而形成了车辆-轨道系统耦合振动模型及方法。Grassie S. L.还对高频激振轮轨系统模型、轨道横向激振模型和轨道纵向激振模型及其振动特性分别进行了研究。1984 年,Grassie S. L.又建立了考虑可弯曲变形的轨枕振动模型。1985 年,Grassie S. L.针对有空吊枕的情况建立了部分无支承的轨道动力分析模型,并考虑了轨道不平顺的影响。

1992 年,加拿大的 Cai Z.和瑞典的 Nielsen 等人为研究车辆与轨道相互动力作用问题,采用转向架-二层点支承梁轨道模型,分析了车轮擦伤引起的轮轨冲击作用问题。1994 年,Fermer 和 Nielsen 运用转向架-轨道相互作用模型分析比较了弹性车轮与刚性车轮的轮轨垂向动力作用问题。1995 年,Ripke 和 Knothe 考虑了车辆和轨道系统,研究了车辆-轨道高频相互作用问题。1997 年,Oscarsson 和 Dahlberg 建立了轮轨系统动力学仿真模型,其中钢轨采用瑞瑞士瑞利-铁摩辛科梁描述,并首次根据实测的频响函数确定轨道结构的模型参数,Frohling 等人通过建立车辆-轨道低频动力学相互作用模型,研究了南非重载轨道结构的沉降问题,其理论计算结果与实测吻合良好。Auersch 将土路基动力特性引入车辆-轨道相互作用之中,研究结果表明,土路基刚度主要影响低频响应。

1999 年,Popp 等系统综述了中频域的车辆-轨道动力学研究进展,认为钢轨波磨、道床破坏、车轮不圆等问题均属于 50~500 Hz 的中频动力学影响范畴,而目前对中频动力学的认识还很有限。

Andersson 等在采用有限元建立车辆-轨道振动系统模型时,考虑了轮对和构架的柔性,并初步考虑了轨下胶垫刚度的非线性变化,不足的是有关动刚度的试验数据偏小。Drozdziel 等同时采用仿真和试验方法研究了道岔区车辆-轨道的动力学问题,主要讨论了系统几何误差对轮轨动力作用的影响,Gurule 和 Wilson

也对道岔区的轮轨动力作用进行了模拟分析,并首次模拟了车轮通过道岔时轮缘背面与护轨的接触问题。

2001 年,Oscarsson 在进行轮轨系统动力仿真分析时,将钢轨垫层刚度、道床刚度、道床路基参振质量以及轨枕间距处理为随机变量,但没有考虑随机性很强的轨道随机不平顺。Dietz 等采用多刚体车辆与有限元轨道模型相结合,研究了车辆与轨道(或桥梁)相互作用问题。Szolc 等采用详细的转向架-轨道模型,计算了中频域的轮轨作用力,并分析了轮轨接触域的应力场与温度场。

三、我国轮轨系统动力学的发展概况

最近 20 多年来,国内许多铁路科研人员在轮轨系统动力分析的理论与方法方面开展了大量的研究工作,同时将轮轨系统动力学的研究逐步扩展至道岔、路基和桥梁中,将相关研究成果逐步应用于轨道及桥梁等结构的计算与设计过程中,实现了部分线路结构由静力设计向动力设计的转化。

1985—1990 年间,吴章江等采用最简单的轮轨集总参数模型,计算了轨道低接头处轮轨冲击力。许实儒等采用连续弹性基础上的铁摩辛科梁进行了钢轨接头处轮轨冲击力的模拟计算和分析。李定清等给出了 Derby 基本模型的有限元分析表达式,建立模型时考虑了钢轨接头处接头夹板的作用。

1992 年,翟婉明等为研究车辆受轨道不平顺激励时的振动规律,将车辆和轨道作为一个大系统,提出了垂向耦合动力学分析统一模型,并于 1992—1995 年间发表了多篇论文和专著。

1995 年以后,国内较多的铁路科技工作者致力于车辆-轨道耦合动力学的研究,研究的侧重点各有不同,大致可分为四个方面,即机车车辆、轨道、路基和桥梁的振动规律。李成辉建立的车辆-轨道垂向耦合动力学模型,并应用复模态理论在频域内研究了轨道结构的振动规律。翟婉明基于车辆-轨道空间耦合振动模型研究了机车车辆的振动规律及系统内各主要参数的影响特性。刘学毅基于空间耦合振动模型研究了钢轨波形磨耗的成因及其发生发展规律,并提出了预防和减缓钢轨波磨的系列化技术措施。

2002 年,翟婉明等人对国内外车辆-轨道系统动力学的发展进行了较为系统的总结,并对其发展进行了展望。

翟婉明、刘学毅、蔡成标、张格民等应用轮轨系统动力学分析方法,对轨道合理刚度及其合理匹配关系进行了较为系统的研究,研究了轨道结构的动静刚度关系、轨道刚度对轨道结构的振动和列车的走行性能的影响规律、高速铁路的合理轨道刚度取值范围、轨道刚度在扣件和轨下基础及路基等处的合理分配关系、高速列车通过路-桥以及路-隧等各种过渡段时的振动特性、过渡段上轨道刚度变化率和不平顺的合理限值及实现轨道刚度合理过渡的技术措施等。

王平、刘学毅、李成辉、蔡成标等人将轮轨系统动力学的研究拓展至道岔区，建立了车辆在道岔区运行时的车辆-道岔空间耦合动力学模型，对道岔区轨道结构振动规律进行了较为系统的研究，如优化道岔的平纵面线形，研究道岔区轨道刚度的分布特点及刚度均匀化的技术措施，研究尖轨、可动心轨等关键部件的动力特性及相关的设计方法等，为我国提速道岔和高速道岔的设计、生产和制造提供了理论依据，将轮轨系统动力学的研究成果较为成功地应用于我国18号250 km/h客专道岔、42号大号码道岔及18号300～350 km/h高速道岔的研究和设计过程中，取得了突出的效果。

梁波、罗强、苏谦等人将路基作为轮轨系统的一部分纳入到振动分析中，将轮轨系统动力学拓展至路基动力分析中，建立了车辆-轨道-路基垂向耦合振动模型及其分析方法，即采用动力学方法，对高速铁路路基振动特性、路基合理刚度及沉降控制限值进行了研究，对路桥过渡段上的路基振动、路基刚度的合理变化率、不平顺限值及相应的工程技术措施等进行了研究。

翟婉明、蔡成标、张格明、李小珍等将桥梁结构纳入到轮轨系统振动分析中，建立了车辆-线路-桥梁耦合振动模型及分析方法，较为系统地研究了桥梁在列车荷载作用下的振动特性和规律，研究提出了桥梁刚度的设计控制条件，为提速线路桥梁的评估、改造及高速客运专线上桥梁的设计提供了理论基础。

四、随机振动理论及其在轨道振动分析中的应用

轮轨系统中存在许多不确定的因素，如轨道和车轮的不平顺、有砟道床的刚度等都具有较强的随机性，确定性振动分析中，往往采取将这些随机因素取平均值的办法进行处理，忽略了随机因素对轮轨系统振动的影响。但在许多情况下，确定性振动分析是不够的，这时就应当考虑随机因素的影响，如在已知轨道不平顺谱的条件下，对轮轨作用力进行仿真计算和统计的过程中，随机振动分析就显得尤为重要。

确定性振动可用确定性函数来描述，而随机振动包含大量样本，从单个样本来看其变化并无一定的规律，但从样本的总体来看，具有一定的统计规律。随机振动主要研究动力学系统在非确定性参数和非确定性激励下的响应特性。数学上，动力学系统建模相当于导出系统的动力学方程，并规定其初始条件与

边界条件，在建模过程中将各种不确定因素抽象化为随机变量或随机过程，其特性可用概率密度或统计特征量来描述。

随机振动理论的研究始于20世纪50年代初，线性系统随机振动分析方法主要采用频域法，60年代产生的快速Fourier变换（FFT）以及振动测试技术的发展使得频域法的应用更为广泛。同时，非线性随机振动的扩散过程法与随机微分方程法相继被引入随机振动分析中。这两种方法源于20世纪初物理学家关于布朗运动的研究，从1905年Einstein的论文与1908年Langevin的论文中分别可以看到扩散过程与随机微分方程方法的雏形。前者经过Fokker等人的工作后发展成著名的FPK方程法，后者在40年后经过Ito等人的工作建立起严格的数学基础。

对于非线性系统来说，可用扩散过程方法来求其精确解。该方法最后归结为求解相应的FPK方程，但只有一些特殊的一阶非线性系统才能得到FPK方程的精确解，高阶非线性系统稳态FPK方程可得到某些精确解。针对非线性系统在求精确解时遇到的困难，人们便发展了一些近似解法和数值解法，如统计线性化和等效线性化方法等，对非线性振动系统进行线性化处理，然后运用线性系统随机振动频域分析方法进行计算分析。

当非线性因素被统计线性化之后，在频域得到的结果是近似的，即有一定的误差，而且系统非线性越强，误差越大。因此，针对非线性系统的研究，可采用数值积分法求解。通过时频转换的方法将轨道不平顺功率谱转换为时域样本，在轨道不平顺各态历经的假设下，采用一段足够长的时域样本代表整个随机过程，将系统随机不平顺的时域样本输入振动系统，通过数值积分获得系统各参量振动响应的时间历程，再应用周期图法将响应的时间序列进行功率谱估计，从而获得随机振动响应的功率谱。

另一种具有普遍适用性的方法就是Monte Carlo方法，不论系统是线性还是非线性，也不论引起系统振动的激励是平稳的还是非平稳的，该方法均可应用。该方法利用计算机产生足够数量的指定统计特性的样本，通过计算得到系统响应的统计特性。该方法的不足是求解计算量较大。一些复杂系统在缺乏精确解的情况下，往往采用Monte Carlo方法的计算结果作为"标准"对其他近似解法的计算精度进行评估。

随机振动理论最早应用于轨道结构振动分析中是为了研究轮轨噪声问题。Remington P. R.等人提出车轮滚动在具有表面不平顺的钢轨上时，用钢轨和车轮阻抗表示的轮轨之间作用力功率谱密度函数的表达式。Munjal M. L.等人对车轮的阻抗进行了深入的研究。Grassie S. L.等在研究轨道结构高频振动性能时，提出了采用Euler连续梁轨道模型分析轨道结构的线性平稳随机振动，并推导出了系统的传递函数矩阵。

在进行车辆-轨道垂向耦合系统随机振动分析时,如果将车辆和轨道视为线性弹簧阻尼系统,轮轨接触也按线性接触处理,则可应用线性系统随机振动分析法进行研究。通过获取系统的频率响应函数,再将轨道不平顺函数用功率谱密度加以描述,从而通过简单的代数运算就可以求得响应的谱密度。Grassie S.L.等在计算分析时均采用实模态振型叠加法,由于这种方法只能求解比例阻尼的振动系统,对于非比例阻尼问题无法将振动方程解耦,因此所采用的轨道模型相对简单,只能求解得到钢轨的随机振动响应,不能求解轨枕和道床的随机振动问题。近年来,国内的学者对车辆、轨道结构的随机振动也开展了研究工作。李成辉采用复模态理论对轨道结构的随机振动规律进行了研究,陈果、翟婉明对轨道随机不平顺作用下,车辆及轨道的随机振动规律进行了研究。

除随机轨道不平顺之外,轨道结构参数也可能是随机的。由于轨道是一个边维修边运营的结构,因此轨道各部件的参数值也是随机变化的,如轨下胶垫刚度、道床刚度和阻尼参数等。Oscarsson 将轨下垫层刚度、道床刚度、路基参振质量等作为随机参数,对轮轨系统进行了动力仿真分析,但未考虑轨道的随机不平顺。

第三节 车辆-轨道-路基系统动力学的研究内容及研究的问题

车辆-轨道-路基系统动力学以车辆、轨道、路基所组成的耦合振动系统中的动力学问题为研究对象,以解决系统的动特性分析、相关线形和结构设计、结构参数的合理选择及动力学优化为主要研究目标。

一、车辆-轨道-路基系统动力学的研究内容

注重于车辆、轨道及路基组成的振动系统,旨在研究轨道和路基的振动特性,并用于指导轨道和路基的相关计算分析、结构设计和运营维护,综合车辆动力学、轨道动力学及路基动力学的相关研究内容,处理好轮轨间的振动耦合关系及轨道与路基间的相互作用关系,即形成车辆-轨道-路基系统动力学的研究内容,如图 1-1 中所示。

但车辆-轨道-路基系统动力学的研究内容和分析方法十分复杂,如按照图 1-1 所示的顺序进行介绍,则理解起来较为困难。为便于读者学习过程中的理

解和接受，本书中首先介绍耦合动力学的相关基础研究，如车辆动力学、轨道动力学及路基动力分析的相关知识，然后介绍车辆-轨道振动耦合关系，在此基础之上，介绍耦合动力学的研究内容和分析方法，最后介绍耦合动力学的主要应用研究，如图1-2所示。

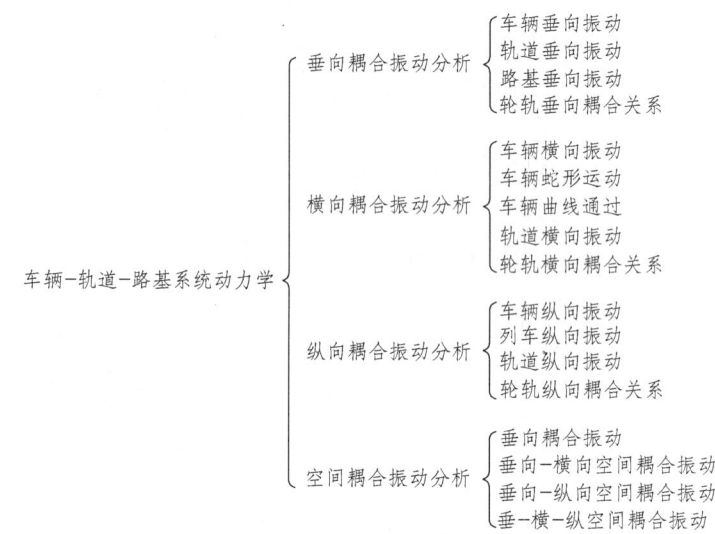

图1-1 车辆-轨道-路基系统动力学的研究内容

二、车辆-轨道-路基系统动力学研究的主要问题

车辆-轨道-路基系统动力学研究的内容十分丰富，所涉及的轮轨系统中的问题也十分广泛，概括起来主要为以下几个方面。

1. 车辆设计过程中的参数选择

应用车辆-轨道-路基系统动力学的研究方法，可以指导高速、重载车辆在设计中合理选择相关参数，如合理的固定轴距、一系及二系悬挂的定位刚度和阻尼参数、走行部的质量和振动惯量、轮踏面的形状及锥度，以及车体、构架和走行部各部分的振动频率等。

2. 求解轮轨界面上的动作用力

只有把车辆和轨道两个子系统耦合起来，才能有效地求解轮轨界面上存在不平顺（如轨道不平顺和车轮不平顺）时轮轨间的动作用力。因为车辆在运行过程中，车辆和轨道均会发生较为显著的振动，车辆走行部与轨道间的振动存在较大的耦合性，而轮轨界面上的作用力显然取决于车辆和轨道（含路基）两方面的振动情况。

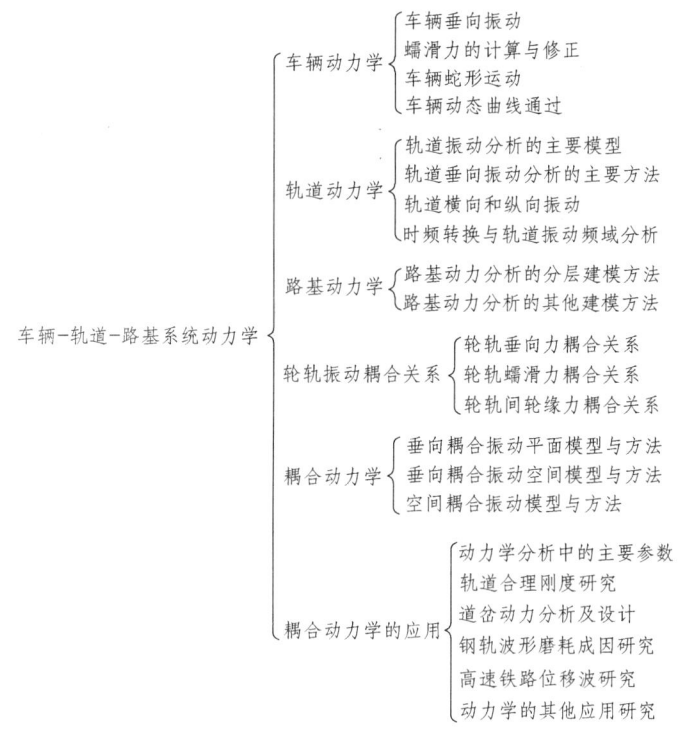

图 1-2 本书中车辆-轨道-路基系统动力学介绍的内容及顺序

在进行车辆动力学研究时,有时确实可以将轨道简化为刚性轨道。轨道上的曲线、超高、轨距加宽以及轨道垂向和横向不平顺等,均视为对车辆的激励,这样处理对研究车体运行平稳性和一系、二系悬挂参数是可行的,因为车体与轨道的振动频率相差较大,所以耦合性较差。但由于刚性轨道致使轮轨间动作用力显著增加,因此刚性轨道很难适用于对车辆走行部的动力特性研究。

3. 车辆运行安全性评价

研究车辆运行的安全性问题,须在车辆-轨道耦合动力学建模和分析的基础上,准确求解轮轨间的动作用力和作用位置的关系,建立车辆运行安全的评判指标,如轮重减载率、轮对横向力及脱轨系数等,对车辆运行在不平顺轨道上的安全性进行正确的评定。

4. 线路主要技术标准研究及动力学选线设计

应用两个及以上车辆建立的车辆-轨道耦合振动分析方法,可以基于车辆运行的平稳性和安全性,对铁路线路的一些主要技术标准,如最小平面曲线半径、最短缓和曲线长度、最小竖曲线半径、最大坡度代数差、最短坡段长度、最小圆曲线长度和最小夹直线长度等进行研究和优化，即进行有关铁路线路主要技术标准的动力学研究。

同样，基于线路走向的空间曲线和对车辆运行的平稳性和舒适性的要求，可以对已设计完成的铁路线路进行动力学评估，必要时进行优化，即进行铁路线路的动力学选线设计。

5. 轨道合理刚度研究及动力学优化设计

轨道合理刚度是轨道动力学设计中的主要内容，包括不同运营条件下轨道总刚度的合理取值范围、轨道各部刚度的合理匹配、轨道各种过渡段上刚度变化率的合理限值等方面。应用车辆–轨道–路基系统动力学的分析方法，可以对轨道各部的动作用力、动位移和振动加速度进行求解，而后依据相关的判据对轨道动力学特性进行优化，在优化的过程中寻找到合理的轨道刚度及其匹配关系。

6. 轨道病害原因分析及伤损和不平顺标准研究

对于轨道在运营过程中出现的病害，如钢轨波形磨耗、不均匀侧面磨耗等，可采用车辆–轨道–路基系统动力学的分析方法，进行计算与分析，找出产生病害的原因，提出有效的预防或减缓技术措施。

对于轨道部件的伤损，如磨耗、波磨及断缝，以及轨道不平顺，如轨距、轨向、高低和扭曲不平顺等，可建立车辆–轨道耦合振动模型及方法，并进行动力学计算分析，研究在不同运营条件下其允许限度值，为制订合理的轨道维护标准和安全标准提供依据。

7. 指导道岔的动力学设计

道岔是轮轨系统动力作用较为突出的区域，尤其对于高速道岔，车辆–轨道系统动力学的研究在其设计中是必不可少的重要依据。对于道岔的平面和立面线形、道岔区轨道刚度的均匀化措施、道岔前后的过渡段措施以及尖轨和心轨等重要部件的结构设计，都应当进行动力作用的计算与分析，只有这样，所设计出的道岔才能保证车辆以规定的最高速度安全、平稳地通过。

8. 高速铁路路基的合理刚度及变形控制

高速铁路路基刚度的控制，是路基振动固有频度控制的关键，而路基在列车经过时的变形控制则是保证列车安全运行的重要环节。通过对不同车辆条件和运行速度下车辆–轨道–路基系统动力学的理论分析，可以得到最合理的路基振动频率及其所对应的路基刚度值，从而指导高速铁路路基修建中的填料、施工方法和施工参数的设计与选择。

第二章 车辆振动分析方法

车辆一般由车体、二系减振弹簧和阻尼器、转向架构架、一系减振弹簧和阻尼器及轮对构成。低速货车通常未设一系减振弹簧和阻尼器，轮对的轴箱与构架直接联接，二系减振由摇枕和摩擦减振器组成。

为了突出叙述的层次性以便于理解，在研究车辆振动模型与振动方程时，通常忽略轨道的振动而暂时将轨道视为刚性体，轨道对车辆振动的影响由轨道垂向和横向不平顺体现，在耦合振动分析中再由轮轨间的振动耦合关系将车辆和轨道结合为一个系统。

第一节 应用哈密尔顿原理建立振动方程组

车辆系统是一个多自由度系统，进行振动分析的过程中，首先要依据系统内各种力和位移的相互作用关系建立力学模型，而后组建振动方程组，最后求解得到所关心的各种振动变量或响应。组建多自由度系统的振动方程往往十分复杂，依据经典的力的平衡分析方法已很难完成。本节介绍一种最有效的方法，即采用哈密尔顿原理及在计算机程序中自动对号入座的方法组建系统的振动方程组。

一、哈密尔顿原理

哈密尔顿原理是分析力学中的一个基本变分原理，它提供了一条从一切可能发生的（约束所许可的）运动中判断真正的（实际发生的）运动的准则，是建立多自由度大型复杂结构系统动力学方程的最有效的基本原理和方法之一。

设系统中某一变量（或称广义坐标）q_i 为时间的函数，则广义速度 $\dot{q}_i$ 可记为：

$$\dot{q}_i = \mathrm{d}q_i / \mathrm{d}t \tag{2-1}$$

系统振动动能可表达为自变量时间 t、随时间变化的广义坐标 q_i 和广义速度 $\dot{q}_i$ 的函数，即：

$$T = T(t, q_1, q_2, ..., q_n, \dot{q}_1, \dot{q}_2, ..., \dot{q}_n) \tag{2-2}$$

设广义坐标的变分或虚位移为 δq，则系统动能的一阶变分可表达为：

$$\delta T = \sum_{i=1}^{n} \left(\frac{\partial T}{\partial q_i} \delta q_i + \frac{\partial T}{\partial \dot{q}_i} \delta \dot{q}_i \right) \tag{2-3}$$

类似地，系统势能可表达为自变量时间 t 和随时间变化的广义坐标 q_i 的函数，即：

$$U = U(t, q_1, q_2, ..., q_n) \tag{2-4}$$

系统势能的一阶变分可表达为：

$$\delta U = \sum_{i=1}^{n} \frac{\partial U}{\partial q_i} \delta q_i \tag{2-5}$$

根据系统的动力平衡原理，可以证明对于任何振动或运动系统，哈密尔顿原理可表达为：

$$\delta \int_{t_1}^{t_2} (T - U) \mathrm{d}t + \int_{t_1}^{t_2} \delta W \mathrm{d}t = 0 \tag{2-6}$$

式中　δ——变分或虚位移符号；
　　　t_1, t_2——积分的起始和终止时间；
　　　T——系统总动能；
　　　U——系统总势能；
　　　δW——系统内所有保守力和非保守力所做的虚功总和。

应用哈密尔顿原理，可以十分方便地依据系统的总动能、总势能和虚功，通过广义坐标的对号入座方法，组建系统振动方程组中的质量矩阵、刚度矩阵、阻尼矩阵及荷载列阵，而无需繁琐的取分离体和写出力的平衡方程。

二、应用哈密尔顿原理及对号入座方法建立振动方程

为了说明应用哈密尔顿原理建立振动方程的方法，以图 2-1（a）中所示的三自由度振动系统为例，分别取质量 m_1、m_2、m_3 为分离体，画出各自的受力情况如图 2-1（b）所示。

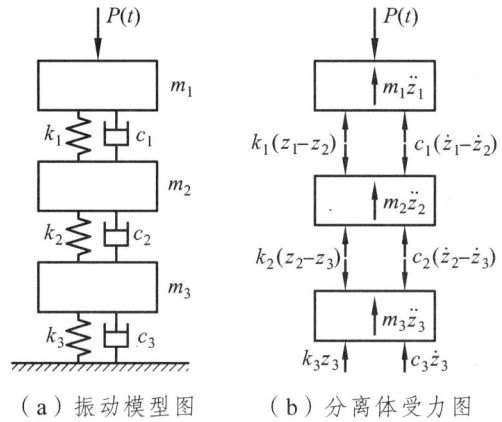

(a)振动模型图　　(b)分离体受力图

图 2-1 三自由度振动系统

根据各分离体的力的平衡关系可写出 3 个振动方程。

对于质量 m_1：

$$m_1\ddot{z}_1 + c_1(\dot{z}_1 - \dot{z}_2) + k_1(z_1 - z_2) = P(t) \tag{2-7}$$

对于质量 m_2：

$$m_2\ddot{z}_2 + c_1(\dot{z}_2 - \dot{z}_1) + c_2(\dot{z}_2 - \dot{z}_3) + k_1(z_2 - z_1) + k_2(z_2 - z_3) = 0 \tag{2-8}$$

对于质量 m_3：

$$m_3\ddot{z}_3 + c_2(\dot{z}_3 - \dot{z}_2) + c_3\dot{z}_3 + k_2(z_3 - z_2) + k_3z_3 = 0 \tag{2-9}$$

式（2-7）～（2-9）中，m_1, m_2, m_3——分别表示 3 个参振质量块的质量；

k_1, k_2, k_3——分别表示 3 个弹簧的刚度值；

c_1, c_2, c_3——分别表示 3 个阻尼器的阻尼值；

z_1, z_2, z_3——分别表示 3 个参振质量的振动位移。

由此得到该系统的振动方程组：

$$[M]\{\ddot{z}\} + [C]\{\dot{z}\} + [K]\{z\} = \{P\} \tag{2-10}$$

式中　$[M], [C], [K], \{P\}$——分别为振动系统的总质量矩阵、总阻尼矩阵、总刚度矩阵及总荷载列阵；

$\{\ddot{z}\}, \{\dot{z}\}, \{z\}$——分别为振动系统的加速度、速度及位移列阵。

从式（2-7）～（2-9）不难写出这些矩阵或列阵，即：

$$[M] = \begin{bmatrix} m_1 & 0 & 0 \\ 0 & m_2 & 0 \\ 0 & 0 & m_3 \end{bmatrix} \tag{2-11}$$

$$[C] = \begin{bmatrix} c_1 & -c_1 & 0 \\ -c_1 & c_1+c_2 & -c_2 \\ 0 & -c_2 & c_2+c_3 \end{bmatrix} \tag{2-12}$$

$$[K] = \begin{bmatrix} k_1 & -k_1 & 0 \\ -k_1 & k_1+k_2 & -k_2 \\ 0 & -k_2 & k_2+k_3 \end{bmatrix} \tag{2-13}$$

$$\{P\} = \begin{bmatrix} P(t) & 0 & 0 \end{bmatrix}^T \tag{2-14}$$

现改用哈密尔顿原理建立振动方程,首先写出图 2-1(a)所示系统的总动能,即:

$$T = \frac{1}{2}\sum_{i=1}^{3} m_i \dot{z}_i^2 \tag{2-15}$$

而后写出系统的总势能表达式,由于该系统是线性系统,振动分析中可忽略重力作用,因此系统势能仅为各弹簧弹性势能之和,

$$U = \frac{1}{2}k_1(z_1-z_2)^2 + \frac{1}{2}k_2(z_2-z_3)^2 + \frac{1}{2}k_3 z_3^2 \tag{2-16}$$

最后写出系统中各种力的总虚功表达式,包括阻尼力和激振力虚功:

$$\delta W = c_1(\dot{z}_1-\dot{z}_2)(\delta z_1-\delta z_2) + c_2(\dot{z}_2-\dot{z}_3)(\delta z_2-\delta z_3) + c_3\dot{z}_3\delta z_3 + P(t)\delta z_1 \tag{2-17}$$

为组建振动方程,求出式(2-15)所示总势能的一阶变分,即:

$$\delta T = \sum_{i=1}^{3} m_i \dot{z}_i \delta \dot{z}_i \tag{2-18}$$

注意到哈密尔顿原理表达式(2-6)中关于系统总动能的积分式:

$$\delta \int_{t_1}^{t_2} T \mathrm{d}t = \int_{t_1}^{t_2} \delta T \mathrm{d}t = \int_{t_1}^{t_2} \sum_{i=1}^{3} m_i \dot{z}_i \delta \dot{z}_i \mathrm{d}t \tag{2-19}$$

利用分步积分原理,式(2-19)变为:

$$\delta \int_{t_1}^{t_2} T \mathrm{d}t = -\int_{t_1}^{t_2} \sum_{i=1}^{3} m_i \ddot{z}_i \delta z_i \mathrm{d}t + \sum_{i=1}^{3} m_i \dot{z}_i \, \delta z_i \Big|_{t_1}^{t_2} \tag{2-20}$$

由于对应于任何已知的积分起点和终点时刻的振动位移是确定的,其变分为零,所以式(2-20)第 2 项为零,因此有:

$$\delta\int_{t_1}^{t_2}Tdt=-\int_{t_1}^{t_2}\sum_{i=1}^{3}m_i\ddot{z}_i\delta z_i dt \quad (2\text{-}21)$$

类似地,求出系统总势能的一阶变分为:

$$\delta U=k_1(z_1-z_2)(\delta z_1-\delta z_2)+k_2(z_2-z_3)(\delta z_2-\delta z_3)+k_3z_3\delta z_3 \quad (2\text{-}22)$$

根据式(2-21)、(2-22)、(2-17)所表达的系统的总动能一阶变分、总势能一阶变分和虚功,在计算机编程过程中,依据变量(自由度)对号入座的方法,可以很方便地组建振动方程中的总质量矩阵、总阻尼矩阵、总刚度矩阵和总荷载列阵。

设变量 z_1, z_2, z_3 的编号分别为 1,2,3,变分和虚功表达式中与加速度对应的项应当放入总质量矩阵,与速度变量对应的项应放入总阻尼矩阵,与位移对应的项应当放入总刚度矩阵,不与前三者对应的项应当放入荷载列阵中。如加速度、速度、位移变量的脚标对应矩阵中的行,则对应变分或虚位移变量的脚标对应矩阵中的列(反之亦可),荷载列阵中赋值的位置由变分或虚位移的脚标指示。

式(2-21)的动能变分表达式中所有 3 项均与加速度有关,应放入总质量矩阵,且加速度的脚标与变分的脚标相同,因而总质量矩阵为一对角阵,主对角元素依次为 m_1, m_2, m_3,矩阵中其余元素为零,见式(2-11)。

式(2-22)的势能变分表达式中所有项均与位移有关,应放入总刚度矩阵。先将总刚度矩阵置零,然后依据式(2-22)逐项进行累加。例如,与弹簧刚度 k_1 有关的一共有 4 项,分别为 $k_1z_1\delta z_1$, $-k_1z_2\delta z_1$, $k_1z_1\delta z_2$, $-k_1z_2\delta z_2$,应当分别累加放入刚度矩阵第 1 行第 1 列(k_1)、第 2 行第 1 列($-k_1$)、第 1 行第 2 列(k_1)、第 2 行第 2 列($-k_1$),其他各项依此类推,从而组建成式(2-12)所示的总刚度矩阵。

虚功表达式(2-17)中除最后一项以外都与速度有关。与速度有关的各项应放入阻尼矩阵,而最后一项是已知激振力的虚功,应放在荷载列阵中的第一个元素中。

第二节 车辆垂向振动的分析模型与方程

在直线和大半径曲线地段,当车辆蛇行运动稳定性不存在问题的条件下,为简化分析,车辆的横向振动可以忽略不计,而将车辆垂向振动独立出来进行研究。车辆垂向振动分析的主要目的,是研究车辆在轨道垂向不平顺的激励下,车辆各部件,如车体、转向架构架、轴箱等的动力响应特点和振动规律,为车辆各部件强度设计提供依据,为合理选择车辆的一系与二系悬挂的刚度和阻尼参数提供依据。

一、坐标系定义及车辆振动自由度

进行大型结构系统振动分析时,首先要建立统一的坐标系,包括系统的整体坐标系和系统内各部件的局部坐标系。本书中的三维整体坐标系是这样规定的:

① 沿线路方向为 x 轴,车辆前进方向为 x 正向;

② 水平面内垂直于线路方向为 y 轴,向曲线内侧或车辆前进方向的右侧为 y 轴正向;

③ 竖向为 z 轴,向下为 z 轴正向;

④ 绕 x, y, z 轴的角位移的正向符合右手定则。

整体坐标如图 2-2 所示。各参振质量的局部坐标系方向与整体坐标系相同,局部坐标的原点均设于各刚体的质心。

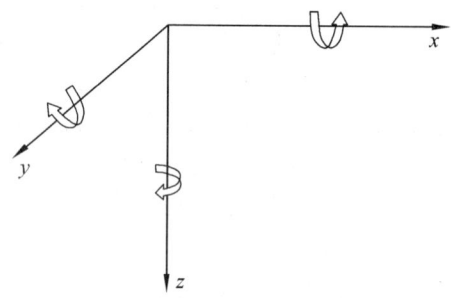

图 2-2 轮轨系统振动分析坐标系

车体及转向架构架等刚性质量体,在三维空间内各自存在 6 个自由度,分别为:

① 伸缩线位移,沿 x 轴方向,简称伸缩;

② 横移线位移,沿 y 轴方向,简称横移;

③ 沉浮线位移,沿 z 轴方向,简称沉浮;

④ 侧滚角位移,绕 x 轴的旋转,简称侧滚;

⑤ 点头角位移,绕 y 轴的旋转,简称点头;

⑥ 摇头角位移,绕 z 轴的旋转,简称摇头。

在车辆振动分析的各种动力学模型中,往往根据分析的目的和模型的繁简程度,对各质量体的上述 6 个振动位移进行合理取舍。如:在进行车辆垂向振动分析时，通常考虑的是质量体与垂向振动有关的沉浮、侧滚和点头位移；在进行车辆横向振动分析时，通常考虑与横向振动有关的横移、摇头等位移；而在进行车辆三维空间耦合振动分析时，则通常考虑除伸缩位移以外的 5 个位移；只有在进行多个车辆间纵向冲击或振动分析时，才考虑质量体沿 x 轴方向的伸缩线位移，而在进行单个车辆振动分析时，通常不考虑沿 x 轴方向的位移。

二、6自由度车辆垂向振动模型与方程

当两股钢轨上的垂向不平顺相同或相近，即轨道上只存在线路中心线的高低不平顺时，车辆因左右两轨差异而激化的侧滚振动可以忽略，车辆垂向振动可取线路中心线所在立面为对称面，进行车辆全车平面建模分析。

全车平面模型如图 2-3 所示。车体考虑沉浮与点头两个位移，车体与转向架构架间为二系悬挂的弹簧刚度和阻尼。类似地，转向架构架也只考虑沉浮与点头两个位移，构架与车轮间是一系（或轴箱）弹簧刚度与阻尼。通常假设振动过程中车轮不脱离轨面运行，车轮的位移与轨面垂向不平顺相等，车轮没有振动自由度。由此建立一个刚性轨道 6 自由度垂向振动分析全车平面模型。

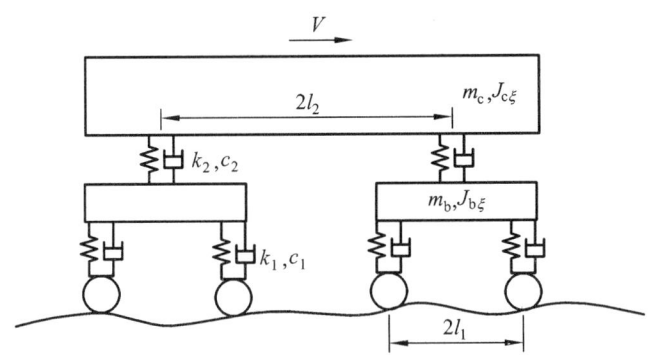

图 2-3　6 自由度垂向振动全车平面模型

设轨面不平顺的时程函数为 $\eta_r(t)$，则 4 个车轮下的轨面不平顺激励分别为 $\eta_{ri}(t), (i=1,2,3,4)$（编号自前进方向第 1 车轮开始），由于各车轮经过同样的轨面不平顺，所以车轮下的激励不是独立的，可依据各车轮经过同一轨面点上的时间差进行换算。

设各车轮经过同一轨面点的时间分别为 t_1, t_2, t_3, t_4，则有：

$$t_2 = t_1 + \frac{2l_1}{V}$$

$$t_3 = t_1 + \frac{2l_2}{V}$$

$$t_4 = t_1 + \frac{2(l_1 + l_2)}{V} \tag{2-23}$$

式中　V——车辆前进速度；

　　　l_1——转向架上前后两轮对一系悬挂点的纵向中心距之一半；

　　　l_2——车辆二系悬挂点的纵向中心距之一半。

利用哈密尔顿原理建立振动方程时，只需要写出图 2-3 所示振动模型的系统总动能、总势能和总的虚功表达式即可。

系统总动能表达式为：

$$T_6 = \frac{1}{2} m_c \dot{z}_c^2 + \frac{1}{2} J_{c\xi} \dot{\xi}_c^2 + \frac{1}{2} \sum_{i=1}^{2} (m_b \dot{z}_{bi}^2 + J_{b\xi} \dot{\xi}_{bi}^2) \tag{2-24}$$

式中　$m_c, J_{c\xi}$——分别表示单侧车体的参振质量和点头转动惯量；

　　　$m_b, J_{b\xi}$——分别表示单侧转向架构架的参振质量和点头转动惯量；

　　　z_c, ξ_c——分别表示车体的沉浮和点头振动位移；

　　　z_{bi}, ξ_{bi}——分别表示前后构架的沉浮和点头振动位移。

系统总势能表达式为：

$$U_6 = \frac{1}{2} k_1 \left[\sum_{i=1}^{4} z_{b\frac{i+1}{2}} + (-1)^i l_1 \xi_{b\frac{i+1}{2}} - \eta_{ri} \right]^2 + \frac{1}{2} k_2 \sum_{i=1}^{2} \left[z_c + (-1)^i l_2 \xi_c - z_{bi} \right]^2 \tag{2-25}$$

式中　k_1, k_2——分别表示一系（每轴箱）和二系（每转向架单侧）悬挂的垂向刚度；

　　　$\eta_{ri}, (i = 1 \sim 4)$——4 个车轮下轨面垂向不平顺激励；

　　　$\dfrac{i+1}{2}$——整型运算脚标，当 $i = 1, 2, 3, 4$ 时，$\dfrac{i+1}{2} = 1, 1, 2, 2$。

系统的总虚功表达式为：

$$\delta W_6 = c_1 \left[\sum_{i=1}^{4} \dot{z}_{b\frac{i+1}{2}} + (-1)^i l_1 \dot{\xi}_{b\frac{i+1}{2}} - \dot{\eta}_{ri} \right] \left[\delta z_{b\frac{i+1}{2}} + (-1)^i l_1 \delta \xi_{b\frac{i+1}{2}} \right] +$$

$$c_2 \sum_{i=1}^{2} \left[\dot{z}_c + (-1)^i l_2 \dot{\xi}_c - \dot{z}_{bi} \right] \left[\delta z_c + (-1)^i l_2 \delta \xi_c - \delta z_{bi} \right] \tag{2-26}$$

式中　c_1, c_2——分别表示一系（每轴箱）和二系（每转向架单侧）悬挂的阻尼。

在计算机程序中可根据式（2-24）~（2-26）依对号入座的方法自动组成系统的振动方程。

由于一般车辆的前后转向架是对称布置的，车体的沉浮振动与点头振动不发生耦合。因此，在不研究轨道长波不平顺对车体振动影响的情况下，图 2-3 所示的 6 自由度全车平面模型可进一步简化，只考虑车体沉浮、前转向架沉浮和点头位移，成为只有 3 个自由度的半车平面模型，如图 2-4 所示。

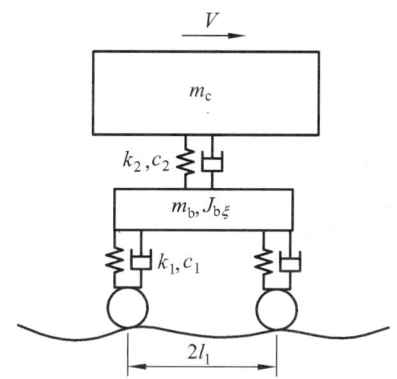

图 2-4　3 自由度半车平面振动模型

建立图 2-4 所示模型的振动方程就十分简单了，式（2-24）~（2-26）所列的系统总动能、总势能和总虚功的表达式简化为：

$$T_3 = \frac{1}{2} m_c \dot{z}_c^2 + \frac{1}{2} m_b \dot{z}_b^2 + \frac{1}{2} J_b \dot{\xi}_b^2 \qquad (2\text{-}27)$$

$$U_3 = \frac{1}{2} k_1 \left[\sum_{i=1}^{2} z_{bi} + (-1)^i l_1 \xi_{bi} - \eta_{ri} \right]^2 + \frac{1}{2} k_2 [z_c - z_b]^2 \qquad (2\text{-}28)$$

$$\delta W_3 = c_1 \left[\sum_{i=1}^{2} \dot{z}_{bi} + (-1)^i l_1 \dot{\xi}_{bi} - \dot{\eta}_{ri} \right] \left[\delta z_{bi} + (-1)^i l_1 \delta \xi_{bi} \right] + \\ c_2 (\dot{z}_c - \dot{z}_b)(\delta z_c - \delta z_b) \qquad (2\text{-}29)$$

式中　m_c——1/4 个车体的参振质量。

三、9 自由度车辆垂向振动模型与方程

当两股钢轨的垂向不平顺存在较大差异（如车辆经过轨道扭曲不平顺或三角坑区域）时，车体及转向架会因轨道扭曲不平顺激化较大的侧滚振动，采用

车辆垂向振动的平面模型就不能解决有关振动问题了。此时,须考虑采用车辆垂向振动的空间模型。

车辆垂向振动全车空间模型的侧面图与图 2-3 相同,而模型的横断面图如图 2-5 所示。在垂向振动的空间模型中,车体和转向架构架各考虑沉浮、点头和侧滚 3 个位移,仍假设车轮不脱离钢轨运行,所以轮对没有自由度,该模型共 9 个自由度。

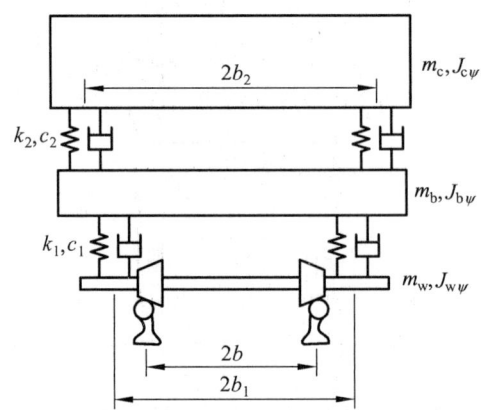

图 2-5　9 自由度车辆垂向振动全车空间模型横断面图

车轮编号依车辆前进方向左侧(或线路曲线外轨上)为第 1,3,5,7 号轮,右侧(或曲线内轨上)为 2,4,6,8 号轮。各车轮下轨面垂向不平顺激励分别为 η_{ri},($i=1,2,\cdots,8$)。因第 1,3,5,7 号车轮运行在同一钢轨上,所以其下的轨面不平顺可依据各车轮滚过既定轨道点的时间差进行换算。同样,第 2,4,6,8 号车轮下的轨面不平顺也可依据各车轮滚过既定轨道的时间差进行相互换算。但轨道上的两股钢轨不平顺可以不相同,因此两股钢轨的不平顺须分别给定。

该振动模型虽只比 6 自由度全车平面模型增加了 3 个自由度,但由于将平面模型中由车体、转向架构架的沉浮和点头两种振动形式的耦合,变为了沉浮、点头和侧滚 3 种振动形式的相互耦合,使得振动方程复杂了许多,系统总动能、总势能和总虚功的表达式分别变为:

$$T_9 = \frac{1}{2}m_c\dot{z}_c^2 + \frac{1}{2}J_{c\xi}\dot{\xi}_c^2 + \frac{1}{2}J_{c\psi}\dot{\psi}_c^2 + \frac{1}{2}\sum_{i=1}^{2}(m_{bi}\dot{z}_{bi}^2 + J_{b\xi}\dot{\xi}_{bi}^2 + J_{b\psi}\dot{\psi}_{bi}^2)$$

(2-30)

$$U_9 = \frac{1}{2}k_1\left[\sum_{i=1}^{8} z_{b\frac{i+3}{4}} + (-1)^{\frac{i+1}{2}}l_1\xi_{b\frac{i+3}{4}} + (-1)^i b_1\psi_{b\frac{i+3}{4}} - \eta_{ri}\right]^2 +$$

$$\frac{1}{2}k_2\sum_{i=1}^{4}\left[z_c+(-1)^i l_2\xi_c+(-1)^i b_2\psi_c-z_{b\frac{i+1}{2}}-(-1)^i b_2\psi_{b\frac{i+1}{2}}\right]^2$$

（2-31）

$$\delta W_9 = c_1\sum_{i=1}^{8}\left\{\left[\dot{z}_{b\frac{i+3}{4}}+(-1)^{\frac{i+1}{2}} l_1\dot{\xi}_{b\frac{i+3}{4}}+(-1)^i b_1\dot{\psi}_{b\frac{i+3}{4}}-\dot{\eta}_{ri}\right]\times\right.$$

$$\left.\left[\delta z_{b\frac{i+3}{4}}+(-1)^{\frac{i+1}{2}} l_1\delta\xi_{b\frac{i+3}{4}}+(-1)^i b_1\delta\psi_{b\frac{i+3}{4}}\right]\right\}+$$

$$c_2\sum_{i=1}^{4}\left\{\left[\dot{z}_c+(-1)^i l_2\dot{\xi}_c+(-1)^i b_2\dot{\psi}_c-\dot{z}_{b\frac{i+1}{2}}-(-1)^i b_2\dot{\psi}_{b\frac{i+1}{2}}\right]\times\right.$$

$$\left.\left[\delta z_c+(-1)^i l_2\delta\xi_c+(-1)^i b_2\delta\psi_c-\delta z_{b\frac{i+1}{2}}-(-1)^i b_2\delta\psi_{b\frac{i+1}{2}}\right]\right\}$$

（2-32）

式中　$m_c, J_{c\xi}, J_{c\psi}$——分别表示车体的参振质量、点头转动惯量和侧滚转动惯量；

　　　$m_b, J_{b\xi}, J_{b\psi}$——分别表示转向架构架的参振质量、点头转动惯量和侧滚转动惯量；

　　　z_c, ξ_c, ψ_c——分别表示车体的沉浮、点头和侧滚振动位移；

　　　$z_{bi}, \xi_{bi}, \psi_{bi}$——分别表示前后转向架构架的沉浮、点头和侧滚振动位移；

　　　b_1, b_2——分别表示一系、二系悬挂点的横向距之一半。

当轨道上存在波长较短（短于车辆全轴距）的扭曲不平顺，如研究基长小于 6.25 m 或 12.5 m 的三角坑对车辆振动的影响时，由于车辆前后转向架的对称性，也可采用只考虑一个转向架的半车空间模型。该半车空间模型的侧面图如图2-4所示，断面图如图2-5所示，共有车体沉浮、侧滚和转向架构架沉浮、侧滚及点头 5 个自由度。

如果考虑轮轨之间的耦合振动及相对位移，则图 2-3 和图 2-5 所示的车辆垂向振动全车空间模型还要加上每个轮对的沉浮及侧滚共 8 个自由度，由此发展为轮轨垂向耦合振动中最常采用的 17 个自由度的全车垂向振动空间模型。但 17 个自由度的车辆模型中，轨道不能再视为刚体，轨道的垂向振动位移应当以适当形式在模型中加以考虑，比如在每一车轮下设置一个代表轨道的弹性支承的质量块，且将轮轨间以接触弹簧联接起来，构成车辆-轨道耦合振动模型（将在本书的第五章中介绍），才有可能求解出比较准确的轮轨之间的动作用力。

所以，将轨道视为刚体的车辆垂向振动分析，只能解决车辆结构与悬挂参数设计、车体运行平稳性等问题，一般都难以考虑车轮或轮对振动位移，也就是难以用来求解轮轨之间的垂向动作用力，因为刚性轨道模型会使轮轨间动作用力的计算值大大高于其实际值。

第三节 车辆振动方程的求解

无论采用什么样的振动分析模型，总可以得到车辆在轨道垂向不平顺激励下在时域内的振动方程（组）（见式（2-10）），接下来的问题是如何有效准确地求解振动方程（组），从而得到所需要的振动变量的动力响应。

一、积分方法的选择原则

对于大型结构系统而言，一般自由度数较多，振动方程的阶数也较高，且经常存在一个或多个强非线性因素的影响。针对这种情况，通常采用直接积分方法进行求解，以得到各振动变量的时间历程。当需要研究系统振动的频域特性时，可对时域解进行时频转换。当然也可以将系统中的非线性因素进行当量线性化后变为线性系统，直接采用振动分析中的频域方法对振动的频率特性进行研究。

振动方程的直接（数值）积分方法，是将时间变量进行离散，即假定振动的位移、速度、加速度服从一定的变化规律，某一时刻的值可表达为此前各时刻值的线性组合。以此类推，可由初始条件求得振动方程组在所有时刻的解。

对变化规律的不同假定，便导致了不同的积分方法，因此目前常用于求解工程振动问题的数值积分方法多达十几种。选择积分方法的主要原则是保证振动方程求解具有较高的稳定性、足够的精度且算法无"超调"现象。

解的稳定性是指积分时间步长 Δt 选取后，位移、速度和加速度的积累误差不会随积分过程而增大。对某一特定振动方程，积分方法可表现为有条件稳定和无条件稳定。有条件稳定一般是指时间步长或积分方法中某些待定参数选在某一范围内时，该积分方法是稳定的，时间步长或待定参数在其他范围则该算法不稳定。如果在任何条件下，对任意积分步长 Δt，振动方程的解都是稳定的，则称该积分方法为无条件稳定。通常在进行振动方程的数值积分时，应尽可能选择无条件稳定的积分方法。

积分方法的精度一般以算法阻尼率和周期延长率来衡量。设图 2-6 中的实线是实际振动的时间历程，虚线是采用某一积分方法求解得到的结果。一般情况下，稳定的积分方法都是随着积分时间的增长，所得的振动数值比实际值逐渐减小，类似于在系统中加入了阻尼器的情形，即所谓的算法阻尼。积分方法在将振动幅值逐渐算小的同时，将振动周期逐渐算长，即所谓的周期延长率。在选择积分方法时，应尽可能选择算法阻尼和周期延长率小的方法。积分方法确定后，一般来讲，积分的时间步长越小，算法阻尼率和周期相对误差都将减小，计算精度会增高。但时间步长取得越小，计算的工作量则越大，所耗机时也越长，因此应当合理选取积分的时间步长。

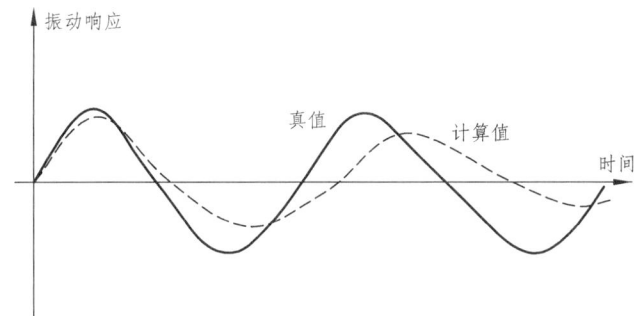

图 2-6　积分算法的阻尼率与周期延长率示意

积分方法的超调现象，是指初始条件仅仅发生微小改变的情况下，某一项或几项振动变量的响应计算结果会出现巨大的差异。对于大型多自由度非线性系统，采用数值积分进行计算时，是很有可能遇到输入参数微小变化，但计算结果却大相径庭的情况，这种超调现象可能是由积分方法引起的，也有可能是非线性系统本身的特性所决定的，许多情况下很难区分。因此，在选择积分方法时，应尽可能采用无超调现象的积分方法。

二、Park 积分方法求解振动方程

目前工程中应用较广的直接积分方法有：Houbolt 方法、Hilber-α 方法、Collocation 方法（含 Wilson-θ 法、Newmark 法）、Park 方法等，都有比较理想的精度和稳定特性。经作者及所在课题组多年使用比较，Park 方法有较好的低频精度，很少出现超调现象，即使求解强非线性多自由度系统的振动问题，也是无条件稳定的。因而此处重点介绍使用该方法求解车辆振动方程。

Park 方法是基于 Gear 的两步后差法和三步后差法建立起来的，其基本公

式是：

$$\left.\begin{array}{l}\dot{z}_{n+1} = \dfrac{1}{6\Delta t}(10z_{n+1} - 15z_n + 6z_{n-1} - z_{n-2}) \\ \ddot{z}_{n+1} = \dfrac{1}{6\Delta t}(10\dot{z}_{n+1} - 15\dot{z}_n + 6\dot{z}_{n-1} - \dot{z}_{n-2})\end{array}\right\} \quad (2\text{-}33)$$

式（2-33）可写为：

$$\left.\begin{array}{l}\{\dot{z}_{n+1}\} = a_0\{z_{n+1}\} + \sum\limits_{i=1}^{3} a_i \{z_{n-i+1}\} \\ \{\ddot{z}_{n+1}\} = a_0\{\dot{z}_{n+1}\} + \sum\limits_{i=1}^{3} a_i \{\dot{z}_{n-i+1}\}\end{array}\right\} \quad (2\text{-}34)$$

且

$$\left.\begin{array}{ll}a_0 = \dfrac{10}{6\Delta t}, & a_1 = -\dfrac{15}{6\Delta t} \\ a_2 = \dfrac{1}{\Delta t}, & a_3 = -\dfrac{1}{6\Delta t}\end{array}\right\} \quad (2\text{-}35)$$

将式（2-33）代入式（2-10），得到：

$$[M]\{a_0^2 z_{n+1} + a_0 B_0(z_n) + B_0(\dot{z}_n)\} + [C]\{a_0 z_{n+1} + B_0(z_n)\} + [K]\{z_{n+1}\} \\ = \{P((n+1)\Delta t)\} \quad (2\text{-}36)$$

式（2-36）中：

$$B_0(z_n) = \sum_{i=1}^{3} a_i z_{n-i+1}, \quad B_0(\dot{z}_n) = \sum_{i=1}^{3} a_i \dot{z}_{n-i+1} \quad (2\text{-}37)$$

由此可得到：

$$[A]\{z_{n+1}\} = \{B\} \quad (2\text{-}38)$$

式（2-38）是常系数代数方程组，且

$$\left.\begin{array}{l}[A] = a_0^2 [M] + a_0 [C] + [K] \\ \{B\} = \{P((n+1)\Delta t)\} - a_0[M]\{B_0(z_n)\} - [M]\{B_0(\dot{z}_n)\} - [C]\{B_0(z_n)\}\end{array}\right\} \quad (2\text{-}39)$$

依据式（2-38）所示的方程组求解出 $(n+1)\Delta t$ 时刻的位移 $\{z_{n+1}\}$ 后，即可代回到式（2-34）中依次求得 $(n+1)\Delta t$ 的速度和加速度 $\{\dot{z}_{n+1}\}$，$\{\ddot{z}_{n+1}\}$。

但 Park 方法是线性多步法，不能自动起步，需借助其他方法起步。自动起步的方法很多，我们最常用的是 Wilson-θ 法。Wilson-θ 单步法的表达式为：

$$\left.\begin{aligned}\{\ddot{z}_{n+1}\} &= \{\ddot{z}_n\} + \frac{1}{\theta}(\{\ddot{z}_\theta\} - \{\ddot{z}_n\}) \\ \{\dot{z}_{n+1}\} &= \{\dot{z}_n\} + \Delta t\{\ddot{z}_n\} + \frac{\Delta t}{2\theta}\{(\{\ddot{z}_\theta\} - \{\ddot{z}_n\}) \\ \{z_{n+1}\} &= \{z_n\} + \Delta t\{\dot{z}_n\} + 0.5\Delta t^2\{\ddot{z}_n\} + \frac{\Delta t^2}{6\theta}(\{\ddot{z}_\theta\} - \{\ddot{z}_n\})\end{aligned}\right\} \quad (2\text{-}40)$$

在 $(n+1)\Delta t = \Delta t, 2\Delta t$ 时刻，将式（2-40）代式（2-10）中，可得到：

$$[A]\{\ddot{z}_\theta\} = \{B\} \quad (2\text{-}41)$$

式（2-41）中：

$$\begin{aligned}[A] &= [M] + 0.5\theta\Delta t[C] + \frac{\Delta t^2}{6}\theta[K] \\ \{B\} &= \{P\} - [K]\{z_n\} - [C]\{\dot{z}_n\} - \theta\Delta t\{\dot{z}_n\} - \\ &\quad 0.5\theta\Delta t[C]\{\ddot{z}_n\} - \frac{1}{3}\theta\Delta t^2[K]\{\ddot{z}_n\}\end{aligned}$$

从式（2-41）中解出 $\{\ddot{z}_\theta\}$ 后代回式（2-40），可得到 $\Delta t, 2\Delta t$ 时刻的位移、速度和加速度列阵。

但是，应用如 Wilson-θ 法这样的单步法求解非线性系统振动问题时，很难找到稳定的时间步长。在起步过程中，会因起步方法的干扰，造成各振动变量出现不真实的波动，其影响波及改用 Park 方法进行计算后的 60～100 步，才能逐渐恢复到实际的振动状态。因此，一般进行动力方程的积分计算时，总是先进行若干步无效计算，待起步方法所引起的干扰完全消除后，再加入激励进行有效计算。为了减少无效计算量，应当进一步研究更好的积分起步方法。

第四节 轮轨间蠕滑力的计算与修正

轮轨蠕滑理论将轮轨间的切向（纵、横向）力与轮轨间的相对位移和速度联系起来，建立了切向力与轮轨纵横向位移间的一一对应关系，弥补了轮轨间简单地按库仑摩擦力处理时难以建立振动方程的不足。蠕滑理论是分析车辆横向振动、蛇形运动和曲线通过的重要基础，也是车辆系统和轨道系统在轮轨横向研究中的最重要的振动耦合条件之一，是研究轮轨空间耦合振动中不可缺少的基础理论。

一、蠕滑力的基本概念

车轮通过曲线时,不可能总是呈现纯滚动,车轮真实的前进速度并不等于其滚动形成的前进速度,车轮相对于钢轨会产生很微小的弹性滑动,即蠕滑。轮轨接触面上的切向力与轮轨间蠕滑的大小有关,即蠕滑力。

蠕滑的大小以蠕滑率表示,或简称为蠕滑。蠕滑用车轮和钢轨上接触斑的刚体位移速度加以定义。设钢轨上接触斑沿钢轨纵、横向的刚体位移速度分别为 V_1' 和 V_2',绕垂直轴的旋转速度为 Ω_3',车轮踏面上接触斑沿钢轨纵、横向的刚体位移速度和绕垂直轴的旋转速度分别为 V_1、V_2 和 Ω_3,如图 2-7 所示,则纵、横向蠕滑 γ_1、γ_2 和旋转蠕滑 ω_3 可定义为:

$$\left. \begin{aligned} \gamma_1 &= \frac{2(V_1'-V_1)}{V_1'+V_1} \\ \gamma_2 &= \frac{2(V_2'-V_2)}{V_1'+V_1} \\ \omega_3 &= \frac{2(\Omega_3-\Omega_3')}{V_1'+V_1} \end{aligned} \right\} \quad (2\text{-}42)$$

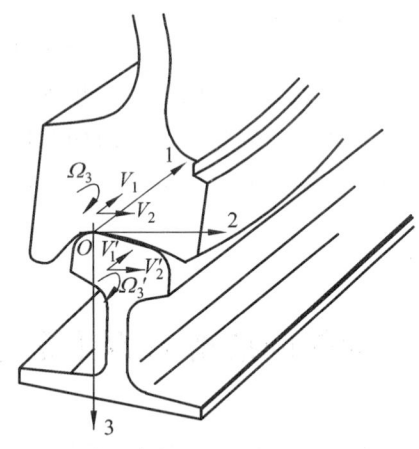

图 2-7 轮轨蠕滑定义图示

当线路曲线几何参数一定时,可依据轮对在曲线上的几何位置和运动速度计算出轮轨间的蠕滑。

当蠕滑较小时,蠕滑力和蠕滑之间存在线性关系,可依据 Kalker 线性蠕滑理论计算蠕滑力。而当蠕滑较大时,蠕滑力与蠕滑间呈现非线性关系,蠕滑力依据 Kalker 理论计算后，还须进行蠕滑力的饱和判断并采用 Johnson 三次曲线进行迭代修正。

在车轮产生大蠕滑以致出现真实滑动（打滑）的情况下，蠕滑力达到饱和，轮轨间最大的蠕滑力即为库仑摩擦力。蠕滑力与蠕滑的关系如图 2-8 所示。图 2-8 中的原点 O 为车轮纯滚动状态，轮轨间切向力为零。从 O 点到 A 点之间，轮轨间处于蠕滑状态，轮轨间蠕滑力与蠕滑之间服从 Johnson 三次曲线，当蠕滑较小时，蠕滑力与蠕滑可简化为 Kalker 线性关系。A 点以后，蠕滑力达到饱和，等于库仑摩擦力，轮轨间出现滑动。

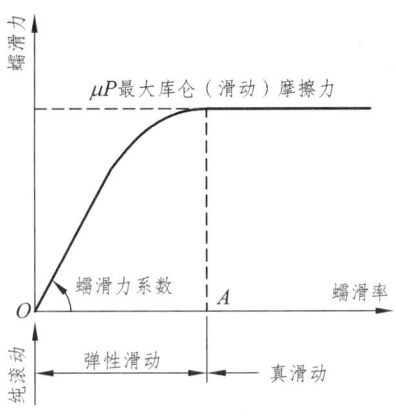

图 2-8 蠕滑力与蠕滑关系曲线

假设一个具有踏面锥度 λ 的自由轮对在曲线上做纯滚动，轮对中心所走过的轨迹叫做纯滚动线，纯滚动线与曲线中心线为同心圆，且纯滚动线总是在曲线中心线外侧，如图 2-9 所示，相距 y_0 为：

$$y_0 = -\frac{r_0 b}{\lambda R} \tag{2-43}$$

式中　负号表示 y_0 在曲线中心线外侧；
　　　r_0——车轮名义滚动半径；
　　　b——两股钢轨上接触点距离（常取两股钢轨的中心距）之一半；
　　　λ——车轮踏面的锥度；
　　　R——线路曲线的半径。

对于一定的轮对踏面锥度 λ 和一定半径的线路曲线，纯滚动线的位置是确定的。

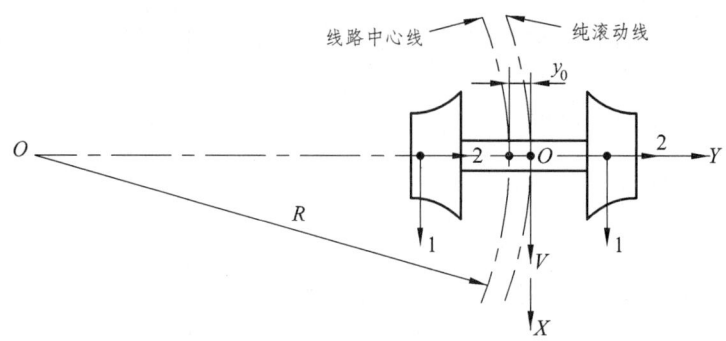

图 2-9 自由轮对滚动位置示意图

如果轮对中心不在纯滚动线上，轮轨之间必然出现蠕滑，从而产生蠕滑力。蠕滑力的大小及方向由相对位移（$y^* = y - y_0$）决定。y 是轮对中心相对线路中心线向外移动的距离。也就是说当轮对中心移向纯滚动线之外时，y^* 为负，此时外轮滚动半径大于纯滚动所需的半径，滚动一周所走距离相对于纯滚动时的位置是超前的；相反，内轮的滚动半径则小于纯滚动时的半径，滚动一周所走的距离相对于纯滚动时的位置是滞后的。由于车轮踏面的锥形效应，此时外轮必将向后滑动，内轮必将向前滑动，因此外轮所受的纵向蠕滑力与蠕滑方向相反，是向前的，内轮的纵向蠕滑力是向后的。同理，当轮对中心相对线路中心线向外移动的距离较小，y^* 为正时，就会出现与上述相反的情况。不论怎样，外轮与内轮上的纵向蠕滑力方向总是相反的，在小蠕滑情况下大小近似相等，形成一个蠕滑力偶。

对于大半径曲线，y_0 量值很小，这就有可能形成一个顺时针方向的蠕滑力矩，有利于转向架通过曲线时的转向，势必减小轮缘导向力的作用，甚至完全实现轮踏面蠕滑力导向。对于半径较小的曲线而言，单靠轮踏面蠕滑力导向是不够的，还需依靠导向轮上的轮缘力进行导向。

二、蠕滑力计算

设曲线轨道上一轮对以速度 V 向前运行，轮对中心在曲线上相对线路中心存在横向位移 y_w 和横向位移速度 $\dot{y}_w$，轮对轴线相对于线路半径方向存在摇头角 ϕ_w 及摇头角速度 $\dot{\phi}_w$，如图 2-10 所示，则内外侧车轮与钢轨间的蠕滑可按以下过程推导求得。

设曲线外轨上的车轮为 1 号车轮、内轨上车轮为 2 号车轮，纵向（x 向）蠕滑及蠕滑力脚标为 1，横向（y 向）蠕滑及蠕滑力脚标为 2。钢轨上轮轨接触斑的纵向、横向和自旋速度分量为：

$$\left.\begin{array}{l} V'_{i1} = V + (-1)^{i+1}\dfrac{bV}{R} + (-1)^{i+1}b\dot{\phi}_w \\ V'_{i2} = \dot{y}_w \\ \Omega'_{i3} = 0 \end{array}\right\} \quad (2\text{-}44)$$

式中　V——轮对前进速度；

　　　R——线路曲线半径；

　　　b——两股钢轨中心距之一半；

脚标 $i = 1，2$ 分别代表曲线外轨和内轨上的车轮编号。

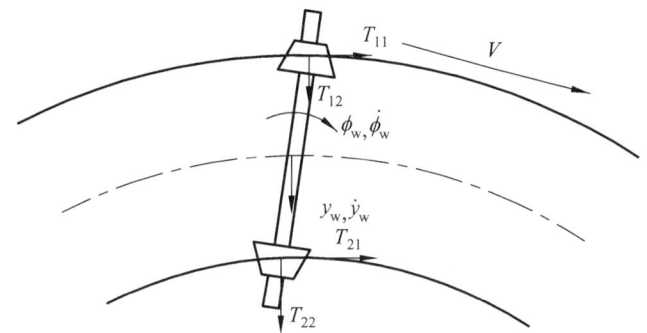

图 2-10　轮对在曲线地段的蠕滑力作用示意图

车轮上轮轨接触斑的速度分量为：

$$\left.\begin{array}{l} V_{i1} = \dfrac{r_i V}{r_0} \\ V_{i2} = V\phi_w - \dot{y}_w \\ \Omega_{i3} = (-1)^{i+1}\dot{\theta}_0 \sin[\delta_i + (-1)^{i+1}\varepsilon_i] - (\dot{\alpha} + \dot{\phi}_w) \end{array}\right\} \quad (2\text{-}45)$$

式中　δ_i——车轮与钢轨踏面间的接触角；

　　　ε_i——因轮对横移、侧滚及摇头造成的轮轨踏面接触角的变化量；

　　　$\dot{\alpha}$——转向架在曲线轨道上整体转动的角速度，且 $\dot{\alpha} = V/R$；

　　　$\dot{\alpha}_0$——轮对滚动角速度；

　　　r_0, r_i——分别表示车轮的名义滚动半径和瞬时滚动半径。

对于锥形轮踏面，可作近似处理，即：

$$\left.\begin{array}{l}\dot{\theta}_0 = \dfrac{V}{r_0} \\ \varepsilon_i = 0 \\ \delta_i = \lambda \end{array}\right\} \quad (2\text{-}46)$$

式中 λ——锥形轮踏面的锥度。

则有：

$$\Omega_{i3} = (-1)^{i+1}\dfrac{V\lambda}{r_0} - \left(\dfrac{V}{R} + \dot{\phi}_w\right) \quad (2\text{-}47)$$

因此轮轨间的纵向蠕滑可写为：

$$\gamma_{i1} = (-1)^{i+1}\dfrac{b}{R} + (-1)^{i+1}\dfrac{b}{V}\dot{\phi}_w + (-1)^{i+1}\dfrac{\lambda}{r_0}y_w \quad (2\text{-}48)$$

轮轨间的横向蠕滑为：

$$\gamma_{i2} = \dfrac{\dot{y}_w}{V} - \phi_w \quad (2\text{-}49)$$

自旋蠕滑为：

$$\omega_{i3} = (-1)^i\dfrac{\lambda}{r_0} + \dfrac{1}{R} + \dfrac{\dot{\phi}_w}{V} \quad (2\text{-}50)$$

已知蠕滑率后，可依据 Kalker 线性蠕滑理论求得作用在车轮上的纵、横向蠕滑力和力矩，即：

$$\left.\begin{array}{l} T_{i1} = -f_{i11}\gamma_{i1} \\ T_{i2} = -f_{i22}\gamma_{i2} - f_{i23}\omega_{i3} \\ M_{i3} = f_{i23}\gamma_{i2} - f_{i33}\omega_{i3} \end{array}\right\} \quad (2\text{-}51)$$

式（2-51）中：f_{ilm}（$i = 1 \sim 4$；$l, m = 1, 2, 3$）为蠕滑力系数，可根据轮轨间的垂向作用力值依据 Hertz 接触理论计算轮轨接触区域的尺寸，依据式（2-52）计算得到。

$$\left.\begin{array}{l} f_{i11} = Ea_ib_iC_{i11} \\ f_{i22} = Ea_ib_iC_{i22} \\ f_{i23} = E(a_ib_i)^{3/2}C_{i23} \\ f_{i33} = E(a_ib_i)^2C_{i33} \end{array}\right\} \quad (2\text{-}52)$$

式中 a_i, b_i——各车轮下接触椭圆的长半轴和短半轴；

C_{ilm}——无量纲的系数，与钢轨车轮材料的泊松比及接触椭圆长、短半轴比有关，可查表 2-2 得到。

三、蠕滑力系数的计算

钢轨轨头由三段圆弧（50 kg/m 及以下钢轨）或五段圆弧（60 kg/m 及以上钢轨）组成，车轮踏面与轨顶的接触基本符合经典的 Hertz 接触假定。轮轨接触区域为一椭圆，接触应力分布为一椭球，如图 2-11 所示，接触应力椭球方程形如：

$$\frac{p^2}{p_0^2} + \frac{\zeta^2}{a^2} + \frac{\eta^2}{b^2} = 1 \tag{2-53}$$

式中 ζ, η ——以接触区域中心为原点的坐标；

p ——接触应力；

p_0 ——最大接触应力；

a, b ——接触椭圆的长、短半轴。

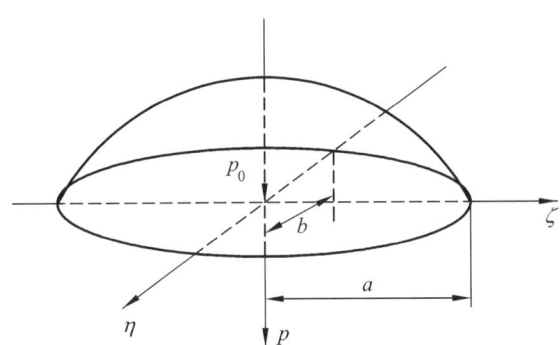

图 2-11 轮轨接触应力分布示意图

长、短半轴的方向取决于车轮半径与轨顶圆弧半径的相对大小。当轨顶圆弧半径小于车轮滚动圆半径时，长轴沿钢轨方向，反之，长轴沿轮轴方向。最大接触应力为平均接触应力的 1.5 倍，即：

$$p_0 = \frac{3P}{2\pi ab} = 1.5\bar{p} \tag{2-54}$$

式中 P ——轮轨间的接触力；

$\bar{p}$ ——轮轨间接触应力平均值。

轮踏面与轨顶间的接触可简化为两个椭球体的接触。设由车轮简化成的椭球体的主曲率半径分别为滚动圆半径 R_{w1} 和轮踏面沿轮轴方向剖面半径 R_{w2}，钢轨简化成的椭球体主曲率半径分别为轨顶横切面圆弧半径 R_{r1} 和钢轨垂向弯曲形成的半径 R_{r2}，轮轨主曲率半径间的夹角为 η_0，定义常数：

$$\left. \begin{aligned} B+A &= \frac{1}{2}\left(\frac{1}{R_{w1}}+\frac{1}{R_{w2}}+\frac{1}{R_{r1}}+\frac{1}{R_{r2}}\right) \\ B-A &= \frac{1}{2}\left[\left(\frac{1}{R_{r1}}-\frac{1}{R_{r2}}\right)^2+\left(\frac{1}{R_{w1}}-\frac{1}{R_{w2}}\right)^2+2\left(\frac{1}{R_{r1}}-\frac{1}{R_{r2}}\right)\left(\frac{1}{R_{w1}}-\frac{1}{R_{w2}}\right)\cos 2\eta_0\right]^{1/2} \end{aligned} \right\}$$

(2-55)

再定义常数:

$$\left. \begin{aligned} k_1 &= \frac{1-\upsilon_1^2}{\pi E_1} \\ k_2 &= \frac{1-\upsilon_2^2}{\pi E_2} \end{aligned} \right\}$$

(2-56)

式中　$E_1, E_2, \upsilon_1, \upsilon_2$——分别为钢轨和车轮材料的弹性模量和泊松比。

则轮轨接触椭圆的长短半轴计算公式为:

$$\left. \begin{aligned} a &= m\sqrt[3]{\frac{3\pi P(k_1+k_2)}{4(B+A)}} \\ b &= n\sqrt[3]{\frac{3\pi P(k_1+k_2)}{4(B+A)}} \end{aligned} \right\}$$

(2-57)

式中, m, n 是由依式(2-58)确定的角度,并从表 2-1 中查表求得的常数。随着 θ 角从 $0° \sim 90°$ 变化, m, n 分别从无穷大和 0 变化到 1。

$$\theta = \arccos\frac{|B-A|}{B+A}$$

(2-58)

取线路纵向为主曲率 1 方向,线路横向为主曲率 2 方向,忽略轮轨间冲角影响时 $\eta_0=0$,忽略钢轨垂向弯曲影响,在锥形踏面的条件下,轮轨接触进一步简化为两个圆柱体的接触,且有:

$$\left. \begin{aligned} R_{w1} &= r_0 \\ R_{w2} &= \infty \\ R_{r1} &= \infty \\ R_{r2} &= R_r \end{aligned} \right\}$$

(2-59)

式中　r_0——车轮名义滚动圆半径;
　　　R_r——轨顶圆弧半径。

表 2-1 计算接触椭圆长、短半轴的椭圆积分系数 m, n

$\theta/(°)$	m	n	$\theta/(°)$	m	n
0	∞	0	50	1.754	0.641
1	36.89	0.131	55	1.611	0.678
10	6.612	0.319	60	1.486	0.717
20	3.778	0.408	65	1.378	0.759
25	3.152	0.456	70	1.284	0.802
30	2.731	0.493	75	1.202	0.846
35	2.397	0.530	80	1.128	0.893
40	2.136	0.567	85	1.061	0.944
45	1.926	0.604	90	1.000	1.000

式（2-55）所示的计算常数变为：

$$\left. \begin{array}{l} B+A=\dfrac{1}{2}\left(\dfrac{1}{r_0}+\dfrac{1}{R_\mathrm{r}}\right) \\ B-A=\dfrac{1}{2}\left(\dfrac{1}{r_0}-\dfrac{1}{R_\mathrm{r}}\right) \end{array} \right\} \qquad (2\text{-}60)$$

进一步地，设钢轨与车轮材料相同，即：

$$k_1=k_2=k=\dfrac{1-\upsilon^2}{\pi E} \qquad (2\text{-}61)$$

则关于接触椭圆长、短半轴的计算公式为：

$$\dfrac{a}{m}=\dfrac{b}{n}=\sqrt[3]{\dfrac{3\pi kP}{2(A+B)}} \qquad (2\text{-}62)$$

计算出接触椭圆长、短半轴后，可依据两者比值通过查表 2-2 求得式（2-52）所示蠕滑力系数中的计算常数 $C_{11}, C_{22}, C_{23}, C_{33}$。注意表 2-2 中的 a 表示沿线路纵向接触椭圆的半轴尺寸，b 表示沿线路横向接触椭圆的半轴尺寸。

表 2-2　泊松比 0.25 时蠕滑力系数中计算常数的值

a/b	C_{11}	C_{22}	C_{23}	C_{33}	b/a	C_{11}	C_{22}	C_{23}	C_{33}
0.1	3.31	2.52	0.473	8.82	1.0	4.12	3.67	1.47	1.19
0.2	3.37	2.63	0.603	4.27	0.9	4.22	3.81	1.59	1.11
0.3	3.44	2.75	0.715	2.96	0.8	4.36	3.99	1.75	1.04
0.4	3.53	2.88	0.823	2.32	0.7	4.54	4.21	1.95	0.965
0.5	3.62	3.01	0.929	1.93	0.6	4.78	4.50	2.23	0.892
0.6	3.72	3.14	1.03	1.68	0.5	5.10	4.90	2.62	0.819
0.7	3.81	3.28	1.14	1.50	0.4	5.57	5.48	3.24	0.747
0.8	3.91	3.41	1.25	1.37	0.3	6.34	6.40	4.23	0.674
0.9	4.01	3.54	1.36	1.27	0.2	7.78	8.14	6.63	0.601
					0.1	11.7	12.8	14.6	0.526

四、蠕滑力的饱和判断及修正

当轮轨间纵、横两个方向蠕滑力的合力未超过库仑静摩擦力时，轮轨间表现为蠕滑而没有真实的相对滑动。当合成蠕滑力等于库仑摩擦力时，蠕滑力达到饱和，轮轨黏着被破坏而出现滑动，轮轨间出现蠕滑力的最大值即库仑摩擦力，见图 2-8。

Kalker 的线性蠕滑理论只在轮轨间出现小蠕滑时才成立，蠕滑稍大时蠕滑力便成为曲线。因此，线性蠕滑理论只适用于直线或大半径曲线地段，而不适合中等半径和小半径曲线地段。Johnson 对蠕滑力的曲线变化进行了研究，认为基本符合三次曲线。因此，不论轮轨间蠕滑是否达到饱和，只要认为蠕滑比较大时就要对采用 Kalker 理论计算得到的蠕滑力进行迭代修正。

图 2-12 给出了采用 Kalker 线性理论计算的蠕滑力按 Johnson 方法的迭代修正图示。Johnson 对蠕滑力三次曲线的研究结果认为，当轮轨间蠕滑约为 $3/f$（f 为等效蠕滑力系数，可近似地取为纵向蠕滑力系数）时，轮轨间蠕滑力达到饱和，此时按线性蠕滑理论计算出来的蠕滑力已达到最大蠕滑力（库仑摩擦力）的 3 倍。按照此假设在蠕滑力饱和前构造三次曲线，则蠕滑力饱和前，应将线性理论计算得到的 A' 点修正到 A 点，而蠕滑力饱和以后，应将线性理论计算得到的 B' 点修正到 B 点。

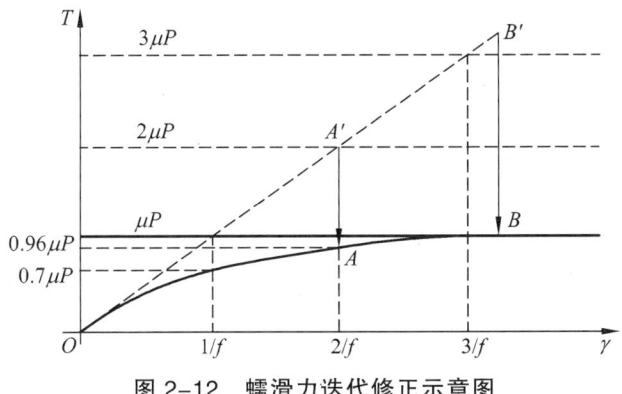

图 2-12 蠕滑力迭代修正示意图

进行蠕滑力修正时，先计算作用在各车轮上的纵向与横向蠕滑力的合成蠕滑力，即：

$$T_{iR} = \sqrt{T_{i1}^2 + T_{i2}^2} \tag{2-63}$$

而后得到修正系数：

$$\eta_i = \begin{cases} 1 - \dfrac{1}{3}\left(\dfrac{T_{iR}}{\mu P_i}\right) + \dfrac{1}{27}\left(\dfrac{T_{iR}}{\mu P_i}\right)^2, & T_{iR} \leqslant 3\mu P_i \\ \dfrac{\mu P_i}{T_{iR}}, & T_{iR} > 3\mu P_i \end{cases} \tag{2-64}$$

式中 P_i——轮轨间垂向力；

μ——轮轨间的库仑摩擦系数。

则纵向、横向及合成蠕滑力的修正值为：

$$\left.\begin{aligned} T'_{i1} &= \eta_i T_{i1} \\ T'_{i2} &= \eta_i T_{i2} \\ T'_{iR} &= \eta_i T_{iR} \end{aligned}\right\} \tag{2-65}$$

通常，在振动分析中，由于轮轨间蠕滑力修正的需要，与蠕滑力有关的计算要反复迭代多次直至前后两次计算所得到的蠕滑力误差在允许的范围内，才进行下一时间步长的计算。因蠕滑力三次曲线是凸曲线并逐步平缓而后趋于定值，所以蠕滑力可采用直接迭代法且迭代的收敛速度很快，一般精度的计算迭代在 5 次以内可望完成。

蠕滑力的迭代与修正过程如图 2-13 所示。

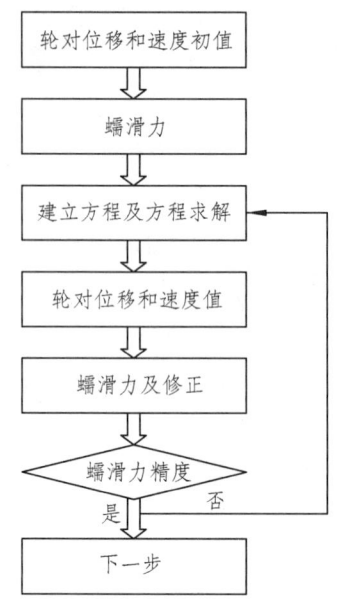

图 2-13 蠕滑力的迭代修正计算框图

第五节　车辆蛇形运动稳定性

为了使车轮踏面和钢轨顶面的磨耗均匀,增加轮对通过曲线时内外轮的滚动圆半径差,更好地适应曲线轨道内外轨的长度差,以减少曲线地段车轮在钢轨上的滑动,同时当轮对中心偏离轨道中心线时能自动回到中心位置,轮踏面须做成一定的锥度。轮踏面具有相同锥度时形成一个圆锥体面,又称锥形踏面;轮踏面锥度不等且内凹的称为磨耗型踏面。

由于轮踏面锥度的存在,轮对在直线地段运行时,轮对中心线并不是始终位于线路中心线上的,而是在线路中心线附近波动,称之为蛇形运动。蛇形运动是车轮踏面锥度构造必然产生的一种自激振动,在理想平直的轨道上也会发生。蛇形运动的强弱取决于车辆运行速度和走行部的构造特性,当蛇形运动强度达到一定量值时,出现剧烈的蛇形运动,称为蛇形运动失稳。车辆上存在多种蛇形运动振型,随着车辆运行速度的提高,某一种蛇形运动振型最先出现失稳,此时的车辆速度称为车辆构造速度。因此,研究车辆蛇形运动的主要目的,是为了在车辆设计上努力降低蛇形运动强度、提高车辆构造速度和运行平稳性。

一、自由轮对的蛇形运动

图 2-14 给出了自由轮对在直线地段上所受蠕滑力的情况。当轮对具有偏离轨道中心线的位移和位移速度 y_w，$\dot{y}_w$ 及偏离轨距方向的摇头角和角速度 ϕ_w，$\dot{\phi}_w$ 时，作用在两轮上的蠕滑则由式（2-48）和式（2-49）变为：

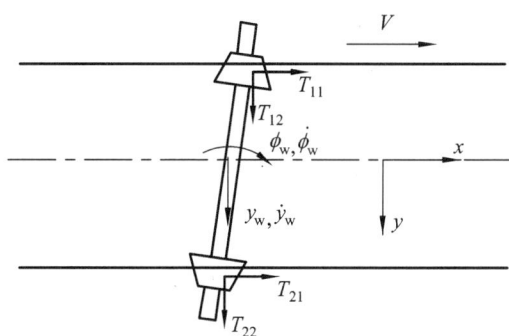

图 2-14　自由轮对在直线地段的蠕滑力作用

$$\gamma_{i1} = (-1)^{i+1}\frac{\lambda}{r_0}y_w + (-1)^{i+1}\frac{b}{V}\dot{\phi}_w \tag{2-66}$$

$$\gamma_{i2} = \frac{\dot{y}_w}{V} - \phi_w \tag{2-67}$$

式（2-66）、（2-67）中的脚标 $i=1$ 表示前进方向的左侧车轮，$i=2$ 表示右侧车轮。

由于直线地段轮轨间的蠕滑较小，一般无须进行较为繁琐的蠕滑力迭代修正，而是直接采用 Kalker 蠕滑力系数折半计算，因考虑纵、横向蠕滑力系数的差异对分析结果影响不大，通常假设两个方向蠕滑力系数相等，即：

$$f = f_{11} = f_{22} \tag{2-68}$$

对于锥形踏面也常忽略轮轨自旋蠕滑的影响，则蠕滑力计算公式简化为：

$$\begin{aligned} T_{i1} &= -f\gamma_{i1} \\ T_{i2} &= -f\gamma_{i2} \end{aligned} \tag{2-69}$$

在研究蛇形运动时，蠕滑力系数往往采用简单的 Cain B. S. 公式进行计算，一个轮对下的蠕滑力系数为：

$$f = 4\,650\sqrt{DW} \tag{2-70}$$

式中　D——车轮直径（mm）；

W——轴重（kg）；

f——一个轮对下的蠕滑力系数（N）。

依据图 2-14 所示的受力关系，可建立自由轮对蛇形运动的动力学方程：

$$\left.\begin{array}{l} m_w \ddot{y}_w - T_{12} - T_{22} = 0 \\ J_{w\phi} \ddot{\phi}_w - T_{11}b + T_{21}b = 0 \end{array}\right\} \quad (2\text{-}71)$$

式中　m_w——轮对参振质量；

　　　$J_{w\phi}$——轮对摇头惯量。

将式（2-66）、式（2-67）、式（2-69）代入式（2-71），则方程变为：

$$\left.\begin{array}{l} m_w \ddot{y}_w + 2f\left(\dfrac{\dot{y}_w}{V} - \phi_w\right) = 0 \\ J_{w\phi} \ddot{\phi}_w + 2f\left(\dfrac{b^2}{V}\dot{\phi}_w + \dfrac{\lambda b}{r_0} y_w\right) = 0 \end{array}\right\} \quad (2\text{-}72)$$

当轮对运行速度较低时，蛇行运动的强度较小，通常可忽略振动惯性力的影响，则式（2-72）方程组简化为：

$$\left.\begin{array}{l} \dot{y}_w - V\phi_w = 0 \\ \dot{\phi}_w + \dfrac{V\lambda}{br_0} y_w = 0 \end{array}\right\} \quad (2\text{-}73)$$

求解式（2-73）的方程组，得到自由轮对低速滚动时的蛇形运动的振动圆频率和波长分别为：

$$\left.\begin{array}{l} \omega_w = \sqrt{\dfrac{\lambda}{br_0}} V \\ L_w = 2\pi\sqrt{\dfrac{br_0}{\lambda}} \end{array}\right\} \quad (2\text{-}74)$$

由于振动圆频率在一定速度下为常数，所以自由轮对低速滚动时蛇形运动为一简谐振动，振动频率与轮踏面锥度、名义滚动半径、两股钢轨的中心距有关，且与滚动速度成正比。而蛇形运动的波长只与轮踏面锥度、名义滚动半径、两股钢轨的中心距有关，与轮对滚动速度无关。

蛇形运动的波长与速度无关的结论虽然只是从自由轮对推出的，但却具有普遍性，以后还可以看到，即使进一步分析转向架或车辆的蛇形运动，蛇形运动的波长也只与车辆及走行部的构造有关，与车速无关。这一规律较好地解释了在铁路提速过程中，将货车速度提至车辆蛇形失稳速度附近时，由于剧烈的蛇形运动，造成直线轨道地段钢轨上规律性很强的周期性侧面磨耗的形成。

当轮对速度较高时，回到式（2-72）所示的振动方程组，令通解为：

$$y_w = Ye^{\beta t}, \quad \phi_w = \Phi e^{\beta t} \tag{2-75}$$

解方程组（2-72）得到 4 个特征根。其中 2 个为负实数，因不是振动不予考虑，另外两个为共轭复根，形如：

$$\beta_{1,2} = \alpha_1 \pm j\omega_1 \tag{2-76}$$

其中：

$$\left. \begin{aligned} \alpha_1 &\approx \frac{\pi^2 m_w V^3}{fL_w^2}\left(1+\frac{\rho_w^2}{b^2}\right) \\ \omega_1 &\approx \frac{2\pi V}{L_w} \end{aligned} \right\} \tag{2-77}$$

式中　ρ_w——轮对的摇头惯性半径。

由于特征根的实部 α_1 恒大于零，蛇形运动的强度将会逐渐增大，表现为失稳的振动。

由此可见，自由轮对的蛇形运动是不稳定的，低速滚动条件下表现为简谐振动，高速滚动的条件下表现为自激失稳振动。因此，车辆设计中，为保证车辆具有较好的运动稳定性，对轮对的约束是必需的。

二、转向架的蛇行运动

货车车辆一般未设一系悬挂系统，其轮对的定位刚度较大，比较接近刚性转向架。对于刚性转向架，其蛇形运动的稳定性能也比较差。图 2-15 是刚性转向架在直线地段的受力情况简图，通过力的平衡关系可建立其蛇形运动方程为：

$$\left. \begin{aligned} m_t \ddot{y}_t + 4f\left(\frac{\dot{y}_t}{V} - \phi_t\right) &= 0 \\ J_{t\phi}\ddot{\phi}_t + 4f\left[\frac{(b^2+l_1^2)}{V}\dot{\phi}_t + \frac{\lambda b}{r_0}y_t\right] &= 0 \end{aligned} \right\} \tag{2-78}$$

式中　$m_t, J_{t\phi}$——转向架质量和摇头惯量；
　　　l_1——固定轴距之一半。

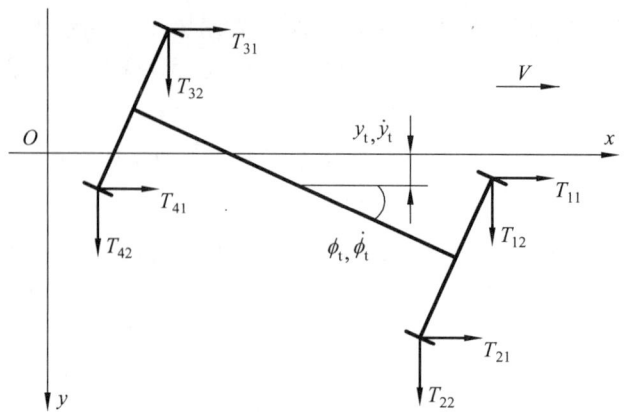

图 2-15 刚性转向架受力示意图

通过解方程组（2-78）的特征方程，得到与自由轮对类似的结果。当转向架低速行驶时，蛇形运动的频率和波长分别为：

$$\left. \begin{array}{l} \omega_t = \sqrt{\dfrac{\lambda}{br_0\left(1+\dfrac{l_1^2}{b^2}\right)}}V \\ L_t = L_w\sqrt{\dfrac{br_0}{\lambda}} \end{array} \right\} \quad (2\text{-}79)$$

转向架高速运行时，解出特征方程的 4 个根，其中 2 个根为负实数不是振动，另 2 个是共轭复根，形如：

$$\beta_2 = \alpha_2 \pm j\omega_2 \quad (2\text{-}80)$$

其中

$$\left. \begin{array}{l} \alpha_2 \approx \dfrac{\pi^2 m_t V^3}{2fL_t^2}\left(1+\dfrac{\rho_t^2}{b^2+l_1^2}\right) \\ \omega_2 \approx \dfrac{2\pi V}{L_t} \end{array} \right\} \quad (2\text{-}81)$$

由此可见，完全刚性的转向架与自由轮对的情况相同，低速运行时蛇形运动为简谐振动，高速运行时蛇形运动为失稳振动。因此，车辆设计中，轮对的过松约束（接近自由轮对）或过紧约束（接近刚性转向架）都会造成车辆构造速度偏低而应该避免。

一般而言，转向架上的轮对是弹性定位的，即使是不设一系悬挂的货车转向架，轮对与构架间也存在一定的弹性而非完全刚性约束。在假定线性悬挂、车体相对稳定和不计垂向振动影响的条件下，车辆转向架蛇形运动可简化为图 2-16 所示的 6 自由度振动模型，因各种作用力比较复杂而未标明在图上。

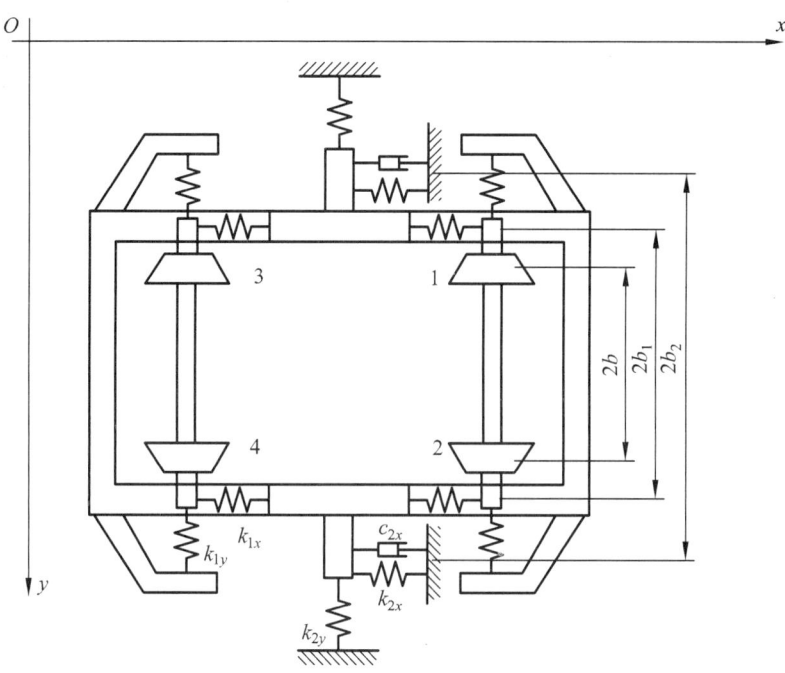

图 2-16　弹性转向架蛇形运动计算模型

按图 2-16 的车轮编号，作用在各车轮下的纵、横向蠕滑可表达为：

$$\left. \begin{array}{l} \gamma_{i1} = (-1)^{i+1}\left(\dfrac{\lambda}{r_0}y_{w\frac{i+1}{2}} + \dfrac{b}{V}\dot{\phi}_{w\frac{i+1}{2}}\right) \\ \gamma_{i2} = \dfrac{1}{V}\dot{y}_{w\frac{i+1}{2}} - \phi_{w\frac{i+1}{2}} \quad (i=1,2,3,4) \end{array} \right\} \qquad (2\text{-}82)$$

蠕滑力可表达为：

$$\left. \begin{array}{l} T_{i1} = -f\gamma_{i1} \\ T_{i2} = -f\gamma_{i2} \end{array} \right\} \qquad (2\text{-}83)$$

图 2-16 所示的系统共有 6 个自由度，即转向架构架的横移 y_b 和摇头 ϕ_b 及前后轮对的横移 y_{wi}（$i=1,2$）和摇头 ϕ_{wi}（$i=1,2$）。利用哈密尔顿原理建立系统的振动方程，写出系统的总动能、总势能及虚功的表达式如：

$$T = \frac{1}{2}m_b\dot{y}_b^2 + \frac{1}{2}J_{b\phi}\dot{\phi}_b^2 + \frac{1}{2}\sum_{i=1}^{2}(m_{wi}\dot{y}_{wi}^2 + J_{w\phi i}\dot{\phi}_{wi}^2) \qquad (2\text{-}84)$$

$$U = k_{2y}y_b^2 + k_{2x}b_2^2\phi_b^2 + \frac{1}{2}k_{1y}\sum_{i=1}^{4}\left[y_b + (-1)^{\frac{i-1}{2}}l_1\phi_b - y_{w\frac{i+1}{2}}\right]^2 +$$

$$\frac{1}{2}k_{1x}\sum_{i=1}^{4}\left[(-1)^{i+1}b_1\phi_b - (-1)^{i+1}b\phi_{w\frac{i+1}{2}}\right]^2 \qquad (2\text{-}85)$$

$$\delta W = 2c_{2x}b_2^2\dot{\phi}_b\delta\phi_b + \sum_{i=1}^{4}\left[(-1)^{i+1}bT_{i1}\delta\phi_{w\frac{i+1}{2}} + T_{i2}\delta y_{w\frac{i+1}{2}}\right] \qquad (2\text{-}86)$$

式（2-84）~（2-86）中，$m_b,J_{b\phi}$——转向架构架的质量及摇头惯量；

$m_w,J_{w\phi}$——轮对的质量及摇头惯量；

k_{1x},k_{1y}——轮对一侧一系悬挂的纵、横向约束刚度；

k_{2x},k_{2y}——构架一侧二系悬挂的纵、横向刚度；

c_{2x}——构架一侧二系悬挂的纵向阻尼；

b_1,b_2——一系及二系悬挂横向中心距。

通过组建振动方程组，可得到：

$$[M]\{\ddot{q}\} + [C]\{\dot{q}\} + [K]\{q\} = \{0\} \qquad (2\text{-}87)$$

式中 $\{q\}$——位移列阵。

在车速 V 不变的情况下，式（2-87）所示为一常系数齐次微分方程组，令通解为：

$$\{q\} = \{Q\}e^{\beta t} \qquad (2\text{-}88)$$

代入式（2-87）进行变化可得到特征值问题，即：

$$[A]\{q\} - \beta[I]\{q\} = \{0\} \qquad (2\text{-}89)$$

式（2-89）中的 $[I]$ 为单位对角矩阵，且有：

$$[A] = \begin{bmatrix} -[M]^{-1}[C] & -[M]^{-1}[K] \\ [I] & [0] \end{bmatrix} \qquad (2\text{-}90)$$

采用 QR 等方法求解式（2-89）所示的非对称常量矩阵的特征值和振型。对应转向架某一运行速度，可解出系统的 3 对共轭复根，形如：

$$\beta_{1,2,3} = \alpha_{1,2,3} + j\omega_{1,2,3}$$

对于不同的速度，可求解并作出各振型对应的圆频率 ω_i 和振幅衰减系数 α_i 随车速的变化曲线。

随着速度的增加，各衰减系数一般按先负后正地变化，负值衰减系数表示振动是稳定的，正值衰减率表示振动是不稳定的。当某一衰减系数从负值变到零时，则意味着对应的振型发生蛇形运动失稳，该速度即为转向架蛇形运动失稳的临界速度。各振型发生蛇形失稳的速度是不一样的，具有最低临界速度的振型决定转向架的蛇形运动失稳形式和失稳速度。

第六节 车辆动态曲线通过

所谓车辆曲线通过问题，就是求解车辆以一定速度通过线路曲线时，车辆各部，如车体、构架和轮对等在曲线上的运动形态以及与轨道的位置关系和作用力关系，为车辆设计中提高车辆的曲线通过能力提供依据。

曲线通过问题分为稳态曲线通过和动态曲线通过两类。动态曲线通过是指车辆在轨道横向不平顺等因素的激扰下以振动的形态通过曲线，车辆各部的位移、加速度和作用力等每一时刻各不相同。而稳态曲线通过是动态曲线通过的一个特例，当车辆不受任何激扰通过圆滑曲线轨道时，在整个曲线上车辆各部的位移和力保持为常值不变的通过形式。稳态曲线通过问题相对较为简单，也不是车辆动力学的重点研究内容，因此本节中不做介绍。

一、车辆动态曲线通过的力学模型

车辆中车体的振动频率较低，通常只是在研究轨道不平顺对车辆运行平稳性和舒适性时才考虑全车分析模型。研究轨道不平顺对车辆的影响，求解轮轨间作用力及轮对振动以指导车辆悬挂设计时，一般只考虑单个转向架建立振动模型，车体对转向架的作用简化为一个已知的水平力。

该模型类似于图 2-16 所示的分析直线地段转向架蛇形运动的模型，如图 2-17 所示。因转向架处于曲线地段，轮轨的作用关系要复杂得多。

在大半径曲线地段，因内外轨上车轮滚动圆半径差而形成的滚动距离差以及轮轨间蠕滑力的作用，轮对可以适应曲线轨道内外轨的长度差，可以依靠蠕滑导向通过曲线，一般不会出现轮缘贴靠钢轨的轮缘导向的情况。

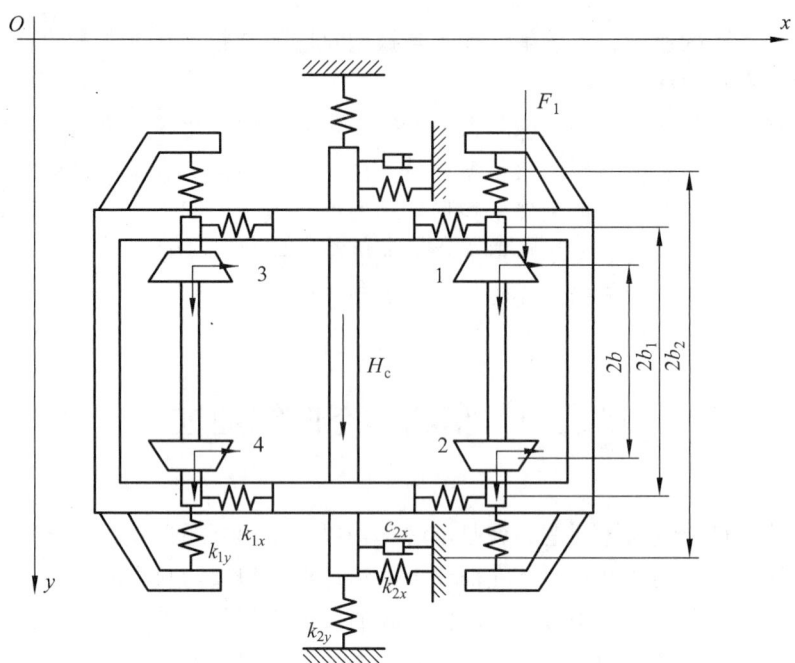

图 2-17 弹性转向架动态曲线通过计算模型（最大倾斜位）

在中等半径的曲线地段，内外轮滚动半径差难以适应内外轨长度差，轮轨间的蠕滑力较大，当轨道存在横向不平顺对轮对的激扰时，有可能出现间断的轮缘贴靠导向。

在小半径曲线地段，轮轨间的蠕滑力达到饱和，轮踏面与轨头间出现真实的滑动，因转向架转向的需要，轮缘一般贴靠钢轨运行，即所谓的轮缘导向。

理论上讲，转向架在曲线上运行时，每一个车轮的轮缘都有贴靠钢轨的可能，但 4 个车轮不可能同时贴靠钢轨。轮缘与钢轨的贴靠方式取决于转向架在曲线上与轨道的相对位置关系，由于振动的原因，以下 6 种形式都有可能出现。

（1）当 4 个车轮都不贴靠钢轨时，称为完全自由通过，通常出现在大半径曲线且轨道上无大值不平顺的情况下。

（2）当只有第 1 轮（导向轮）贴靠钢轨而其余车轮不贴靠时，称为自由位通过，出现的几率较大，一般设计中尽可能要求车辆转向架以自由位通过曲线。

（3）当第 1, 3 两轮同时贴靠外轨时，称为最大外移位通过，通常出现在车速较高或未被平衡欠超高较大的情况下。

（4）当第 1, 4 两轮轮缘同时贴靠钢轨时，称为最大倾斜移位通过，一般出现在车速较低、固定轴距较大的情况下。

（5）当第2,3两轮轮缘同时贴靠钢轨时，称为最大反倾斜位通过，一般出现在轮对剧烈振动的情况下。

（6）当第2,4两轮轮缘同时贴靠内轨时，称为最大内移位通过，一般出现在轮对剧烈振动的情况下。

由于上述6种形式都有可能出现，所以建立方程和求解过程中需要反复进行轮对贴靠状态判断，并不断地调整振动方程中的未知变量。

二、车辆动态曲线通过的振动方程

设曲线外轨超高为 h，则作用于一个转向架中心的车体产生的未被平衡离心力为：

$$H_c = \frac{1}{2} m_c g \left(\frac{gh}{b} - \frac{V^2}{R} \right) \tag{2-91}$$

类似地，作用于构架中心和作用于轮对中心的未被平衡离心力分别为：

$$\left. \begin{array}{l} H_b = m_b g \left(\dfrac{gh}{b} - \dfrac{V^2}{R} \right) \\[2mm] H_w = m_w g \left(\dfrac{gh}{b} - \dfrac{V^2}{R} \right) \end{array} \right\} \tag{2-92}$$

由于未被平衡离心力直接影响到轮轨间蠕滑力和轮缘力的量值，所以与车辆垂向振动问题不同，在建立车辆曲线动态通过的振动方程时，必须考虑车辆各部未被平衡离心力的作用。

考虑轨道的横向不平顺时，各车轮的纵横向蠕滑可表达为：

$$\gamma_{i1} = 1 + (-1)^{i+1} \frac{b}{R} + (-1)^{i+1} \frac{b}{V} \dot{\phi}_{w\frac{i+1}{2}} - \frac{r_i}{r_0} \tag{2-93}$$

$$\gamma_{i2} = \frac{1}{V} \left(\dot{y}_{w\frac{i+1}{2}} - \dot{\eta}_{ryi} \right) - \phi_{w\frac{i+1}{2}} \quad (i=1,2,3,4) \tag{2-94}$$

式（2-93）（2-94）中，

η_{ryi}——各车轮下的轨道横向不平顺；

r_i——各车轮的瞬时滚动半径，且有

$$r_i = r_0 + (-1)^i \lambda y_{w\frac{i+1}{2}} + (-1)^i \lambda \eta_{ryi} \tag{2-95}$$

求出各车轮下的蠕滑后，可根据Kalker线性蠕滑理论求出蠕滑力。但因曲线上存在未被平衡超高，车轮在内外轨上出现偏载，这种偏载将直接影响内外

轨上车轮下的蠕滑力值,从而影响到转向架上的各种位移与作用力。因此,还要计算出内外轨上车轮的偏载量。由于不考虑车辆垂向振动以及由轨道横向不平顺可能激发的车辆各部的侧滚振动,内外轨偏载可按稳态常值考虑,则有:

$$P_i = P_0 + (-1)^i \left(\frac{1}{2} m_c + m_b + 2 m_w \right) \frac{gh_c}{2b} \left(\frac{gh}{b} - \frac{V^2}{R} \right) \quad (2\text{-}96)$$

式中 P_0——车辆在平直轨道上的静停轮载;

h_c——车辆重心距轨面的高度。

由式(2-96)所给出的各车轮下垂向力,依据前述 Hertz 接触理论,可计算出各车轮的蠕滑力系数。在忽略自旋蠕滑的条件下,各车轮下的蠕滑力为:

$$\left. \begin{array}{l} T_{i1} = -f_{11i} \gamma_{i1} \\ T_{i2} = -f_{22i} \gamma_{i2} \end{array} \right\} \quad (2\text{-}97)$$

在建立图 2-17 所示的转向架曲线动态通过的振动方程时,假设每个车轮轮缘与钢轨间的作用力分别为 $F_i (i = 1, 2, 3, 4)$,将系统的未知变量从 6 个增加至 10 个,然后写出振动系统的总动能、总势能及总虚功表达式分别为:

$$T = \frac{1}{2} m_b \dot{y}_b^2 + \frac{1}{2} J_{b\phi} \dot{\phi}_b^2 + \frac{1}{2} \sum_{i=1}^{2} (m_{wi} \dot{y}_{wi}^2 + J_{w\phi i} \dot{\phi}_{wi}^2) \quad (2\text{-}98)$$

$$U = k_{2y} y_b^2 + k_{2x} b_2^2 \phi_b^2 + \frac{1}{2} k_{1y} \sum_{i=1}^{4} \left[y_b + (-1)^{\frac{i-1}{2}} l_1 \phi_b - y_{w\frac{i+1}{2}} \right]^2 +$$

$$\frac{1}{2} k_{1x} \sum_{i=1}^{4} \left[(-1)^{i+1} b_1 \phi_b - (-1)^{i+1} b \phi_{w\frac{i+1}{2}} \right]^2 \quad (2\text{-}99)$$

$$\delta W = 2 c_{2x} b_2^2 \dot{\phi}_b \delta \phi_b + \sum_{i=1}^{4} \left[(-1)^{i+1} F_i \delta y_{w\frac{i+1}{2}} + (-1)^{i+1} b T_{i1} \delta \phi_{w\frac{i+1}{2}} + T_{i2} \delta y_{w\frac{i+1}{2}} \right] +$$

$$H_c \delta y_b + H_b \delta y_b + H_w \sum_{i=1}^{2} \delta y_{wi} \quad (2\text{-}100)$$

式(2-98)、(2-99)给出的系统总动能和系统总势能与弹性转向架蛇形运动方程完全相同,而式(2-100)的虚功表达式有较大变化。式(2-100)中加入了未平衡离心力和 4 个轮缘力的影响,且车轮下蠕滑力的表达式中包括了曲线轨道及其横向不平顺和内外轨偏载的影响。

振动方程中包含了 4 个轮缘力未知量,但在正常轮轨条件下不可能出现 4 个车轮轮缘都贴靠钢轨的情况,因此在每一步计算中,要进行轮缘贴靠判断并对振动方程组进行相应的调整。

在进行曲线动态通过计算时，每一步求解方程计算出力与位移后，首先进行轮缘贴靠判断。当某一轮缘力变量出现负值时，说明该轮缘与钢轨不发生贴靠，轮缘力应该为零，则将总刚度矩阵中与该轮缘力相对应的主元赋大值。当某一轮缘力为正值时，说明该车轮轮缘贴靠钢轨，则该轮对的横向位移可通过式（2-101）所示的位移协调条件直接给出，即：

$$(-1)^i y_{w\frac{i+1}{2}} + (-1)^{i+1} \eta_{ryi} - \delta_1 = 0 \qquad (2\text{-}101)$$

式中　δ_1——轮轨游间之一半。

蠕滑力的修正与迭代是在轮缘贴靠判断的循环内进行的，有关内容已在前面第三节中比较详细地进行了说明。加上最外层的关于时间变量的循环，构成曲线动态通过求解的3层循环结构，如图2-18所示。

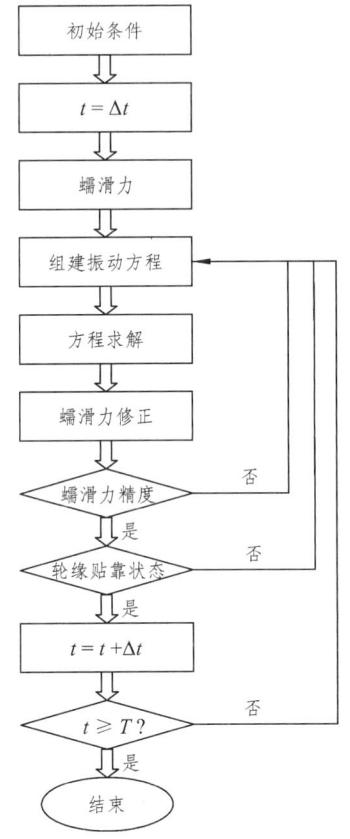

图2-18　曲线动态通过计算程序框图

第三章 轨道振动分析方法

在进行轨道振动分析时，应根据需要解决的问题，选择或建立有效的力学模型，针对轨道的工作条件和受力情况，合理地选择计算方法，准确地确定计算参数，然后求解振动方程，得到时域内轨道的各种响应或频域内轨道的振动特性。

轨道振动分析的发展过程中，充分体现了结构动力学的基本原理和分析方法在轨道结构动力分析中的应用。分析模型由多刚体的集总质量模型到连续弹性支承梁模型，再到弹性点支承梁模型。分析方法也多种多样，按时频域划分可分为轨道振动时域分析和轨道振动频域分析；按模型离散方法的划分可分为有限单元法、模态法和传递矩阵法；按是否考虑随机参数或随机激励可划分为轨道确定性振动分析和轨道随机振动分析等。

第一节 轨道振动分析的计算模型

计算模型是轨道振动分析的关键。在选择或建立轨道计算模型时，应把握好以下原则：

（1）模型不宜过分繁琐，在满足振动分析所要求的精度条件下，模型应尽可能简化，以降低确定模型中相关计算参数的难度，否则可能出现模型相当准确、计算方法的精度也很高，但计算参数精度较低甚至无法确定的情况，严重地影响计算结果的准确性。

（2）针对需要解决的问题，将问题所涉及的部件附近的结构进行较详细的模拟，而距离较远的结构则做比较粗略的模拟。比如为了计算枕下压力，则模型中一定得包含轨枕，而上部机车车辆和下部道床路基则可尽量简化。

（3）轨道振动分析与其他结构振动分析相类似，应当也必须注意所要分析的振动频率段，如分析中是注重高频振动还是低频振动等，这一点对模型的选择十分重要，而且，在结构上虽然距离较近，但振动频率相差较大的特性在建模时也应忽略。

下面介绍几类轨道动力分析中常用的模型,供研究计算中选用或参考。计算模型由简到繁,模型功能由少到多,一般来讲,复杂模型涵盖简单模型的功能。

一、轨道垂向振动分析中的集总质量模型

结构振动分析中,最早发展起来的是多刚体系统的振动分析方法,因此轨道振动分析中,最早也是将轨道简化为由质量、弹簧和阻尼组成的多刚体模型,由于用多刚体模型模拟轨道连续体结构要进行等效参振质量等参数的确定,所以轨道振动分析中称这类模型为集总质量模型。

(一)轨道单自由度集总质量模型

图 3-1 为研究轨道垂向振动时建立的单自由度集总参数模型,也是轨道振动分析中最早采用的模型。该模型中的参振质量 M 由钢轨、轨枕等参振质量组成。钢轨和轨枕的等效参振质量,依据轨道等效弹簧刚度和模型振动频率与轨道振动基频相等的原则确定。模型中的刚度 K 表示由钢轨挠曲、扣件压缩、轨枕挠曲、道床压缩和路基压缩所形成的轨道等效刚度,可由轨道的静力计算或在轨面施加垂向压力测试而得到。模型中的阻尼 C 是轨道振动过程中的总等效阻尼,可选定轨道阻尼率依据轨道参振质量和等效刚度求得。

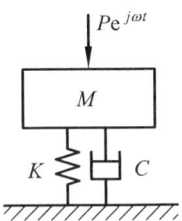

图 3-1 轨道单自由度集总质量模型

该模型可建立一个二阶常系数微分方程求解,十分方便,但模型中的等效计算参数不易确定,且计算结果是否准确主要取决于各等效参数的取值。计算等效刚度时,首先在选定路基、道床和扣件刚度的条件下,按式(3-1)计算轨下基础半枕支承总刚度:

$$\frac{1}{k_z} = \frac{1}{k_r} + \frac{1}{k_s} + \frac{1}{k_b} \tag{3-1}$$

式中 k_z——轨下半枕支承总刚度;

k_r——一组扣件的刚度;

k_s——半枕道床支承刚度;

k_b——半枕路基支承刚度。

如轨枕间距为 a,则单根钢轨的连续支承刚度为:

$$k = k_z / a \tag{3-2}$$

按连续弹性支承轨道静力计算,得到轨道等效刚度为:

$$K = 2\sqrt[4]{4EJk^3} \tag{3-3}$$

式中 EJ——钢轨垂向抗弯刚度。

设轨道基频为 f_0 可由实测或别的振动模型分析得到,则轨道参振的等效质量为:

$$M = \frac{K}{4\pi^2 f_0^2} \tag{3-4}$$

选定或测试得到轨道阻尼率 ξ 后,可得到轨道的等效阻尼为:

$$C = 2\xi\sqrt{MK} \tag{3-5}$$

单自由度模型中的参振质量,也可考虑加入机车车辆簧下质量进行分析,求解车轮与钢轨低频同相位移振动条件下的轨道振动问题。

单自由度模型虽然简单,但仍有其明显的用途。

(1) 在低频激振条件下,求解簧下质量连同钢轨、轨枕发生同相振动时的位移和加速度。

(2) 求解轨枕与道床间及路基面的动压力。

(3) 在进行车辆振动分析时,考虑轨道结构的参振,将轨道简化为单自由度模型加入车辆振动模型中,并考虑轮轨间的相互作用,构造轨道结构最简化的轮轨耦合振动模型。

(二) 轨道两自由度集总质量模型

图 3-2 为轨道两自由度集总参数模型。参振质量 M_r 为钢轨等效参振质量;M_s 为轨枕等效参振质量;K_r、C_r 分别为钢轨和扣件等效参振刚度和阻尼;K_s、C_s 分别为道床和路基的等效参振刚度和阻尼。该模型可建立含两个未知量的二阶常系数微分方程组进行求解,该模型增加的功能为:

(1) 研究稍高激振频率时的钢轨与轨枕反相振动响应和特性。

(2) 求解轨道振动过程中的枕上和枕下压力。

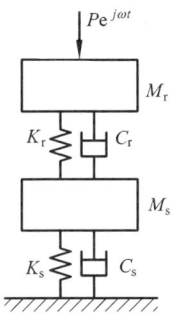

图 3-2 轨道二自由度集总质量模型

(三) 轨道三自由度集总质量模型

图 3-3 为轨道三自由度集总质量模型。M_r, M_s, M_{ba} 分别为钢轨、轨枕及道床的等效参振质量；K_r, C_r 分别为扣件的等效刚度和阻尼；K_s, C_s 分别为道床的等效参振刚度和阻尼的一部分；K_b, C_b 分别为考虑道床等效刚度和阻尼的另一部分并串联上路基等效刚度和阻尼。除集总参数难以计算外，该模型还须将道床刚度分为两部分，一般将道床弹性一分为二，即把道床等效刚度乘以 2，分别置于道床参振质量的上方和下方，质量上方的刚度即为 K_s，质量下方的等效刚度与路基等效刚度按串联弹簧计算出 K_b。道床阻尼的处理方法类似，将道床等效阻尼的一半放于道床参振质量的上方，即 C_s，再将道床等效阻尼的另一半与路基等效阻尼相加后放于道床参振质量的下方，即 C_b。

该模型增加的功能为：

求解低频振动条件下道床的位移、加速度等响应以及更为准确地求解路基面压力等。

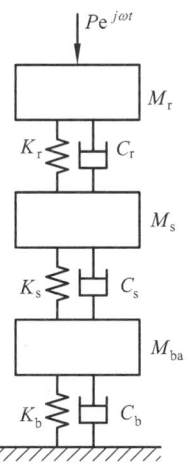

图 3-3 轨道三自由度集总质量模型

也有将道床再划分为若干层或考虑路基的多自由度集总质量模型。随着自由度的增加，模型的功能固然有所增加，但所需计算参数也相应地增加，且参数的确定也更加困难。集总参数模型的计算参数尤其难以确定，对于两自由度以上的集总参数模型的参数，目前尚无可行的计算方法。集总参数模型是在刚体系统振动理论上建立的，随着弹性体振动理论和计算机技术的发展，采用集总参数模型模拟轨道结构因存在严重缺陷而一般不再使用。

二、轨道垂向振动分析中的连续弹性支承叠合梁模型

与轨道集总质量模型相比较，连续弹性支承叠合梁模型更为客观地反映了钢轨作为抗弯梁的工作特性，计算中的各种参数接近实际状态，而且参数也比较容易确定，但其最大的缺陷是无法考虑轨道结构和轨道不平顺的不均匀性。

（一）连续弹性地基上的无限长梁模型

图 3-4 所示是最早用于轨道垂向振动分析的连续弹性支承无限长梁模型。其中钢轨被简化为连续支承于弹性地基上的无限长梁，具有抗弯刚度 EJ 和分布参振质量 m_r，即钢轨每延米的实际质量。钢轨上放置有车辆走行部的簧下质量 M_0，其上作用有激振力 $Pe^{j\omega t}$，也可以不考虑簧下质量而将激振力直接作用于钢轨上。在低频振动时，簧下质量的考虑与否对轨道的各种响应的计算结果是有明显影响的，因为低频时簧下质量连同钢轨一起振动，相当于轨道的参振质量在车轮作用处局部加大。

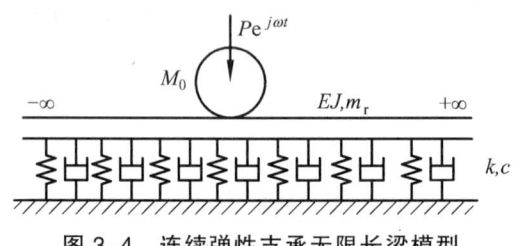

图 3-4 连续弹性支承无限长梁模型

轨枕连同扣件对钢轨的支承是间断的，但轨枕有一定宽度，实际的支承效果介于连续支承和点支承之间。为了计算方便，将轨枕的支承视为连续的，并忽略轨枕、道床及路基的参振，而只计入扣件、道床和路基的弹性和阻尼的影响。将扣件、道床及路基的支承刚度依串联弹簧进行计算，并按式（3-2）计算得到钢轨的分布支承刚度 k，由实测或按一定的阻尼率计算钢轨的分布支承阻尼 c。

该模型可以根据连续弹性支承梁理论，建立钢轨振动的四阶常系数偏微分方程，求解振动方程可得到钢轨振动的相关响应。

该模型的主要功能为:
(1) 低频条件下,求解簧下质量、钢轨、轨枕同相振动时的各种动力响应。
(2) 沿钢轨长度方向的动挠度、动弯矩和枕上动压力。

(二) 连续弹性支承双层叠合梁模型

图 3-5 所示为轨道垂向振动分析中常用的考虑轨枕参振的连续弹性支承双层叠合梁模型。模型中除将钢轨简化为了无限长梁外,把轨枕也简化成为无限长"梁",但轨枕是形式上的梁,却不能抗弯,只有分布参振质量 m_s,可用每半根轨枕的质量除以轨枕间距得到。扣件的分布刚度和阻尼 k_r,c_r 被分离出来,可用每一组扣件的刚度和阻尼除以轨枕间距得到。支承轨枕的刚度和阻尼 k_s,c_s 依半枕下道床和路基的刚度按串联弹簧计算得到。

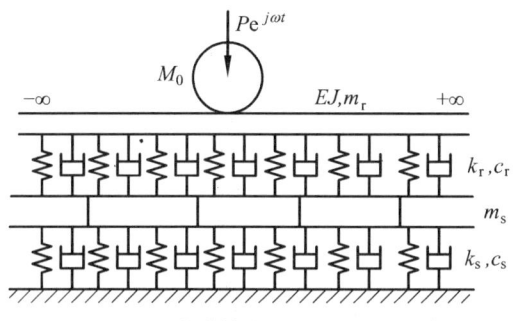

图 3-5 连续弹性支承双层叠合梁模型

该模型比较接近轨道振动的实际状态,各种计算参数可以较为方便地取得。对于钢轨振动,可建立一个四阶常系数偏微分方程,对于轨枕振动,可建立一个二阶常系数的偏微分方程,通过联立两方程求解,可得到振动的各种响应。

该模型所增加的主要功能为:
(1) 激振频率稍高时形成的钢轨、轨枕反相振动的响应分析。
(2) 沿轨道纵向各轨枕的动位移和加速度等有关轨枕的振动响应。
(3) 沿轨道纵向各轨枕上及枕下动压力。

(三) 连续弹性支承 3 层叠合梁模型

图 3-6 是轨道垂向振动分析中经常采用的连续弹性支承 3 层叠合梁模型。除考虑钢轨和轨枕参振以外,还考虑了道床参振。道床也只是形式上的梁,不具抗弯能力,而只有分布参振质量。计算每半枕下方受枕下压力影响范围内的道砟台体内的道砟质量总和,再除以轨枕间距就可以方便地得到道床的分布参振质量 m_{ba}。将半枕下道床支承刚度的 2 倍及道床阻尼的 1/2 除以轨枕间距,置于道床上方,即为模型中的 k_s,c_s。将半枕道床刚度的 2 倍与半枕下路基刚度按

串联弹簧计算刚度后置于道床质量的下方,即为 k_b,将道床阻尼的 1/2 加上路基阻尼置于道床质量下方即为 c_b。

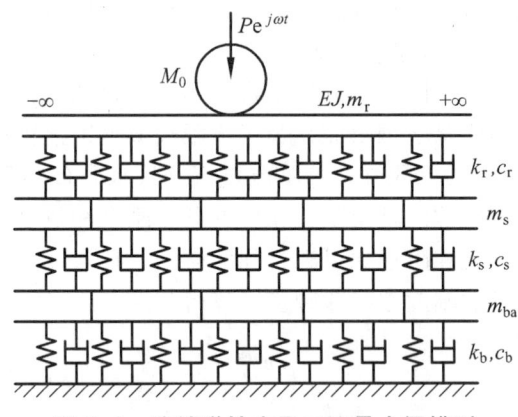

图 3-6 连续弹性支承三层叠合梁模型

对于该模型,建立关于钢轨振动的四阶偏微分方程和关于轨枕、道床的二阶偏微分方程,通过联立求解,即可得到各种相关的振动响应。

该模型增加的主要功能为:

(1) 可求解沿轨道纵向各处道床的振动位移、加速度等响应。

(2) 要求解路基面的动压力。

根据分析中拟解决的问题和要求,连续弹性支承叠合梁模型也可以分更多的叠合层。比如为了研究道床深度方向各层道砟的振动差异,可以将道床划分为 2~3 层,形成 4 层或 5 层叠合梁模型。又如要研究路基表层的振动情况时,可以纳入路基表层,连同道床、轨枕和钢轨构成 4 层或 5 层叠合梁模型。但随着叠合梁层数的增多,确定道床或路基各层间的支承刚度和阻尼的难度增加,而这些刚度和阻尼参数在各层间的分配直接影响到道床或路基的振动响应计算结果。所以,3 层以上的多层叠合梁在研究中的实际应用并不多见。

三、轨道垂向振动分析中的连续弹性点支承梁模型

由于钢轨是间断支承于轨枕上的,因此将轨道简化为连续弹性支承梁有一定误差,但轨枕对钢轨有一定的支承宽度,因此简化为弹性点支承也同样存在一定误差。当然,简化为点支承梁模型能够解决一些连续支承梁无法解决的问题。轨道中存在诸多非线性因素,如轨枕的不均匀支承、不等间距支承、轨枕失效、钢轨接头、钢轨断面变化、轨道不同类型的不平顺等,在研究非线性因

素影响下轨道的振动响应时,采用点支承梁模型在求解过程中就比较方便,表现出较强的适应能力和分析功能。

(一) 单层弹性点支承梁模型

图 3-7 所示为只考虑钢轨振动的点支承梁模型。钢轨被简化为支承在多个弹性点上的有限长度的梁,梁的两端为自由端。由于钢轨两端边界效应的影响,模型中的钢轨长度要取得足够长,钢轨长度应依据所要研究的问题并经过数值试验确定,通常情况下取 20~30 个枕跨长度即可满足绝大多数计算的精度要求。

模型中的钢轨支点刚度与阻尼,可按一组扣件、半枕下道床、半枕下路基的支承刚度与阻尼计算得到,也可通过在轨枕上施加静载实测刚度和在轨枕上施加冲击或振动荷载实测阻尼值。

该模型的各种计算参数基本上采用轨道结构中的实际参数,可以比较方便地确定。但是,点支承梁模型均难以像连续支承梁模型那样求得解析解,而只能依靠数值计算方法进行振动计算与分析。

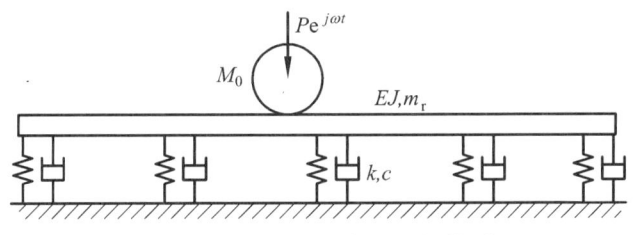

图 3-7 单层弹性点支承梁模型

要进行点支承梁模型振动的数值求解,就必须选择某种将模型离散化的方法,在非线性因素较多的情况下,目前主要的模型离散方法是有限单元法。在钢轨上不存在非线性因素时,可采用模态法离散模型,依据所研究的频率范围合理地选择钢轨的振动模态数量,有效地缩减钢轨的自由度数以降低计算工作量。在后面还要较为详细地介绍这两种方法的应用。

该模型的主要功能为:

(1) 在轮轨耦合振动中作为轨道部分的振动模型。

(2) 可考虑支承刚度不均匀、支承间距不均匀、轨枕失效、钢轨接头、钢轨断面变化、各类轨道垂向不平顺等非均匀、非线性因素。

(3) 可计算钢轨上各断面处的振动挠度、加速度、弯矩等响应。

(4) 可计算各轨枕的枕上动压力。

(5) 用于低频振动分析时,钢轨支承刚度与阻尼要考虑扣件、道床与路基即全部轨道的刚度与阻尼。用于高频振动分析时,由于道床和路基对频振动的影响较少,模型中的钢轨支承刚度与阻尼只取为扣件的刚度与阻尼。

(二)双层弹性点支承梁模型

图 3-8 所示为考虑轨枕参振的双层弹性点支承梁模型,是目前轨道振动分析或轮轨系统耦合振动分析中采用得最多的模型之一。其中钢轨与轨枕间为每组扣件的刚度和阻尼 k_r,c_r;轨枕的参振质量为半枕质量 m_s;轨枕下部为道床和路基的刚度与阻尼的总和 k_s,c_s。

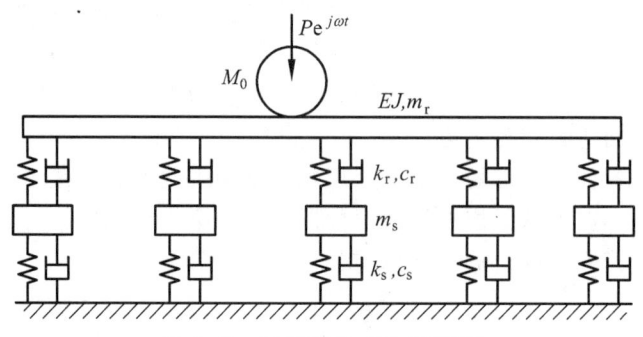

图 3-8 双层弹性点支承模型

该模型考虑了轨枕的参振,因此功能增加了,所增加的主要功能为:
(1)求解各轨枕的振动位移和加速度等响应。
(2)求解枕下动压力。

(三)三层弹性点支承梁模型

图 3-9 为考虑道床参振的三层弹性点支承梁模型。与前述连续弹性支承三层叠合梁类似,将道床的刚度与阻尼分配在道床参振质量的上方和下方。该模型增加的功能为:

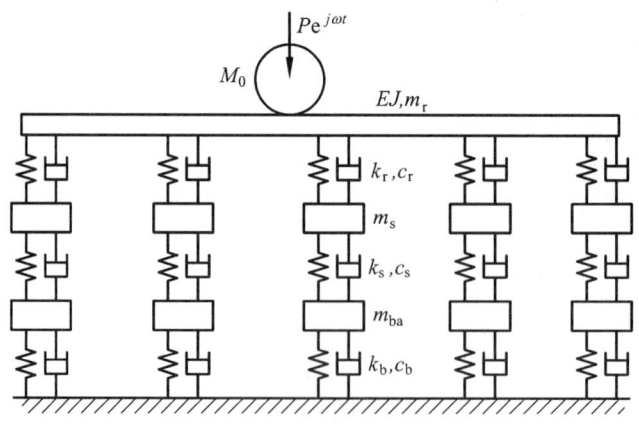

图 3-9 三层弹性点支承模型

(1) 可求解道床的振动位移和加速度等响应。
(2) 可求解路基面的动压力。

四、轨道横向振动计算模型

一般认为,轨道横向存在比较强的非线性因素,但在求解轨道横向振动时,目前绝大多数情况下仍然进行线性简化,因此有必要对轨道横向非线性进行相关的讨论。

轨道横向非线性主要来源于石砟道床,表现在两个方面:其一,施加在轨枕上的横向力与轨枕横向位移间存在非线性关系;其二,道床横向刚度与轨枕作用在道床上的垂向力相关。

道床上述两方面的非线性均来自于轨枕在道床上的移动。要使轨排发生横移,横向力需要达到某一量值。按照法国高速铁路上的试验数据,轮轨横向力至少要达到($W/3+10$)(W为轴重)时,轨排才可能发生横移。对于 230 kN 轴重的机车和 210 kN 轴重的车辆,横向力分别要达到约 87 kN 和 80 kN。实测表明,即使在石太线重载线路上钢轨波磨十分严重、半径 300 m 的曲线地段,列车经过时,车辆横向力一般也不会使轨排发生横向移动,只有个别机车车轮能使轨排在道床上发生难以恢复的横向位移。

在动态情况下,轨道横向动刚度与垂向力的相关性如何呢?试验中在同一钢轨断面上布置了轮轨垂向力、横向力和轨头横移测点,对测试数据进行统计分析。结果发现,轨道横向动刚度与垂向力间几乎不存在相关性,如图 3-10 所示。动态情况下轨道横向动刚度的非线性并不如想象的那么大,实测得到轮轨横向力与轨头横向位移的关系如图 3-11 所示,横向力小于 20 kN 时存在一定的非线性,但当横向力达到 20 kN 以上时,横向力与横向位移间基本上呈线性关系。

综合来看,轨道横向振动分析时仍可以采用刚度线性化模型。

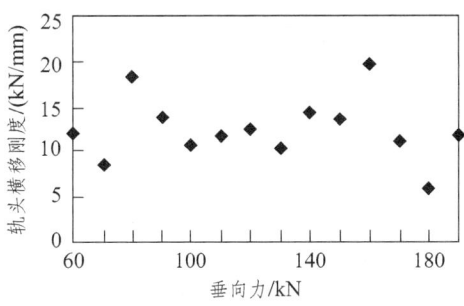

图 3-10 不同轮轨垂向力下的轨头横移刚度(实测值)

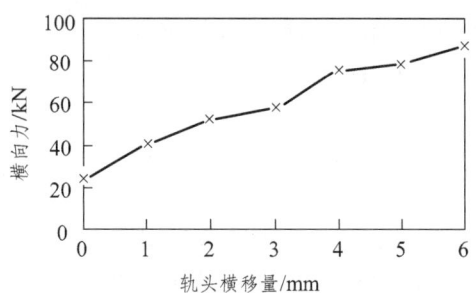

图 3-11　轮轨横向力与钢轨横向位移的关系（实测值）

在进行轨道横向振动研究时，通常很难像轨道垂向那样利用对称性取单股钢轨，而应当考虑两股钢轨及轨枕所形成的轨排在扣件和道床横向约束刚度与阻尼作用下的振动情况。因此轨道横向振动分析的模型相对比较复杂。

此处介绍两个在研究中常用的模型，即连续弹性支承梁模型和弹性点支承梁模型。与垂向振动分析中的连续弹性支承梁模型类似，将两股钢轨视为轨道平面内横向弹性可弯梁，将扣件和道床简化为弹簧和阻尼元件，其刚度和阻尼沿钢轨均匀分布，再将轨枕质量也沿钢轨均匀分布，即形成轨道横向振动分析中的连续弹性支承无限长梁模型，如图 3-12 所示。在道床上放置由轨枕简化形成的无限长板状质量，其沿轨道纵向的分布质量为 m_s，道床对板状质量的横向约束简化为分布的弹簧刚度和阻尼 k_{sy}, c_{sy}。扣件与两股钢轨的横向联接简化为分布的弹簧刚度和阻尼 k_{ry}, c_{ry}。钢轨横向抗弯刚度为 EJ_y，参振动质量仍为每延米质量 m_r。

对图 3-12 所示的模型，可针对两股钢轨的横向振动，分别建立两个常系数四阶偏微方程，针对轨枕的横向振动，建立一个二阶常系数偏微分方程，联立 3 个方程求解可得到轨道振动的各种响应的解析解。

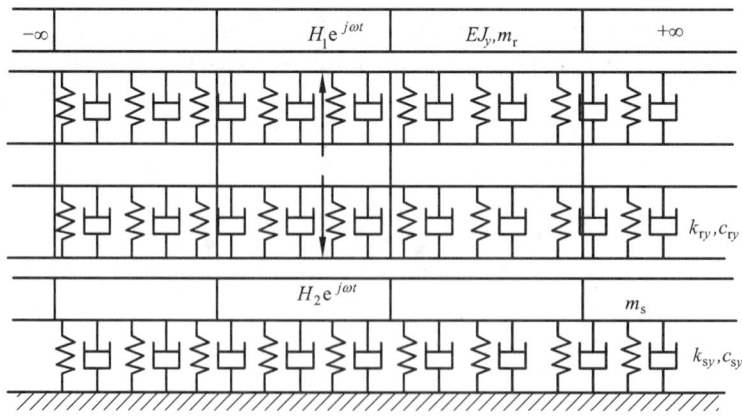

（a）连续弹性支承模型平面图

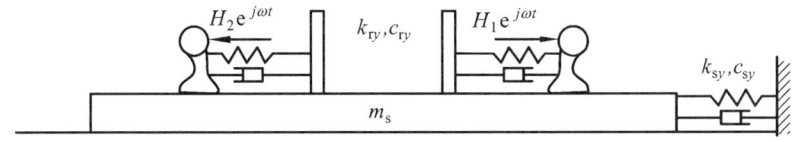

（b）连续弹性支承模型断面图

图 3-12 轨道横向连续弹性支承无限长梁模型

求解轨道横向振动的弹性点支承计算模型如图 3-13 所示，该图给出了计算模型的平面图，而计算模型的断面图与图 3-12（b）相同。选择有限长的轨道，钢轨边界可处理为自由端或固定端。分析较低频率振动时，两股钢轨简化为水平面内的横向抗弯欧拉梁，具有抗弯刚度 EJ_y 和分布质量 m_r；分析较高频率振动时，两股钢轨简化为铁摩辛科梁，除具有抗弯刚度和分布质量外，还具有断面旋转惯量和剪切刚度。扣件简化为轨枕中心处的横向弹簧和阻尼元件，具有刚度和阻尼 k_{ry}, c_{ry}。轨枕简化为刚性质量块，具有横向参振质量 m_s。道床简化为弹簧和阻尼元件，具有刚度和阻尼 k_{sy}, c_{sy}。

图 3-13 所示的轨道横向振动点支承模型，可采用有限单元法或振型模态法等进行离散，建立振动方程并采用数值方法进行求解。

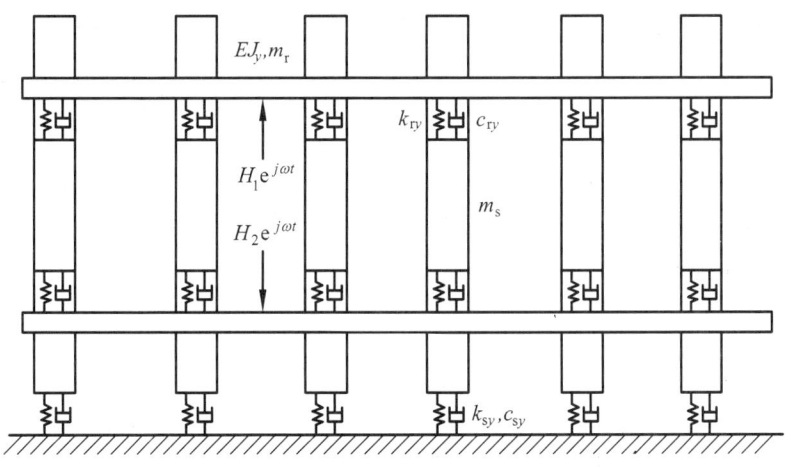

图 3-13 轨道横向振动点支承梁模型

五、轨道纵向振动计算模型

列车作用下轨道的纵向振动一般较小，实测数据表明，钢轨的纵向位移仅为其垂向和横向位移的 1/6 至 1/3，且轨道的纵向振动与列车纵向振动的耦合性较弱,所以在轮轨系统振动分析中,通常忽略轨道的纵向振动。但因轨道的纵向振动可能造成钢轨的不均匀爬行,影响无缝线路的稳定性,所以分析轨道纵向振动仍有其十分重要的价值。

轨道纵向振动计算模型主要分为连续弹性支承杆模型和弹性点支承杆模型。图 3-14 所示的是一个典型的连续弹性支承杆轨道纵向振动模型。由于轨道的对称性,取一股钢轨和半根轨枕建立模型。钢轨被简化为无限长拉压杆件,具有拉压刚度 EF 和参振质量 m_r。扣件被简化为弹簧和阻尼元件,具有纵向分布刚度和阻尼 k_{rx}, c_{rx}。轨枕简化为质量块,具有纵向分布参振质量 m_s。道床被简化为弹簧和阻尼元件,具有纵向分布刚度和阻尼 k_{sx}, c_{sx}。

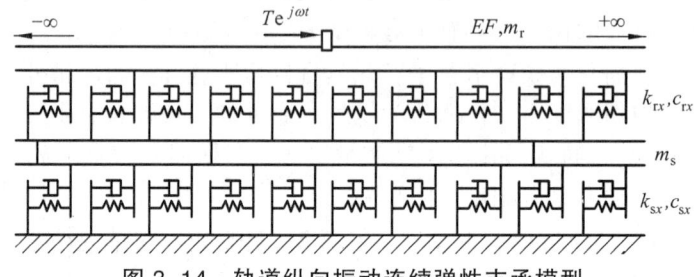

图 3-14 轨道纵向振动连续弹性支承模型

图 3-14 所的轨道纵向连续振动模型,可分别建立钢轨拉压振动和轨枕纵向振动的二阶常系数偏微分方程,然后进行联立求解,得到轨道纵向振动的解析解。

图 3-15 所示的是一个典型的弹性点支承杆轨道纵向振动模型。钢轨被简化为一有限长拉压杆件,具有拉压刚度 EF 和参振质量 m_r。扣件被简化为弹簧和阻尼元件,每组扣件具有纵向刚度和阻尼 k_{rx}, c_{rx}。轨枕简化为质量块,每半根轨枕具有纵向参振质量 m_s。道床被简化为弹簧和阻尼元件,半根枕下道床对轨枕的纵向约束刚度和阻尼为 k_{sx}, c_{sx}。

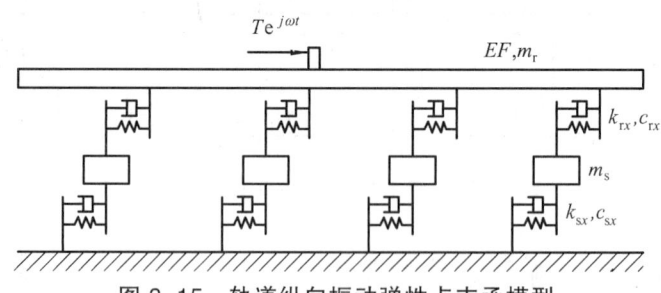

图 3-15 轨道纵向振动弹性点支承模型

图 3-15 所的轨道纵向振动点支承模型,可采用有限单元法或振动模态法进行离散并建立振动方程,采用数值积分方法进行求解。

第二节　叠合梁模型轨道垂向振动分析

在轨道振动分析时，如采用自由度较少的集总质量模型和连续弹性支承模型，可以采用解析方法求解时域内各种振动响应的解。集总质量模型的解法可参照有关研究多刚体系统振动的资料，且因其振动参数难以确定而不常用，此处不予介绍，而将重点放在连续弹性支承模型的解析解上。

一、无阻尼轨道双层叠合梁模型振动解析解

分析轨道垂向振动的双层叠合梁模型如图 3-5 所示。振动过程中车轮与钢轨不脱离接触，车轮上作用有一谐振力 $Pe^{j\omega t}$，其中 P 为激振力幅值，ω 为激振圆频率。以车轮和钢轨的接触点为坐标原点，以钢轨纵向为 x 轴，以向下位移为 z 轴正向，钢轨垂向位移可表示为 $z_r(x,t)$。由于对称性，研究时取 x 大于 0 的半无限轨道为对象。

为了使问题简化从而便于由解析解得到明确的分析结论，暂不考虑模型中扣件和道床的参振阻尼。设在坐标 x 处取长度为 $\mathrm{d}x$ 的钢轨微段，其受到的弯矩、剪力、弹性力和振动惯性力如图 3-16 所示。根据钢轨微段所受垂向力平衡可得钢轨的振动方程：

$$\frac{\partial Q(x,t)}{\partial x}\mathrm{d}x + m_r \frac{\partial^2 z_r(x,t)}{\partial t^2}\mathrm{d}x + k_r[z_r(x,t)-z_s(x,t)]\mathrm{d}x = 0 \quad (3\text{-}6)$$

根据剪力与位移的关系，可得：

$$EJ\frac{\partial^4 z_r(x,t)}{\partial x^4} + m_r \frac{\partial^2 z_r(x,t)}{\partial t^2} + k_r[z_r(x,t)-z_s(x,t)] = 0 \quad (3\text{-}7)$$

式中　$z_r(x,t), z_s(x,t)$ ——分别表示钢轨和轨枕的垂向振动位移；
　　　EJ——钢轨的抗弯刚度；
　　　m_r——钢轨单位长度的质量；
　　　k_r——扣件的分布刚度。

类似地可得到轨枕的振动方程：

$$m_s \frac{\partial^2 z_s(x,t)}{\partial t^2} + k_r[z_s(x,t)-z_r(x,t)] + k_s z_s(x,t) = 0 \quad (3\text{-}8)$$

式中　m_s——半枕单位长度的分布质量；
　　　k_s——半枕下道床和路基的分布刚度。

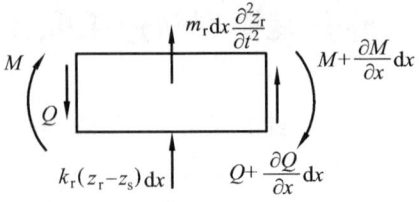

图 3-16 钢轨微段受力图示

由于位置坐标 x 和时间坐标 t 是相互独立的,且所关心的是轨道在谐振力作用下的稳态振动解,所以可设钢轨和轨枕的振动位移可表示为:

$$\left.\begin{array}{l} z_r(x,t) = Z_r(x)\mathrm{e}^{j\omega t} \\ z_s(x,t) = Z_s(x)\mathrm{e}^{j\omega t} \end{array}\right\} \quad (3\text{-}9)$$

则式(3-7)、(3-8)变为常微分方程组:

$$\left.\begin{array}{l} EJ\dfrac{\mathrm{d}^4 Z_r}{\mathrm{d}x^4} + (k_r - m_r\omega^2)Z_r - k_r Z_s = 0 \\ (k_r + k_s - m_s\omega^2)Z_s - k_r Z_r = 0 \end{array}\right\} \quad (3\text{-}10)$$

将式(3-10)中的第二式代入第一式可得到:

$$EJ\frac{\mathrm{d}^4 Z_r}{\mathrm{d}x^4} + \left[\frac{k_r(k_s - m_s\omega^2)}{k_r + k_s - m_s\omega^2} - m_r\omega^2\right]Z_r = 0 \quad (3\text{-}11)$$

当激振动频率较低时,有:

$$\frac{k_r(k_s - m_s\omega^2)}{k_r + k_s - m_s\omega^2} - m_r\omega^2 > 0 \quad (3\text{-}12)$$

令:

$$\beta = \left\{\left[\frac{k_r(k_s - m_s\omega^2)}{k_r + k_s - m_s\omega^2} - m_r\omega^2\right]\frac{1}{4EJ}\right\}^{1/4} \quad (3\text{-}13)$$

则式(3-11)成为:

$$\frac{\mathrm{d}^4 Z_r}{\mathrm{d}x^4} + 4\beta^4 Z_r = 0 \quad (3\text{-}14)$$

设式(3-14)的解为指数函数:

$$Z_r = A\mathrm{e}^{\lambda x} \quad (3\text{-}15)$$

代入式(3-14)得到特征方程为:

$$\lambda^4 + 4\beta^4 = 0 \tag{3-16}$$

求解特征方程（3-16）可得到两对共轭复根：

$$\lambda = \pm 1 \pm j\beta \tag{3-17}$$

由此可得到钢轨振动位移的解为：

$$z_r(x,t) = e^{j\omega t} \sum_{i=1}^{4} A_i e^{\lambda_i x} \tag{3-18}$$

依据复指数和三角函数间的欧拉公式：

$$e^{\pm j\beta x} = \cos\beta x \pm j\sin\beta x \tag{3-19}$$

钢轨振动位移通解变为：

$$z_r(x,t) = [C_1 e^{-\beta x}\cos\beta x + C_2 e^{-\beta x}\sin\beta x + C_3 e^{\beta x}\cos\beta x + C_4 e^{\beta x}\sin\beta x]e^{j\omega t} \tag{3-20}$$

式中，$C_{1\sim 4}$ 为待定常数。由于随 x 增大，式（3-20）中的第三、四项无限增大，所以有

$$C_3 = C_4 = 0 \tag{3-21}$$

由坐标原点钢轨两边的对称性可知

$$\left.\frac{\partial z_r(x,t)}{\partial x}\right|_{x=0} = 0 \tag{3-22}$$

得到 $C_1 = C_2 = C$。再由原点处力的平衡条件：

$$2EJ\frac{\partial^3 z_r(x,t)}{\partial x^3} + M_0 \frac{\partial^2 z_r(x,t)}{\partial t^2}\bigg|_{x=0} = Pe^{j\omega t} \tag{3-23}$$

得到

$$C = \frac{P}{8EJ\beta^3 - M_0\omega^2} \tag{3-24}$$

因此得到钢轨各点的位移、截面转角、弯矩和剪力的振动响应值分别为：

$$\left.\begin{aligned}
Z_r(x) &= C\phi_1(\beta x) \\
\theta_r(x) &= -2\beta C\phi_2(\beta x) \\
M_r(x) &= 2EJ\beta^2 C\phi_3(\beta x) \\
Q_r(x) &= -4EJ\beta^3 C\phi_4(\beta x)
\end{aligned}\right\} \tag{3-25}$$

式（3-25）中：

$$\begin{rcases} \phi_1(\beta x) = e^{-\beta x}(\cos\beta x + \sin\beta x) \\ \phi_2(\beta x) = e^{-\beta x}\sin\beta x \\ \phi_3(\beta x) = e^{-\beta x}(\cos\beta x - \sin\beta x) \\ \phi_4(\beta x) = e^{-\beta x}\cos\beta x \end{rcases} \quad (3\text{-}26)$$

当激振频率较高时，有

$$\frac{k_r(k_s - m_s\omega^2)}{k_r + k_s - m_s\omega^2} - m_r\omega^2 \leqslant 0 \quad (3\text{-}27)$$

令

$$\gamma = \left\{\left[\frac{k_r(k_s - m_s\omega^2)}{k_r + k_s - m_s\omega^2} - m_r\omega^2\right]\frac{-1}{EJ}\right\}^{1/4} \quad (3\text{-}28)$$

设方程（3-14）的通解仍形如式（3-15），则特征方程为：

$$\lambda^4 - \gamma^4 = 0 \quad (3\text{-}29)$$

特征方程的根为：

$$\lambda_{1,2} = \pm\gamma \qquad \lambda_{3,4} = \pm j\gamma \quad (3\text{-}30)$$

由此得到钢轨振动幅值的通解为：

$$Z_r(x) = A_1 e^{-\gamma x} + A_2 e^{\gamma x} + A_3 e^{-j\gamma x} + A_4 e^{j\lambda x} \quad (3\text{-}31)$$

式（3-31）中第二项随 x 增大而无限增大，应予去除。依据欧拉公式，第三、四项含义相同，只需保留其中一项。因此钢轨的振动位移通解为：

$$z_r(x,t) = [A_1 e^{-\gamma x} + A_3 e^{-j\gamma x}]e^{j\omega t} \quad (3\text{-}32)$$

由坐标原点的对称条件式（3-22）得：

$$A_3 = jA_1 \quad (3\text{-}33)$$

由坐标原点的受力平衡条件式（3-23）得：

$$A_1 = -\frac{P}{4EJ\gamma^3 + M_0(1+j)\omega^2} \quad (3\text{-}34)$$

令

$$D = -\frac{(4EJ\gamma^3 + M_0\omega^2 - jM_0\omega^2)P}{(4EJ\gamma^3 + M_0\omega^2)^2 + (M_0\omega^2)^2}$$ （3-35）

则钢轨的位移、载面转角、弯矩、剪力的振动幅值可分别表示为：

$$\left.\begin{aligned}
Z_r(x) &= D(e^{-\gamma x} + je^{-j\gamma x}) \\
\theta_r(x) &= D\gamma(-e^{-\gamma x} + e^{-j\gamma x}) \\
M_r(x) &= -EJD\gamma^2(e^{-\gamma x} - je^{-j\gamma x}) \\
Q_r(x) &= -EJD\gamma^3(-e^{-\gamma x} + e^{-j\gamma x})
\end{aligned}\right\}$$ （3-36）

二、有阻尼轨道双层叠合梁模型振动解析解

当考虑扣件和道床阻尼时，双层叠合梁模型振动的解析解略为复杂一些，主要是要进行大量的复数运算。此时振动方程变为：

$$\left.\begin{aligned}
& EJ\frac{\partial^4 z_r(x,t)}{\partial x^4} + m_r\frac{\partial^2 z_r(x,t)}{\partial t^2} + c_r\left[\frac{\partial z_r(x,t)}{\partial t} - \frac{\partial z_s(x,t)}{\partial t}\right] + \\
& \quad k_r[z_r(x,t) - z_s(x,t)] = 0 \\
& m_s\frac{\partial^2 z_s(x,t)}{\partial t^2} + c_r\left[\frac{\partial z_s(x,t)}{\partial t} - \frac{\partial z_r(x,t)}{\partial t}\right] + k_r[z_s(x,t) - z_r(x,t)] + \\
& \quad c_s\frac{\partial z_s(x,t)}{\partial t} + k_s z_s(x,t) = 0
\end{aligned}\right\}$$ （3-37）

式中 c_r, c_s——分别表示扣件和道床的分布阻尼。分离变量后得到常系数微分方程组：

$$\left.\begin{aligned}
& EJ\frac{d^4 Z_r}{dx^4} + (k_r + jc_r\omega - m_r\omega^2)Z_r - (k_r + jc_r\omega)Z_s = 0 \\
& (k_r + k_s + jc_r\omega + jc_s\omega - m_s\omega^2)Z_s - (k_r + j\omega c_r)Z_r = 0
\end{aligned}\right\}$$ （3-38）

从式（3-38）的第二式可得到：

$$Z_s = \frac{k_r + j\omega c_r}{k_r + k_s + jc_r\omega + jc_s\omega - m_s\omega^2}Z_r = E_1 Z_r$$ （3-39）

代入式（3-38）的第一式，得到：

$$\frac{d^4 Z_r}{dx^4} + E_2 Z_s = 0$$ （3-40）

式（3-40）中：

$$E_2 = (k_r + jc_r\omega - m_r\omega^2) - (k_r + jc_r\omega)E_1 \tag{3-41}$$

由此得到振动特征方程为：

$$\lambda^4 + E_2 = 0 \tag{3-42}$$

从方程（3-42）中可解得四个特征根，为两对共轭复根，形如：

$$\lambda_{1\sim 4} = \pm\alpha \pm j\beta$$

从而得到钢轨振动位移幅值的通解为：

$$Z_r(x) = e^{-\alpha x}(A_1 e^{j\beta x} + A_2 e^{-j\beta x}) + e^{\alpha x}(A_3 e^{j\beta x} + A_4 e^{-j\beta x}) \tag{3-43}$$

式（3-43）中的第三、四项随 x 趋向无穷大，因此舍去，则通解变为：

$$Z_r(x) = e^{-\alpha x}(C_1 \cos\beta x + C_2 \sin\beta x) \tag{3-44}$$

依据坐标原点的对称条件式（3-22）得到：

$$C_2 = \frac{\alpha}{\beta}C_1$$

再由坐标原点的受力条件式（3-23）得到：

$$C_1 = \frac{P}{4EJ\alpha(\alpha^2 + \beta^2) - M_0\omega^2}$$

最后得到钢轨振动位移幅值为：

$$Z_r(x) = \frac{P}{4EJ\alpha(\alpha^2 + \beta^2) - M_0\omega^2} e^{-\alpha x}\left(\cos\beta x + \frac{\alpha}{\beta}\sin\beta x\right) \tag{3-45}$$

三、轨道垂向振动频率特性分析

由式（3-24）所示的钢轨振动位移幅值解可见，当激振频率使式（3-46）成立时，轨道发生共振，该激振频率即为轨道的共振频率。设簧下质量和轨道的振动参数如表 3-1 所列，则可计算出轨道共振频率，机车作用下为 33 Hz、车辆作用下为 45 Hz，当轨道上没有机车车辆作用（即设 $M_0 = 0$）时，轨道的共振频率为 78 Hz。可见，在轨道上施加激振力所得到的轨道共振频率比考虑机车车辆簧下质量共同参振所得到的轨道共振频率要高得多。

$$8EJ\beta^3 - M_0\omega^2 = 0 \tag{3-46}$$

表 3-1　连续弹性支承双层叠合梁轨道振动模型的计算参数

参数名	量纲	取值
单轮簧下质量	kg	机车 2 000，车辆 500
钢轨每延米质量（60 kg/m 轨）	kg/m	60
钢轨钢弹性模量	kPa	2.1×10^8
钢轨绕水平轴的惯性矩	m^4	3.217×10^{-5}
一组扣件每延米刚度	kPa	8×10^4
半枕每延米质量（Ⅲ型枕）	kg/m	262
半枕下道床和路基每延米刚度	kPa	1.6×10^5

第三节　连续弹性支承轨道横向和纵向振动分析

连续弹性支承轨道的横向和纵向振动求解，与垂向的叠合梁模型求解方法基本类似，但横向振动要考虑两股钢轨的弯曲振动，纵向振动要进行拉压杆的振动求解。

一、连续弹性支承轨道横向振动方程及求解

轨道横向振动分析一般要考虑两股钢轨连同轨枕所形成的轨排振动，采用如图 3-12 所示的叠合梁模型，振动分析比垂向振动叠合梁模型要复杂得多。为了对轨道横向振动的有关特性求解，此处研究只有一股钢轨上作用横向力 $He^{j\omega t}$ 的情况。

利用与垂向振动叠合梁模型相同的原理，写出图 3-12 所示的轨道横向振动叠合梁模型的振动方程组：

$$\left.\begin{aligned}&EJ_y\frac{\partial^4 y_{r1}(x,t)}{\partial x^4}+m_r\frac{\partial^2 y_{r1}(x,t)}{\partial t^2}+c_{ry}\left[\frac{\partial y_{r1}(x,t)}{\partial t}-\frac{\partial y_s(x,t)}{\partial t}\right]+\\&\quad k_{ry}[y_{r1}(x,t)-y_s(x,t)]=0\\&EJ_y\frac{\partial^4 y_{r2}(x,t)}{\partial x^4}+m_r\frac{\partial^2 y_{r2}(x,t)}{\partial t^2}+c_{ry}\left[\frac{\partial y_{r2}(x,t)}{\partial t}-\frac{\partial y_s(x,t)}{\partial t}\right]+\\&\quad k_{ry}[y_{r2}(x,t)-y_s(x,t)]=0\\&m_s\frac{\partial^2 y_s(x,t)}{\partial t^2}+c_{ry}\left[2\frac{\partial y_s(x,t)}{\partial t}-\frac{\partial y_{r1}(x,t)}{\partial t}-\frac{\partial y_{r2}(x,t)}{\partial t}\right]+\\&\quad k_{ry}[2y_s(x,t)-y_{r1}(x,t)-y_{r2}(x,t)]+c_{sy}\frac{\partial y_s(x,t)}{\partial t}+k_{sy}y_s(x,t)=0\end{aligned}\right\} \quad (3\text{-}47)$$

式中 y_{r1}, y_{r2}, y_s——分别表示两股钢轨及轨枕的横向振动位移;

EJ_y——钢轨的横向抗弯刚度;

k_{ry}, c_{ry}——分别表示扣件的横向分布刚度和阻尼;

k_{sy}, c_{sy}——分别表示道床的横向分布刚度和阻尼;

m_s——轨枕的分布质量。

因两股钢轨之一受有谐振力 $He^{j\omega t}$,且分析的重点为轨道稳态振动响应,所以设钢轨和轨枕的横向振动位移可表示为:

$$\left. \begin{aligned} y_{r1} &= Y_{r1} e^{j\omega t} \\ y_{r2} &= Y_{r2} e^{j\omega t} \\ y_s &= Y_s e^{j\omega t} \end{aligned} \right\} \quad (3\text{-}48)$$

代入式(3-47)中,可将式(3-47)所示的偏微分方程组变为常微分方程组:

$$\left. \begin{aligned} &EJ_y \frac{d^4 Y_{r1}}{dx^4} + (k_{ry} + jc_{ry}\omega - m_r\omega^2)Y_{r1} - (k_{ry} + jc_{ry}\omega)Y_s = 0 \\ &EJ_y \frac{d^4 Y_{r2}}{dx^4} + (k_{ry} + jc_{ry}\omega - m_r\omega^2)Y_{r2} - (k_{ry} + jc_{ry}\omega)Y_s = 0 \\ &(2k_{ry} + k_{sy} + 2jc_{ry}\omega + jc_{sy}\omega - m_s\omega^2)Y_s - (k_{ry} + jc_{ry}\omega)Y_{r1} - \\ &\quad (k_{ry} + jc_{ry}\omega)Y_{r2} = 0 \end{aligned} \right\} \quad (3\text{-}49)$$

式(3-49)所示为一复系数常微分方程组。从式(3-49)中的第三式可得:

$$\begin{aligned} Y_s &= \frac{k_{ry} + jc_{ry}\omega}{2k_{ry} + k_{sy} + 2jc_{ry}\omega + jc_{sy}\omega - m_s\omega^2}(Y_{r1} + Y_{r2}) \\ &= E_0(Y_{r1} + Y_{r2}) \end{aligned} \quad (3\text{-}50)$$

代入式(3-49)前两式得:

$$\left. \begin{aligned} \frac{d^4 Y_{r1}}{dx^4} + E_1 Y_{r1} + E_2 Y_{r2} &= 0 \\ \frac{d^4 Y_{r2}}{dx^4} + E_2 Y_{r1} + E_1 Y_{r2} &= 0 \end{aligned} \right\} \quad (3\text{-}51)$$

式(3-51)中的 E_1, E_2 为两个复系数,即:

$$\left. \begin{aligned} E_1 &= \frac{1}{EJ_y}[k_{ry} + jc_{ry}\omega - m_r\omega^2 - (k_{ry} + jc_{ry}\omega)E_0] \\ E_2 &= \frac{-1}{EJ_y}(k_{ry} + jc_{ry}\omega)E_0 \end{aligned} \right\} \quad (3\text{-}52)$$

设式（3-51）所示方程组的通解为：

$$Y_{r1} = Ae^{\lambda x}, \quad Y_{r2} = Be^{\lambda x} \tag{3-53}$$

代入式（3-51）：

$$\left.\begin{array}{l} A(\lambda^4 + E_1) + BE_2 = 0 \\ AE_2 + B(\lambda^4 + E_1) = 0 \end{array}\right\} \tag{3-54}$$

于是得到特征方程为：

$$\lambda^4 + E_1 - E_2 = 0 \tag{3-55}$$

由特征方程（3-55）求解出四个特征根，其为两对共轭复根，形如：

$$\lambda_{1\sim 4} = \pm\alpha \pm j\beta$$

去除无限增大项后，可得到两股钢轨和轨枕振动位移的通解为：

$$\left.\begin{array}{l} y_{r1}(x,t) = e^{-\alpha x}(A_1\cos\beta x + A_2\sin\beta x)e^{j\omega t} \\ y_{r2}(x,t) = e^{-\alpha x}(B_1\cos\beta x + B_2\sin\beta x)e^{j\omega t} \\ y_s(x,t) = E_0 e^{-\alpha x}[(A_1+B_1)\cos\beta x + (A_2+B_2)\sin\beta x]e^{j\omega t} \end{array}\right\} \tag{3-56}$$

待定常数 A 和 B 不独立，由式（3-54）中的第一式可知：

$$B = -\frac{\lambda^4 + E_1}{E_2}A = \frac{E_1 - E_2}{E_2}A = \zeta A \tag{3-57}$$

则式（3-56）的通解变为：

$$\left.\begin{array}{l} y_{r1}(x,t) = e^{-\alpha x}(A_1\cos\beta x + A_2\sin\beta x)e^{j\omega t} \\ y_{r2}(x,t) = \zeta e^{-\alpha x}(A_1\cos\beta x + A_2\sin\beta x)e^{j\omega t} \\ y_s(x,t) = E_0(1+\zeta)e^{-\alpha x}[A_1\cos\beta x + A_2\sin\beta x]e^{j\omega t} \end{array}\right\} \tag{3-58}$$

利用坐标原点的对称条件和受力平衡条件：

$$\left.\frac{\partial y_{r1}(x,t)}{\partial x}\right|_{x=0} = \left.\frac{\partial y_{r2}(x,t)}{\partial x}\right|_{x=0} = 0 \tag{3-59}$$

$$2EJ_y\left.\frac{\partial^3 y_{r1}(x,t)}{\partial x^3}\right|_{x=0} = He^{j\omega t} \tag{3-60}$$

得：

$$A_1 = A_2 = A$$

$$A = \frac{H}{4EJ_y\alpha(\alpha^2+\beta^2)}$$

由此得到钢轨和轨枕振动位移的解析解为:

$$\left.\begin{aligned} y_{r1}(x,t) &= \frac{H}{4EJ_y\alpha(\alpha^2+\beta^2)} e^{-\alpha x}(\cos\beta x + \sin\beta x)e^{j\omega t} \\ y_{r2}(x,t) &= \frac{H\zeta}{4EJ_y\alpha(\alpha^2+\beta^2)} e^{-\alpha x}(\cos\beta x + \sin\beta x)e^{j\omega t} \\ y_s(x,t) &= \frac{HE_0(1+\zeta)}{4EJ_y\alpha(\alpha^2+\beta^2)} e^{-\alpha x}[\cos\beta x + \sin\beta x]e^{j\omega t} \end{aligned}\right\} \quad (3\text{-}61)$$

通过对钢轨位移的求导,不难得到钢轨的截面转角、弯矩及剪力的振动响应。

二、连续弹性支承轨道纵向振动方程及求解

连续弹性支承轨道纵向振动模型如图 3-14 所示。以纵向力作用点为坐标原点,钢轨纵向为 x 轴。在距坐标原点 x 处取钢轨微段 dx,其振动过程中的纵向受力情况如图 3-17 所示。依据钢轨微段纵向力平衡可以得到钢轨的纵向振动方程为:

$$\frac{\partial N(x,t)}{\partial x}dx + m_r\frac{\partial^2 x_r(x,t)}{\partial t^2}dx + c_{rx}\left[\frac{\partial x_r(x,t)}{\partial t} - \frac{\partial x_s(x,t)}{\partial t}\right]dx + \\ k_{rx}[x_r(x,t) - x_s(x,t)]dx = 0 \quad (3\text{-}62)$$

式中 $N(x,t)$——钢轨纵向力;
$x_r(x,t)$——钢轨纵向位移;
$x_s(x,t)$——轨枕纵向位移;
m_s——钢轨单位长度质量;
k_{rx}, c_{rx}——扣件纵向分布刚度和阻尼。

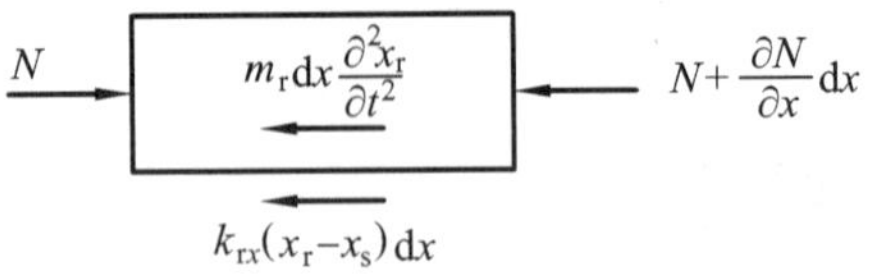

图 3-17 钢轨微段纵向受力图示

钢轨纵向力 N 与钢轨纵向位移间存在关系为:

第三章 轨道振动分析方法

$$N = EF\frac{\partial x_r(x,t)}{\partial x} \quad (3-63)$$

式中 EF——钢轨纵向压缩刚度。

将式（3-63）代入式（3-62）中得到钢轨纵向振动二阶偏微分方程为：

$$EF\frac{\partial^2 x_r(x,t)}{\partial x^2} + m_r\frac{\partial^2 x_r(x,t)}{\partial t^2} + c_{rx}\left[\frac{\partial x_r(x,t)}{\partial t} - \frac{\partial x_s(x,t)}{\partial t}\right] + \\ k_{rx}[x_r(x,t) - x_s(x,t)] = 0 \quad (3-64)$$

对于轨枕，可以比较方便地得到其纵向振动方程为：

$$m_s\frac{\partial^2 x_s(x,t)}{\partial t^2} + c_{rx}\left[\frac{\partial x_r(x,t)}{\partial t} - \frac{\partial x_s(x,t)}{\partial t}\right] + k_{rx}[x_r(x,t) - x_s(x,t)] + \\ c_{sx}\frac{\partial x_s(x,t)}{\partial t} + k_{sx}x_s(x,t) = 0 \quad (3-65)$$

式中 m_s——轨枕纵向分布质量；

k_{sx}, c_{sx}——道床纵向分布刚度和阻尼。

式（3-64）、（3-65）构成连续支承轨道纵向振动的方程组，设钢轨和轨枕纵向振动的稳态解为：

$$x_r(x,t) = Ae^{\lambda x}e^{j\omega t}, \quad x_s(x,t) = Be^{\lambda x}e^{j\omega t} \quad (3-66)$$

代入式（3-64）、（3-65）中得：

$$\left.\begin{array}{l} A(EF\lambda^2 - m_r\omega^2 + jc_{rx}\omega + k_{rx}) + B(-jc_{rx} - k_{rx}) = 0 \\ A(-jc_{rx} - k_{rx}) + B(-m_s\omega^2 + jc_{rx}\omega + jc_{sx}\omega + k_{rx} + k_{sx}) = 0 \end{array}\right\} \quad (3-67)$$

由此得到轨道纵向振动的特征方程为：

$$\lambda^2 + \frac{1}{EF}\left[\frac{(jc_{rx} + k_{rx})^2}{-m_s\omega^2 + jc_{rx}\omega + jc_{sx}\omega + k_{rx} + k_{sx}} - m_r\omega^2 + jc_{rx}\omega + k_{rx}\right] = 0$$

$$(3-68)$$

从特征方程（3-68）中解出特征根，形如：

$$\lambda_{1\sim 2} = -\alpha \pm j\beta \quad (3-69)$$

可得到振动方程的稳态振动通解为：

$$\left.\begin{array}{l} x_\mathrm{r}(x,t) = A\mathrm{e}^{-\alpha x}(\cos\beta x + \sin\beta x)\mathrm{e}^{j\omega t} \\ x_\mathrm{s}(x,t) = B\mathrm{e}^{-\alpha x}(\cos\beta x + \sin\beta x)\mathrm{e}^{j\omega t} \end{array}\right\} \quad (3\text{-}70)$$

由式（3-67）中的第二式得到：

$$B = \frac{jc_{\mathrm{rx}} + k_{\mathrm{rx}}}{-m_\mathrm{s}\omega^2 + jc_{\mathrm{rx}}\omega + jc_{\mathrm{sx}}\omega + k_{\mathrm{rx}} + k_{\mathrm{sx}}} A = \zeta A \quad (3\text{-}71)$$

则有

$$\left.\begin{array}{l} x_\mathrm{r}(x,t) = A\mathrm{e}^{-\alpha x}(\cos\beta x + \sin\beta x)\mathrm{e}^{j\omega t} \\ x_\mathrm{s}(x,t) = \zeta A\mathrm{e}^{-\alpha x}(\cos\beta x + \sin\beta x)\mathrm{e}^{j\omega t} \end{array}\right\} \quad (3\text{-}72)$$

在坐标原点处，力的平衡条件为：

$$EF\frac{\partial^2 x_\mathrm{r}(x,t)}{\partial x^2}\bigg|_{x=0} = T\mathrm{e}^{j\omega t} \quad (3\text{-}73)$$

式中　T——作用在钢轨上的纵向激振力幅值。

因此得：

$$\left.\begin{array}{l} x_\mathrm{r}(x,t) = \dfrac{T}{EF(\alpha-\beta)^2}\mathrm{e}^{-\alpha x}(\cos\beta x + \sin\beta x)\mathrm{e}^{j\omega t} \\ x_\mathrm{s}(x,t) = \dfrac{T\zeta}{EF(\alpha-\beta)^2} A\mathrm{e}^{-\alpha x}(\cos\beta x + \sin\beta x)\mathrm{e}^{j\omega t} \end{array}\right\} \quad (3\text{-}74)$$

钢轨内纵向力的振动响应为：

$$N_\mathrm{r}(x,t) = \frac{-T}{(\alpha-\beta)^2}\mathrm{e}^{-\alpha x}[(\alpha-\beta)\cos\beta x + (\alpha+\beta)\sin\beta x]^{j\omega t} \quad (3\text{-}75)$$

第四节　弹性点支承轨道垂向振动有限元法求解

弹性点支承梁轨道垂向振动分析中所用的典型模型如图 3-8 所示，图中钢轨梁长度为 N 根轨枕或 $N-1$ 个枕跨，钢轨上某一处或多处作用有任意激振动力 $P(t)$，该模型可用有限单元法或振动模态法离散自由度并组建振动方程求解。本节介绍有限单元法求解的过程。

一、振动自由度与单元矩阵

作为弹性点支承梁,钢轨应按适当长度划分单元并离散为梁单元。对于等截面钢轨、中间无钢轨接头,以及所研究的振动频率低于钢轨共振频率时,钢轨可按每一枕跨长度划分为一个单元进行处理。当钢轨截面发生变化时,应将截面变化处作为节点进行单元划分。对于连续渐变的钢轨截面(如道岔中的尖轨)可将钢轨单元依据求解精度取合适的长度,而在同一单元内将钢轨视为等截面梁。当钢轨中间存在接头时,应在接头处设置节点。当研究的振动频率高于钢轨共振频率时,每一枕跨中的钢轨可能出现相反方向的振动位移,此时应将钢轨单元划分得更短一些,比如取半个枕跨为一个单元。

通常情况下,取一个枕跨为一个钢轨单元,则钢轨共有 $N-1$ 个梁单元,每个钢轨节点具有垂向位移和绕 y 轴的转角 2 个自由度,即钢轨自由度数为 $2N$。为方便求解,将车轮簧下质量置于支承点对应的钢轨上。如簧下质量不是放置在支承点处,则应于簧下质量作用处设一单元节点,将簧下质量所在的枕跨划分为 2 个钢轨单元。轨枕质量块具有垂向位移 1 个自由度,轨枕共有 N 个自由度。图 3-8 所示的模型共有 $3N$ 个振动自由度。

设沿钢轨纵向为 x 轴,垂直向下为 z 轴,钢轨单元的坐标原点置于单元的起点,则第 i 单元的节点位移如图 3-18 所示,其节点位移向量为:

$$\{z_i\}^e = [z_i, \theta_i, z_{i+1}, \theta_{i+1}]^T \tag{3-76}$$

式中 z_i, z_{i+1} ——单元两端的节点位移;

         θ_i, θ_{i+1} ——单元两端截面的转角。

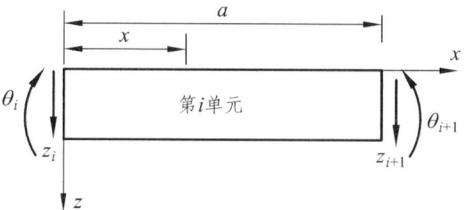

图 3-18 钢轨单元节点位移图示

知道单元节点位移时,单元梁段中任意位置的钢轨位移可依据插值函数求得:

$$z_{ri}(x) = [N]\{z_i\}^e \tag{3-77}$$

式中 $[N]$ ——插值函数向量,且有:

$$[N] = [N_1, N_2, N_3, N_4] \qquad (3\text{-}78)$$

为求得式（3-78）中各插值函数，选取赫米特插值作为形函数，2 节点梁单元要求单元节点处的位移和转角（位移的一阶导数）连续，则有：

$$z_{ri}(x) = \sum_{i=1}^{2} \left[H_{0i}^{(1)}(x) z_{ri}(x) + H_{1i}^{(1)}(x) \frac{\mathrm{d}z_{ri}(x)}{\mathrm{d}x} \right] \qquad (3\text{-}79)$$

式中：

$$\left. \begin{aligned} H_{0i}^{(1)}(x) &= \left[1 - 2\frac{\mathrm{d}f_i(x_i)}{\mathrm{d}x}(x - x_i) \right] f_i^2(x) \\ H_{1i}^{(1)}(x) &= (x - x_i) f_i^2(x) \end{aligned} \right\} \qquad (3\text{-}80)$$

式中：

$$\left. \begin{aligned} f_i(x) &= \frac{L(x)}{(x - x_i) \dfrac{\mathrm{d}L(x)}{\mathrm{d}x}} \\ L(x) &= (x - x_i)(x - x_{i+1}) \end{aligned} \right\} \qquad (3\text{-}81)$$

推导求得：

$$\left. \begin{aligned} N_1 &= 1 - 3\left(\frac{x}{a}\right)^2 + 2\left(\frac{x}{a}\right)^3 \\ N_2 &= x\left[1 - \frac{2x}{a} + 2\left(\frac{x}{a}\right)^2 \right] \\ N_3 &= \left(\frac{x}{a}\right)^2 \left(3 - \frac{2x}{a} \right) \\ N_4 &= x\left[\left(\frac{x}{a}\right)^2 - \frac{x}{a} \right] \end{aligned} \right\} \qquad (3\text{-}82)$$

钢轨梁单元振动的动能为：

$$\begin{aligned} T_i &= \frac{1}{2} \int_0^a m_r \dot{z}_{ri}^2(x) \mathrm{d}x \\ &= \frac{1}{2} \{\dot{z}_i\}^{e\mathrm{T}} \left[\int_0^a m_r [N]^{\mathrm{T}}[N] \mathrm{d}x \right] \{\dot{z}_i\}^e \end{aligned} \qquad (3\text{-}83)$$

则有单元的质量矩阵为：

$$[m] = \int_0^a m_r [N]^T [N] \mathrm{d}x \tag{3-84}$$

将式（3-82）代入式（3-84）进行积分，并令 $A = m_r a / 420$，可得到单元的质量矩阵为：

$$[m] = \begin{bmatrix} 156A & & & 对称 \\ 22Aa & 4Aa^2 & & \\ 54A & 13Aa & 156A & \\ -13Aa & -3Aa^2 & -22Aa & 4Aa^2 \end{bmatrix} \tag{3-85}$$

钢轨梁单元的弯曲应变能为：

$$\begin{aligned} U_i &= \frac{1}{2} \int_0^a EJ \left(\frac{\mathrm{d}^2 z_{ri}(x)}{\mathrm{d}x^2} \right)^2 \mathrm{d}x \\ &= \frac{1}{2} \{z_i\}^{eT} \left[\int_0^a EJ \left(\frac{\mathrm{d}^2 N}{\mathrm{d}x^2} \right)^T \left(\frac{\mathrm{d}^2 N}{\mathrm{d}x^2} \right) \mathrm{d}x \right] \{z_i\}^e \end{aligned} \tag{3-86}$$

将式（3-82）代入式（3-86）进行积分，并令 $B = EJ / a^3$，得到单元刚度矩阵为：

$$[k] = \begin{bmatrix} 12B & & & 对称 \\ 6Ba & 4Ba^2 & & \\ -12B & -6Ba & 12B & \\ 6Ba & 2Ba^2 & -6Ba & 4Ba^2 \end{bmatrix} \tag{3-87}$$

设单元上距坐标原点处作用有一集中激振力 $P(t)$，则该集中力所作的虚功为：

$$\delta W_i = P \delta z_{ri}(l) = P \{\delta z_i\}^{eT} [N]_{x=l} \tag{3-88}$$

因此，单元的节点力为：

$$\{F_i\} = P [N]^T_{x=l} \tag{3-89}$$

二、钢轨边界的无限单元

由于振动计算模型中钢轨取有限长度，截取后钢轨边界对计算结果有一定的影响，为了消除模型边界效应对计算的影响，通常采取加长模型的办法，从而增加了模型的自由度和无效计算，如在钢轨边界处两边采用两个无限单元，则可明显缩短模型的长度以加快计算速度。

对于无限梁单元，轨道简化为连续弹性支承，如图 3-19 所示，将轨枕质量按跨距分布后加于钢轨上，扣件及道床的垂向弹性、阻尼按串联组合。对于图 3-19（a）中所示的无限梁单元，选取适当的映射函数，可以映射成图 3-19（b）中的三节点有限梁单元，作这种映射处理的无限元叫做映射无限元，图 3-19（a）称为子单元（无限元），图 3-19（b）称为母单元（有限元）。

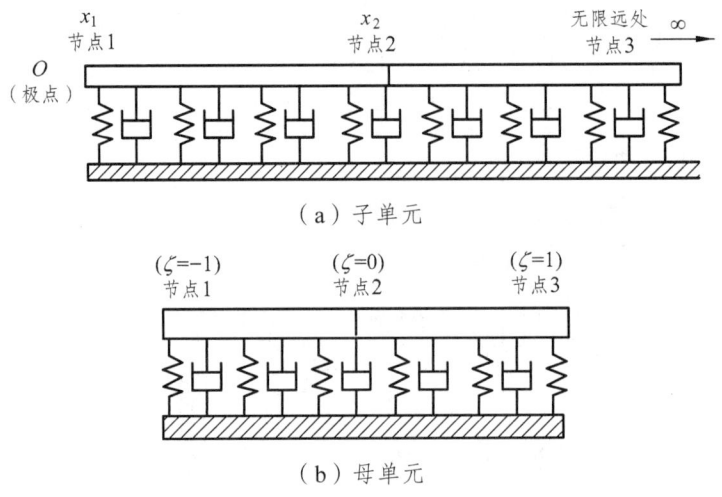

图 3-19　无限元与有限元的映射关系

无限元与有限元间的坐标转换可采用标准的插值函数，即：

$$x(\zeta) = \sum_{j=1}^{2} M_j(\zeta) x_j \tag{3-90}$$

式中 $M_j(\zeta)$ 为映射函数，依据子单元坐标 $x = x_1$, x_2, ∞ 对应母单元坐标 $\zeta = -1, 0$ 和 1 的映射关系及 $\sum_{j=1}^{2} M_j = 1$ 的性质，确定映射函数为：

$$\left. \begin{array}{l} M_1 = -2\zeta/(1-\zeta) \\ M_2 = (1+\zeta)/(1-\zeta) \end{array} \right\} \tag{3-91}$$

子单元的坐标极点（或原点）可在单元体外任意选取。为方便起见，选取 $x_1 = a$，$x_2 = 2x_1 = 2a$，得到子单元和母单元的坐标变换关系分别为：

$$\left. \begin{array}{l} x = \dfrac{2a}{1-\zeta} \\ \zeta = 1 - \dfrac{2a}{x} \end{array} \right\} \tag{3-92}$$

首先分析母单元的情况,图3-19(b)所示为一个三节点弹性地基梁单元。根据赫米特插值通式可以确定三节点的一阶赫米特插值多项式为其形函数,式(3-81)的拉格朗日插值函数变为:

$$L(\zeta) = (\zeta - \zeta_1)(\zeta - \zeta_2)(\zeta - \zeta_3) \tag{3-93}$$

通过推导得到母单元的6个形函数分别为:

$$\left.\begin{aligned}
N_1(\zeta) &= H_{01}^{(1)}(\zeta) = \frac{1}{4}(4+3\zeta)\zeta^2(\zeta-1)^2 \\
N_2(\zeta) &= H_{11}^{(1)}(\zeta) = \frac{1}{4}(\zeta+1)\zeta^2(\zeta-1)^2 \\
N_3(\zeta) &= H_{02}^{(1)}(\zeta) = (1-4\zeta)(\zeta+1)^2(\zeta-1)^2 \\
N_4(\zeta) &= H_{12}^{(1)}(\zeta) = \zeta(\zeta+1)^2(\zeta-1)^2 \\
N_5(\zeta) &= H_{03}^{(1)}(\zeta) = \frac{1}{4}(4-3\zeta)\zeta^2(\zeta+1)^2 \\
N_6(\zeta) &= H_{13}^{(1)}(\zeta) = \frac{1}{4}(\zeta-1)\zeta^2(\zeta+1)^2
\end{aligned}\right\} \tag{3-94}$$

应用坐标变换将式(3-94)所列的关于坐标ζ形函数转变为关于坐标x的形函数,可得到子单元的位移表达式为:

$$w(x) = \sum_{i=1}^{6} N_i z_i = [N]\{z_i\}^e \tag{3-95}$$

式(3-95)中的位移列阵为:

$$\{z_i\}^e = [z_{i1}, \theta_{i1}, z_{i2}, \theta_{i2}, z_{i3}, \theta_{i3}]^{\mathrm{T}} \tag{3-96}$$

子单元的第3节点处于无限远处,位移和转角均应为零,式(3-96)变为:

$$w(x) = \sum_{j=1}^{4} N_j z_j = [N]_4 \{z_i\}_4^e \tag{3-97}$$

式(3-97)中:

$$\left.\begin{aligned}
[N]_4 &= [N_1, N_2, N_3, N_4] \\
\{z_i\}_4^e &= [z_{i1}, \theta_{i1}, z_{i2}, \theta_{i2}]^{\mathrm{T}}
\end{aligned}\right\} \tag{3-98}$$

因此,无限梁单元的单元质量矩阵、单元阻尼矩阵以及由支承弹性产生的单元刚度矩阵分别为:

$$\left.\begin{aligned}[m]^e &= m_{eq}\int_{x_1}^{\infty}[N]_4^T[N]_4 \mathrm{d}x = m_{eq}[R] \\ [c]^e &= c_{eq}[R] \\ [k_1]^e &= k_{eq}[R]\end{aligned}\right\} \qquad (3\text{-}99)$$

式中，m_{eq}，c_{eq}，k_{eq} 分别为连续弹性支承轨道的等效分布质量、分布阻尼及钢轨基础弹性系数。引入坐标变换，则有：

$$[R] = \int_{x_1}^{\infty}[N]_4^T[N]_4 \mathrm{d}x = \int_{-1}^{1}[N]_4^T[N]_4 |J| \mathrm{d}\zeta \qquad (3\text{-}100)$$

式中，$|J|$ 为坐标变换的雅可比矩阵的行列式，对于一维坐标变换，雅可比矩阵只有一个元素 J，且有：

$$J = \frac{2a}{(1-\zeta)^2} \qquad (3\text{-}101)$$

因此有：

$$[R] = \int_{-1}^{1}[N]_4^T[N]_4 \frac{2a}{(1-\zeta)^2} \mathrm{d}\zeta \qquad (3\text{-}102)$$

将式（3-93）所示的形函数代入式（3-102），通过复杂的积分推导得：

$$[R] = a\begin{bmatrix} 0.228\,6 & & & \text{对称} \\ 0.033\,3 & 0.006\,4 & & \\ 0 & -0.025\,4 & 4.063\,5 & \\ 0.076\,2 & 0.025\,4 & -1.015\,9 & 0.406\,4 \end{bmatrix} \qquad (3\text{-}103)$$

由无限梁单元弯曲产生的梁单元刚度矩阵为：

$$[k_2]^e = \int_{x_1}^{\infty} EJ[N'']_4^T[N'']_4 \mathrm{d}x = \int_{-1}^{1} EJ[N'']_4^T[N'']_4 |J| \mathrm{d}\zeta \qquad (3\text{-}104)$$

由于形函数是坐标 ζ 的显函数、坐标 x 的隐函数，所以式（3-104）中形函数对坐标 x 的导数必须转化为对 ζ 的导数，依据隐函数的求导法则得：

$$N_j'' = \frac{\mathrm{d}^2 N}{\mathrm{d}x^2} = \frac{1}{J^3}\left(\frac{\mathrm{d}^2 N}{\mathrm{d}\zeta^2}J - \frac{\mathrm{d}N}{\mathrm{d}\zeta}\frac{\mathrm{d}J}{\mathrm{d}\zeta}\right) \qquad (3\text{-}105)$$

将式（3-93）代入式（3-105）并通过复杂的推导，可得：

$$[k_2]^e = \frac{EJ}{a}\begin{bmatrix} 73.8 & & & \\ 45.2 & 34.1 & & \\ -241.5 & -135.6 & 828.6 & \\ 46.3 & 24.9 & -163.8 & 32.4 \end{bmatrix} \quad (3\text{-}106)$$

无限梁单元的单元刚度矩阵为 $[k_1]^e$ 与 $[k_2]^e$ 之和。

此处所采用的映射无限单元，由于无限单元矩阵与有限元单元矩阵的阶数相同，在程序中组建系统振动方程组时，可将无限单元与有限单元一样对待，处理方法也完全相同，应用较为方便。

三、组建振动方程

组建振动方程时，首先将图 3-8 所示模型的自由度排序，形成钢轨节点位移和轨枕垂向位移组成的未知位移列阵为：

$$\{z\} = [z_{r1}, \theta_1, z_{r2}, \theta_2, \cdots, z_{ri}, \theta_i, \cdots, z_{rn}, \theta_n, z_{s1}, z_{s2}, \cdots, z_{si} \cdots, z_{sn}]^T \quad (3\text{-}107)$$

然后写出轨道振动的总动能、总势能和总虚功表达式分别为：

$$T = \frac{1}{2}\sum_{i=1}^{n-1}\{\dot{z}_{ri}\}^{eT}[m]^e\{\dot{z}_{ri}\}^e + \frac{1}{2}\sum_{i=1}^{n}m_s\dot{z}_{si}^2 \quad (3\text{-}108)$$

$$U = \frac{1}{2}\sum_{i=1}^{n-1}\{z_{ri}\}^{eT}[k]^e\{z_{ri}\}^e + \frac{1}{2}k_r\sum_{i=1}^{n}(z_{ri}-z_{si})^2 + \frac{1}{2}k_s\sum_{i=1}^{n}z_{si}^2 \quad (3\text{-}109)$$

$$\delta W = c_r\sum_{i=1}^{n}(\dot{z}_{ri}-\dot{z}_{si})(\delta z_{ri}-\delta z_{si}) + c_s\sum_{i=1}^{n}\dot{z}_{si}\delta z_{si} + P(t)\{\delta z_{ri}\}[N]_{x=l} \quad (3\text{-}110)$$

在计算机程序中，按自由度对号入座的原则，依据式（3-108）组建总质量矩阵，依据式（3-109）组建总刚度矩阵，依据式（3-110）组建总阻尼矩阵与荷载列阵，形式为：

$$[M]\{\ddot{z}\} + [C]\{\dot{z}\} + [K]\{z\} = \{P\} \quad (3\text{-}111)$$

现以两个枕跨的轨道振动模型为例，说明对号入座组建方程的过程。此模型中有钢轨 2 个单元、轨枕 3 个单元，共计 9 个自由度：

$$\{z\} = [z_{r1}, \theta_1, z_{r2}, \theta_2, z_{r3}, \theta_3, z_{s1}, z_{s2}, z_{s3}]^T$$

振动系统的动能、势能和虚功表达式为分别：

$$T = \frac{1}{2}\sum_{i=1}^{2}\{\dot{z}_{ri}\}^{eT}[m]^e\{\dot{z}_{ri}\}^e + \frac{1}{2}M_0\dot{z}_{rk}^2 + \frac{1}{2}\sum_{i=1}^{3}m_s\dot{z}_{si}^2 \qquad (3\text{-}112)$$

$$U = \frac{1}{2}\sum_{i=1}^{2}\{z_{ri}\}^{eT}[k]^e\{z_{ri}\}^e + \frac{1}{2}k_r\sum_{i=1}^{3}(z_{ri}-z_{si})^2 + \frac{1}{2}k_s\sum_{i=1}^{3}z_{si}^2 \qquad (3\text{-}113)$$

$$\delta W = c_r\sum_{i=1}^{3}(\dot{z}_{ri}-\dot{z}_{si})(\delta z_{ri}-\delta z_{si}) + c_s\sum_{i=1}^{3}\dot{z}_{si}\delta z_{si} + P(t)\{\delta z_{ri}\}[N]_{x=l}$$

$$(3\text{-}114)$$

对式（3-112）进行一阶变分得：

$$-\delta T = \sum_{i=1}^{2}\{\delta z_{ri}\}^{eT}[m]^e\{\ddot{z}_{ri}\}^e + M_0\ddot{z}_{rk}\delta z_{rk} + \sum_{i=1}^{3}m_s\ddot{z}_{si}\delta z_{si} \qquad (3\text{-}115)$$

式（3-115）中，以位移变分为行号、加速度变量为列号（由于质量矩阵等的对称性，反之亦可），表达式中各项前的系数放置于总质量矩阵中的对应行和列，即可形成如式（3-117）的总质量矩阵。

对式（3-113）进行一阶变分得：

$$\delta U = \sum_{i=1}^{2}\{\delta z_{ri}\}^{eT}[k]^e\{z_{ri}\}^e + k_r\sum_{i=1}^{3}(z_{ri}-z_{si})(\delta z_{ri}-\delta z_{si}) + k_s\sum_{i=1}^{3}z_{si}\delta z_{si}$$

$$(3\text{-}116)$$

式（3-116）中，以位移变分为行号、位移变量为列号，表达式中各项前的系数放置于总刚度矩阵中对应的位置，即形成如式（3-118）的总刚度矩阵。

对于式（3-114）所示的虚功表达式，其中各项有包含与不包含速度变量两类。包含速度变量的项，以位移变分为行号、速度变量为列号，将各项前系数放置到总阻尼矩阵中对应的位置，即形成如式（3-119）的总阻尼矩阵。对于不包含速度变量的项，以变分为行号，将各项前系数放置于对应的位置，即形成如式（3-120）的荷载列阵。

$$[M] = \begin{bmatrix} 156A & 22Aa & 54A & -13A & 0 & 0 & 0 & 0 & 0 \\ 22Aa & 4Aa^2 & 13Aa & -3Aa^2 & 0 & 0 & 0 & 0 & 0 \\ 54A & 13Aa & 312A+M_0 & 0 & 54A & -13Aa & 0 & 0 & 0 \\ -13Aa & -3Aa^2 & 0 & 8Aa^2 & 13Aa & -13Aa^2 & 0 & 0 & 0 \\ 0 & 0 & 54A & 13Aa & 156A & -22Aa & 0 & 0 & 0 \\ 0 & 0 & -13Aa & -3Aa^2 & -22Aa & 4Aa^2 & 0 & 0 & 0 \\ 0 & 0 & 0 & 0 & 0 & 0 & m_s & 0 & 0 \\ 0 & 0 & 0 & 0 & 0 & 0 & 0 & m_s & 0 \\ 0 & 0 & 0 & 0 & 0 & 0 & 0 & 0 & m_s \end{bmatrix}$$

(3-117)

$$[K] = \begin{bmatrix} 12B+k_r & 6Ba & -12B & 6Ba & 0 & 0 & -k_r & 0 & 0 \\ 6Ba & 4Ba^2 & -6Ba & 2Ba^2 & 0 & 0 & 0 & 0 & 0 \\ -12B & -6Ba & 24B+k_r & 0 & -12B & 6Ba & 0 & -k_r & 0 \\ 6Ba & 2Ba^2 & 0 & 8Ba^2 & -6Ba & 2Ba^2 & 0 & 0 & 0 \\ 0 & 0 & -12B & -6Ba & 12B+k_r & -6Ba & 0 & 0 & -k_r \\ 0 & 0 & 6Ba & 2Ba^2 & -6Ba & 4Ba^2 & 0 & 0 & 0 \\ -k_r & 0 & 0 & 0 & 0 & 0 & k_r+k_s & 0 & 0 \\ 0 & 0 & -k_r & 0 & 0 & 0 & 0 & k_r+k_s & 0 \\ 0 & 0 & 0 & 0 & -k_r & 0 & 0 & 0 & k_r+k_s \end{bmatrix}$$

(3-118)

$$[C] = \begin{bmatrix} c_r & 0 & 0 & 0 & 0 & 0 & -c_r & 0 & 0 \\ 0 & 0 & 0 & 0 & 0 & 0 & 0 & 0 & 0 \\ 0 & 0 & c_r & 0 & 0 & 0 & 0 & -c_r & 0 \\ 0 & 0 & 0 & 0 & 0 & 0 & 0 & 0 & 0 \\ 0 & 0 & 0 & 0 & c_r & 0 & 0 & 0 & -c_r \\ 0 & 0 & 0 & 0 & 0 & 0 & 0 & 0 & 0 \\ -c_r & 0 & 0 & 0 & 0 & 0 & c_r+c_s & 0 & 0 \\ 0 & 0 & -c_r & 0 & 0 & 0 & 0 & c_r+c_s & 0 \\ 0 & 0 & 0 & 0 & -c_r & 0 & 0 & 0 & c_r+c_s \end{bmatrix}$$

(3-119)

$$\{P\} = [0,\ 0,\ P(t)N_{1l},\ P(t)N_{2l},\ P(t)N_{3l},\ P(t)N_{4l},\ 0,\ 0,\ 0]^T \quad (3\text{-}120)$$

第五节　弹性点支承轨道垂向振动模态法求解

采用有限单元法求解轨道结构振动问题，可以方便地处理各种非线性因素，建立方程也较为方便，但模型的自由度较多，尤其是当考虑全车辆长度时轨道模型需取得较长，自由度更多。此外，有限单元法求解过程中没有分析频率的概念，因此不太清楚所选单元尺寸能满足多高频率的分析精度要求。而振动模态法可以依据所分析的频率区段选择合理的钢轨自由度，以提高求解效率，但处理非线性因素尤其是诸如钢轨断面变化等非线性因素比较困难。

一、梁弯曲振动模态的概念

设有等截面简支梁如图 3-20 所示，其振动方程为：

$$EJ\frac{\partial^4 z(x,t)}{\partial x^4} + m\frac{\partial^2 z(x,t)}{\partial t^2} = 0 \tag{3-121}$$

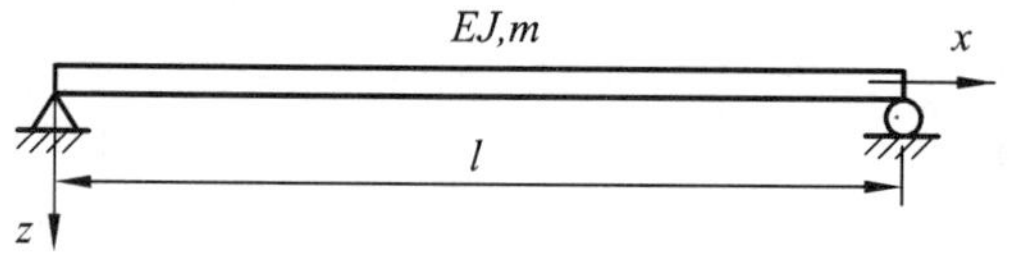

图 3-20　简支梁振动坐标系

由于位置坐标和时间坐标是相互独立的，采用分离变量法，设 $z(x,t) = Z(x)T(t)$，得到：

$$\frac{EJ\dfrac{d^4 Z(x)}{dx^4}}{Z(x)} = \frac{-m\dfrac{d^2 T(t)}{dt^2}}{T(t)} = \lambda \tag{3-122}$$

从而将式（3-121）所示的振动方程分离为两个分别关于位置坐标和时间坐标的方程：

$$\left.\begin{array}{l} m\dfrac{d^2 T(t)}{dt^2} + \lambda T(t) = 0 \\[6pt] EJ\dfrac{d^4 Z(x)}{dx^4} - \lambda Z(x) = 0 \end{array}\right\} \tag{3-123}$$

令 $T(t) = a\sin(\omega t + \varphi)$，代入式（3-123）中的第一式得到 $\lambda = m\omega^2$，则式（3-123）中第二式变为：

$$\frac{\mathrm{d}^4 Z(x)}{\mathrm{d}x^4} - \frac{m\omega^2}{EJ} Z(x) = 0 \qquad (3\text{-}124)$$

令 $\beta^4 = \dfrac{m\omega^2}{EJ}$，且 $Z(x) = Ce^{\gamma x}$，得到式（3-124）的特征方程为：

$$\gamma^4 - \beta^4 = 0 \qquad (3\text{-}125)$$

得到四个特征根 $\gamma_{1\sim 4} = \pm\beta, \pm j\beta$，方程（3-124）的通解为：

$$Z(x) = C_1 \sin\beta x + C_2 \cos\beta x + C_3 \mathrm{sh}\beta x + C_4 \mathrm{ch}\beta x \qquad (3\text{-}126)$$

考虑简支梁的边界条件：

$$\begin{aligned} x = 0, \quad & Z(0) = 0, \quad \left.\frac{\mathrm{d}^2 Z}{\mathrm{d}x^2}\right|_{x=0} = 0 \\ x = l, \quad & Z(l) = 0, \quad \left.\frac{\mathrm{d}^2 Z}{\mathrm{d}x^2}\right|_{x=l} = 0 \end{aligned} \qquad (3\text{-}127)$$

有

$$\begin{aligned} & C_1 = C_2 = C_3 = 0 \\ & \sin\beta l = 0 \end{aligned} \qquad (3\text{-}128)$$

即

$$\beta_k l = k\pi \quad (k = 1, 2, 3\cdots) \qquad (3\text{-}129)$$

得到梁的第 k 阶振动圆频率及主振型为：

$$\omega_k = \frac{k^2 \pi^2}{l^2} \sqrt{\frac{EJ}{m}}$$

$$Z_k(x) = C_k \sin\beta_k x = C_k \sin\frac{k\pi}{l} x \qquad (3\text{-}130)$$

最后，得到梁振动的通解为：

$$z(x,t) = \sum_{k=1}^{\infty} C_k \sin\beta_k x \sin(\omega_k t + \varphi) \qquad (3\text{-}131)$$

主振型之间具有正交性，即关于质量 m 和关于抗弯刚度 EJ 存在：

$$\left. \begin{aligned} & \int_0^l m Z_k(x) Z_i(x) \mathrm{d}x = 0 \quad (k \neq i) \\ & \int_0^l EJ \frac{\mathrm{d}^2 Z_k(x)}{\mathrm{d}x^2} \frac{\mathrm{d}^2 Z_i(x)}{\mathrm{d}x^2} \mathrm{d}x = 0 \quad (k \neq i) \end{aligned} \right\} \qquad (3\text{-}132)$$

如将主振型正化，即令：

$$\int_0^l mZ_k(x)Z_i(x)\mathrm{d}x = \delta_{ik}\begin{cases}1 & (k=i)\\ 0 & (k\neq i)\end{cases} \quad (3\text{-}133)$$

式中，δ_{ik} 为狄拉克函数。则有：

$$\int_0^l EJ\frac{\mathrm{d}^2 Z_k(x)}{\mathrm{d}x^2}\frac{\mathrm{d}^2 Z_i(x)}{\mathrm{d}x^2}\mathrm{d}x = \int_0^l EJZ_k\frac{\mathrm{d}^4 Z_i(x)}{\mathrm{d}x^4}\mathrm{d}x = \omega_k\delta_{ik} \quad (3\text{-}134)$$

设梁上作用有任意分布激振力 $F(x,t)$，则梁的振动方程为：

$$EJ\frac{\partial^4 z(x,t)}{\partial x^4} + m\frac{\partial^2 z(x,t)}{\partial t^2} = F(x,t) \quad (3\text{-}135)$$

设对应振动圆频率 ω_k 的梁的主振型为 $Z_k(x)$，如式（3-130）所示，引入正则广义坐标 $q_k(t)$，依据式（3-131）所示梁振动的通解，可得：

$$z(x,t) = \sum_{k=1}^{\infty} Z_k(x)q_k(t) \quad (3\text{-}136)$$

代入式（3-135）得：

$$\sum_{k=1}^{\infty} EJ\frac{\mathrm{d}^4 Z_k(x)}{\mathrm{d}x^4}q_k(t) + \sum_{k=1}^{\infty} mZ_k(x)\frac{\mathrm{d}^2 q_k(t)}{\mathrm{d}t^2} = F(x,t) \quad (3\text{-}137)$$

将式（3-137）两边同乘以与 ω_i 对应的主振型 $Z_i(x)$ 并沿梁长积分，则得到关于正则广义坐标自然解耦的无穷多个二阶常系数微分方程：

$$\frac{\mathrm{d}^2 q_k(t)}{\mathrm{d}t^2} + \omega_k^2 q_k(t) = Q_k(t) \quad (k=1,2,3\cdots) \quad (3\text{-}138)$$

式（3-138）中：

$$\left.\begin{aligned}\omega_k &= \int_0^l EJ\frac{\mathrm{d}^2 Z_k(x)}{\mathrm{d}x^2}\frac{\mathrm{d}^2 Z_k(x)}{\mathrm{d}x^2}\mathrm{d}x \\ &= \int_0^l EJZ_k\frac{\mathrm{d}^4 Z_k(x)}{\mathrm{d}x^4}\mathrm{d}x \\ Q_k &= \int_0^l F(x,t)Z_k(x)\mathrm{d}x\end{aligned}\right\} \quad (3\text{-}139)$$

分别求解出式（3-139）所示的振动方程，即可得到如式（3-136）所示的梁的振动的通解。

实际求解梁的振动问题时,往往依据求解的精度,取通解式(3-136)中的前 N_m 项就可以了,也就是说,可以根据所要求的精度选取梁的若干阶振型进行求解,以达到缩减自由度的目的,这就是振型模态法求解结构系统振动的基本思路。

二、采用模态法建立轨道振动方程

设图 3-21 所示的等截面钢轨轨道模型中,梁的各阶振动模态仍与简支梁相同,即为:

$$Z_{rk}(x) = \sin\frac{k\pi}{l}x \tag{3-140}$$

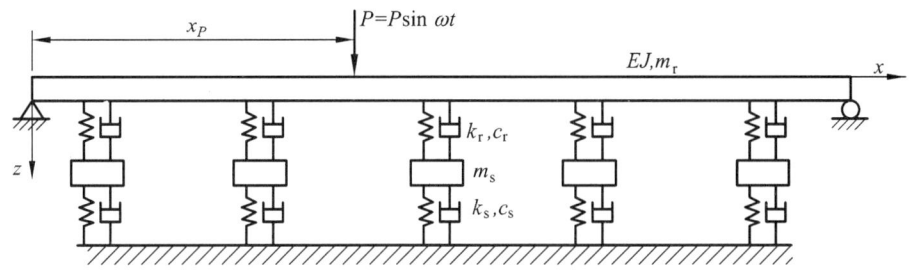

图 3-21 点支承轨道振动模型

式(3-140)中,l——模型中钢轨的总长度。当给定某一分析频率 f_0 时,一般截取频率为 $2f_0$ 以下振动频率所对应的模态,由此可知,截取模态数 N_m 满足:

$$4\pi f_0 = \frac{N_m^2 \pi^2}{l^2}\sqrt{\frac{EJ}{m_r}}$$

则有:

$$N_m = 2l\sqrt{\frac{f_0}{\pi}}\sqrt[4]{\frac{m_r}{EJ}} \tag{3-141}$$

设 $q_{rk}(t)$ 为广义坐标,则钢轨的垂向位移可表达为:

$$z_r(x,t) = \sum_{k=1}^{N_m} Z_{rk}(x)q_{rk}(t) \tag{3-142}$$

对于图 3-21 所示的振动模型,钢轨的振动方程可写为:

$$EJ\frac{\partial^4 z_r(x,t)}{\partial x^4} + m_r\frac{\partial z_r(x,t)}{\partial t^2} = P\delta(x-x_P) - \sum_{i=1}^{N} F_{si}\delta(x-x_i) \tag{3-143}$$

式中　x_P——激振力的作用位置坐标；
　　　x_i——各轨枕的位置坐标；
　　　P——激振力；
　　　δ——狄拉克函数；
　　　F_{si}——轨枕支承力，且有：

$$F_{si}=c_r\left[\frac{\partial z_r(x_i,t)}{\partial t}-\frac{\partial z_{si}(t)}{\partial t}\right]+k_r\left[z_r(x_i,t)-z_{si}(t)\right] \quad (i=1,2,3,\cdots,N) \tag{3-144}$$

式中　z_{si}——模型中第 i 根轨枕的振动位移；
　　　k_r,c_r——分别代表扣件的刚度和阻尼。

对于模型中的 N 根轨枕，振动方程为：

$$m_s\frac{d^2 z_{si}(t)}{dt^2}+(c_r+c_s)\frac{dz_{si}(t)}{dt}-c_r\frac{\partial z_r(x_i,t)}{\partial t}-k_r z_r(x_i,t)+ \\ (k_r+k_s)z_{si}(t)=0 \quad (i=1,2,3,\cdots,N) \tag{3-145}$$

首先处理式（3-143），根据振型模态的正交性，将式（3-143）两边同乘以钢轨振动的第 k 阶模态 $Z_{rk}(x)$ 并沿梁长积分，得到自然解耦的关于广义坐标 $q_{rk}(t)$ 的 N_m 个方程：

$$m_{rk}\frac{d^2 q_{rk}(t)}{dt^2}+k_{rk}q_{rk}(t) \\ =Q_{rk}-\sum_{i=1}^{N}F_{si}Z_{rk}(x_i) \quad (k=1,2,3,\cdots,N_m) \tag{3-146}$$

式（3-146）中

$$\left. \begin{array}{l} m_{rk}=\int_0^l m_r Z_{rk}^2(x)dx \\ k_{rk}=\int_0^l EJZ_{rk}(x)\dfrac{d^4 Z_{rk}(x)}{dx^4}dx \\ Q_{rk}=\int_0^l P\delta(x-x_P)Z_{rk}(x)dx=PZ_{rk}(x_P) \end{array} \right\} \tag{3-147}$$

注意到

$$\left. \begin{array}{l} z_r(x_i,t)=\sum_{k=1}^{N_m}Z_{rk}(x_i)q_{rk} \\ \dfrac{\partial z_r(x_i,t)}{\partial t}=\sum_{k=1}^{N_m}Z_{rk}(x_i)\dot q_{rk} \end{array} \right\} \tag{3-148}$$

展开 F_{si} 并代入式（3-146）得到：

$$\left.\begin{array}{l} m_{rk}\ddot{q}_{rk} + k_{rk}q_{rk} + c_r \sum_{i=1}^{N}\sum_{k=1}^{N_m} Z_{rk}^2(x_i)\dot{q}_{rk} + k_r \sum_{i=1}^{N}\sum_{k=1}^{N_m} Z_{rk}^2(x_i)q_{rk} - \\ c_r \sum_{i=1}^{N} Z_{rk}(x_i)\dot{z}_{si} - k_r \sum_{i=1}^{N} Z_{rk}(x_i)Z_{si} = PZ_{rk}(x_P) \end{array}\right\} \quad (3\text{-}149)$$

写成矩阵形式，有

$$[M_r]\{\ddot{q}_r\} + c_r[Z_r][Z_r]^T\{\dot{q}_r\} + ([K_r]+[Z_r][Z_r]^T)\{q_r\} - \\ c_r[Z_r]\{\dot{Z}_s\} - k_r[Z_r]\{Z_s\} = \{Q_r\} \quad (3\text{-}150)$$

式（3-150）中

$$\{q_r\} = [q_{r1}, q_{r2}, q_{r3}, \cdots, q_{rN_m}]^T \quad (3\text{-}151)$$

为与 N_m 个钢轨模态相对应的广义坐标列阵。

$$\{Q_r\} = [Q_{r1}, Q_{r2}, Q_{r3}, \cdots, Q_{rN_m}]^T \quad (3\text{-}152)$$

为包含 N_m 个元素的钢轨作用的荷载列阵。

$$\{Z_s\} = [Z_{s1}, Z_{s2}, Z_{s3}, \cdots, Z_{sN}]^T \quad (3\text{-}153)$$

为包含 N 根轨枕位移的轨枕位移列阵。

$$[M_r] = \begin{bmatrix} m_{r1} & & & \\ & m_{r2} & & \\ & & \ddots & \\ & & & m_{rN_m} \end{bmatrix}^{N_m \times N_m} \quad (3\text{-}154)$$

为包含 N_m 个广义质量元素的对角矩阵。

$$[K_r] = \begin{bmatrix} k_{r1} & & & \\ & k_{r2} & & \\ & & \ddots & \\ & & & k_{rN_m} \end{bmatrix}^{N_m \times N_m} \quad (3\text{-}155)$$

为包含 N_m 个广义刚度元素的对角矩阵。

$$[Z_r] = \begin{bmatrix} Z_{r1}(x_1) & Z_{r1}(x_2) & \cdots & Z_{r1}(x_N) \\ Z_{r2}(x_1) & Z_{r2}(x_2) & \cdots & Z_{r2}(x_N) \\ \vdots & \vdots & & \vdots \\ Z_{rN_m}(x_1) & Z_{rN_m}(x_2) & \cdots & Z_{rN_m}(x_N) \end{bmatrix}^{N_m \times N} \quad (3\text{-}156)$$

为 $N_m \times N$ 个元素的钢轨 N_m 个模态在 N 根轨枕位置处的取值。

接着将钢轨位移及其对时间的一阶导数表达式（3-148）代入式（3-145）中可得：

$$m_s \ddot{z}_{si} + (c_r + c_s)\dot{z}_{si} - c_r \sum_{k=1}^{N_m} Z_{rk}(x_i)\dot{q}_{rk} - k_r \sum_{k=1}^{N_m} Z_{rk}(x_i) q_{rk} + \\ (k_r + k_s) z_{si}(t) = 0 \quad (i = 1, 2, 3, \cdots, N) \quad (3\text{-}157)$$

写成矩阵形式，即：

$$[M_s]\{\ddot{z}_s\} + [C_s]\{\dot{z}_s\} + [K_s]\{Z_s\} - c_r [Z_r]^T \{\dot{q}_r\} - k_r [Z_r]^T \{q_r\} = 0 \quad (3\text{-}158)$$

式中　　$[M_s]$——轨枕质量对角阵；

　　　　$[C_s]$——作用于轨枕上的阻尼对角阵；

　　　　$[K_s]$——作用于轨枕上的刚度对角阵。

且有：

$$[M_s] = \begin{bmatrix} m_{s1} & & & \\ & m_{s2} & & \\ & & \ddots & \\ & & & m_{sN} \end{bmatrix}^{N \times N} \quad (3\text{-}159)$$

$$[C_s] = \begin{bmatrix} c_r + c_s & & & \\ & c_r + c_s & & \\ & & \ddots & \\ & & & c_r + c_s \end{bmatrix}^{N \times N} \quad (3\text{-}160)$$

$$[K_s] = \begin{bmatrix} k_r + k_s & & & \\ & k_r + k_s & & \\ & & \ddots & \\ & & & k_r + k_s \end{bmatrix}^{N \times N} \quad (3\text{-}161)$$

最后，组建轨道振动的方程组为：

$$[M]\{\ddot{q}\}+[C]\{\dot{q}\}+[K]\{q\}=\{Q\} \quad (3\text{-}162)$$

式中 $[M]$，$[C]$，$[K]$——分别为包含 $(N_m+N)\times(N_m+N)$ 个元素的质量、阻尼和刚度矩阵；

$\{Q\}$——包含 N_m+N 个元素的荷载列阵。

且有

$$[M]=\begin{bmatrix}[M_r]&0\\0&[M_s]\end{bmatrix} \quad (3\text{-}163)$$

$$[C]=\begin{bmatrix}c_r[Z_r][Z_r]^T&-c_r[Z_r]\\-c_r[Z_r]^T&[C_s]\end{bmatrix} \quad (3\text{-}164)$$

$$[K]=\begin{bmatrix}[K_r]+k_r[Z_r][Z_r]^T&-k_r[Z_r]\\-k_r[Z_r]^T&[K_s]\end{bmatrix} \quad (3\text{-}165)$$

三、模态法与有限单元法的特点比较

采用模态法或有限单元法求解轨道振动问题，求解过程的难易程度基本相当，但模态法可十分有效地压缩自由度数量从而减少计算工作量，而有限单元法则可比较方便地处理轨道系统中存在的各种非线性因素。

表 3-2 中给出了轨道模型分别包含 30，90 及 120 根轨枕时，采用有限单元法和模态法求解时的自由度的情况。从表中可以看到，当采用有限单元法且按一个枕跨一个单元离散轨道时，自由度数是固定的。由于求解振动时的有限单元法采用了静力型函数，所以按一个枕跨一个单元的离散方法大约可以求解到轨道在 1 200～1 400 Hz 频率以下的振动情况，当振动频率更高时，则需要将一个枕跨划分成 2 个或更多的单元，从而会使自由度数进一步增加。而模态法则可根据求解的频率不同适当选取钢轨的模态数。当模态法所选模态数使得自由度数与有限单元法相同时，其求解频率比有限单元法高，约为有限元法的 2.5 倍，表现出更为宽广的有效求解频率域。反过来，当求解频率相同时，模态法的自由度约为有限元法的 70%～80% 左右，模态法表现出自由度较少的优势。进一步地，模态法可以在求解频率较低的情况下显著缩减自由度，尤其是轨道模型较长时十分有效。如在轨道模型包含 120 根轨枕而求解频率低于 100 Hz 时，采用模态法求解的自由度约为有限元法的一半。

表 3-2 模态法与有限元法自由度与求解频率比较

	轨道模型中的轨枕（根）	30	90	120
有限单元法	自由度数/个	90	270	360
	求解频率/Hz	1 200～1 400	1 200～1 400	1 200～1 400
模态法	总自由度数/个	90	270	360
	钢轨模态数/个	60	180	240
	求解频率/Hz	3 300	3 164	3 146
	总自由度数/个	60	180	240
	钢轨模态数/个	30	90	120
	求解频率/Hz	825	790	786
	总自由度数/个	40	120	160
	钢轨模态数/个	10	30	40
	求解频率/Hz	94	88	87

虽然模态法在缩减自由度数方面有较大的优越性，但当振动系统中存在非线性因素时，处理非线性因素却不如有限元法方便，有时甚至无法解决，因此求解轨道振动时的通用性受到局限。下列两种情况是模态法比较难以采用的典型情况：

① 分析尖轨等钢轨断面变化较大的轨道部件的振动；
② 分析接头等钢轨不连续处的振动。

下列几种情况是采用模态法处理不如有限元法方便的典型情况：

① 扣件弹性不均匀或存在失效时的振动；
② 道床弹性不均匀或轨枕存在空吊时的振动；
③ 轨枕不等间距时的振动；
④ 考虑轨面非线性轮轨接触力和蠕滑力时的振动。

第六节 轨道振动的频域分析

前述轨道振动分析均是研究轨道在时间域内的振动情况，即研究轨道各部响应随时间的变化特征，仅能了解轨道振动的某一个时间样本的振动响应特点，难以描述轨道系统振动的频率特性,因此有必要介绍轨道在频域内的振动分析方法。

一、振动分析中的时频转换

所谓时频转换,是将时域振动分析所得到的各种响应(图 3-22(a)),通过积分变换,转换成为频率域内的有关振动响应的幅值、相位或功率(能量)谱(图 3-22(b))。对于大型多自由度非线性时变系统,直接进行频域内的振动分析是十分困难甚至难以实现的,而是通常先针对某一特定情况进行时域内的振动建模计算,找出所关心的振动响应的某一个或多个时间样本,然后进行时频转换,研究该响应在频率域内的特性。因此,振动分析中的时频转换十分重要。

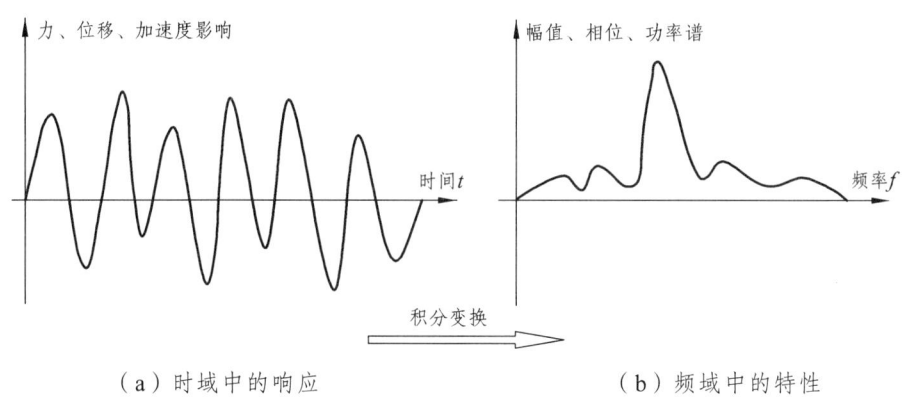

(a)时域中的响应　　　　　　(b)频域中的特性

图 3-22　振动分析中的时频转换示意图

按照傅里叶分析的概念,任何一个变量都可以进行傅里叶展开而成为有限或无限个谐波分量之和。各谐波分量可按频率高低依次排列成为谱状,按照这样排列的各次谐波的全体称为频谱或谱图。

任意周期为 T 的周期函数可以展开成为谐波之和,即:

$$\begin{aligned} x(t) &= \sum_{n=0}^{\infty}(a_n \cos n\omega_0 t + b_n \sin n\omega_0 t) \\ &= a_0 + \sum_{n=1}^{\infty} A_n \sin(n\omega_0 t + \varphi_n) \end{aligned} \quad (3\text{-}166)$$

式(3-166)中:

$$\left.\begin{aligned}A_n &= \sqrt{a_n^2 + b_n^2} \\ \varphi_n &= \arctan\frac{a_n}{b_n} \\ \omega_0 &= \frac{2\pi}{T}\end{aligned}\right\} \quad (3\text{-}167)$$

则可形成如图 3-23 所示的幅值（或振幅）谱，如图 3-24 所示的相位谱，以及如图 3-25 所示的能量（或功率）谱。

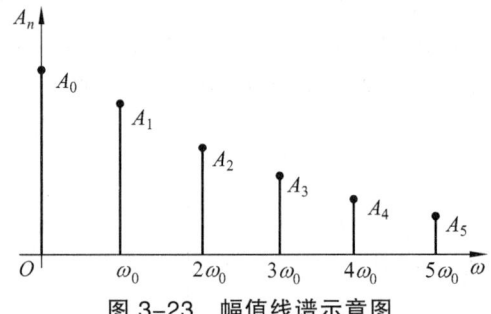

图 3-23　幅值线谱示意图

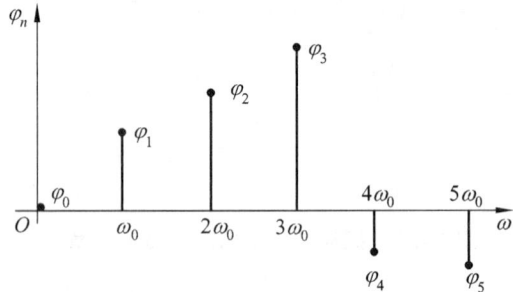

图 3-24　相位线谱示意图

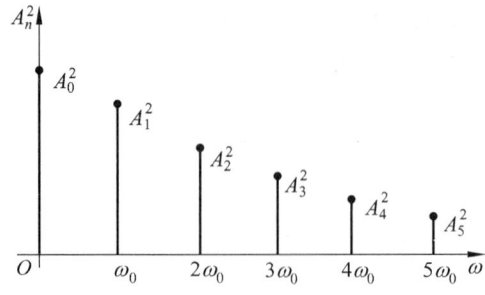

图 3-25　能量线谱示意图

频谱又分为线谱和连续谱,当振动响应为有限个频率混合而成时,频谱为离散的线谱,当振动响应是无限个连续分布频率组成时,频谱为连续谱。通常情况下频谱为连续谱,特殊情况下为线谱,线谱可作为连续谱的一种近似描述。

对于某一时域响应 $z(t)$,当 $z(t)$ 为连续函数时,对其进行傅里叶变换可得到频域 f 内的对应函数:

$$Z(f) = \int_{-\infty}^{+\infty} x(t) \mathrm{e}^{-j2\pi ft} \mathrm{d}t \quad (3\text{-}168)$$

$Z(f)$ 一般为复函数,可表达为:

$$Z(f) = |Z(f)| \mathrm{e}^{j\theta} \quad (3\text{-}169)$$

且有:

$$\left. \begin{array}{l} |Z(f)| = \sqrt{[\operatorname{Re} Z(f)]^2 + [\operatorname{Im} Z(f)]^2} \\ \varphi(f) = \arctan \dfrac{\operatorname{Im} Z(f)}{\operatorname{Re} Z(f)} \end{array} \right\} \quad (3\text{-}170)$$

则 $|Z(f)|$ 即为时域响应 $z(t)$ 的幅值谱,$\varphi(f)$ 即为相位谱,$|Z(f)|^2$ 为能量谱。

通常情况下,轨道这种多自由度系统的时域振动分析是采用数值解法,得到的不是响应的解析表达式,而是一定时间间隔的一系列响应点,因此多采用离散傅里叶变换进行时频转换。离散傅里叶变换的表达式为:

$$Z(f) = \sum_{k=0}^{N-1} z(k\tau) \mathrm{e}^{-2\pi jfk\tau} \quad (3\text{-}171)$$

即:

$$Z(k/N\tau) = \sum_{k=0}^{N-1} z(k\tau) \mathrm{e}^{-2\pi k/N} \quad (3\text{-}172)$$

式中 N——时域响应的采样点数;

τ——时域计算的时间间隔(步长)。

依据式(3-172),可以得到响应 $z(t)$ 在频域内的各种谱图,可分析响应 $z(t)$ 在 $1/2\tau$ 以下频段的分布特性。反之,如希望研究频段 $0\,\mathrm{Hz} \sim f_0$ 的频率特性,则时域内计算的时间步长应当小于 $1/2f_0$。

实际进行时频转换时,通常取时域计算获得响应的 2^m（m 为大于 1 的整数）个样本点,而后采用标准的快速傅里叶变换程序进行响应的频域分析。

二、振动系统的传递函数与脉冲响应

振动系统的传递函数定义为:当初始条件为 0 时,系统激励的拉普拉斯变换与系统响应的拉普拉斯变换的比值,即:

$$H(s) = \frac{L[x(t)]}{L[f(t)]} = \frac{X(s)}{F(s)} \tag{3-173}$$

式中　$f(t)$——振动系统的激励;
　　　$x(t)$——振动系统的响应;
　　　L——拉普拉斯变换符号;
　　　$s = \sigma + j\omega$——拉普拉斯算子。

且有:

$$\left. \begin{aligned} X(s) &= \int_0^{+\infty} x(t) e^{-st} dt \\ F(s) &= \int_0^{+\infty} f(t) e^{-st} dt \end{aligned} \right\} \tag{3-174}$$

传递函数中包含着振动系统的全部振动特性。当振动系统为线性系统时,对于任意的激励,传递函数均是不会改变的。所以,只要知道激励、传递函数和振动响应中的任意两者,则第三者也就可以很方便地得出。在结构振动分析中,通常把已知激励和传递函数(系统特性)求解响应的过程称为振动分析,把已知激励和响应求解传递函数的过程称为系统特性识别,把已知传递函数和响应求解激励的过程称为系统的工作环境识别。

根据系统激励和响应的不同,传递函数有以下多种形式和名称。

位移导纳(动柔度),即位移响应的拉普拉斯变换与激励力拉普拉斯变换之比值:

$$W(s) = \frac{X(s)}{F(s)} \tag{3-175}$$

位移阻抗(动刚度),即位移导纳的倒数:

$$K_D(s) = \frac{1}{W(s)} \tag{3-176}$$

速度导纳(机械导纳),即速度响应的拉普拉斯变换与激励力拉普拉斯变换之比值:

$$B(s) = \frac{V(s)}{F(s)} \tag{3-177}$$

速度阻抗（机械阻抗），即速度导纳的倒数：

$$Z(s) = \frac{1}{B(s)} \tag{3-178}$$

加速度导纳（机械惯性），即加速度响应的拉普拉斯变换与激励力拉普拉斯变换之比值：

$$J(s) = \frac{A(s)}{F(s)} \tag{3-179}$$

加速度阻抗（动态质量），即加速度导纳的倒数：

$$Z_a(s) = \frac{1}{J(s)} \tag{3-180}$$

传递函数一般可表达为关于拉普拉斯算子 s 的 m 阶多项式和 n 阶多项式的相除，即：

$$H(s) = \frac{\sum_{k=0}^{m} b_k s^k}{\sum_{k=0}^{n} a_k s^k} \tag{3-181}$$

令式（3-181）中所示的传递函数的分母为零，可求解得到振动系统的特征值，即令：

$$\sum_{k=0}^{n} a_k s^k = 0 \tag{3-182}$$

求解式（3-182）所示的 n 阶高次代数方程，可得到 n 个特征根为：

$$s_k = \alpha_k + j\omega_k \quad (k = 1 - n) \tag{3-183}$$

第 k 个特征根的实部 α_k 表示系统第 k 阶振动的阻尼率，第 k 个特征根的虚部 ω_k 表示系统第 k 阶振动的圆频率。

由于拉普拉斯变换计算时比较麻烦，所以在实际应用中往往利用傅里叶变换来代替拉普拉斯变换，即令 $s = j\omega$，则拉普拉斯变换转化为傅里叶变换，求得传递函数的特例，即频响函数为：

$$H(\omega) = \frac{X(\omega)}{F(\omega)} \tag{3-184}$$

且有：

$$\left.\begin{array}{l}X(\omega)=\int_{-\infty}^{+\infty}x(t)\mathrm{e}^{-j\omega t}\mathrm{d}t\\F(\omega)=\int_{-\infty}^{+\infty}f(t)\mathrm{e}^{-j\omega t}\mathrm{d}t\end{array}\right\}$$
（3-185）

同样可得到用傅里叶变换表达各类传递函数（频响函数）分别为：

位移导纳：

$$W(\omega)=\frac{X(\omega)}{F(\omega)}$$
（3-186）

位移阻抗：

$$K_\mathrm{D}(\omega)=\frac{1}{W(\omega)}$$
（3-187）

速度导纳：

$$B(\omega)=\frac{V(\omega)}{F(\omega)}$$
（3-188）

速度阻抗：

$$Z(\omega)=\frac{1}{B(\omega)}$$
（3-189）

加速度导纳：

$$J(\omega)=\frac{A(\omega)}{F(\omega)}$$
（3-190）

加速度阻抗：

$$Z_\mathrm{a}(\omega)=\frac{1}{J(\omega)}$$
（3-191）

传递函数通常为复数，可表达为：

$$H(\omega)=\mathrm{Re}\,H(\omega)+j\,\mathrm{Im}\,H(\omega)=|H(\omega)|\mathrm{e}^{j\varphi(\omega)}$$
（3-192）

取不同的振动圆频率对传递函数进行计算，可得传递函数随振动圆频率的变化曲线。$|H(\omega)|-\omega$ 曲线称为传递函数的幅频曲线，反映了传递函数幅值随频率的变化，幅频曲线上的峰值与系统振动的固有频率相对应。$\varphi(\omega)-\omega$ 曲线

称为传递函数的相频曲线，反映了振动系统的阻尼特性及其引起的振动相位的滞后量。

进行结构振动的试验研究时，最典型的系统特性识别试验方法可以这样进行，对结构系统施加激励使其发生振动，按照一定的采样频率实测出激励和振动响应的数值，对所得到的激励和响应离散点进行傅里叶变换，即可得到振动系统的传递函数曲线，从而得到系统的振动特性。

振动系统受到脉冲激励时的响应称为脉冲响应。设系统受到单位脉冲时的响应函数为 $h(t)$，则系统受到任意激励 $f(t)$ 时的响应可表达为脉冲响应函数和激励函数的褶积：

$$x(t) = \int_{-\infty}^{+\infty} h(\tau) f(t-\tau) \mathrm{d}\tau \qquad (3\text{-}193)$$

对式（3-193）两边进行傅里叶变换，即：

$$\begin{aligned} X(\omega) &= \int_{-\infty}^{+\infty} \int_{-\infty}^{+\infty} h(\tau) f(t-\tau) \mathrm{e}^{-j\omega t} \mathrm{d}\tau \mathrm{d}t \\ &= \int_{-\infty}^{+\infty} h(\tau) [\int_{-\infty}^{+\infty} f(t-\tau) \mathrm{e}^{-j\omega t} \mathrm{d}t] \mathrm{d}\tau \\ &= F(\omega) \int_{-\infty}^{+\infty} h(\tau) \mathrm{e}^{-j\omega \tau} \mathrm{d}\tau \end{aligned} \qquad (3\text{-}194)$$

根据传递函数的定义式（3-184）可知，振动系统的传递函数是其脉冲响应的傅里叶变换，即：

$$H(\omega) = \int_{-\infty}^{+\infty} h(\tau) \mathrm{e}^{-j\omega \tau} \mathrm{d}\tau \qquad (3\text{-}195)$$

传递函数与脉冲响应的上述简单关系为系统特性的测试提供了非常有用的手段，只要在系统上施加一个脉冲（如锤击），通过连续测试，采集系统脉冲响应的一系列值，即可通过快速离散傅里叶变换，得到传递函数的图谱，从而得到振动系统的频率特性。轨道振动测试中的落轴或落锤试验，就是根据这一原理设计的。

下面以单自由度系统为例进行进一步的说明。设具有质量 m、刚度 k 和阻尼 c 的单自由度系统受到激励力 $f(t)$ 的作用，则其位移响应 $x(t)$ 满足振动方程，即：

$$m\ddot{x}(t) + c\dot{x}(t) + kx(t) = f(t) \qquad (3\text{-}196)$$

对式（3-196）两边进行傅里叶变换，得：

$$-\omega^2 m X(\omega) + jc\omega X(\omega) + k X(\omega) = F(\omega)$$

因此有：

$$H(\omega) = \frac{1}{-m\omega^2 + jc\omega + k} \tag{3-197}$$

则系统的固有振动频率可从其特征方程（3-198）中求解得到，即：

$$-m\omega^2 + jc\omega + k = 0 \tag{3-198}$$

设单自由度系统受到单位脉冲时的响应函数为 $h(t)$，则有：

$$m\ddot{h}(t) + c\dot{h}(t) + kh(t) = \delta(0) \tag{3-199}$$

对式（3-199）两边进行傅里叶变换得：

$$-\omega^2 m H(\omega) + jc\omega H(\omega) + kH(\omega) = 1$$

即得到与式（3-197）完全相同的传递函数表达式，即：

$$H(\omega) = \int_{-\infty}^{+\infty} h(t) e^{-j\omega t} dt = \frac{1}{-m\omega^2 + jc\omega + k} \tag{3-200}$$

三、轨道系统的传递函数

以比较简单的轨道连续弹性支承模型为例来介绍轨道传递函数的解法。设有长度为 l 的两端简支中间连续弹性支承的轨道模型，如图 3-26 所示，在轨道中点处作用有一单位脉冲激励 $\delta(t)$，则轨道的振动方程为：

$$\begin{aligned} EJ\frac{\partial^4 z(x,t)}{\partial x^4} + m\frac{\partial^2 z(x,t)}{\partial t^2} + c\frac{\partial z(x,t)}{\partial t} + kz(x,t) \\ = \delta\left(x - \frac{l}{2}\right)\delta(t) \end{aligned} \tag{3-201}$$

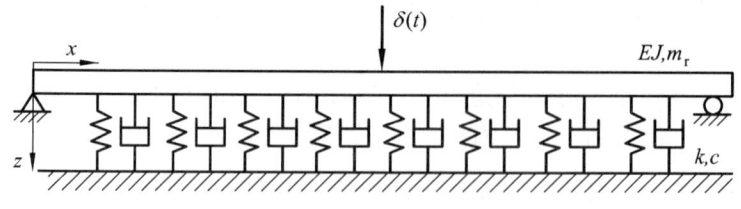

图 3-26　连续弹性支承轨道受到脉冲激励

利用振动模态法求解方程（3-201），取 N 阶振动模态时，则钢轨的振动位移可表示为：

$$x(x,t) = \sum_{i=1}^{N} Z_i(x) q_i(t) \qquad (3\text{-}202)$$

式中　$Z_i(x)$——钢轨的第 i 阶振动模态函数，$Z_i(x) = \sin\dfrac{i\pi x}{l}$；

　　　$q_i(t)$——钢轨振动的第 i 个时间广义坐标。

将式（3-202）代入式（3-201）得到：

$$\begin{aligned}&\sum_{i=1}^{N}[EJZ_i^{(4)} q_i + (m\ddot{q}_i + c\dot{q}_i + kq_i)Z_i] \\ &= \delta\left(x - \dfrac{l}{2}\right)\delta(t)\end{aligned} \qquad (3\text{-}203)$$

将方程（3-203）两边同乘以 $Z_k(x)$ 并沿钢轨长度范围内积分，并注意到：

$$\begin{aligned}&\int_0^l EJZ_i^{(4)} Z_k \mathrm{d}x = \delta_{ik} k_{rk} \\ &\int_0^l mZ_i Z_k \mathrm{d}x = \delta_{ik} m_{rk}\end{aligned} \qquad (3\text{-}204)$$

则钢轨的振动方程解耦为 N 个独立的方程为：

$$\begin{aligned}&m_{rk}\ddot{q}_k + \dfrac{cm_{rk}}{m}\dot{q}_k + \left(k_{rk} + \dfrac{km_{rk}}{m}\right)q_k \\ &= \delta(t)\sin\dfrac{k\pi}{2} \quad (k = 1, 2, \cdots, N)\end{aligned} \qquad (3\text{-}205)$$

对方程组（3-205）两边同时进行傅里叶变换，得到：

$$\begin{aligned}&\left[-\omega^2 m_{rk} + \dfrac{j\omega cm_{rk}}{m} + k_{rk} + \dfrac{km_{rk}}{m}\right] Q_k \\ &= \sin\dfrac{k\pi}{2} \quad (k = 1, 2, \cdots, N)\end{aligned} \qquad (3\text{-}206)$$

上式中的 Q_k 表示广义坐标 q_k 的傅里叶变换，则有：

$$Q_k = \dfrac{\sin\dfrac{k\pi}{2}}{-\omega^2 m_{rk} + \dfrac{j\omega cm_{rk}}{m} + k_{rk} + \dfrac{km_{rk}}{m}} \quad (k = 1, 2, \cdots, N) \qquad (3\text{-}207)$$

钢轨的传递函数可表示为脉冲响应 $z(x,t)$ 的傅里叶变换，即：

$$H(x,\omega) = \int_{-\infty}^{+\infty} \sum_{k=1}^{N} Y_k(x) q_x(t) e^{-j\omega t} dt$$
$$= \sum_{k=1}^{N} Y_k(x) Q_x(\omega) \quad (3\text{-}208)$$

即

$$H(x,\omega) = \sum_{k=1}^{N} \frac{\sin\dfrac{k\pi}{2}\sin\dfrac{k\pi x}{l}}{-\omega^2 m_{rk} + \dfrac{j\omega c m_{rk}}{m} + k_{rk} + \dfrac{k m_{rk}}{m}} \quad (3\text{-}209)$$

对于脉冲力的作用点处，钢轨位移的传递函数（位移导纳）为：

$$H\left(\frac{l}{2},\omega\right) = \sum_{k=1}^{N} \frac{\sin^2\dfrac{k\pi}{2}}{-\omega^2 m_{rk} + \dfrac{j\omega c m_{rk}}{m} + k_{rk} + \dfrac{k m_{rk}}{m}} \quad (3\text{-}210)$$

令上式中的分母为零，则可求解得到钢轨振动的固有频率的分布情况。

第四章 路基振动分析方法

路基是轨道的基础,其弹性和阻尼对轮轨系统的振动特性具有明显的影响,由于路基的振动频率相对较低,因此路基对轮轨系统的影响是全局性的低频效应,在研究轮轨系统振动时,路基的弹性和阻尼多数情况下是不可忽视的。

在高速铁路上,因车轮对路基的重复荷载作用频率与路基固有频率较为接近,甚至处于路基固有频率可能的范围内,所以路基本身的振动也是应当考虑且十分重要的问题。为了研究路基的振动特性,在轮轨系统动力分析中专门考虑路基的参振作用,建立针对路基振动分析的车辆-轨道-路基系统动力学的分析方法是十分必要的。

第一节 道床及路基的振动参数计算

在系统动力学分析的建模中,比较简化的办法是把道床和路基不作为连续介质,而仍然处理成为质量-弹簧-阻尼系统,将其加入模型之中。此时需要计算道床和路基的振动参数,包括参振质量、当量弹簧刚度和阻尼器的阻尼。车辆、钢轨、轨枕及扣件的振动参数相对容易确定,而道床和路基因为是散粒结构,振动参数的确定就较为困难,因此本节专门介绍相关的计算方法。

一、散粒结构参振质量及刚度的近似计算方法

散粒结构,如道床,当顶面承受有长度为 l、宽度为 b(如轨枕)的分布激振荷载时,依据弹性力学的计算结果,散体内的等应力线大致如图 4-1 所示。而 1% 平均应力线与竖直线的夹角 ϕ 与散粒体的摩擦角十分接近。因此,一般认为由两条 1% 等应力线组成的台体内承受荷载,振动影响区域也就是这一台体。台体内散粒体的总质量即为参振质量,台体内散粒体的阻尼总和即为参振阻尼,台体的压缩刚度即为等效刚度。

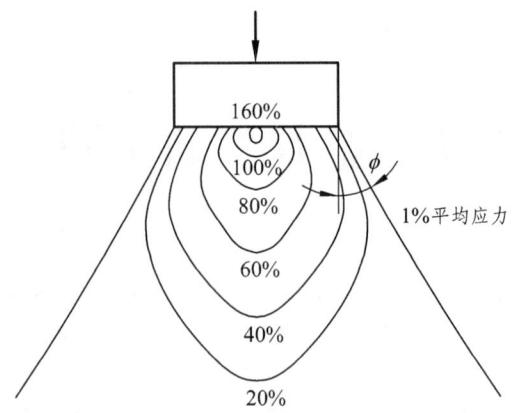

图 4-1 道床受压时的应力分布示意图

一根轨枕下道床受压的台体如图 4-2 所示。台体内的石砟总质量为：

$$m_{eq} = \gamma V = \frac{1}{3}\gamma H(s_1 + s_2 + \sqrt{s_1 s_2}) \qquad (4-1)$$

式中 γ——散粒体的密度，对于石砟一般取为 1.7～1.8 t/m³；

s_1——台体上表面面积，对于轨枕作用面有 $s_1 = bl$（b 为轨枕宽度，l 为轨枕长度）；

s_2——台体下表面面积，对于路基面有 $s_2 = (b+2H\tan\phi)(l+2H\tan\phi)$

ϕ——应力扩散角或散粒体内摩擦角，对于石砟一般为 30°～45°，常取为 30°。

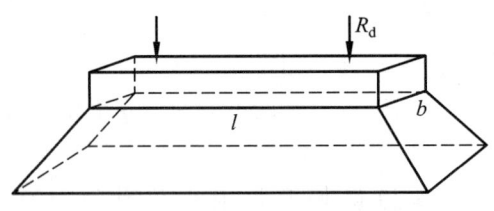

图 4-2 道床受压台体的形状

为了求出台体的总刚度，在距台体底面 h 处取一个微小薄层 $\mathrm{d}h$，则该层处的应力为：

$$\sigma_h = \frac{2R_d}{[b+2(H-h)\tan\phi][l+2(H-h)\tan\phi]} \qquad (4-2)$$

式中 R_d——枕上动压力；

H——散粒体道床的总厚度。

则该微小薄层 dh 的压缩变形为：

$$dz = \frac{\sigma_h}{E_b} \tag{4-3}$$

式中　E_b——道床的弹性模量。

则轨枕作用的台体上表面的下沉量为：

$$z = \int_0^H \frac{\sigma_h}{E_b} dh \tag{4-4}$$

台体的受压总刚度为：

$$k_{eq} = \frac{2R_d}{z} = \frac{2(l-b)E_b \tan\phi}{\ln\left[\frac{l(b+2H\tan\phi)}{b(l+2H\tan\phi)}\right]} \tag{4-5}$$

当 $l = b$ 时，式（4-5）不成立，此时有：

$$k_{eq} = \frac{l}{H} E_b (l + 2H\tan\phi) \tag{4-6}$$

散粒体被简化为质量后，其弹性经计算可得到简化为弹簧的等效刚度，等效刚度有两种布置形式。

（1）等效刚度一般要求分配在质量的上下两方。分配方式有两种：一是弹性上下各置一半，在参振质量上下方各放置 2 倍的等效刚度，如图 4-3（a）所示；另一种方法是 2/3 的弹性置于质量的上方，1/3 的弹性置于质量的下方，在质量上方放置 1.5 倍的等效刚度，在下方放置 3 倍的等效刚度，如图 4-3（b）所示。实际应用中如何选择，目前尚无定论。

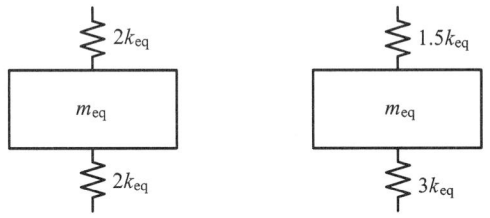

（a）弹性于质量上下各一半　（b）2/3 弹性置于上，1/3 弹性置于下

图 4-3　散体等效刚度在参振质量上下方的两种分配方式

（2）建模中有时为了方便，也可不进行分配而将等效刚度全部置于参振质量以下，这样处理所产生的计算误差并不明显。

为求得散粒体结构的阻尼,可以采取两种方法。一是进行实测,在散粒体结构上表面放置质量块,在质量块上施加脉冲荷载,如图 4-4(a),记录质量块的振动位移曲线,如图 4-4(b)所示。依据各周期内质量块振动位移幅值的衰减比值求出各周期内的衰减系数 ξ,再计算平均衰减系数 $\bar{\xi}$,从而得到阻尼值。

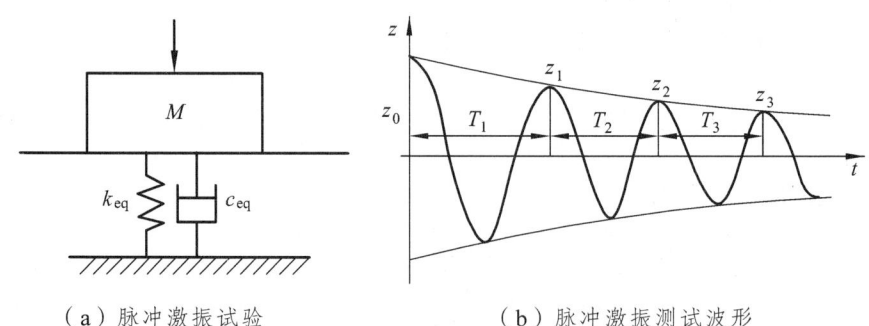

(a)脉冲激振试验　　　　　　(b)脉冲激振测试波形

图 4-4　散粒体结构阻尼的测试方法

$$\eta_1 = \frac{z_1}{z_0} = e^{\xi_1 T_1} \Rightarrow \xi_1$$

$$\eta_2 = \frac{z_2}{z_1} = e^{\xi_2 T_2} \Rightarrow \xi_2$$

$$\vdots$$

$$\eta_n = \frac{z_n}{z_{n-1}} = e^{\xi_n T_n} \Rightarrow \xi_n$$

$$\bar{\xi} = \frac{1}{n}\sum_{i=1}^{n}\xi_i \qquad (4\text{-}7)$$

则阻尼为:

$$C = 2\bar{\xi}M \qquad (4\text{-}8)$$

式中　M——质量块的参振质量。

第二种方法是依据等效质量、刚度选配阻尼。当阻尼达到临界值时,有:

$$\left.\begin{array}{l}\eta = \dfrac{\xi}{p} = \dfrac{c_{cr}/2m_{eq}}{\sqrt{k_{eq}/m_{eq}}} = \dfrac{c_{cr}}{2\sqrt{k_{eq}m_{eq}}} = 1 \\ c_{cr} = 2\sqrt{k_{eq}m_{eq}}\end{array}\right\} \qquad (4\text{-}9)$$

式中　η——相对阻尼系数;

　　　ξ——振动衰减系数;

p——振动的固有圆频率；

k_{eq}——等效刚度；

m_{eq}——等效质量；

c_{cr}——临界阻尼。

对于轨道、路基结构，一般认为正常的相对阻尼系数在 0.2~0.3 之间，则有等效阻尼为：

$$c_{eq} = 0.4 \sim 0.6 \sqrt{k_{eq} m_{eq}} \qquad (4\text{-}10)$$

等效阻尼的放置方法与等效刚度类似，也有两种方法。

（1）分配于参振质量的上下。其中又有两种分配方式，如图 4-5 所示。一是上下阻尼各一半，二是质量上面 2/3，下面 1/3。

（2）将等效阻尼全部置于参振质量下方。

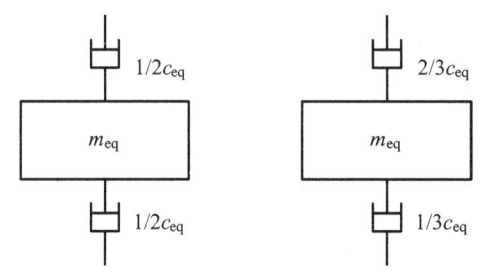

（a）阻尼上下各一半　　（b）阻尼上 2/3、下 1/3

图 4-5　阻尼在参振质量上下方的分配方式

二、道床路基的振动参数计算

首先计算道床的振动参数。由于轨枕的纵向间距较小，纵剖面图上应力扩散线在道床中交于 I 点，如图 4-6 所示，将道床台体分为两个部分。

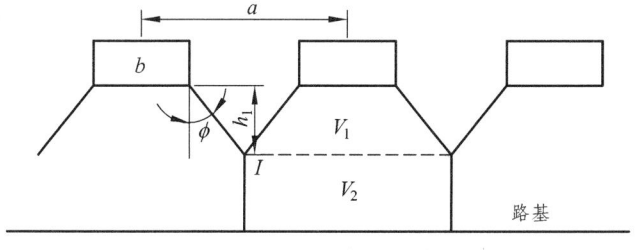

图 4-6　道床参振台体

$$h_1 = \frac{1}{2}(a-b)\tan\phi \qquad (4\text{-}11)$$

式中　a——轨枕中心距。

则道床总的参振质量为：

$$\begin{aligned}m_{\text{eq}} &= \gamma\,(V_1+V_2) \\ &= \frac{1}{3}\gamma\,[(s_1+s_*+\sqrt{s_1 s_*})h_1+(s_*+s_2+\sqrt{s_* s_2})(H-h_1)]\end{aligned} \qquad (4\text{-}12)$$

式中：

$$\left.\begin{aligned}s_1 &= bl \\ s_* &= a(l+2h_1\tan\phi) \\ s_2 &= a(l+2H\tan\phi)\end{aligned}\right\} \qquad (4\text{-}13)$$

计算得到道床总的参振质量后，除以 2 得到半枕下道床台体的参振质量。

$$m_{\text{ba}} = m_{\text{eq}}/2$$

对于道床台体中的 V_1 部分，可计算得到刚度为：

$$k_{\text{eq1}} = \frac{2E_b(l-b)\tan\phi}{\ln\dfrac{la}{b(l+2h_1\tan\phi)}} \qquad (4\text{-}14)$$

对于道床台体中的 V_2 部分，可计算得到刚度为：

$$k_{\text{eq2}} = \frac{2aE_b\tan\phi}{\ln\dfrac{l+2H\tan\phi}{l+2h_1\tan\phi}} \qquad (4\text{-}15)$$

将两部分台体的刚度按串联弹簧计算总的刚度为：

$$k_{\text{eq}} = \frac{k_{\text{eq1}} k_{\text{eq2}}}{k_{\text{eq1}}+k_{\text{eq2}}} \qquad (4\text{-}16)$$

则半枕下道床的总刚度为：

$$k_{\text{s}} = k_{\text{eq}}/2 \qquad (4\text{-}17)$$

如将道床的弹性在道床质量上下方各置一半，则有：

$$k_{\text{s}} = k_{\text{b}} = k_{\text{eq}} \qquad (4\text{-}18)$$

根据阻尼比 0.2~0.3 取得道床的阻尼为：

$$c_{\text{s}} = c_{\text{b}} = \frac{1}{2}\left[(0.4-0.6)\sqrt{m_{\text{ba}} k_{\text{s}}}\right] \qquad (4\text{-}19)$$

设振动分析中考虑厚度为 H_1 的路基表面一层（如基床表层），则路基的参振质量为：

$$m_{eqr} = \frac{1}{3}\gamma_r H_1(s_2 + s_3 + \sqrt{s_2 s_3}) \qquad (4\text{-}20)$$

式中　H_1——考虑路基参振层的厚度；

　　　γ_r——路基土的密度；

　　　s_3——路基层底面面积：

$$s_3 = a(l + 2H\tan\phi + 2H_1\tan\phi_1) \qquad (4\text{-}21)$$

式中　ϕ_1——路基基床表层填料的内摩擦角。

路基的支承弹性包括两个部分。第一部分是振动建模中纳入考虑的路基表层的弹性；第二部分是下部路基的支承弹性。路基刚度可采用两种方法得到，其一是通过路基表面半枕下有效支承面积乘以基床表层的 K_{30b} 值得到，即：

$$k_b = \frac{1}{2}a(l + 2H\tan\phi)K_{30b} \qquad (4\text{-}22)$$

另一种刚度计算办法，是将路基表层的弹性和其下部弹性分开计算。路基表层的刚度可通过式（4-23）计算得到，即：

$$k_{eqr1} = \frac{2aE_r\tan\phi_1}{\ln\dfrac{l + 2H\tan\phi + 2H_1\tan\phi_1}{l + 2H\tan\phi}} \qquad (4\text{-}23)$$

式中　E_r——基床表层弹性模量。

路基下部支承刚度可通过支承面积与基床底层的 K_{30d} 值相乘得到，即：

$$k_{eqr2} = a(l + 2H\tan\phi + 2H_1\tan\phi_1)K_{30d} \qquad (4\text{-}24)$$

当然，路基下部支承刚度也可通过半无限弹性空间理论，依据路基下部弹性模量进行计算，不过计算的过程比较复杂。

将式（4-23）和式（4-24）所示的刚度按串联弹簧进行处理，可得到半枕下的路基支承刚度为：

$$k_b = \frac{k_{eqr1}k_{eqr2}}{2(k_{eqr1} + k_{eqr2})} \qquad (4\text{-}25)$$

很显然，后一种计算方法所得到的路基刚度值要小许多，但因计算方法更为合理因而应当更接近实际情况。

第二节 路基振动分析的分层建模方法

由于扣件、道床等轨道部件的减振和隔振作用，轮轨间的高频振动无法传递到路基上，因而路基振动分析中主要注重列车的准静态轮载的重复作用，这一重复荷载对路基形成频率较低的激振。因此，在路基振动分析中，可以采用将路基分层纳入而构建轨道、路基的分层模型，以求解较低频率下的轨道、路基同相振动的情况。

一、路基分层叠合梁模型

将轨道、路基自上而下地分层，建立多层叠合梁振动分析模型，比较典型的是考虑两层路基参振的五层叠合梁模型，如图 4-7 所示。叠合梁为连续弹性支承的无限长梁，只有最上层的钢轨具有抗弯刚度，是实际的抗弯梁，其余各层只有参振质量而无抗弯刚度，只是在模型中为方便求解而视为"梁"。

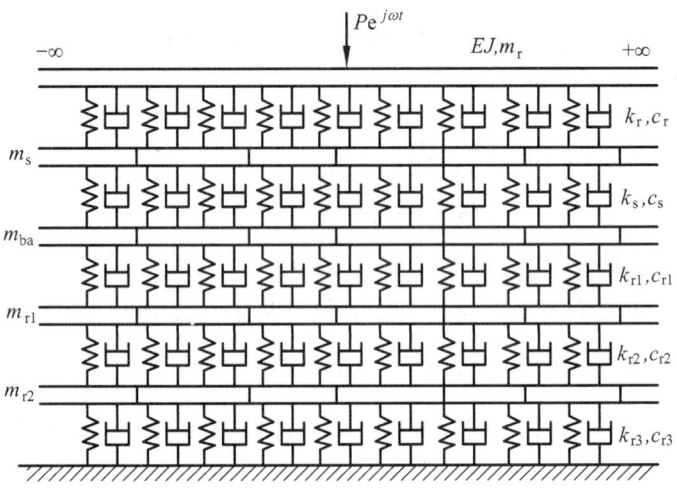

图 4-7 路基振动分析中的五层叠合梁模型

第一层钢轨为一连续弹性支承的无限长梁，具有抗弯刚度和分布质量 EJ, m_r，钢轨的连续支承刚度为扣件离散刚度（扣件刚度除以扣件间距）。

第二层梁模拟轨枕参振，具有半根轨枕的分布质量 m_s，即将半枕质量除以轨枕间距，道床形成的分布弹簧刚度和阻尼 k_s, c_s 置于轨枕下方。首先依据第一节中介绍的方法计算半枕下的道床刚度，而后除以轨枕间距得到分布刚度，依据阻尼比选配道床阻尼。

第三层模拟道床参振,具有半边道床的分布质量 m_{ba},道床参振质量的宽度可取为轨枕半宽,厚度依道床实际厚度选取,依据道床的体积和密度不难计算出参振质量。

$$m_{ba} = \frac{lH}{2}\gamma \qquad (4\text{-}26)$$

式中 γ——道床的密度。道床下是路基第一层形成的分布支承刚度和阻尼 k_{r1}, c_{r1},

$$k_{r1} = \frac{E_{r1}}{h_{r1}}\left(\frac{l}{2} + H\tan\phi\right) \qquad (4\text{-}27)$$

式中 E_{r1}——路基第一层的弹性模量;

h_{r1}——路基第一层的厚度。

其他符号的含义参见第一节。依据阻尼比选配路基第一层对道床层的支承阻尼。

通常路基的振动注重路基基床的表层,所以将基床表层分为两层,这样与道床的分层厚度相当,则路基第一层即为基床表层的上半层,路基第二层为基床表层的下半层。也可将基床表层作为路基第一层,基床底层作为路基第二层。

第四层为路基参振的第一层,具有分布质量 m_{r1},可依据第一层的体积和密度进行计算,即:

$$m_{r1} = \gamma_{r1}\left(\frac{l}{2} + H\tan\phi\right)h_{r1} \qquad (4\text{-}28)$$

式中 γ_{r1}——路基第一层的密度。

依据路基第二层的弹性模量和厚度计算支承面刚度,再乘以支承宽度即可得到分布的支承刚度,即:

$$k_{r2} = \frac{E_{r2}}{h_{r2}}\left(\frac{l}{2} + H\tan\phi + h_{r1}\tan\phi_1\right) \qquad (4\text{-}29)$$

式中 E_{r2}——路基第二层的弹性模量;

h_{r2}——路基第二层的厚度。

第五层为路基参振的第二层,具有分布质量 m_{r2},可依据第二层的体积和密度进行计算,即:

$$m_{r2} = \gamma_{r2}\left(\frac{l}{2} + H\tan\phi + h_{r1}\tan\phi_1\right)h_{r2} \qquad (4\text{-}30)$$

式中 γ_{r2}——路基第二层的密度。

依据路基第二层以下的下部路基的弹性模量按半无限空间的弹性力学公式计算支承刚度，也可依据下部路基的 K_{30} 值和支承宽度直接进行计算，即：

$$k_{r3} = \left(\frac{l}{2} + H\tan\phi + h_{r1}\tan\phi_1 + h_{r2}\tan\phi_2\right)K_{30} \qquad (4\text{-}31)$$

式中　　ϕ_2——路基第二层材料的摩擦角。

在钢轨上施加一激振力 $Pe^{j\omega t}$，其幅值 P 为车轮的准静态轮载，一般是将车轮静轮重乘以动载系数得到。动载系数包含由车速引起的速度系数和曲线地段内外轨上的偏载系数，速度系数依据车速不同而有所不同，可在 1.5～2.0 中选取，偏载系数可依据车速和曲线超高计算得到。

激振力的圆频率 ω 依据车轮通过频率进行计算，所谓车轮通过频率即为每秒钟通过既定轨道点处的车轮数量，则有

$$\omega = 8\pi\frac{v}{l_q} \qquad (4\text{-}32)$$

式中　　v——列车速度；

　　　　l_q——车辆全长（车钩中心距）。

设列车速度为 120 km/h，车辆全长为 20 m，则车轮通过频率大约为 6.7 Hz，车轮激振频率与路基的固有频率相关性不大，所以低速情况下路基的参振一般没有引起重视。

随着列车速度的提高，车轮通过频率增加，并逐渐接近路基的共振频率 15～25 Hz。当列车速度为 350 km/h，车轮的通过频率约为 19.4 Hz，车轮激振频率已落在路基振动固有频率的范围内。因此当车速在 250 km/h 以上时，车轮通过对路基的重复激振有可能产生较为严重的路基振动问题，因而高速铁路的设计过程中一直十分重视控制路基的刚度和振动频率。

式（4-32）中的车轮通过频率计算公式，是基于我国大多数车辆具有两个转向架，每个转向架上有两个轮对得到的。也有观点认为，因转向架上前后两车轮的间距较小，两个车轮对路基上作用力的叠加效果很突出，路基振动分析中不应采用车轮通过频率，而应当采用转向架通过频率，即公式（4-32）中系数不是 8 而是 4，激振力幅值应该为 $2P$ 或在计算中于钢轨上作用两个激振力。

但从路基振动分析的角度看，激振频率还是应该采用车轮通过频率，这样求解出来的路基振动特性更接近实际的振动情况，而路基上的动应力可能因没有考虑到转向架前后车轮荷载的叠加效应略有降低。

二、分层叠合梁模型的求解方法

对于图 4-7 所示的五层叠合梁模型，可以比较方便地进行求解。钢轨的振动方程组为：

$$EJ\frac{\partial^4 z_r(x,t)}{\partial x^4}+m_r\frac{\partial^2 z_r(x,t)}{\partial t^2}+c_r\left[\frac{\partial z_r(x,t)}{\partial t}-\frac{\partial z_s(x,t)}{\partial t}\right]+ \qquad (4\text{-}33)$$
$$k_r[z_r(x,t)-z_s(x,t)]=0$$

轨枕的振动方程为：

$$m_s\frac{\partial^2 z_s(x,t)}{\partial t^2}+c_r\left[\frac{\partial z_s(x,t)}{\partial t}-\frac{\partial z_r(x,t)}{\partial t}\right]+k_r[z_s(x,t)-z_r(x,t)]+$$
$$c_s\left[\frac{\partial z_s(x,t)}{\partial t}-\frac{\partial z_{ba}(x,t)}{\partial t}\right]+k_s[z_s(x,t)-z_{ba}(x,t)]=0 \qquad (4\text{-}34)$$

道床的振动方程为：

$$m_{ba}\frac{\partial^2 z_{ba}(x,t)}{\partial t^2}+c_s\left[\frac{\partial z_{ba}(x,t)}{\partial t}-\frac{\partial z_s(x,t)}{\partial t}\right]+k_s[z_{ba}(x,t)-z_s(x,t)]+$$
$$c_{r1}\left[\frac{\partial z_{ba}(x,t)}{\partial t}-\frac{\partial z_{r1}(x,t)}{\partial t}\right]+k_{r1}[z_{ba}(x,t)-z_{r1}(x,t)]=0 \qquad (4\text{-}35)$$

路基第一层的振动方程为：

$$m_{r1}\frac{\partial^2 z_{r1}(x,t)}{\partial t^2}+c_{r1}\left[\frac{\partial z_{r1}(x,t)}{\partial t}-\frac{\partial z_{ba}(x,t)}{\partial t}\right]+k_{r1}[z_{r1}(x,t)-z_{ba}(x,t)]+$$
$$c_{r2}\left[\frac{\partial z_{r1}(x,t)}{\partial t}-\frac{\partial z_{r2}(x,t)}{\partial t}\right]+k_{r2}[z_{r1}(x,t)-z_{r2}(x,t)]=0$$

$$(4\text{-}36)$$

路基第二层的振动方程为：

$$m_{r2}\frac{\partial^2 z_{r2}(x,t)}{\partial t^2}+c_{r2}\left[\frac{\partial z_{r2}(x,t)}{\partial t}-\frac{\partial z_{r1}(x,t)}{\partial t}\right]+k_{r2}[z_{r2}(x,t)-z_{r1}(x,t)]+$$
$$c_{r3}\frac{\partial z_{r2}(x,t)}{\partial t}+k_{r3}z_{r2}(x,t)=0$$

$$(4\text{-}37)$$

式（4-33）至式（4-37）中的 $z_r, z_s, z_{ba}, z_{r1}, z_{r2}$ 分别代表钢轨、轨枕、道床、路基第一层和路基第二层的垂向振动位移。

对振动方程组进行变量分离，可假设：

$$\begin{cases} z_r(x,t) \\ z_s(x,t) \\ z_{ba}(x,t) = e^{j\omega t} \\ z_{r1}(x,t) \\ z_{r2}(x,t) \end{cases} \begin{cases} Z_r(x) \\ Z_s(x) \\ Z_{ba}(x) \\ Z_{r1}(x) \\ Z_{r2}(x) \end{cases} \quad (4\text{-}38)$$

将式（4-38）代入方程组（4-33）～（4-37）中得：

$$\left. \begin{aligned} & \frac{d^4 Z_r}{dx^4} + D_1 Z_r + D_2 Z_s = 0 \\ & D_3 Z_r + D_4 Z_s + D_5 Z_{ba} = 0 \\ & D_6 Z_s + D_7 Z_{ba} + D_8 Z_{r1} = 0 \\ & D_9 Z_{ba} + D_{10} Z_{r1} + D_{11} Z_{r2} = 0 \\ & D_{12} Z_{r1} + D_{13} Z_{r2} = 0 \end{aligned} \right\} \quad (4\text{-}39)$$

式（4-39）中的 13 个复常数为分别：

$$\left. \begin{aligned} & D_1 = \frac{1}{EJ}(-m_r \omega^2 + j\omega c_r + k_r) \\ & D_2 = \frac{1}{EJ}(-j\omega c_r - k_r) \\ & D_3 = -j\omega c_r - k_r \\ & D_4 = -m_s \omega^2 + j\omega(c_r + c_s) + k_r + k_s \\ & D_5 = -j\omega c_s - k_s \\ & D_6 = -j\omega c_s - k_s \\ & D_7 = -m_{ba} \omega^2 + j\omega(c_s + c_{r1}) + k_s + k_{r1} \\ & D_8 = -j\omega c_{r1} - k_{r1} \\ & D_9 = -j\omega c_{r1} - k_{r1} \\ & D_{10} = -m_{r1} \omega^2 + j\omega(c_{r1} + c_{r2}) + k_{r1} + k_{r2} \\ & D_{11} = -j\omega c_{r2} - k_{r2} \\ & D_{12} = -j\omega c_{r2} - k_{r2} \\ & D_{13} = -m_{r2} \omega^2 + j\omega(c_{r2} + c_{r3}) + k_{r2} + k_{r3} \end{aligned} \right\} \quad (4\text{-}40)$$

由方程组（4-39）的最后一个方程开始，逐步代入并消除变量，即：

$$\left.\begin{aligned}Z_{r2} &= \frac{-D_{12}}{D_{13}}Z_{r1} \\ Z_{r1} &= \frac{-D_9}{D_{10} - \frac{-D_{11}D_{12}}{D_{13}}}Z_{ba} \\ Z_{ba} &= \frac{-D_6}{D_7 - \frac{-D_8 D_9}{D_{10} - \frac{-D_{11}D_{12}}{D_{13}}}}Z_s \\ Z_s &= \frac{-D_3}{D_4 - \frac{D_5 D_6}{D_7 - \frac{-D_8 D_9}{D_{10} - \frac{-D_{11}D_{12}}{D_{13}}}}}Z_r\end{aligned}\right\} \quad (4\text{-}41)$$

由此得：

$$\frac{\mathrm{d}^4 Z_r}{\mathrm{d}x^4} + DZ_r = 0 \quad (4\text{-}42)$$

式（4-42）中的复常数 D 包含式（4-40）中的13个复常数，其表达式为：

$$D = D_1 + \frac{-D_2 D_3}{D_4 - \frac{D_5 D_6}{D_7 - \frac{-D_8 D_9}{D_{10} - \frac{-D_{11}D_{12}}{D_{13}}}}} \quad (4\text{-}43)$$

设钢轨振动位移的通解为：

$$Z_r = C\mathrm{e}^{\lambda x} \quad (4\text{-}44)$$

代入式（4-42）得到特征方程为：

$$\lambda^4 + D = 0 \quad (4\text{-}45)$$

由特征方程（4-45）可求解出四个特征根，其形为：

$$\lambda_{1\sim 4} = \pm\alpha \pm j\beta \quad (4\text{-}46)$$

因此得到钢轨位移的通解为：

$$Z_r(x) = \mathrm{e}^{-\alpha x}(C_1 \cos\beta x + C_2 \sin\beta x) \quad (4\text{-}47)$$

由钢轨上激振力作用点的左右对称条件：

$$\left.\frac{\partial z_r(x,t)}{\partial x}\right|_{x=0} = 0 \tag{4-48}$$

可得：

$$C_2 = \frac{\alpha}{\beta} C_1$$

再由激振点处的受力平稳条件：

$$\left. 2EJ \frac{\partial^3 z_r(x,t)}{\partial x^3}\right|_{x=0} = Pe^{j\omega t} \tag{4-49}$$

可得：

$$C_1 = \frac{P}{4EJ\alpha(\alpha^2 + \beta^2)}$$

最后得到钢轨的振动位移解为：

$$z_r(x,t) = \frac{P}{4EJ\alpha(\alpha^2 + \beta^2)} e^{-\alpha x}(\cos\beta x + \frac{\alpha}{\beta}\sin\beta x)e^{j\omega t} \tag{4-50}$$

依据式（4-41）中所列的各振动位移间的关系，可以求得轨枕、道床、路基第一层和路基第二层的振动位移，依据位移对时间的两阶求导可得到振动加速度，依据各层间的弹簧刚度和阻尼以及相邻两层的位移和速度可得到层间的动压力分布。

第三节　路基振动分析的其他建模方法

分层叠合梁方法虽然简便，但对路基的模拟毕竟过于简化，与实际情况存在较大的误差，因而路基振动分析中常采用更为准确的其他建模方法，这些方法依据对路基结构不同程度的简化，依靠有限单元法进行振动求解。

一、平面应变问题的有限单元方法

由于路基是带状结构物,其沿线路方向的变形受到较强的约束,因此可以切取一个枕间距的路基形成平面应变问题,进行振动的分析,如图 4-8 所示。

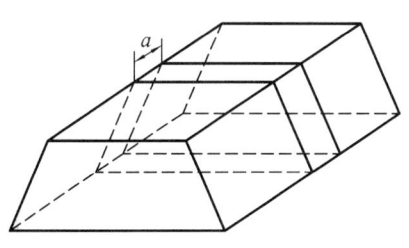 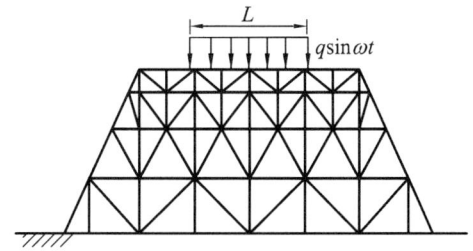

(a) 平面应变问题振动建模时的截取方法　　(b) 平面应变问题有限单元模型

图 4-8　路基平面应变问题振动有限单元模型

在路基顶面作用有车轮重复荷载形成的分布激振力,激振力的频率为车轮通过频率,圆频率 ω 按式(4-32)计算。作用宽度为轨枕、道床分压后于路基顶面上形成的受压宽度:

$$L = l + 2H\tan\phi \qquad (4\text{-}50)$$

式中　L——路基面分布激振荷载的作用宽度;
　　　l——轨枕长度;
　　　H——道床厚度;
　　　ϕ——道砟材料的摩擦角。

分布激振荷载的幅值为:

$$q = \frac{2R_d}{l + 2H\tan\phi} \qquad (4\text{-}51)$$

式中　R_d——单根钢轨下的枕上动压力,可依据轨道准静力计算得到,即:

$$R_d = \frac{1}{2}\beta a P \qquad (4\text{-}52)$$

式中　a——轨枕中心距,也是路基平面模型的厚度;
　　　P——准静态动轮载,依据静轮载及速度系数和偏载系数求取;
　　　β——依据钢轨抗弯刚度 EJ 和钢轨基础弹性系数 k 求得的刚比系数:

$$\beta = \sqrt[4]{\frac{k}{4EJ}}。$$

将路基离散为三角形有限单元,应用平面有限单元方法,推导各单元的单元刚度矩阵、质量矩阵、阻尼矩阵及荷载列阵,并组建总刚度、总质量、总阻尼矩阵及总荷载列阵,选用前述 Park 方法进行振动求解。

二、平面应力问题的有限单元方法

沿线路中心线截取半边路基,忽略路基宽度的影响,而只计入路基不同深度处宽度的变化造成的参振质量的变化,将路基简化成平面应力模型进行振动分析,如图 4-9 所示。

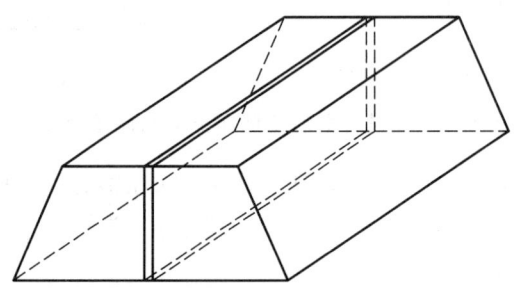

(a) 平面应力问题振动建模时的截取方法

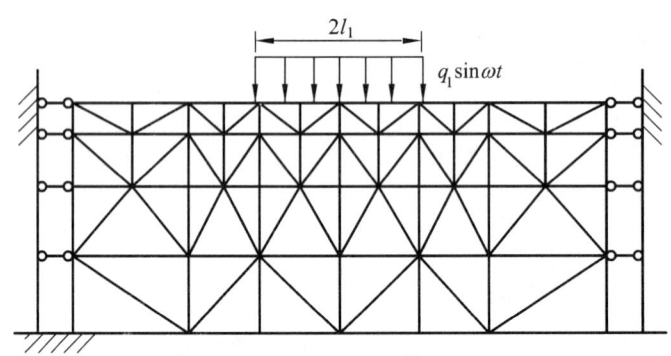

(b) 平面应力问题有限单元模型

图 4-9 路基平面应力问题振动有限单元模型

沿线路纵向,如只考虑一个车轮的作用,因车轮的压力分配在若干根轨枕上,并同时往下传递,在路基上形成叠加,则纵向荷载的分布长度很难确定,所以此时以考虑一个转向架为宜,而且假定转向架上的两个轮载在转向架固定轴距范围内均匀分布。由此得到路基面上分布激振力的幅值为:

$$q_1 = \frac{2P}{2l_1} \tag{4-53}$$

式中 l_1——转向架固定轴距之一半。

激振频率仍然按车轮通过频率计算,即其圆频率按式(4-32)计算。

同样,按照平面有限单元方法可对振动模型进行求解。

三、空间有限单元建模方法

前述的平面有限单元建模方法对车轮荷载的传递方式和作用范围进行了比较多的假设,与实际情况有一定的差异,同时对钢轨和道床分压特性的描述也不够准确,为了对路基振动进行更为准确的研究,采用空间有限单元建模方法是十分必要的。但空间模型的求解过程十分复杂,程序实现也非常困难。

由于轨道、路基沿线路中心面是对称的,为减少空间有限元的自由度数,从上到下截取轨道和路基的一侧,构成一个比较典型的空间模型,如图4-10所示。

钢轨被简化为弹性点支承上的有限长梁,每一枕跨为一个梁单元。钢轨上作用有考虑动载系数和车轮通过激振频率的一个转向架的作用,动轮载和车轮通过频率的计算方法前面已经叙述。

扣件简化为弹簧和阻尼元件。轨枕简化为刚性质量块,每一轨枕具有垂向位移一个自由度,枕上压力在轨枕底部均匀分布,并作用于道床上。

道床、基床表层、基床底层和路基下部均视为连续弹性体,具有参振质量、阻尼和刚度,采用空间有限单元(如20节点等参元等)进行离散。推导求出各单元的单元质量、刚度和阻尼矩阵及荷载列阵,而后组建振动方程并求解。

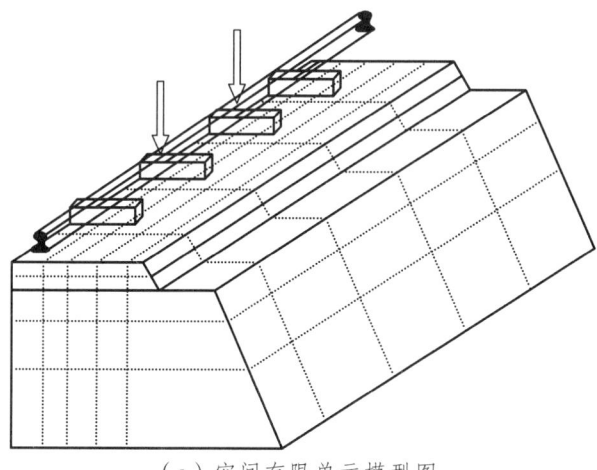

(a)空间有限单元模型图

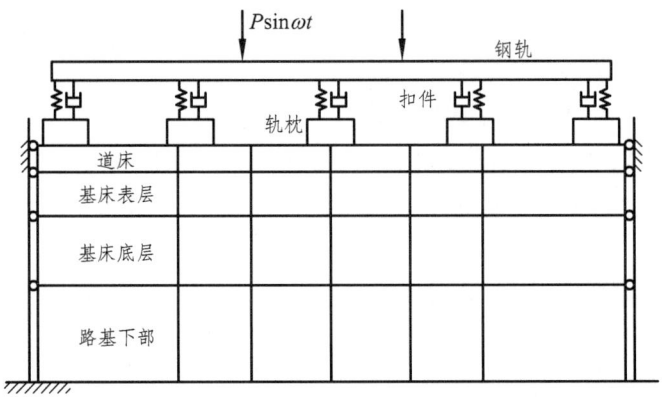

（b）空间有限单元模型纵剖面图

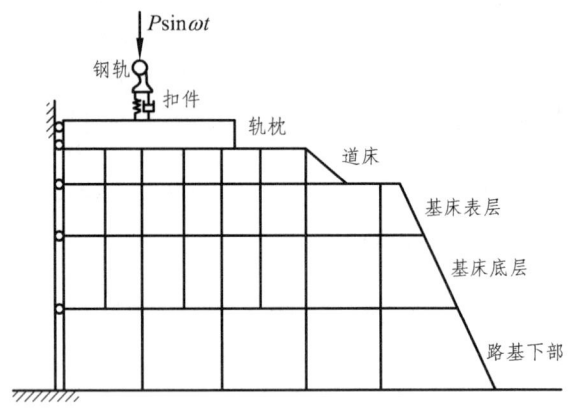

（c）空间有限单元模型横剖面图

图 4-10　路基动力分析的空间有限元模型示意图

第五章 轮轨系统耦合振动分析

前面各章分别介绍了车辆、轨道和路基振动分析中的主要建模和求解方法。在研究车辆振动时,通常假定轨道是刚性的,将轨道不平顺作为激励。在研究轨道或路基振动时,通常假定轨面激振力为已知函数,但轮轨界面上的作用关系十分复杂,轨道系统和车辆系统的影响是相互的,多数情况下轨道或车辆系统的激振力是未知的,这也正是动力学分析的重要内容之一。因此,综合车辆、轨道、路基三者的动力分析及轮轨关系的相关研究内容,建立车辆-轨道-路基系统耦合振动模型和分析方法,才有可能将动力学的研究应用于解决轮轨系统中的实际问题。这些问题包括对各种结构的工作环境的分析而为结构的设计提供荷载依据,对各种结构的工作特性进行动力学评估,对各种病害产生的原因进行分析并寻求相应的解决措施等方面。本章重点介绍有关车辆-轨道-含路基耦合振动模型的建立及求解方法,下一章则重点介绍耦合动力分析方法的典型应用研究。

第一节 轮轨振动耦合关系

在建立车辆-轨道耦合振动模型的过程中,首先要研究轮轨界面上的振动耦合关系,并将这些耦合关系合理地反映到模型中去。在建立车辆-轨道垂向振动耦合模型时,只关心轮轨系统的垂向振动耦合关系,而建立车辆-轨道空间耦合振动模型时,则除垂向耦合关系外,还应当考虑轮轨间的横向和纵向耦合关系。

一、轮轨垂向力振动耦合关系

轮轨的垂向接触可视为两个弹性体的接触。在新轮新轨的条件下,轮轨踏面的接触可简化为赫兹接触问题。轮轨磨耗以后的接触状态比较复杂,一般不能再简化为赫兹接触问题。但在车辆-轨道耦合振动分析建模时,通常忽略轮轨的非赫兹接触问题。因为轮轨的接触刚度较大，一般高出轮轨系统中其他部位弹簧刚度的 1～2 个数量级，轮轨的接触振动频率也较高，轮轨系统振动分析的频率范围一般远低于轮轨接触振动频率。因此，轮轨接触弹簧大多数情况只是起到联系或耦合车辆、轨道两个振动子系统的作用，轮轨接触弹簧刚度存在的误差不会明显地影响到振动分析的结果。因非线性弹簧显著增加振动分析的难度，计算比较繁琐，尤其是直接进行系统振动的频域分析时，采用非线性弹簧几乎是不可能的，因此在大多数情况下对轮轨接触弹簧可进行线性化处理。

但是，当重点研究轮轨接触振动（约 1 000～1 400 Hz 左右）或轮轨系统高频振动（如进行轮轨噪声研究）时，轮轨的接触关系则需要更加精确的描述才可能得到正确的结果，此时一般不能进行轮轨接触弹簧刚度的线性化，甚至还需要采用非赫兹接触理论建立轮轨间垂向力的作用关系。

依据赫兹接触理论，将轮轨间的垂向耦合关系简化为非线性接触力或接触弹簧，如图 5-1 所示。两种简化本质上是相同的，只是在计算程序的编制过程中略有差异。

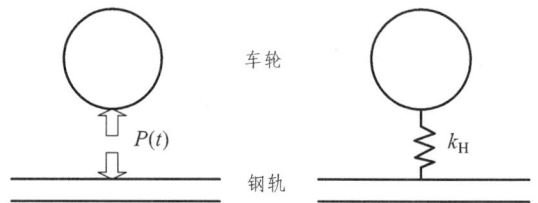

图 5-1　轮轨垂向的振动耦合关系示意图

根据赫兹接触理论，车轮和钢轨被简化为两个弹性椭球体（有关轮轨接触应力的计算已在第二章第三节中进行了介绍），轮轨间因弹性变形产生的相对压缩量可表达为：

$$\delta = \lambda \left(\frac{P^2}{\rho K^2} \right)^{\frac{1}{3}} \tag{5-1}$$

式中　δ —— 轮轨相对压缩量；

P —— 轮轨间的垂向作用力；

ρ —— 由车轮踏面和轨头两个垂直方向的半径计算得到的常数（其中有关符号的含义参见第二章第三节）；

$$\rho = \frac{4}{\left(\dfrac{1}{R_{w1}} + \dfrac{1}{R_{w2}} + \dfrac{1}{R_{r1}} + \dfrac{1}{R_{r2}} \right)} \tag{5-2}$$

K —— 与车轮及钢轨材料的弹性模量 E 和泊松比 υ 有关的常数,且:

$$K = \frac{4}{3}\left(\frac{E}{1-\upsilon^2}\right)$$

λ —— 椭圆积分常数,依据车轮踏面和轨头两个垂直方向的半径计算得到常数 θ(参见第二章第三节),然后查表 5-1 得到。

表 5-1 椭圆积分常数 λ 的取值表

$\theta/(°)$	0	10	20	30	35	40	45	50
λ	0	0.851	1.220	1.453	1.550	1.637	1.709	1.772
$\theta/(°)$	55	60	65	70	75	80	85	90
λ	1.828	1.875	1.912	1.944	1.967	1.985	1.996	2.000

由式(5-1)可以得:

$$P = G^{-\frac{3}{2}}\delta^{\frac{3}{2}} \tag{5-3}$$

式(5-3)中,G 为常数,且:

$$G = \lambda \rho^{\frac{3}{2}} K^{\frac{3}{2}} \tag{5-4}$$

在锥形踏面条件下,当轨头经过一段时间磨耗变平时,常数 G 只与车轮滚动半径有关,且有近似关系为:

$$G = 4.57 \times 10^{-6} r_0^{-0.149} \quad (\text{m/kN}^{\frac{2}{3}}) \tag{5-5}$$

根据轮轨间压缩量与垂向力的关系,可以得到轮轨接触简化为非线性弹簧时的弹簧刚度为:

$$k_H = \frac{dP}{d\delta} = 1.5 G^{-\frac{3}{2}}\delta^{\frac{1}{2}} \tag{5-6}$$

将接触弹簧线性化时,以静轮载 P_0 代入式(5-1)计算得到静压缩量 δ_0,再代入到式(5-6)中,可得到将轮轨接触弹簧线性化后的刚度值,线性化的情况如图 5-2 所示。

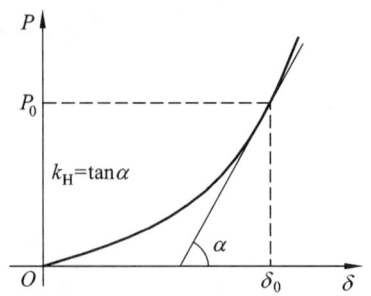

图 5-2 非线性接触弹簧的线性化

当钢轨、车轮发生振动且轨面和轮踏面均存在垂向不平顺时，只要振动的强度没有达到使车轮跳离轨面的程度，则轮轨间的垂向位移协调条件成立，即：

$$z_w + \eta_w = z_r + \eta_r + \delta \tag{5-7}$$

式中 z_w——车轮垂向位移，以向下为正；

η_w——车轮上的垂向不平顺，以使车轮半径加大为正；

z_r——钢轨垂向位移，以向下为正；

η_r——轨面垂向不平顺，以轨面下凹为正。

由此得到轮轨间的垂向力为：

$$P = G^{-\frac{3}{2}}(z_w + \eta_w - z_r - \eta_r)^{\frac{3}{2}} \tag{5-8}$$

或经过线性化后得：

$$P = k_H(z_w + \eta_w - z_r - \eta_r) \tag{5-9}$$

当轮对垂向振动与侧滚振动同时发生时，车轮位移是轮对垂向与侧滚两种振动的合成位移，此时两侧车轮与钢轨间的垂向力可表示为：

$$P_i = G^{-\frac{3}{2}}[z_w + (-1)^i b\psi_w + \eta_{wi} - z_{ri} - \eta_{ri}]^{\frac{3}{2}} \quad (i=1,2) \tag{5-10}$$

或

$$P_i = k_H[z_w + (-1)^i b\psi_w + \eta_{wi} - z_{ri} - \eta_{ri}] \quad (i=1,2) \tag{5-11}$$

式（5-10）和（5-11）中：

z_w——轮对中心的垂向位移；

ψ_w——轮对的侧滚角位移；

b——轮对滚动圆距离的一半，常取为两股钢轨的中心距之一半。

η_{wi}——轮对上两个车轮的垂向不平顺，$i=1$表示左侧或曲线外轨上的车轮，$i=2$表示右侧或曲线内轨上的车轮；

z_{ri},η_{ri}——分别表示两股钢轨的垂向位移及两股钢轨上的轨面垂向不平顺，$i=1$表示左侧轨或曲线外轨，$i=2$表示右侧轨或曲线内轨。

二、轮轨蠕滑力振动耦合关系

轮轨系统的纵向振动几乎完全依据轮轨间的蠕滑力取得耦合。只要车轮轮缘与轨头侧面未发生贴靠，则轮轨系统的横向振动也主要靠轮轨蠕滑力取得耦合。由于蠕滑力不仅取决于轮轨的相对横向与纵向位移，即蠕滑（率）的大小，同时还取决于轮轨间的垂向力，即蠕滑力系数的大小，因此蠕滑力与轮轨垂向位移有着密切的关系。由此可见，轮轨间的蠕滑力耦合关系涉及轮轨系统中众多的振动变量，如表 5-2 中所列，可以将轮轨系统的垂向、横向和纵向三个方向的振动有机地联系起来，是轮轨振动耦合关系中最重要的关系之一。

表 5-2 轮轨蠕滑力耦合关系涉及的轮轨系统中的变量

变量位置	变量类型	变量名称	在蠕滑耦合关系中的作用
轮对	位移	轮对沉浮 z_w	计算蠕滑力系数
		轮对横移 y_w	计算蠕滑率
		轮对侧滚 ψ_w	计算蠕滑力系数
		轮对摇头 ϕ_w	计算蠕滑率
		轮对纵向位移 x_w	计算蠕滑率
	速度	轮对横移速度 $\dot{y}_w$	计算蠕滑率
		轮对摇头速度 $\dot{\phi}_w$	计算蠕滑率
		轮对纵移速度 $\dot{x}_w$	计算蠕滑率
	不平顺	左右轮垂向不平顺 η_{wi}	计算蠕滑力系数
钢轨	位移	左右轨垂向位移 z_{ri}	计算蠕滑力系数
		左右轨横向位移 y_{ri}	计算蠕滑率
		左右轨纵向位移 x_{ri}	计算蠕滑率
	速度	左右轨横向位移速度 $\dot{y}_{ri}$	计算蠕滑率
		左右轨纵向位移速度 $\dot{x}_{ri}$	计算蠕滑率
	不平顺	左右轨垂向不平顺 η_{ri}	计算蠕滑力系数
		左右轨横向不平顺 η_{ryi} 及其变化率 $\dot{\eta}_{ryi}$	计算蠕滑率

现以曲线地段一个轮对与轨道间的蠕滑力耦合关系为例进行介绍。坐标系参见第二章中图2-2，设轮对和钢轨的振动位移及速度等变量如表5-2所列，则通过一系列推导，可得到轮轨之间的蠕滑表达式。

轮轨间作用于轮踏面上的纵向蠕滑率表达式为：

$$\gamma_{1i} = 1 + (-1)^{i-1}\frac{b}{R} + (-1)^{i+1}\frac{b\dot{\phi}_{w}}{V} + \frac{\dot{x}_{w}}{V} - \frac{\dot{x}_{ri}}{V} - \frac{r_i}{r_0} \quad (i=1,2) \quad （5-12）$$

式中　R——线路曲线半径；
　　　r_0——车轮滚动圆名义半径；
　　　b——车轮滚动圆距离之一半；
　　　V——车辆运行速度；
　　　r_i——车轮瞬时滚动半径，且有：

$$r_i = r_0 + (-1)^i \lambda [y_w - y_{ri} - \eta_{ryi}] \quad (i=1,2) \quad （5-13）$$

式中　λ——车轮踏面锥度。

由于车辆和钢轨在垂向、横向属于强耦合关系，车轮对钢轨的垂向和横向力必须经过轮轨接触斑及轮缘进行传递，所以车辆-轨道耦合振动模型中，多数要考虑垂向耦合，或垂向与横向耦合同时考虑。但是，车辆、轨道系统在纵向的耦合程度相对较弱，轮轨间接触斑上能够传递的纵向力受到轮轨黏着力的限制，因此迄今为止，考虑车辆与轨道垂向、横向和纵向三向空间耦合的振动分析并不多见。因此，如未考虑车辆-轨道系统的纵向振动，则式（5-12）中的有关纵向位移及其速度项应自然地予以剔除。

轮轨间作用于轮踏面上的横向蠕滑率表达式为：

$$\gamma_{2i} = \frac{1}{V}(\dot{y}_w - \dot{y}_{ri} - \dot{\eta}_{ryi}) - \phi_w \quad (i=1,2) \quad （5-14）$$

轮轨间作用于轮踏面上的自旋蠕滑率表达式为：

$$\omega_{3i} = (-1)^i \frac{\lambda}{r_0} + \frac{1}{R} + \frac{1}{V}\dot{\phi}_w \quad (i=1,2) \quad （5-15）$$

计算出蠕滑率以后，根据振动分析中得到的垂向位移按式（5-10）或（5-11）计算轮轨间的垂向力，再采用第二章第三节中介绍的蠕滑系数及蠕滑力计算方法，计算作用于车轮踏面上的蠕滑力，并进行蠕滑力的饱和判断与迭代修正，直至蠕滑力收敛到规定的精度后，进行下一时间步长的计算。有关的计算流程如图 5-3 所示，图中省略了关于非线性轮轨垂向力的迭代过程，关于垂向力的修正迭代方法将在以后介绍。

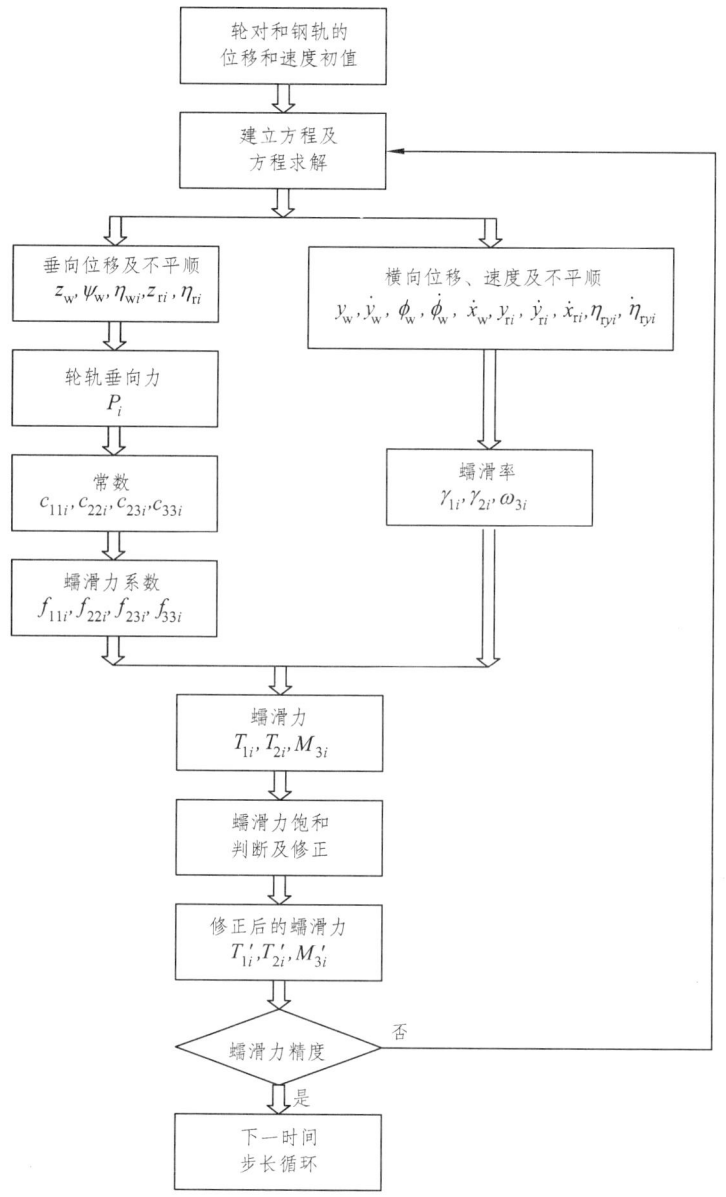

图 5-3 考虑轮轨系统垂向振动条件下的蠕滑力迭代与修正过程框图

三、轮缘力的振动耦合关系

当线路曲线半径较小时或因轨道横向不平顺较大等原因，在车辆–轨道系统的振动过程中，某些车轮的轮缘可能会出现贴靠钢轨的现象，此时轮缘与钢轨间存在轮缘横向作用力（轮缘力）和轮缘摩擦力。

轮缘与钢轨是否发生贴靠的判断表达式为：

$$I_i = (-)^i [y_w - y_{ri} - (-1)^i \delta_1 - \eta_{ryi}] \quad (i=1,2) \tag{5-16}$$

式中，δ_1 为轮轨游间之一半，对于车辆在直线地段一般取为 14 mm，曲线地段要考虑轨距加宽。轨道的轨距或轨向不平顺包含在钢轨横向不平顺 η_{ryi} 中，游间中不再考虑轨距和轨向不平顺。

当 $I_i < 0$ 时，第 i 个车轮的轮缘与钢轨不发生贴靠；当 $I_i \geq 0$ 时，第 i 个车轮的轮缘与钢轨发生贴靠。

由于轮缘与钢轨侧面的接触状态十分复杂，一般不符合赫兹接触的假定，难以作为赫兹接触问题加以处理，不太可能像轮轨垂向踏面接触时依据轮、轨位移及其与垂向力的关系求解轮缘力。因此，当轮缘贴靠钢轨时，比较典型和有效的处理方式是将轮缘力作为未知变量加入车辆–轨道系统的振动方程组中，同时在给定轮缘摩擦系数的条件下将轮缘摩擦力加入方程组中进行求解，由于轮缘力与轮轨横向位移没有对应的函数关系，所以也不能对轮缘力设计专门的迭代循环。当某一轮缘力作为未知变量进入方程组时，因增加了一个未知变量，必须将相应的位移协调方程 $I_i = 0$ 加入才能求解，即：

$$y_w - y_{ri} - (-1)^i \delta_1 - \eta_{ryi} = 0 \tag{5-17}$$

关于轮缘是否贴靠钢轨的轮缘贴靠状态判断，在每一次重建振动方程中都要逐一进行，一旦某一车轮的轮缘贴靠钢轨，则加入相应的轮缘力未知变量和相应的轮轨横向位移协调方程，反之，则将轮缘力变量设置为零或将其对应的刚度系数置大值。

第二节　车辆–轨道耦合振动分析模型

在研究轮轨振动耦合关系以后，可着手建立车辆–轨道耦合振动分析模型。在车辆–轨道耦合振动分析模型中，主要分为车辆–轨道垂向耦合振动模型和考虑垂向与横向两个方向的车辆–轨道空间耦合振动模型。由于车辆、轨道在纵向的弱耦合特性,故在空间耦合振动分析中,一般没有将车辆、轨道的纵向振动纳入考虑范围,只是在分析车辆牵引与制动过程中的纵向冲动时,建立车辆纵向动力学模型,但此时的轨道纵向振动位移的影响较小因此也常未考虑,而将轨道视为刚性的。

本节重点介绍一些常用的车辆-轨道耦合振动的模型及其功用,以后各节将选择一些典型的耦合模型来讨论它们的求解方法。

车辆-轨道垂向耦合振动模型可分为垂向耦合振动平面模型及垂向耦合振动空间模型。所谓平面模型,通常是指沿线路中心线截取单侧车辆及单侧轨道用于研究车辆、轨道在垂直面内耦合振动的模型。而垂向耦合振动的空间模型中,虽然具有三维空间,但不考虑参振质量可能出现的横向和纵向振动位移,而只考虑垂向振动及与之相关联的侧滚和点头振动。

一、车辆-轨道垂向耦合振动平面模型

平面模型只考虑铅垂面内的车辆-轨道的耦合关系和相关的结构简化,具有自由度少、求解方便的特点,但其局限性也很明显,如只能研究轨道高低不平顺而不能考虑两股钢轨状态不一样时引发的问题,不适用于研究轨道扭曲等不平顺的影响。

1. 单轮-弹性地基梁轨道模型

在车辆-轨道垂向耦合振动平面模型中,最简单也最方便求解的是单轮(或称单轮簧下质量)-弹性地基梁模型,如图5-4所示。

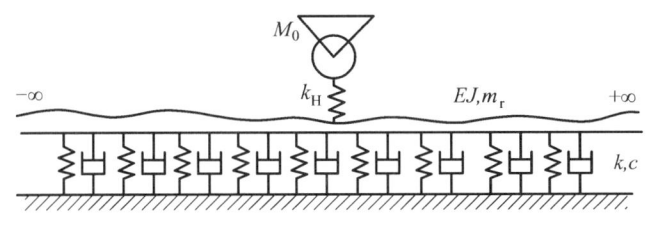

图 5-4 单轮-弹性地基梁轨道模型

因为车辆的车体和转向架构架的振动频率与轨道振动固有频率相差较大,为突出簧下质量参与振动对轮轨间动作用力及轨道振动的影响,同时简化计算,只保留簧下质量而忽略车辆其他部分的影响。

轨道考虑单股钢轨,且被简化为最简单的均匀支承的弹性地基上的无限长欧拉梁。在研究高频振动时,钢轨也可简化为铁摩辛科梁。轮轨之间依靠具有刚度k_H的线性弹簧,联系轮轨垂向位移以取得轮轨的振动耦合。轨面可考虑规

则的、周期性的，且幅值恒定的垂向不平顺。

该模型可方便地建立一个关于钢轨振动的四阶偏微分方程及一个关于车轮振动的二阶常微分方程，并联立求解，或应用导纳方法求解。采用导纳方法时，先分别求出车轮位移导纳及钢轨上车轮作用点处的钢轨位移导纳，而后依据轮轨位移协调条件求得轮轨垂向力，再由轮轨垂向力计算轨道振动。关于连续弹性支承模型的导纳方法求解，本章中以后还要进行更为详细地介绍。

2. 单轮-连续弹性支承双层（多层）叠合梁轨道模型

在前述单轮-弹性地基梁模型的基础上，为了更有效地描述轨道中轨枕及道床的影响，可采用单轮-连续弹性支承双层叠合梁模型，如图5-5所示。在该模型中增加了轨枕的参振质量，在求解钢轨振动的同时，可给出轨枕的振动情况。该模型包含1个车轮垂向位移未知变量和钢轨、轨枕垂向位移2个未知函数，可建立一个关于钢轨振动的四阶偏微分方程和关于车轮、轨枕振动的两个二阶常微分方程，联立振动方程或采用导纳方法进行求解。在此基础上，可以采用分层模型的一般做法，继续将道床或路基表层加入模型的分层中，形成单轮-多层（三、四、五层）连续弹性支承叠合梁模型，此处不一一赘述。

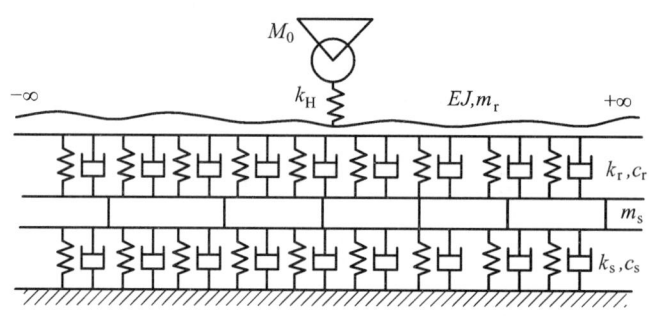

图5-5　单轮-连续弹性支承双层叠合梁轨道模型

3. 双轮（单侧转向架）-连续弹性支承双层（多层）叠合梁轨道模型

为了研究同一转向架上前后两车轮间振动的相互影响关系以及转向架固定轴距等参数对轨道振动的影响特性，在单轮模型的基础上发展了双轮（或单侧转向架）-连续支承轨道模型，图5-6是一个比较典型的单侧转向架-连续弹性支承双层叠合梁轨道模型。该模型包含构架沉浮、点头、两个车轮的沉浮共4个未知变量以及钢轨、轨枕垂向位移2个未知函数，可分别对轨道和转向架振动建立方程，联立振动方程或应用导纳方法等求解。

在此模型基础上，一方面可根据需要，向下考虑道床、路基表层等结构的参振,增加轨道分层的层数;另一方面,可再向上考虑 1/4 车辆模型或具有单侧车体及两个单侧转向架的全车平面模型。但作为连续弹性支承的轨道模型,向下继续分层的情况较多,而向上考虑车体的情况较少。

模型的求解因为主要注重的是周期性激励的稳态振动解,所以多数情况下采用分别求解车辆和轨道系统振动,而后依轮轨位移及接触弹簧刚度求解轮轨垂向力的导纳方法。

具有连续支承轨道的耦合模型,其最大的优势是求解相对比较方便,许多情况下可以给出形式上的解析解,但其最大的缺陷就是模型必须是线性的和均匀的,即轨道弹性支承是均匀的以及不平顺也必须是均匀的,因此应用时应当注意这一局限性。

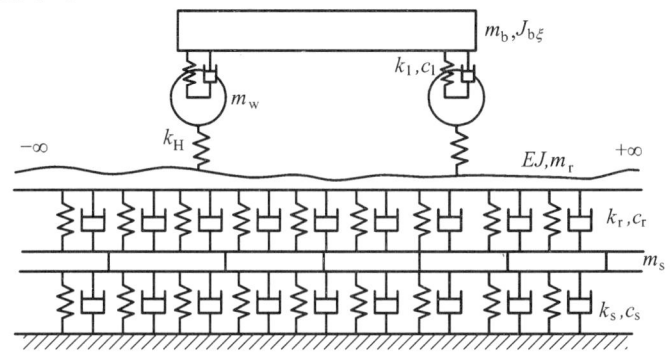

图 5-6 双轮(单侧转向架)-连续弹性支承双层叠合梁轨道模型

4. 单轮-弹性点支承梁轨道模型

为了使振动分析模型具有更为广泛的适应性和更加强大的功能,发展轨道弹性点支承模型是必然的趋势。图 5-7 是一个最简单的单轮-单层弹性点支承梁轨道模型。轨道由有限个枕跨组成,轨下支承刚度和钢轨断面可以逐点不相同,轨面不平顺也可以逐点不同。该模型可采用有限单元法离散并建立振动方程求解,当模型包含 N 根轨枕时,如以一个枕跨的钢轨段为一个单元,则总自由度数为 $2N+1$。

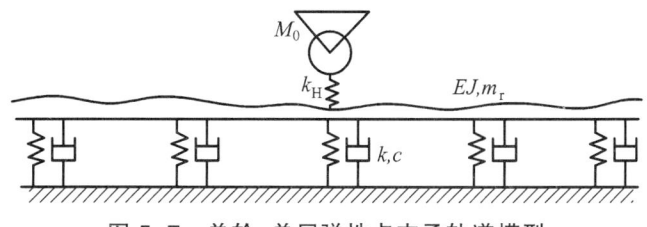

图 5-7 单轮-单层弹性点支承轨道模型

值得强调的是,在弹性点支承梁轨道模型中,轮轨垂向耦合既可以是非线性接触力,也可以是线性或非线性的接触弹簧。模型中的车轮可以是不移动的,让轮下的轨面不平顺以时间函数表达车轮的移动。车轮也可以是移动的,且移动的速度还可以是瞬时不同的,以模拟实际车轮的移动效果。车轮不移动的模型称为定点激振模型,各种响应的计算结果比实际情况略为偏大。车轮移动的模型称为移动模型,计算结果更接近实际情况,但移动模型要处理许多时变因素,模型中的轨道也要取得更长一些以消除边界效应,其求解过程略为复杂。

图 5-8 是一个考虑了轨枕参振的单轮-双层弹性点支承轨道模型。该模型是在分析轨道振动中十分常见的车辆-轨道垂向耦合振动平面模型,也是发展更为复杂和更为全面的车辆-轨道空间耦合模型的重要基础模型。该模型采用有限单元法离散时,总自由度数为 $3N+1$ 个。

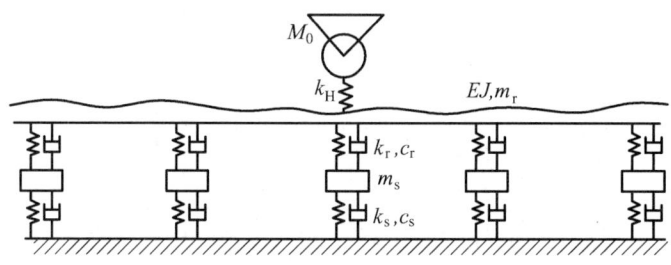

图 5-8 单轮-双层弹性点支承轨道模型

在需要研究道床振动的情况下,必须考虑道床的参振质量,形成如图 5-9 所示的单轮-三层弹性点支承轨道模型。该模型中将每一轨枕下的石砟道床视为一个参振质量单元,道床的弹性和阻尼经一定方式分配(参见第四章第一节的有关介绍)后,分别置于道床质量单元的上方和下方。由于把道床视作质量块,因此求解结果得到的是道床作为整体的参振效果,道床因其散体特性而造成的振动是无法考虑的。道床质量单元之间,也有考虑其相互作用而设置剪切弹簧的模型,但这种道床参振动质量间的相互影响对振动分析结果的作用不是十分明显,通常情况下不予考虑。该模型采用有限单元离散时,总自由度数为 $4N+1$ 个。

通常情况下,由于同一转向架上相邻两车轮在路基上会形成荷载作用的叠加效应,所以研究路基振动时一般不采用单轮模型,而至少应当采用单侧转向架模型。此外,模型中的点支承轨道再发展为四层的情况,也只是当要研究道床表层和道床底层振动差异时才会采用,而将路基作为参振质量块加入轨道点支承模型的比较少见,也难以求解到准确的结果。

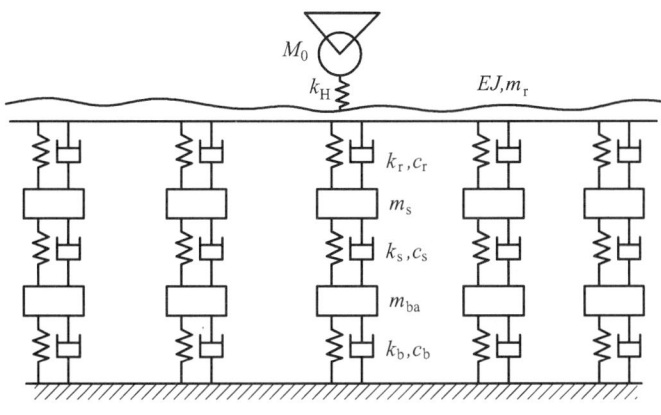

图 5-9 单轮-三层弹性点支承轨道模型

5. 单侧转向架-三层弹性点支承轨道模型

图 5-10 是一个典型的双轮（单侧转向架）-三层弹性点支承轨道模型。这是一个非常典型和实用的研究轨道垂向振动的车辆-轨道耦合平面模型。模型中忽略了对轨道振动影响较小的车体振动，将路基对轨道的作用简化为弹簧和阻尼器。

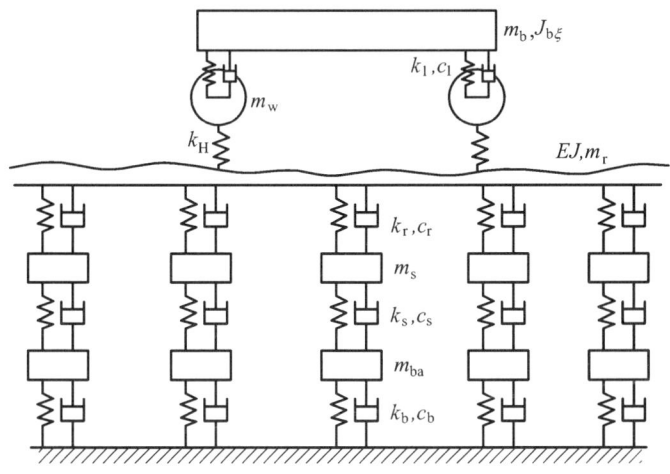

图 5-10 单侧转向架-三层弹性点支承轨道模型

该模型选择考虑的影响因素适中，模型中的各参数也比较便于测试和确定。由于只考虑了一个转向架，模型的长度可得到有效控制，使得计算工作量减少。该模型在研究轨道上波长短于转向架固定轴距的垂向短波不平顺（如低接头、波磨、短波高低不平顺等）对轮轨作用力和轨道振动的影响时最为便利和有效，但在研究轨道上存在长波不平顺（如波长 10 m 及以上的高低不平顺）的轮轨作用力变化时，因车体低频振动的影响较大而该模型中又未加以考虑，故计算所得到的轮轨作用力比实际值偏小，但轨道各部的振动变化不明显。该模型采用有限单元离散时，自由度总数为 $4N+4$ 个。

6. 半车和全车–三层弹性点支承轨道平面模型

图 5-11 是一个典型的半车–三层弹性点支承轨道平面模型。模型中的车体为单侧半车，即 1/4 个车体，所以只考虑车体的垂向振动即沉浮位移，而不考虑其点头振动位移。该模型采用有限单元离散时，总自由度数为 $4N+5$ 个。该模型在一定程度上考虑了车体的作用，但在平面模型中，这种考虑车体作用的影响不明显。

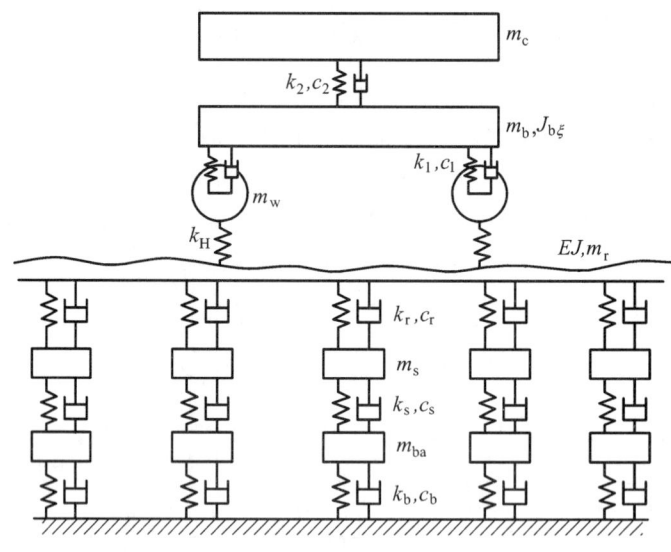

图 5-11　半车–三层弹性点支承轨道平面模型

图 5-12 是一个典型的全车–三层弹性点支承轨道平面模型。为消除模型的边界效应，对于车辆固定模型，轨道应取得比车辆长 6～10 m，即模型两边轨道长出 3～5 m，如边界上钢轨采用无限单元，则两边轨道只需长 1～2 m 即可。对于车辆移动模型，轨道的长度则要取为"车辆长度 + 车辆移动长度 + 6～10 m"。以全轴距 20 m 的车辆为例，则车辆固定的模型中轨道长度至少取为 40 m。对于车辆移动模型，如车辆移动距离为 20 m，则轨道长度至少要取为 60 m。因此，全车平面模型中因轨道长度的显著增加而使模型自由度数显著增加，若非确有必要，如研究长波长轨道不平顺问题，还是以采用半车平面模型为宜。

由于全车平面模型较好地考虑了车体参振，车体考虑了沉浮和点头两个自由度，可适用于各种波长的轨道高低不平顺条件下对轮轨作用力、车辆振动和轨道振动的研究，在研究车辆和轨道的平面模型中，具有最全面的计算分析功能。该模型采用有单元法离散时，总自由度数为 $4N+10$ 个。

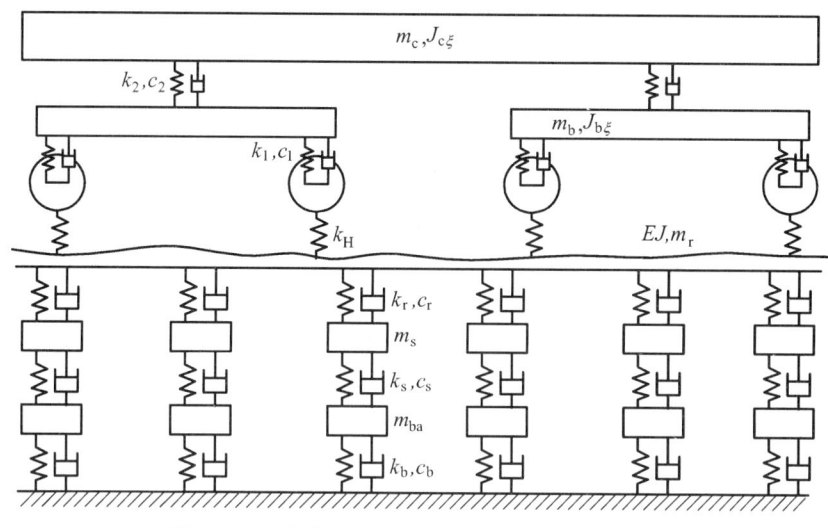

图 5-12　全车-三层弹性点支承轨道平面模型

二、车辆-轨道垂向耦合振动空间模型

为拓宽车辆-轨道垂向耦合模型的应用范围，使之能够用于研究诸如轨道扭曲不平顺条件下的车辆、轨道振动问题，在前述平面模型的基础上，发展了车辆-轨道系统的空间模型。但在这种空间模型中忽略了车辆、轨道各部件可能出现的横向和纵向的振动形式，所以称之为车辆-轨道垂向耦合振动空间模型。

（一）半车-三层弹性点支承轨道垂向耦合振动空间模型

车辆模型采用一个转向架半个车体，轨道模型为三层弹性点支承梁，模型的侧面图如图 5-11 所示，模型的横断面图如图 5-13 所示。

在该模型中，车体具有沉浮和侧滚 2 个位移，转向架构架具有沉浮、侧滚及点头 3 个位移，轮对具有沉浮和侧滚 2 个位移，车辆总自由度数为 9 个。钢轨按每个枕跨一个单元，则两股钢轨具有 $4N$ 个节点位移和转角，每根轨枕具有沉浮和侧滚 2 个位移，轨枕共计有 $2N$ 个自由度，每个道床质量块具有 1 个沉浮位移，道床共计有 $2N$ 个自由度，轨道总自由度为 $8N$ 个。车辆-轨道系统总自由度数为 $8N+9$ 个。

由于模型中包含了两股钢轨，使得轨道上两股钢轨的垂向不平顺可以不相同,所以该模型可用于研究诸如轨道高低、水平和轨道扭曲等不平顺引发的轮轨动作用力特性和车辆、轨道的垂向振动情况。

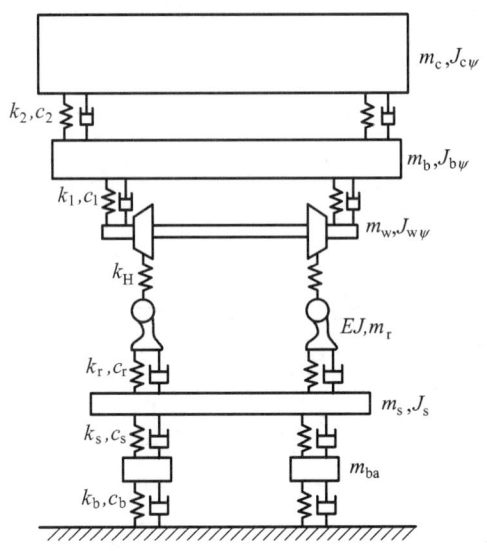

图 5-13 半车-三层弹性点支承轨道垂向耦合空间模型断面图

(二) 全车-三层弹性点支承轨道垂向耦合振动空间模型

在全车模型中,车辆以整车形式出现,并考虑了所有的垂向振动位移,是车辆-轨道垂向耦合振动空间模型中最为完善、功能最为强大的模型。该模型的侧面图如图 5-12 所示,模型的断面图与半车模型图 5-13 所示的情况相同。

车体和每个转向架构架各具有沉浮、侧滚和点头 3 个位移,每个轮对具有沉浮和侧滚 2 个位移,因此车辆总自由度数为 17 个。轨道模型的自由度数仍为 $8N$ 个。车辆-轨道系统的总自由度数为 $8N+17$ 个。

正如在平面模型中所介绍的,全车模型中所需要的轨道长度比半车模型中要大得多,虽然轨道自由度数全车与半车模型中均为 $8N$,但全车模型中的轨道所包含的轨枕数量 N 要大得多。

利用全车-轨道垂向耦合振动空间模型,可以求解任意的垂向不平顺作用下的轮轨作用力和车辆、轨道的振动情况。

三、车辆-轨道空间耦合振动模型

在车辆-轨道垂向耦合振动分析中,虽然也采用空间模型,但除去了垂向振动位移以外的振动变量，没有考虑车辆、轨道的横向和纵向位移，没法研究诸如轨距、轨向等轨道平面内的横向不平顺对车辆、轨道系统的影响。其次，垂向耦合模型因为没有考虑系统内各部件的横向位移和振动情况，也不能用于研究车辆在曲线轨道上的振动及受力情况。此外，车辆-轨道系统中的各种振动是相互耦合在一起且相互影响的，如垂向振动引起轮轨间垂向力变化，从而改变了轮轨间的蠕滑力，而蠕滑力的改变又引起横向振动的变化；又如，轨距及轨向等横向不平顺除引起车辆、轨道横向振动外，同时也引发车辆的侧滚振动，从而改变轮轨的垂向受力和振动。

轮轨系统振动间的复杂的耦合和相互影响关系，只有依靠空间耦合模型才有可能进行准确的描述和求解。因此，有必要建立车辆-轨道空间耦合振动分析模型。

与轨道的垂向和横向振动相比较，轨道的纵向振动强度要小得多。实测数据表明，钢轨的纵向位移仅为钢轨垂向位移的 1/6 左右。另一方面，与垂向和横向相比，车辆、轨道的纵向耦合作用要弱得多。在垂向，轮轨垂向作用力需完全通过轮轨接触斑传递至轨道上。在横向，轮轨横向力较小时则通过轮踏面与轨顶间的蠕滑力完全传递，当横向力较大时通过蠕滑力和轮缘力完全传递。因此，在轮轨垂向和横向，轮轨间力的传递是完全的，耦合关系和相互影响是时刻存在的，属于强耦合关系，一旦这种耦合关系出现失效，则意味着行车安全性受到威胁。但在轨道纵向，轮轨间的纵向力仅依靠轮轨接触斑上的黏着力实现，当纵向力超过黏着力时，轮轨间出现纵向相对滑动。因此车辆、轨道两子系统纵向振动间的相互影响较弱，是一种弱耦合关系。

在车辆、轨道空间耦合振动的研究方面，迄今为止也主要是发展车辆、轨道的垂向-横向空间耦合振动分析模型，关于垂向-横向-纵向的三向空间耦合振动模型的研究较少，且这类三向空间耦合振动模型的应用领域尚不是十分明确。

1. 半车车辆-轨道空间耦合振动模型

由于对道床和路基的横向振动的研究并无明确的实用价值，因此在空间耦合模型中，通常只考虑到轨枕的参振效应，而将道床和路基视为垂向和横向的弹簧和阻尼元件以约束轨枕，轨道为一个二层弹性点支承梁系统。忽略轨枕（混凝土枕）的弯曲变形而将其视为刚性质量块，每一根轨枕具有沉浮、横移和侧滚 3 个位移，轨枕共有 $3N$ 个自由度。扣件简化为垂向和横向的弹簧和阻尼元件。钢轨除了在竖直面内视为弹性点支承梁以外，在水平面内也视为弹性点支承梁，钢轨在垂向和横向双向可弯，采用有限单元离散模型时每一节点有 4 个未知变量，钢轨共有（每一枕跨为一个单元）$8N$ 个自由度。轨道共有 $11N$ 个自由度。

轮轨间的垂向力通过轮、轨位移和接触弹簧的特性进行计算，因此轮轨垂向力不作为未知变量。轮轨踏面间的蠕滑力通过轮、轨相关的振动位移和速度按蠕滑力计算公式进行计算，因此蠕滑力也不作为未知变量。当轮轨踏面间的蠕滑力不能抵抗轮轨相对横向位移时，则轮缘贴靠钢轨。由于轮缘与钢轨间的接触问题难以像轮轨踏面垂向接触那样进行处理和计算，因此一旦轮缘出现贴靠钢轨的情况时，就必须增加轮缘力未知变量。半车与轨道间共有 4 个轮缘力未知变量。

每一轮对具有沉浮、横移、侧滚和摇头 4 个位移，半车中轮对自由度共 8 个。由于只是半车，因此车体的摇头和点位移因无法客观地反映而不计入，车体具有沉浮、横移和侧滚 3 个位移。转向架构架具有沉浮、横移、侧滚、摇头和点头 5 个位移，因此半车中共有 16 个关于位移的未知变量。

综上所述，半车车辆-轨道空间耦合模型中，共有自由度数为 $11N+20$ 个（含 4 个轮缘力未知变量）。

半车车辆-轨道空间耦合振动模型的侧面图如图 5-14（a）所示，模型的横断面图如图 5-14（b）所示。

2. 全车车辆-轨道空间耦合振动模型

全车车辆-轨道空间耦合振动分析模型的侧面图如图 5-15 所示，横断面图与图 5-14（b）中所示的半车车辆-轨道空间耦合振动分析模型的情况相同。

模型中轨道的自由度数量仍为 $11N$，但轨枕数 N 值显著增加。车体及每个转向架作为刚体，各具有沉浮、横移、侧滚、摇头及点头 5 个位移。每个轮对作为刚体，具有沉浮、横移和侧滚、摇头 4 个位移。加入 8 个轮缘力未知变量。模型中车辆的自由度数量为 39 个。

全车车辆-轨道空间耦合模型的总自由度数量为 $11N+39$ 个。

该模型能够有效地研究各种波长的轨道不平顺作用下，车辆行驶于直线或曲线轨道上时的轮轨作用力及车辆、轨道各部的振动情况，具有十分强大的分析功能。但该模型的求解十分复杂，涉及时间步长（或距离）、轮缘贴靠判断、轮轨垂向力、轮轨蠕滑力等多重迭代循环，计算程序的编制也较为困难。

关于空间耦合振动分析模型的解法及应用将在本章的后面及第六章中进行专门的介绍。

第五章 轮轨系统耦合振动分析

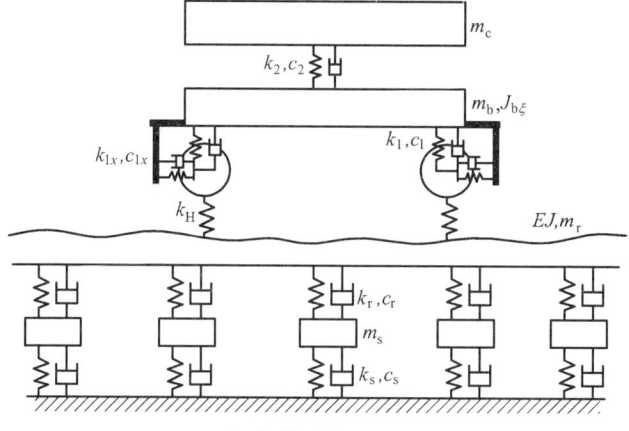

（a）模型侧面图

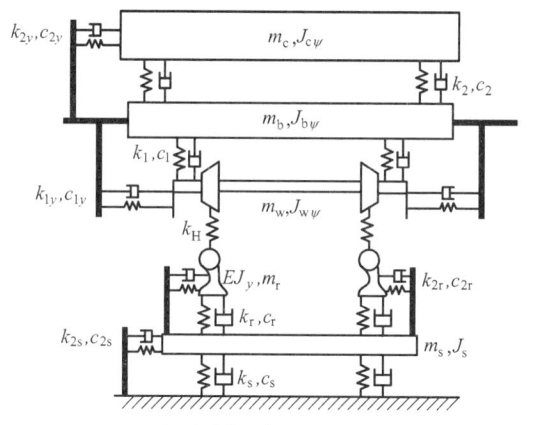

（b）模型横断面图

图 5-14 半车车辆-轨道空间耦合振动模型

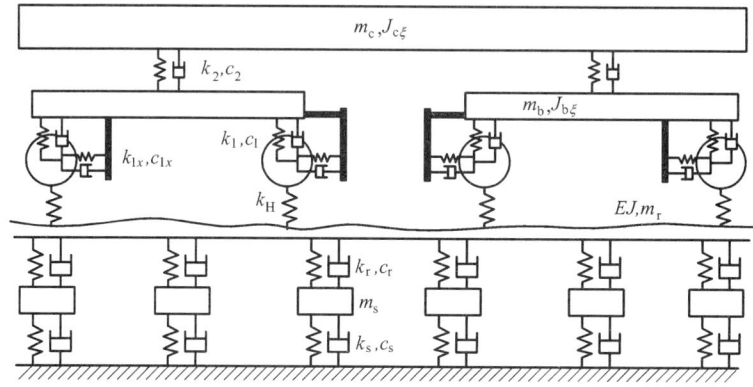

图 5-15 全车车辆-轨道空间耦合振动分析模型侧面图

四、用于路基振动研究的车辆-轨道-路基垂向耦合模型

因为路基的固有振动频率较低，其振动一般不会与车辆、轨道发生耦合，且频率较高的振动经轨道中的扣件和道床等部件的隔振作用而传不到路基上。路基对车辆、轨道系统振动的影响主要来源于其刚度和阻尼，路基的参振作用不明显，因此关于路基振动问题的求解，一般采用在第四章中介绍的分层建模法或直接将动荷载作用于路基面的有限单元方法。但在多数情况下，轮轨间的动作用力是未知的，要进行路基振动分析还是要先建立模型求解路基所受的激励条件，因此针对路基的车辆-轨道-路基振动分析模型仍具有其明确的应用价值。

在针对路基振动分析的动力学模型中，自轨枕以下的道床和路基很难简化为质量体的参振，而不得不视为连续弹性或黏弹性体，采用平面或空间有限单元方法进行离散处理。与道床和路基中的自由度数相比较，车辆和轨道上的自由度数已显得微不足道，所以控制模型中道床和路基的自由度数量是减少计算工作量的关键，建模时首先要考虑的是如何尽量缩短模型的长度。因此，在针对路基的振动分析中，一般选择半车（或一个转向架）建立耦合振动模型。

1. 双轮（单侧转向架）-轨道-路基垂向耦合振动平面模型

利用对称性，沿线路中心线截取单侧轨道和路基及 1/4 个车辆，再忽略车体对振动的影响，即构成供路基振动分析的平面模型，如图 5-16 所示。该模型轨枕以下的道床、基床表层和基床底层被视为弹性材料，采用平面有限单元法进行离散处理，从而建立振动方程，这在第四章中已有更为详细的介绍。

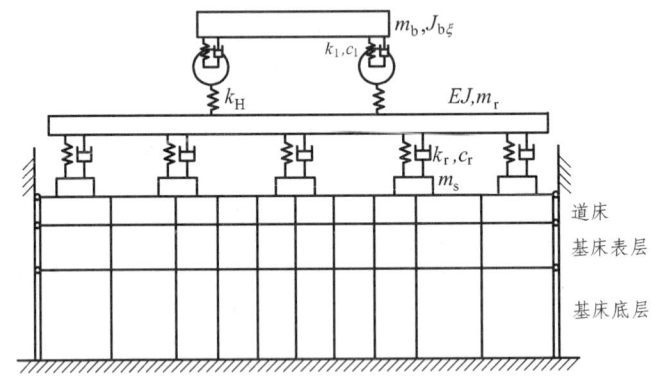

图 5-16 双轮（单侧转向架）-轨道-路基垂向耦合振动平面模型

2. 转向架-轨道-路基垂向耦合振动空间模型

截取半个车辆（一个转向架），并忽略车体的影响，考虑一段略长于转向架

固定轴距的轨道,即构成针对路基振动分析的转向架-轨道-路基垂向耦合振动空间模型,模型的侧面图如图 5-16 所示,模型的横断面图如图 5-17 所示。该模型中,轨枕以下的道床、基床表层和基床底层被视为空间弹性体,采用空间有限单元方法进行离散处理,而后建立振动方程求解。

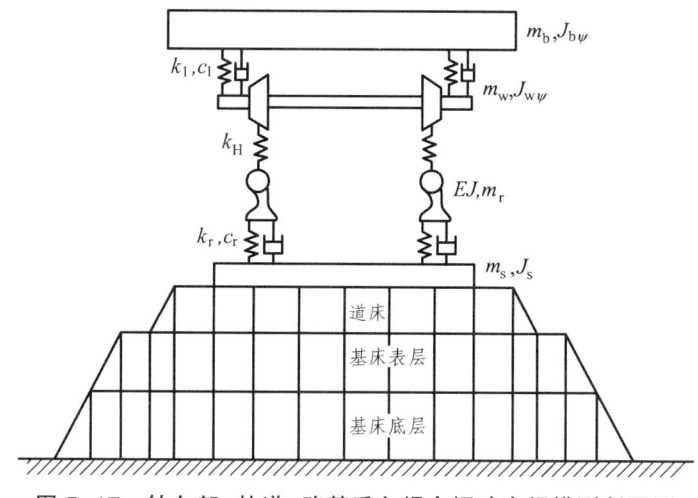

图 5-17 转向架-轨道-路基垂向耦合振动空间模型断面图

针对路基振动的分析,无论是采用平面模型还是空间模型,一般都只注重垂向耦合振动,研究空间耦合振动对路基没有明确的应用价值。

第三节 连续弹性支承轨道耦合模型的导纳方法求解

在车辆-轨道垂向耦合振动分析模型中,有一类模型将轨道简化为连续弹性支承上的单层、双层或多层叠合梁(参见本章第二节),这类模型可用于研究轨面存在周期性规则不平顺的轮轨间垂向动作用力和轨道的稳态振动特性,可方便地采用导纳方法进行求解。

导纳方法不仅适用于连续弹性支承轨道的耦合模型(只是用于连续弹性支承轨道中比较方便而已),事实上,导纳方法适合于任何形式的车辆和轨道耦合模型,但要求轮轨间的不平顺激励为周期性函数,求解结果也只限于轮轨系统的稳态振动解或频域特性。

导纳方法的实质就是在求解过程中将车辆和轨道分别作为两个子系统进行

处理,然后依据轮轨间的线性接触弹簧(垂向力线性耦合关系)将两个子系统联系起来,并不是真正意义上的耦合振动求解方法。

一、单轮-连续弹性支承梁轨道模型的求解

如图 5-4 所示的单轮-弹性地基梁轨道模型,以车轮作用点为坐标原点,轨道纵向向右为 x 轴正向,向下为 z 轴正向。设轨面存在波长 l、半波深 Δ 的周期性垂向不平顺,可表达为:

$$\eta_r = \Delta \sin \frac{2\pi x}{l} \tag{5-18}$$

当车轮以速度 v 滚动时,轨面不平顺可转化为时间函数,即:

$$\eta_r = \Delta \sin \frac{2\pi v t}{l} \tag{5-19}$$

如表达为复数形式,则有 $\eta_r = \Delta e^{j\omega t}$,且 $\omega = \dfrac{2\pi v}{l}$ 为不平顺的激振圆频率。

只要车轮不脱离轨面,则轮轨垂向位移协调条件成立,即:

$$z_w = z_r + \eta_r + \delta \tag{5-20}$$

式中 z_w——车轮垂向位移;
z_r——钢轨垂向位移;
δ——轮轨间垂向弹性压缩量。

设轮轨垂向力为 $p = Pe^{j\omega t}$,则轮轨压缩量 $\delta = Pe^{j\omega t}/k_H$,再设轮轨的稳态位移响应为:

$$\left. \begin{array}{l} z_w = Z_w e^{j\omega t} \\ z_r = Z_r e^{j\omega t} \end{array} \right\} \tag{5-21}$$

则有:

$$Z_w = Z_r + \Delta + \frac{P}{k_H} \tag{5-22}$$

引入轮轨作用点处位移导纳的概念,设使单位谐振力 $e^{j\omega t}$ 于轮轨接触点上分别作用于车轮(车辆子系统)或钢轨(轨道子系统),车轮和钢轨在单位谐振力作用点处的位移幅值即分别为车轮和钢轨的位移导纳。设车轮和钢轨的位移导纳分别为 α_w, α_r,则从式(5-22)可得到轮轨垂向力幅值的表达式为:

$$\frac{-P}{k_H \Delta} = \frac{1}{1 + k_H(\alpha_w + \alpha_r)} \tag{5-23}$$

由此将轮轨作用力的求解转化为对车轮、钢轨位移导纳的分别求解。

首先求解车轮导纳，由于轮轨接触弹簧此时仅仅起到联系车轮和钢轨位移的作用，因此车轮为一单质量无弹簧系统，在单位谐振力的作用下其振动方程为：

$$M_0 \ddot{z}_w = e^{j\omega t} \tag{5-24}$$

根据车轮位移导纳的定义，此时有 $z_w = \alpha_w e^{j\omega t}$，则有：

$$\alpha_w = -\frac{1}{M_0 \omega^2} \tag{5-25}$$

其次求解钢轨的位移导纳，将单位谐振力作用于钢轨上，求解激振点的钢轨位移幅值。当轨道简化为弹性地基上无阻尼欧拉梁时，依据第三章第二节中的推导，可得到钢轨受单位谐振力激振下的振动位移为：

$$Z_r(x) = \begin{cases} \dfrac{1}{8EJ\beta_1^3} e^{-\beta_1 x}(\cos \beta_1 x + \sin \beta_1 x) & k - m_r \omega^2 > 0 \\ \dfrac{1}{4EJ\gamma_1^3}(e^{-\gamma_1 x} + je^{-j\gamma_1 x}) & k - m_r \omega^2 \leqslant 0 \end{cases} \tag{5-26}$$

式中：

$$\beta_1 = \sqrt[4]{\frac{k - m\omega^2}{4EJ}}$$

$$\gamma_1 = \sqrt[4]{\frac{m\omega^2 - k}{4EJ}}$$

其他各种符号的含义参见第三章第二节。

由钢轨位移函数可求得钢轨位移导纳为：

$$\alpha_r = Z_r(0) = \begin{cases} \dfrac{1}{8EJ\beta_1^3} & k - m_r \omega^2 > 0 \\ \dfrac{\sqrt{2}}{4EJ\gamma_1^3} & k - m_r \omega^2 \leqslant 0 \end{cases} \tag{5-27}$$

当轨道简化为连续弹性支承双层叠合无阻尼欧拉梁时（参见图 5-5 所示），在单位谐振力的激振下，钢轨位移的表达式与式（5-26）基本相同，只是把其中的参数 β_1, γ_1 更换为式（5-29）所示的参数 β, γ，位移函数的适用范围表达式更换为式（5-28）中所示的条件。钢轨的位移导纳为：

$$\alpha_r = Z_r(0) = \begin{cases} \dfrac{1}{8EJ\beta^3} & \dfrac{k_r(k_s - m_s\omega^2)}{k_r + k_s - m_s\omega^2} - m_r\omega^2 > 0 \\ \dfrac{\sqrt{2}}{4EJ\gamma^3} & \dfrac{k_r(k_s - m_s\omega^2)}{k_r + k_s - m_s\omega^2} - m_r\omega^2 \leqslant 0 \end{cases} \quad (5-28)$$

式中：

$$\left. \begin{aligned} \beta &= \sqrt[4]{\dfrac{1}{4EJ}\left[\dfrac{k_r(k_s - m_s\omega^2)}{k_r + k_s - m_s\omega^2} - m_r\omega^2\right]} \\ \gamma &= \sqrt[4]{\dfrac{-1}{4EJ}\left[\dfrac{k_r(k_s - m_s\omega^2)}{k_r + k_s - m_s\omega^2} - m_r\omega^2\right]} \end{aligned} \right\} \quad (5-29)$$

当轨道简化为连续弹性支承双层叠合有阻尼欧拉梁时，钢轨的位移导纳为（参见公式（3-45））：

$$\alpha_r = Z_r(0) = \dfrac{1}{4EJ\alpha(\alpha^2 + \beta^2)} \quad (5-30)$$

式（5-30）中的 α 和 β 是依据钢轨振动微分方程的特征方程，经过求解得到的共轭复数特征根的实部和虚部，参见第三章第二节中的介绍。

按类似的方法，可以求得将轨道简化为三层或多层连续弹性支承叠合梁情况下的钢轨位移导纳。求得车轮和钢轨位移导纳后，代入式（5-23）即可得到轮轨间的垂向力，从而也就得到了轨道各部的振动位移、加速度和相互间的动作用力等振动响应。

二、双轮（单侧转向架）-连续弹性支承轨道模型的求解

当考虑单侧转向架和连续弹性支承轨道模型时，典型的耦合模型如图 5-6 所示，同样可以应用导纳方法比较方便地进行求解。由于轨道不平顺是已知且固定的，前后两车轮滚过的是同一轨道不平顺，只是存在一个时间差。设前轮滚过钢轨上某一既定点的时间为 t，则后轮滚过的时间为 $t + t_0$，前后两轮受到轨面不平顺的激励存在一个时间差 t_0，且有：

$$t_0 = \dfrac{2l_1}{v} \quad (5-31)$$

式中　$2l_1$——转向架固定轴距。

前后两车轮下的轨道不平顺可表示为：

$$\left.\begin{array}{l} \eta_{r1} = \Delta e^{j\omega t} \\ \eta_{r2} = \Delta e^{j\omega(t+t_0)} = \eta_{r1} e^{j\omega t_0} \end{array}\right\} \quad (5\text{-}32)$$

对于前后两个车轮，均存在垂向位移协调条件，即：

$$z_{wi} = z_{ri} + \eta_{ri} + \delta_i \quad (i=1,\ 2) \quad (5\text{-}33)$$

由于轨道不平顺是稳态激振，所以可以设两车轮处的轮轨垂向力、车轮位移和钢轨位移表达分别为：

$$\left.\begin{array}{l} p_i = P_i e^{j\omega t} \\ z_{wi} = Z_{wi} e^{j\omega t} \\ z_{ri} = Z_{ri} e^{j\omega t} \end{array}\right\} \quad (i=1,\ 2) \quad (5\text{-}34)$$

代入式（5-32）可得：

$$\left.\begin{array}{l} Z_{w1} = Z_{r1} + \Delta + \dfrac{P_1}{k_H} \\ Z_{w2} = Z_{r2} + \Delta e^{j\omega t_0} + \dfrac{P_2}{k_H} \end{array}\right\} \quad (5\text{-}35)$$

由于前后两个轮轨接触点处的车轮位移和钢轨位移是相互影响和干扰的，为此引进交叉位移导纳的概念。

设对前轮施加一个单位谐振力，则前轮的位移幅值为前轮位移导纳 α_{w11}，此时后轮也产生位移，是前轮处激振对后轮的影响，将此时的后轮位移幅值称作为车轮交叉位移导纳 α_{w21}。同样地，设对后轮施加一个单位谐振力，则后轮的位移幅值为后轮位移导纳 α_{w22}，此时前轮的位移幅值称作为交叉位移导纳 α_{w12}。

对于轨道，设在前轮作用处对轨道施加一个单位谐振力，则前轮处钢轨产生位移的幅值称为前轮作用处钢轨位移导纳 α_{r11}，此时后轮作用处钢轨也产生位移，是前轮作用处钢轨受到激振时的影响，将此时的后轮处钢轨位移幅值称为钢轨交叉位移导纳 α_{r21}。同理，设在后轮处对轨道施加一个单位谐振力，则后轮处钢轨的位移幅值称为后轮处钢轨位移导纳 α_{w22}，此时前轮处钢轨的位移幅值称作为钢轨交叉位移导纳 α_{r12}。

根据交叉位移导纳的概念，可以将两个车轮和两个车轮作用处钢轨的位移幅值表达为：

$$\left.\begin{aligned} Z_{w1} &= P_1\alpha_{w11} + P_2\alpha_{w12} \\ Z_{w2} &= P_2\alpha_{w22} + P_1\alpha_{w21} \\ Z_{r1} &= P_1\alpha_{r11} + P_2\alpha_{r12} \\ Z_{r2} &= P_2\alpha_{r22} + P_1\alpha_{r21} \end{aligned}\right\} \quad (5\text{-}36)$$

根据交叉位移导纳的定义可知：

$$\left.\begin{aligned} \alpha_{w12} &= \alpha_{w21} \\ \alpha_{r12} &= \alpha_{r21} \end{aligned}\right\} \quad (5\text{-}37)$$

为了与单轮情况下的符号对应，令：

$$\left.\begin{aligned} \alpha_{w11} &= \alpha_w \\ \alpha_{r11} &= \alpha_r \\ \alpha_{w12} &= \alpha_{w1} \\ \alpha_{r12} &= \alpha_{r1} \end{aligned}\right\} \quad (5\text{-}38)$$

将式（5-36）代入式（5-35）中得：

$$\left.\begin{aligned} P_1\alpha_w + P_2\alpha_{w1} &= P_1\alpha_r + P_2\alpha_{r1} + \Delta + \frac{P_1}{k_H} \\ P_1\alpha_{w1} + P_2\alpha_w &= P_1\alpha_{r1} + P_2\alpha_r + \Delta e^{j\omega t_0} + \frac{P_2}{k_H} \end{aligned}\right\} \quad (5\text{-}39)$$

通过对方程组（5-39）的求解，可以得到前轮处的轮轨垂向力计算公式为：

$$\frac{-P_1}{k_H\Delta} = \frac{[1+k_H(\alpha_r+\alpha_w)] - e^{j\omega t_0}k_H(\alpha_{r1}+\alpha_{w1})}{[1+k_H(\alpha_r+\alpha_w)]^2 - k_H^2(\alpha_{r1}+\alpha_{w1})^2} \quad (5\text{-}40)$$

由于对称性，后轮处轮轨作用力与前轮处幅值相同，但因前后轮垂向力存在相位差，所以表达式与式（5-40）略有区别。

在式（5-40）中，令交叉位移导纳 α_{w1}，α_{r1} 为零，即可得到单轮模型中轮轨垂向力的计算公式（5-23）。

第四节 车辆-轨道垂向耦合振动模型的有限单元解法

采用有限单元法离散系统，建立振动方程，是大型多自由度非线性系统振动问题的最有效的求解方法。本节重点介绍采用有限单元法处理全车车辆-轨道垂向耦合平面模型及半车-轨道垂向耦合空间模型的方法，给出其振动方程的建立过程。

一、全车-轨道垂向耦合平面模型振动方程的组建

全车-轨道垂向耦合振动平面模型如图 5-12 所示。车体具有沉浮及点头 2 个位移。车体与转向架构架间为二系弹簧和阻尼元件，每一构架具有沉浮和点头 2 个位移。构架与车轮间为一系弹簧和阻尼元件，每一车轮具有沉浮位移 1 个自由度。模型中车辆部分共有 10 个自由度。

钢轨为弹性支承于 N 根轨枕上的欧拉梁，每一枕跨为一单元，每一节点处有垂向位移和转角 2 个自由度。钢轨与轨枕间是简化为弹簧和阻尼元件的扣件，每一轨枕具有沉浮位移 1 个自由度。轨枕与道床质量块间是部分道床弹性和阻尼形成的弹簧阻尼元件，每一道床质量块具有沉浮位移 1 个自由度，道床质量块下是道床弹性和阻尼的另一部分以及路基弹性和阻尼构成的弹簧阻尼元件。模型中轨道部分共有 $4N$ 个自由度。

轮轨间依据线性化赫兹接触弹簧进行耦合。模型总自由度数为 $4N+10$ 个，各自由度的名称及排列位置见表 5-3。各主要结构参数的符号及含义见表 5-4。

依据对系统各种动能、势能和虚功的表达式逐步组建系统的振动方程。

（一）振动系统的总动能

总动能表达式为：

$$T = \frac{1}{2}\sum_{i=1}^{N-1}\{\dot{u}_i\}^{eT}[m_i]^e\{\dot{u}_i\}^e + \frac{1}{2}\sum_{i=1}^{N}[m_s\dot{Z}_{si}^2] + \frac{1}{2}m_{ba}\sum_{i=1}^{2N}\dot{Z}_{bai}^2 + \frac{1}{2}\sum_{i=1}^{4}[m_w\dot{Z}_{wi}^2] + \frac{1}{2}\sum_{i=1}^{2}[m_b\dot{Z}_{bi}^2 + J_{b\xi}\dot{\xi}_{bi}^2] + \frac{1}{2}[m_c\dot{Z}_c^2 + J_{c\xi}\dot{\xi}_c^2] \quad (5-41)$$

式中 $\{u_i\}^e$ ——钢轨单元的节点位移列阵；

$[m_i]^e$ ——钢轨单元的单元质量矩阵，在第三章第四节中已推导得到。

依据式（5-41）由计算机对号入座形成振动方程中的总质量矩阵 $[M]$。

表 5-3 全车-轨道垂向耦合振动平面模型的振动变量（4N+10 个）

单元编号	节点编号	变量符号	变量序号	变量名称或含义
钢轨 1~$N-1$	1 2 ⋮ N	z_1, θ_1 z_2, θ_2 ⋮ z_N, θ_N	1, 2 3, 4 ⋮ $2N-1, 2N$	钢轨节点垂向位移及转角
轨枕 N~$2N-1$	$N+1$ $N+2$ ⋮ $2N$	z_{s1} z_{s2} ⋮ z_{sN}	$2N+1$ $2N+3$ ⋮ $3N$	轨枕沉浮位移
道床 $2N$~$3N-1$	$2N+1$ $2N+2$ ⋮ $3N$	z_{ba1} z_{ba2} ⋮ z_{baN}	$3N+1$ $3N+2$ ⋮ $4N$	道床沉浮位移
车轮 $3N$~$3N+3$	$3N+1$ $3N+2$ $3N+3$ $3N+4$	z_{w1} z_{w2} z_{w3} z_{w4}	$4N+1$ $4N+2$ $4N+3$ $4N+4$	四个车轮的沉浮位移
构架 $3N+4$~$3N+5$	$3N+5$ $3N+6$	z_{b1}, ξ_{b1} z_{b2}, ξ_{b2}	$4N+5, +6$ $4N+7, +8$	前后转向架构架的沉浮及点头位移
车体 $3N+6$	$3N+7$	z_c, ξ_c	$4N+9, +10$	车体沉浮及点头位移

表 5-4　各相关结构参数的符号及含义

参数符号	参数的含义	参数符号	参数的含义
$m_c, J_{c\xi}$	单侧车体的质量及点头惯量	k_{2z}, c_{2z}	二系悬挂的垂向刚度及阻尼
l_2	前后转向架中心距的一半	$m_b, J_{b\xi}$	单侧构架的质量及点头惯量
k_{1z}, c_{1z}	一系悬挂刚度及阻尼	m_w	车轮的质量
l_1	转向架固定轴距之半	k_H	轮轨线性接触弹簧的刚度
a	钢轨单元长度（即枕跨距）	N	模型中的轨枕数
EJ	钢轨截面的抗弯刚度	m_r, m_s, m_{ba}	钢轨单位质量、半根轨枕质量、道床质量
k_r, k_s, k_b	扣件、道床及路基半枕下的刚度	c_r, c_s, c_b	扣件、道床及路基半枕下的阻尼
$\eta_{ri}(i=1\sim4)$	4个车轮下的轨面垂向不平顺值		

（二）振动系统的总应变能

系统总应变能（含轮轨接触弹簧的应变能）的表达式为：

$$\begin{aligned}U = &\frac{1}{2}\sum_{i=1}^{N-1}\{u_i\}^{eT}[k_i]^e\{u_i\}^e + \\ &\frac{1}{2}\sum_{i=1}^{N}k_r(z_{si}-z_{ri})^2 + \frac{1}{2}\sum_{i=1}^{N}k_s(z_{si}-z_{bai})^2 + \frac{1}{2}\sum_{i=1}^{N}[k_b z_{bai}^2] + \\ &\frac{1}{2}\sum_{i=1}^{4}k_{1z}\left[z_{b\frac{i+1}{2}}+(-1)^i\xi_{b\frac{i+1}{2}}l_1-z_{wi}\right]^2 + \\ &\frac{1}{2}\sum_{i=1}^{2}k_{2z}[z_c+(-1)^i l_2\xi_c-z_{bi}]^2 + \\ &\frac{1}{2}\sum_{i=1}^{4}k_H[(z_{wi}-z_{ri}-\eta_{ri})]^2\end{aligned} \quad (5\text{-}42)$$

式中　$[k_i]^e$——钢轨单元的单元刚度阵，已在第三章第四节中推导得到。

对式（5-42）所示的应变能表达式进行一阶变分，再逐项展开，可对振动方程中的总刚度矩阵[K]的各元素进行赋值，接触弹簧应变能（式（5-42）中的最后一项）中与轨道不平顺相关的各项放入荷载列阵对应的位置。

（三）振动系统中的阻尼力虚功

系统中各单元间阻尼元件的阻尼力所作的虚功表达式为：

$$-\delta W = \sum_{i=1}^{N} c_{\mathrm{r}}[(\dot{z}_{si} - \dot{z}_{ri})(\delta z_{si} - \delta z_{ri})] + \sum_{i=1}^{N} c_{s}[(\dot{z}_{si} - \dot{z}_{\mathrm{ba}i})(\delta z_{si} - \delta z_{\mathrm{ba}i})] + \sum_{i=1}^{N}[c_{\mathrm{b}}\dot{z}_{\mathrm{ba}i}\delta z_{\mathrm{ba}i}] +$$

$$\sum_{i=1}^{4} c_{1z}\left[\dot{z}_{\mathrm{b}\frac{i+1}{2}} + (-1)^{i}\dot{\xi}_{\mathrm{b}\frac{i+1}{2}}l_{1} - \dot{z}_{\mathrm{w}i}\right] \times \left[\delta z_{\mathrm{b}\frac{i+1}{2}} + (-1)^{i}l_{1}\delta\xi_{\mathrm{b}\frac{i+1}{2}} - \delta z_{\mathrm{w}i}\right] +$$

$$\sum_{i=1}^{2} c_{2z}[\dot{z}_{\mathrm{c}} + (-1)^{i}l_{2}\dot{\xi}_{\mathrm{c}} - \dot{z}_{\mathrm{b}i}][\delta z_{\mathrm{c}} + (-1)^{i}l_{2}\delta\xi_{\mathrm{c}} - \delta z_{\mathrm{b}i}] \quad (5\text{-}43)$$

依据式（5-43）在计算机中自动对振动方程中的总阻尼矩阵[C]进行赋值。振动方程组建完成后，采用Park方法等积分方法进行数值积分求解振动方程，从而得到时域内车辆、轨道系统内相关的力、位移和振动加速度响应。

二、半车-轨道垂向耦合空间模型振动方程的组建

半车-轨道垂向耦合空间模型如图5-11及图5-13所示，振动方程组建过程中的坐标系如第二章第二节图2-2所示。

车体具有沉浮及侧滚2个位移。车体与转向架构架间是二系弹簧和阻尼元件。转向架构架具有沉浮、侧滚和点头3个位移。构架与轮对间是一系弹簧和阻尼元件。每一轮对具有沉浮和侧滚2个位移。车辆共具有9个自由度。

模型中包含 N 根轨枕，钢轨为间断弹性支承的欧拉梁，每一枕跨钢轨段为一单元，每个钢轨节点处具有垂向位移及绕 y 轴的转角2个位移。扣件简化为弹簧和阻尼元件。轨枕为刚性质量块，每一轨枕具有沉浮和侧滚2个位移。轨枕和道床间是由部分道床弹性和阻尼简化得到的弹簧阻尼元件。道床为分别置于轨枕下两股钢轨正下方的质量块。道床以下是由部分道床弹性、阻尼及路基弹性、阻尼组成的弹簧阻尼元件。轨道共具有 $8N$ 个自由度。

轮轨垂向由具有弹簧刚度 k_{H} 的线性化赫兹接触弹簧联系轮轨的振动位移。模型自由度数共计 $8N+9$ 个。各振动变量的排列如表5-5所示，各相关结构参数的符号及含义如表5-6所列。

依据对系统各种动能、势能和虚功的表达式逐步组建系统的振动方程。

（一）振动系统的总动能

总动能表达式为：

$$T = \frac{1}{2}\sum_{i=1}^{N-1}\{\dot{u}_i\}^{eT}[m_i]^e\{\dot{u}_i\}^e + \frac{1}{2}\sum_{i=N}^{2N-2}\{\dot{u}_i\}^{eT}[m_i]^e\{\dot{u}_i\}^e +$$

$$\frac{1}{2}\sum_{i=1}^{N}[m_s\dot{z}_{si}^2 + J_s\dot{\psi}_{si}^2] + \frac{1}{2}m_{ba}\sum_{i=1}^{2N}\dot{z}_{bi}^2 + \frac{1}{2}\sum_{i=1}^{2}[m_w\dot{z}_{wi}^2 + J_{w\psi}\dot{\psi}_{wi}^2] +$$

$$\frac{1}{2}[m_b\dot{z}_b^2 + J_{b\psi}\dot{\psi}_b^2 + J_{b\xi}\dot{\xi}_b^2 + m_c\dot{z}_c^2 + J_{c\psi}\dot{\psi}_c^2] \qquad (5\text{-}44)$$

式中 $\{u_i\}^e$——钢轨单元的节点位移列阵；

$[m_i]^e$——钢轨单元的单元质量矩阵，在第三章第四节中已推导得到。

依据式（5-44），由计算机对号入座形成振动方程中的总质量矩阵$[M]$。

表 5-5 半车-轨道垂向耦合振动空间模型的变量（$8N+9$ 个）

单元编号	节点编号	变量符号	变量序号	变量名称或含义
左侧钢轨 $1 \sim N-1$	1 2 $\vdots$ N	z_1, θ_{z1} z_2, θ_{z2} $\vdots$ z_N, θ_{zN}	1, 2 3, 4 $\vdots$ $2N-1, 2N$	钢轨节点的垂向位移及节点在垂直面内断面绕 y 轴的转角
右侧钢轨 $N \sim 2N-2$	$N+1$ $N+2$ $\vdots$ $2N$	$z_{N+1}, \theta_{z(N+1)}$ $z_{N+2}, \theta_{z(N+2)}$ $\vdots$ $z_{2N}, \theta_{z(2N)}$	$2N+1, 2N+2$ $2N+3, 2N+4$ $\vdots$ $4N-1, 4N$	钢轨节点的垂向位移及节点在垂直面内断面绕 y 轴的转角
轨枕 $2N-1 \sim 3N-2$	$2N+1$ $2N+2$ $\vdots$ $3N$	z_{s1}, ψ_{s1} z_{s2}, ψ_{s2} $\vdots$ z_{sN}, ψ_{sN}	$4N+1, 4N+2$ $4N+3, 4N+4$ $\vdots$ $6N-1, 6N$	轨枕的沉浮位移及绕 x 轴的侧滚角位移
左侧道床 $3N-1 \sim 4N-2$	$3N+1$ $3N+2$ $\vdots$ $4N$	z_{ba1} z_{ba2} $\vdots$ z_{baN}	$6N+1$ $6N+2$ $\vdots$ $7N$	道床的沉浮位移
右侧道床 $4N-1 \sim 5N-2$	$4N+1$ $4N+2$ $\vdots$ $5N$	$z_{ba(N+1)}$ $z_{ba(N+2)}$ $\vdots$ $z_{ba(2N)}$	$7N+1$ $7N+2$ $\vdots$ $8N$	道床的沉浮位移

续表 5-5

单元编号	节点编号	变量符号	变量序号	变量名称或含义
第一轮对 $5N-1$	$5N+1$	z_{w1}, ψ_{w1}	$8N+1$, $8N+2$	轮对的沉浮及侧滚位移
第二轮对 $5N$	$5N+2$	z_{w2}, ψ_{w2}	$8N+3$, $8N+4$	轮对的沉浮及侧滚位移
构架 $5N+1$	$5N+3$	z_b, ψ_b, ξ_b	$8N+5$, $8N+6$, $8N+7$	构架的沉浮、侧滚及点头位移
车体 $5N+2$	$5N+4$	z_c	$8N+8$, $8N+9$	车体沉浮及侧滚位移

表 5-6 各相关结构参数的符号及含义

参数符号	参数的含义	参数符号	参数的含义
$m_c, J_{c\psi}$	半车车体的质量及侧滚惯量	k_{2z}, c_{2z}	二系悬挂垂向刚度及阻尼
$m_b, J_{b\psi}, J_{b\xi}$	构架质量及侧滚、点头惯量	k_{1z}, c_{1z}	一系悬挂垂向刚度及阻尼
$m_w, J_{w\psi}$	轮对质量及侧滚惯量	l_1	转向架固定轴距之半
b_1, b_2	一、二系悬挂横向距之半	k_H	轮轨线性接触弹簧刚度
b	两股钢轨中心距之半	下标 r, l	代表右侧及左侧车轮或钢轨
N	模型中的轨枕数	a	钢轨单元长度（即枕跨距）
EJ	钢轨截面绕 y 轴的抗弯刚度	k_r, k_s, k_b	扣件、道床及路基半枕下的刚度
m_r, m_s, J_s, m_{ba}	钢轨单位质量、轨枕质量及侧滚惯量、道床质量	$\eta_{ri}(i=1,2,3,4)$	4 个车轮下的轨面垂向不平顺值
c_r, c_s, c_b	扣件、道床及路基半枕下的阻尼		

（二）振动系统的总应变能

系统总应变能（含轮轨接触弹簧的应变能）的表达式为：

$$U = \frac{1}{2}\sum_{i=1}^{N-1}\{u_i\}^{eT}[k_i]^e\{u_i\}^e + \frac{1}{2}\sum_{i=N}^{2N-2}\{u_i\}^{eT}[k_i]^e\{u_i\}^e +$$

$$\frac{1}{2}\sum_{i=1}^{N}k_r[(z_{si}-b\psi_{si}-z_{ri})^2 + (z_{si}+b\psi_{si}-z_{r(N+i)})^2] +$$

$$\frac{1}{2}\sum_{i=1}^{N}k_s[(z_{si}-b\psi_{si}-z_{bai})^2 + (z_{si}+b\psi_{si}-z_{ba(N+i)})^2] + \frac{1}{2}\sum_{i=1}^{2N}[k_b z_{bai}^2] +$$

$$\frac{1}{2}\sum_{i=1}^{4}k_{1z}\left[z_b + (-1)^{\frac{i-1}{2}}\xi_b l_1 + (-1)^i \psi_b b_1 - z_{w\frac{i+1}{2}} - (-1)^i b_1 \psi_{w\frac{i+1}{2}}\right]^2 +$$

$$\frac{1}{2}k_{2z}(z_c - z_b)^2 + \frac{1}{2}b_z^2 k_{z2}(\psi_c - \psi_b)^2 +$$

$$\frac{1}{2}\sum_{i=1}^{4}k_H\left[z_{w\frac{i+1}{2}} + (-1)^i b\psi_{w\frac{i+1}{2}} - z_{ri} - \eta_{ri}\right]^2 \qquad (5\text{-}45)$$

式中　$[k_i]^e$——钢轨单元的单元刚度阵，已在第三章第四节中推导得到。

对式（5-45）所示的应变能表达式进行一阶变分，再逐项展开，可对振动方程中的总刚度矩阵$[K]$的各元素进行赋值，接触弹簧应变能中与轨道不平顺相关的各项放入荷载列阵对应的位置。

（三）振动系统中的阻尼力虚功

系统中各单元间阻尼元件的阻尼力所作的虚功表达式为：

$$-\delta W = \sum_{i=1}^{N}c_r[(\dot{z}_{si}-b\dot{\psi}_{si}-\dot{z}_{ri})(\delta z_{si}-b\delta\psi_{si}-\delta z_{ri}) +$$

$$\sum_{i=1}^{N}c_r(\dot{z}_{si}+b\dot{\psi}_{si}-\dot{z}_{r(N+i)})(\delta z_{si}+b\delta\psi_{si}-\delta z_{r(N+i)}) +$$

$$\sum_{i=1}^{N}c_s[(\dot{z}_{si}-b\dot{\psi}_{si}-\dot{z}_{bai})(\delta z_{si}-b\delta\psi_{si}-\delta z_{bai}) +$$

$$\sum_{i=1}^{N}c_s(\dot{z}_{si}+b\dot{\psi}_{si}-\dot{z}_{ba(N+i)})(\delta z_{si}+b\delta\psi_{si}-\delta z_{ba(N+i)}) + \sum_{i=1}^{2N}[c_b\dot{z}_{bai}\delta z_{bai}] +$$

$$\sum_{i=1}^{4}c_{1z}\left[\dot{z}_b + (-1)^{\frac{i-1}{2}}\dot{\xi}_b l_1 + (-1)^i \dot{\psi}_b b_1 - \dot{z}_{w\frac{i+1}{2}} - (-1)^i b_1 \dot{\psi}_{w\frac{i+1}{2}}\right] \times$$

$$\left[\delta z_b + (-1)^{\frac{i-1}{2}}\delta\xi_b l_1 + (-1)^i \delta\psi_b b_1 - \delta z_{w\frac{i+1}{2}} - (-1)^i b_1 \delta\psi_{w\frac{i+1}{2}}\right] +$$

$$c_{2z}(\dot{z}_c - \dot{z}_b)(\delta z_c - \delta z_b) + b_2^2 c_{2z}(\dot{\psi}_c - \dot{\psi}_b)(\delta\psi_c - \delta\psi_b) \quad (5\text{-}46)$$

依据式（5-46）在计算机中自动对振动方程中的总阻尼矩阵[C]进行赋值。

振动方程组建完成后，采用 Park 方法等积分方法进行数值积分求解振动方程，从而得到时域内车辆、轨道系统内相关的力、位移和振动加速度响应。

三、半车-轨道垂向耦合空间模型的频域求解

对车辆-轨道耦合振动模型进行频域求解，可直接得到各振动响应幅值在激振频率域内的分布特性，是分析系统振动响应特性最有效的方法之一。现以半车-轨道垂向耦合振动空间模型的频域分析为例介绍频域求解的方法。

（一）频域求解方法

依据前述轮轨系统总动能、势能及阻尼力虚功的表达式，在计算机程序中自动对号入座，形成振动方程组为：

$$[M]\{\ddot{u}\} + [C]\{\dot{u}\} + [K]\{u\} = \{P\} \quad (5\text{-}47)$$

设轨面存在连续的正弦不平顺，其空间函数为：

$$\eta_{ri} = \Delta \sin\left(\frac{2\pi x}{l}\right) \quad (5\text{-}48)$$

式中　Δ——不平顺半波深；

　　　l——不平顺波长。

依据列车速度将不平顺转化每一个车轮下不平顺的时间函数为：

$$\eta_{ri} = \Delta e^{j\omega(t-t_i)} \quad (i=1, 2, 3, 4) \quad (5\text{-}49)$$

式中　t_i——各车轮经过既定钢轨点的时间差。

如以转向架中心为时间基准，各车轮时间差为：

$$\left.\begin{array}{l} t_1 = t_2 = -l_1/v \\ t_3 = t_4 = l_1/v \end{array}\right\} \quad (5\text{-}50)$$

设轮轨系统稳态振动的位移列阵为：

$$\{u\} = \{U\}e^{j\omega t} \quad (5\text{-}51)$$

代入振动方程组（5-46）中可得：

$$(-\omega^2[M] + j\omega[C] + [K])\{U\} = \{P\} \quad (5\text{-}52)$$

求解复系数线性方程组（5-52），即可得到系统振动的幅值列阵，作出一系

列的"幅值谱"。由这些谱图，可以对振动系统的动力特性进行分析及评价。

1. 轮轨间动压力

由于轮对沉浮位移 $Z_{w\frac{i+1}{2}}$、侧滚角位移 $\psi_{w\frac{i+1}{2}}$ 及轮轨接触点处钢轨位移 Z_{ri} 均可以表示为实部与虚部之和，则各车轮与钢轨间动压力也可表示为实部和虚部。动压力幅值的实部为：

$$\mathrm{Re}\,P_i = k_\mathrm{H}\left[\mathrm{Re}\,Z_{w\frac{i+1}{2}} + (-1)^i b\,\mathrm{Re}\,\psi_{w\frac{i+1}{2}} - \mathrm{Re}\,Z_{ri} - \mathrm{Re}\,\eta_{ri}\right] \quad (5\text{-}53)$$

动压力幅值的虚部为：

$$\mathrm{Im}\,P_i = k_\mathrm{H}\left[\mathrm{Im}\,Z_{w\frac{i+1}{2}} + (-1)^i b\,\mathrm{Im}\,\psi_{w\frac{i+1}{2}} - \mathrm{Im}\,Z_{ri} - \mathrm{Im}\,\eta_{ri}\right] \quad (5\text{-}54)$$

则动压力的幅值为：

$$P_i = \sqrt{(\mathrm{Re}\,P_i)^2 + (\mathrm{Im}\,P_i)^2} \quad (5\text{-}55)$$

2. 枕上动压力

计算枕上动压力时，考虑距车轮最近的轨枕，依据对应的钢轨单元节点位移 Z_{rk}、轨枕沉浮位移 Z_{sk}、轨枕侧滚角位移 ψ_{sk}、扣件刚度 k_r 及阻尼 c_r 值按下列各式计算，即：

$$\mathrm{Re}\,P_{sk} = k_r[\mathrm{Re}\,Z_{sk} + (-1)^i b\,\mathrm{Re}\,\psi_{sk} - \mathrm{Re}\,Z_{rk}] - \\ c_r[\mathrm{Im}\,Z_{si} + (-1)^i b\,\mathrm{Im}\,\psi_{sk} - \mathrm{Im}\,Z_{rk}] \quad (5\text{-}56)$$

$$\mathrm{Im}\,P_{sk} = k_r[\mathrm{Im}\,Z_{sk} + (-1)^i b\,\mathrm{Im}\,\psi_{sk} - \mathrm{Im}\,Z_{rk}] + \\ c_r[\mathrm{Re}\,Z_{sk} + (-1)^i b\,\mathrm{Re}\,\psi_{sk} - \mathrm{Re}\,Z_{rk}] \quad (5\text{-}57)$$

$$P_{sk} = \sqrt{(\mathrm{Re}\,P_{sk})^2 + (\mathrm{Im}\,P_{sk})^2} \quad (5\text{-}58)$$

根据相同的方法可计算枕下动压力和路基面动压力。

3. 轨道各部振动加速度

依据激振圆频率、钢轨位移、轨枕位移及道床位移，计算钢轨、轨枕及道床的振动加速度，即：

$$\left.\begin{aligned} A_{ri} &= \omega^2 Z_{ri} \\ A_{sk} &= \omega^2 Z_{sk} \\ A_{bk} &= \omega^2 Z_{bak} \end{aligned}\right\} \quad (5\text{-}59)$$

（二）轨道动力响应的频域特性

依据我国高速铁路Ⅲ型轨道结构及 SS$_8$ 机车选取计算参数进行计算，得到了轨道各主要动力响应的频域分布特性。

1. 轨道各部动压力特性

轨道各部动压力在频域内的分布曲线如图 5-18 所示，其中纵坐标是标准化的无量纲力 $P/k_H\Delta$。

轮轨间动压力在频率 30 Hz、70 Hz、160 Hz、580 Hz 及 850 Hz 附近出现共振峰，当车速为 250 km/h 时，所对应的轨面不平顺波长分别为 230 cm、100 cm、43 cm、12 cm 以及 8 cm。振型分析表明，系统振动、钢轨和轨枕振动依次引起前三次共振峰。

当激振频率更高时，轮轨间动压力逐渐趋于 $k_H\Delta$，意味着高频激振条件下，轮轨间动压力只与接触刚度和不平顺幅值有关，而与车辆、轨道系统中其他任各参数关系不大。

枕上动压力出现的峰值数与轮轨动压力相同，但除第一峰外，其他峰值要小得多，且随着激振频率的增加，枕上动压力的增加速率较为缓慢。当激振频率较高时，枕上动压力逐渐趋近于零。

枕下动压力只出现前三个峰值，且第二、三峰数值要小得多。第三共振峰以后，枕下动压力逐渐减小并趋于零。在 400 Hz 处枕下动压力已可以忽略，也就是说，车速 250 km/h 时，波长短于 15 cm 的轨面不平顺对道床几乎没有影响。

基面动压力只出现前两个峰值，且与枕下动压力十分接近。在第二峰以后逐渐减小并快速趋于零，在 200 Hz 处基面动压力已可忽略。也就是说，车速 250 km/h 时，波长短于 35 cm 的轨面不平顺对路基几乎没有影响。

依据图 5-18 还可方便地估算出轨道各部动压力值。如当车速为 250 km/h、轨面不平顺波长 100 cm、波深 2 mm 时，激振频率为 69.4 Hz，轨道各部动压力值约分别为：

轮轨间动压力 $0.24\,k_H\Delta$（216 kN）；

枕上动压力 $0.12\,k_H\Delta$（108 kN）；

枕下动压力 $0.065\,k_H\Delta$（58.5 kN）；

路基面动压力 $0.06\,k_H\Delta$（54 kN）。

第五章 轮轨系统耦合振动分析

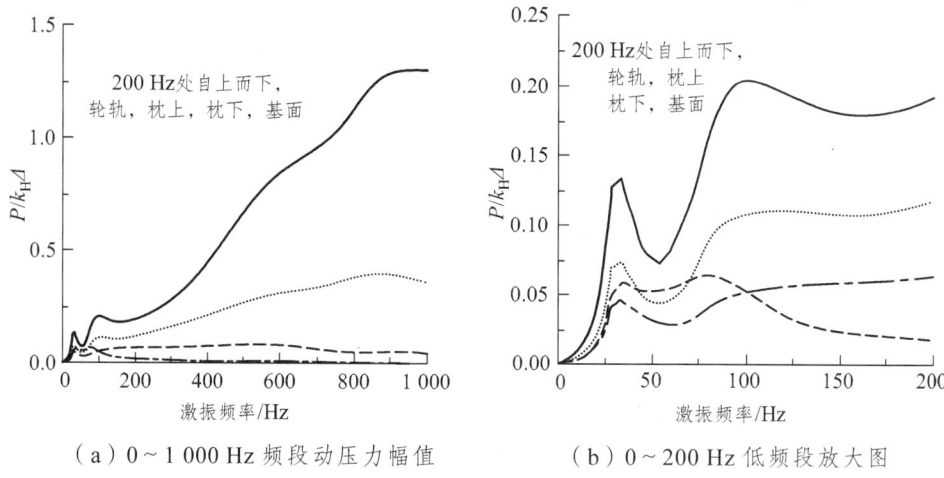

（a）0～1 000 Hz 频段动压力幅值　　　（b）0～200 Hz 低频段放大图

图 5-18　轨道各部动压力幅值谱

2. 动位移特性

轨道各部无量纲动位移 Z/Δ 如图 5-19 所示。在轮轨系统垂向共振峰处，钢轨、轨枕及道床均出现较大位移，但位移值依次降低。第二峰处只有钢轨位移出现峰值，第三峰处只有轨枕位移出现峰值，而第四、五峰处只有钢轨位移出现峰值。第五峰后，钢轨位移逐渐减小并趋向于零。与动压力的情况类似，轨枕位移在 400 Hz 以后、道床位移在 200 Hz 以后均可忽略。

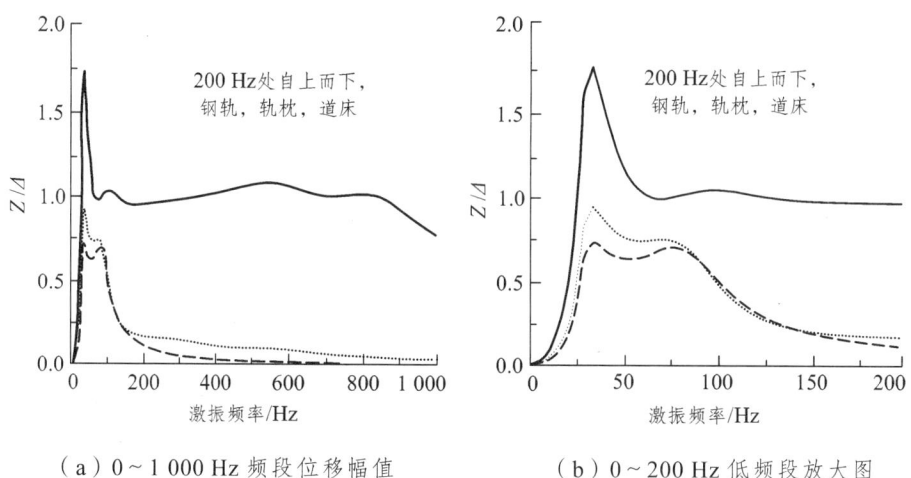

（a）0～1 000 Hz 频段位移幅值　　　（b）0～200 Hz 低频段放大图

图 5-19　轨道各部动位移幅值谱

3. 振动加速度特性

轨道各部加速度的情况如图 5-20 所示。由于振动加速度是圆频率的平方与动位移的乘积,所以钢轨加速度增加较快,只是在各共振峰处出现少量波动。随着频率的增加,由于道床动位移很快趋于零,因此道床加速度也很快趋于零。

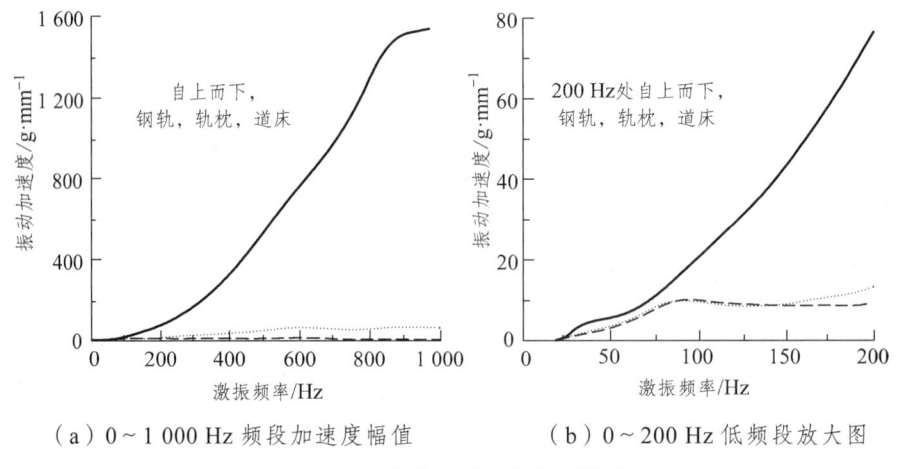

(a) 0~1 000 Hz 频段加速度幅值　　(b) 0~200 Hz 低频段放大图

图 5-20　轨道各部加速度幅值谱

第五节　半车-轨道空间耦合振动模型的有限单元解法

对于车辆-轨道空间耦合振动模型的求解,由于涉及系统中众多耦合关系、非线性及时变特性的处理,所以求解过程十分复杂。在这类问题的研究中,振动模型求解的最有效的方法为有限单元法。本节以图 5-14 所示的半车-轨道空间耦合振动模型为例,较为详细地介绍其变量选择、振动方程建立及求解过程中的关键性环节。

一、模型特点描述及变量选择

本节所要求解的是一个关于半车-轨道的"垂向-横向非线性空间耦合振动时变模型",其主要特点可描述为:

(1) 模型中主要考虑车辆、轨道系统的垂向和横向振动,且两个方向的振动是依靠轮轨间的蠕滑力等因素取得完全的耦合。

(2) 轮轨间垂向采用非线性赫兹接触弹簧取得耦合,轮轨横向采用非线性蠕滑力和轮缘力取得耦合,这两种耦合关系均表现出较强的非线性特性。

（3）半车模型在轨道上是移动的，车辆每前进一步，振动方程均需重新组建，所以模型具有较强的时变特性。

由于振动模型是非线性的，静平衡位置对振动有一定的影响，也就是说，车辆各部受到重力的影响需纳入模型求解中加以考虑，这是非线性系统中特有的问题。坐标系的建立方法同前，但因非线性因素的影响，各参振质量的坐标原点设于模型不受任何力（包括重力）作用下的质心位置。

为求解方便，车体只考虑了与重力有关的沉浮位移一个自由度，而车体在曲线上受到的未被平衡离心力则以等效离心力和力矩施加于转向架二系悬挂点上。转向架构架与车体间设有二系弹簧和阻尼元件。构架具有横移、沉浮、摇头、侧滚及点头5个自由度。轮对与构架间设有一系弹簧及阻尼元件，轮对受三向弹性约束。每一个轮具有横移、沉浮、摇头、侧滚4个自由度。车辆中自由度共计14个。

考虑钢轨在轨枕的间断支承效应，但忽略钢轨断面的剪切和旋转效应，钢轨作为弹性点支承上双向可弯的Euler梁。轨道长度取N根轨枕所组成的$N-1$个枕跨长度，每一枕跨为一个单元，每一钢轨节点有垂向位移、绕y轴的转角、横向位移、绕z轴的转角4个未知变量。扣件简化为双向弹簧和阻尼元件。轨枕作为刚性质量块，每一轨枕具有沉浮、横移、侧滚3个位移。道床及路基的参振对轮轨间的作用力有一定影响，但比起道床和路基的弹性与阻尼，参振质量的影响要小得多。况且道床和路基的参振质量极难确定，尤其在轮轨横向振动中的参振质量，既难确定又难以识别。所以模型中没有考虑道床和路基的参振问题，道床和路基简化为双向弹簧及阻尼元件。轨道中的自由度数为$11N$。

轮轨间设置4个轮缘力未知变量。当轮缘贴靠钢轨时，轮缘力未知量列入方程，同时引入轮轨横向位移协调条件，而当轮轨不贴靠时，总刚中与轮缘力对应的主元赋大值。

振动模型中总的未知变量数为$11N+18$个。各变量的排列位置如表5-7中所列。各相关参数如表5-8中所列。

二、系统动能、势能、虚功及振动方程的组建

依据对系统各种动能、势能和虚功的表达式逐步组建系统的振动方程。

（一）振动系统的总动能

半车-轨道空间耦合模型的总动能表达式为：

$$T = \frac{1}{2}\sum_{i=1}^{N-1}\{\dot{u}_i\}^{eT}[m_i]^e\{\dot{u}_i\}^e + \frac{1}{2}\sum_{i=N}^{2N-2}\{\dot{u}_i\}^{eT}[m_i]^e\{\dot{u}_i\}^e +$$

$$\frac{1}{2}\sum_{i=1}^{N}[m_s\dot{z}_{si}^2 + m_s\dot{y}_{si}^2 + J_s\dot{\psi}_{si}^2] +$$

$$\frac{1}{2}\sum_{i=1}^{2}[m_w\dot{y}_{wi}^2 + m_w\dot{z}_{wy}^2 + J_{w\phi}\dot{\phi}_{wi}^2 + J_{w\psi}\dot{\psi}_{wi}^2] +$$

$$\frac{1}{2}[m_b\dot{z}_b^2 + m_b\dot{y}_b^2 + J_{b\phi}\dot{\phi}_b^2 + J_{b\psi}\dot{\psi}_b^2 + J_{b\xi}\dot{\xi}_b^2 + m_c\dot{z}_c^2] \quad (5\text{-}60)$$

式中　$\{u_i\}^e$——钢轨单元的节点位移列阵；

$[m_i]^e$——钢轨单元的单元质量矩阵。

依据式(5-60)由计算机对号入座形成振动方程中的总质量矩阵$[M]$。

表 5-7　模型中的单元编号及振动变量（$11N+18$ 个）

单元编号	节点编号	变量符号	变量序号	变量名称或含义
曲线外轨 $1\sim N-1$	1 2 $\vdots$ N	$y_1, z_1, \theta_{y1}, \theta_{z1}$ $y_2, z_2, \theta_{y2}, \theta_{z2}$ $\vdots$ $y_N, z_N, \theta_{yN}, \theta_{zN}$	1, 2, 3, 4 5, 6, 7, 8 $\vdots$ $4N-3, 4N-2,$ $4N-1, 4N$	钢轨节点横向位移、垂向位移、节点断面在垂直面内的转角、节点断面在水平面内的转角
曲线内轨 $N\sim 2N-2$	$N+1$ $N+2$ $\vdots$ $2N$	$y_{N+1}, z_{N+1}, \theta_{y(N+1)}, \theta_{z(N+1)}$ $y_{N+2}, z_{N+2}, \theta_{y(N+2)}, \theta_{z(N+2)}$ $\vdots$ $y_{2N}, z_{2N}, \theta_{y(2N)}, \theta_{z(2N)}$	$4N+1, 4N+2,$ $4N+3, 4N+4$ $4N+5, 4N+6,$ $4N+7, 4N+8$ $\vdots$ $8N-3, 8N-2,$ $8N-1, 8N$	钢轨节点横向位移、垂向位移、节点断面在垂直面内的转角、节点断面在水平面内的转角
轨枕 $2N-1\sim 3N-2$	$2N+1$ $2N+2$ $\vdots$ $3N$	$y_{s1}, z_{s1}, \psi_{s1}$ $y_{s2}, z_{s2}, \psi_{s2}$ $\vdots$ $y_{sN}, z_{sN}, \psi_{sN}$	$8N+1, 8N+2,$ $8N+3$ $8N+4, 8N+5,$ $8N+6$ $\vdots$ $11N-2, 11N-1,$ $11N$	轨枕和横向位移、沉浮位移和侧滚角位移

续表 5-7

单元编号	节点编号	变量符号	变量序号	变量名称或含义
第一轮对 $3N-1$	$3N+1$	$y_{w1}, z_{w1}, \phi_{w1}, \psi_{w1}$	$11N+1$, $11N+2$, $11N+3$, $11N+4$	轮对的横移、沉浮、摇头及侧滚位移
第二轮对 $3N$	$3N+2$	$y_{w2}, z_{w2}, \phi_{w2}, \psi_{w2}$	$11N+5$, $11N+6$, $11N+7$, $11N+8$	轮对的横移、沉浮、摇头及侧滚位移
构架 $3N+1$	$3N+3$	$y_b, z_b, \phi_b, \psi_b, \xi_b$	$11N+9$, $11N+10$, $11N+11$, $11N+12$, $11N+13$	构架横移、沉浮、摇头、侧滚及点头
车体 $3N+2$	$3N+4$	z_c	$11N+14$	车体沉浮位移
轮缘力		F_1, F_2, F_3, F_4	$11N+15$, $11N+16$, $11N+17$, $11N+18$	导向轮、前轴内轮、后轴外轮、后轴内轮的轮缘力

表 5-8 各相关结构参数的符号及含义

参数符号	参数的含义	参数符号	参数的含义
V, W	车辆的速度及轴重	m_c	半个车体的质量
k_{2x}, k_{2y}, k_{2z}	二系悬挂三个方向的线刚度	c_{2x}, c_{2y}, c_{2z}	二系悬挂三个方向的线阻尼
$k_{2\phi}, k_{2\psi}, k_{2\xi}$	二系悬挂三向角刚度	$c_{2\phi}, c_{2\psi}, c_{2\xi}$	二系悬挂三向阻尼矩
$m_b, J_{b\phi}, J_{b\psi}, J_{b\xi}$	构架质量及摇头、侧滚、点头惯量	k_{1x}, k_{1y}, k_{1z}	一系悬挂三向刚度
c_{1x}, c_{1y}, c_{1z}	一系悬挂三向阻尼	$m_w, J_{w\phi}, J_{w\psi}$	轮对质量及摇头、侧滚惯量
l_1	转向架固定轴距之半	b_1	一系悬挂横向距之半
H_2	车体质心至二系悬挂点的高度	H_3, H_4	构架质心至二系和一系悬挂点的高度
r_0, λ	车轮名义滚动半径、轮踏面锥度	下标 r, l	分别代表内轨或右侧轮、外轨或左侧轮

续表 5-8

参数符号	参数的含义	参数符号	参数的含义
R, H, S	轨道曲线半径、外轨超高及轨距	b	两股钢轨中心距之半
a	钢轨单元长度（即枕跨距）	N	模型中的轨枕数
EJ_z, EJ_y	钢轨截面在垂直面内和水平面内的惯性矩	m_r, m_s, J_s	钢轨单位质量、轨枕质量及侧滚转动惯量
$k_{1r}, k_{2r}, k_{1s}, k_{2s}$	扣件及道床横向和垂向半枕下刚度	$c_{1r}, c_{2r}, c_{1s}, c_{2s}$	扣件及道床横向和垂向半枕下阻尼
$\eta_{ri}, \eta_{ryi} (i=1,2,3,4)$	4个车轮下的轨面垂向和横向不平顺值	q	未被平衡超高引起的轮载偏载系数
δ_1	轮轨游间之一半	$\gamma_{1i}, \gamma_{2i}, \omega_{3i}$ $(i=1,2,3,4)$	轮轨间纵向、横向及自旋蠕滑率
$f_{11}, f_{22}, f_{23}, f_{33}$	蠕滑力系数	T_{1i}, T_{2i}, M_{3i} $(i=1,2,3,4)$	纵横向蠕滑力及自旋蠕滑力矩
μ, μ_1	轮踏面摩擦系数及轮缘摩擦系数		

（二）振动系统的总应变能

系统总应变能包括钢轨梁单元、弹性支承、转向架各悬挂变形位能（未包含轮轨接触弹簧的应变能），总应变能的表达式为：

$$U = \frac{1}{2}\sum_{i=1}^{N-1}\{u_i\}^{eT}[k_i]^e\{u_i\}^e + \frac{1}{2}\sum_{i=N}^{2N-2}\{u_i\}^{eT}[k_i]^e\{u_i\}^e +$$

$$\frac{1}{2}\sum_{i=1}^{N}k_{1r}[(y_{si}-y_{ri})^2+(y_{si}-y_{r(N+i)})^2]+$$

$$\frac{1}{2}\sum_{i=1}^{N}k_{2r}[(z_{si}-b\psi_{si}-z_{ri})^2+(z_{si}+b\psi_{si}-z_{r(N+i)})^2]+$$

$$\frac{1}{2}\sum_{i=1}^{N}[2k_{1s}y_{si}^2 + k_{2s}(z_{si} - b\psi_{si})^2 + k_{2s}(z_{si} + b\psi_{si})^2] +$$

$$\frac{1}{2}\sum_{i=1}^{4}k_{1y}\left[y_b + (-1)^{\frac{i-1}{2}}\phi_b l_1 - H_4\psi_b - \frac{l_1^2}{2R} - y_{w\frac{i+1}{2}}\right]^2 +$$

$$\frac{1}{2}\sum_{i=1}^{4}k_{1x}\left[(-1)^{i+1}\phi_{w\frac{i+1}{2}}b_1 + (-1)^{\frac{3i+1}{2}}\frac{b_1 l_1}{R} - (-1)^{i+1}\phi_b b_1\right]^2 +$$

$$\frac{1}{2}\sum_{i=1}^{4}k_{1z}\left[z_b + (-1)^{\frac{i-1}{2}}\xi_b l_1 + (-1)^i\psi_b b_1 - z_{w\frac{i+1}{2}} - (-1)^i b_1\psi_{w\frac{i+1}{2}}\right]^2 +$$

$$\frac{1}{2}k_{2z}(z_c - z_b)^2 + \frac{1}{2}k_{2\phi}\phi_b^2 + \frac{1}{2}k_{2\psi}\psi_b^2 + \frac{1}{2}k_{2\xi}\xi_b^2 + \frac{1}{2}k_{2y}y_b^2 \qquad (5\text{-}61)$$

式中 $[k_i]^e$——钢轨单元的单元刚度矩阵。

对式（5-61）所示的应变能表达式进行一阶变分，再逐项展开，可对振动方程中的总刚度矩阵$[K]$的各元素进行赋值。

（三）振动系统中的阻尼力虚功

系统中各单元间阻尼元件的阻尼力所作的虚功表达式为：

$$-\delta W_1 = \sum_{i=1}^{N} c_{1r}[(\dot{y}_{si} - \dot{y}_{ri})(\delta y_{si} - \delta y_{ri}) + (\dot{y}_{si} - \dot{y}_{r(N+i)})(\delta y_{si} - \delta y_{r(N+i)})] +$$

$$\sum_{i=1}^{N} c_{2r}[(\dot{z}_{si} - b\dot{\psi}_{si} - \dot{z}_{ri})(\delta z_{si} - b\delta\psi_{si} - \delta z_{ri}) +$$

$$\sum_{i=1}^{N} c_{2r}(\dot{z}_{si} + b\dot{\psi}_{si} - \dot{z}_{r(N+i)})(\delta z_{si} + b\delta\psi_{si} - \delta z_{r(N+i)}) +$$

$$\sum_{i=1}^{N} [2c_{1s}\dot{y}_{si}\delta y_{si} + c_{2s}(\dot{z}_{si} - b\dot{\psi}_{si})(\delta z_{si} - b\delta\psi_{si})] +$$

$$\sum_{i=1}^{N} c_{2s}(\dot{z}_{si} + b\dot{\psi}_{si})(\delta z_{si} + b\delta\psi_{si}) +$$

$$\sum_{i=1}^{4} c_{1z}\left[\dot{z}_b + (-1)^{\frac{i-1}{2}}\dot{\xi}_b l_1 + (-1)^i \dot{\psi}_b b_1 - \dot{z}_{w\frac{i+1}{2}} - (-1)^i b_1 \dot{\psi}_{w\frac{i+1}{2}}\right] \times$$

$$\left[\delta z_b + (-1)^{\frac{i-1}{2}}\delta\xi_b l_1 + (-1)^i \delta\psi_b b_1 - \delta z_{w\frac{i+1}{2}} - (-1)^i b_1 \delta\psi_{w\frac{i+1}{2}}\right] +$$

$$c_{2z}(\dot{z}_c - \dot{z}_b)(\delta z_c - \delta z_b) +$$

$$c_{2\phi}\dot{\phi}_b\delta\phi_b + c_{2\psi}\dot{\psi}_b\delta\psi_b + c_{2\xi}\dot{\xi}_b\delta\xi_b + c_{2y}\dot{y}_b\delta y_b \qquad (5\text{-}62)$$

依据式（5-62）在计算机中自动对振动方程中的总阻尼矩阵$[C]$进行赋值。

（四）蠕滑力虚功

轮轨间蠕滑力所作的虚功可表示为：

$$\delta W_2 = \left[\sum_{i=1}^{4} T_{2i} \delta y_{w\frac{i+1}{2}} + (-1)^{i+1} T_{1i} b \delta \phi_{w\frac{i+1}{2}} - T_{2i} \delta y_{ri} + M_{3i} \delta \phi_{w\frac{i+1}{2}} - T_{2i} r_0 \delta \psi_{w\frac{i+1}{2}} \right]$$

（5-63）

按式（5-63）可以对振动方程中的总荷载列阵进行赋值。计算中蠕滑力以稳态值起步，在以后各时间步长中，蠕滑力以前一时刻计算值作为初值，进行反复迭代，直至前后两次濡滑力值之差小于给定值时，迭代完成。

（五）轮缘力及轮缘摩擦力虚功

轮缘与钢轨是否贴靠，计算中要逐步进行判断，轮缘与钢轨贴靠判断的条件在本章第一节已进行了介绍。如某一轮缘与钢轨贴靠，对应的轮缘力作为未知变量，同时加入相应的轮轨横向位移协调方程，协调方程的各项分别放于总刚、总荷载列阵中对应的行。如轮缘不贴靠钢轨，将总刚中对应的主元赋大值（如 10^{10}）。规定轮缘力压力为正向，且大于或等于 0。轮缘力和轮缘摩擦力所作的虚功为：

$$-\delta W_3 = \sum_{i=1}^{4}(-1)^{i+1} F_i [N_{1i}]\{\delta u_i\}^e + \sum_{i=1}^{4}(-1)^i F_i \delta y_{w\frac{i+1}{2}} +$$

$$\sum_{i=1}^{4}(-1)^i F_i \mu_1 b \delta \phi_{w\frac{i+1}{2}} - \sum_{i=1}^{4}(-1)^{i+1} F_i r_0 \delta \psi_{w\frac{i+1}{2}}$$

（5-64）

式（5-64）中，$[N_{1i}]$ 为钢轨单元横向弯曲形函数。依据式（5-64）可以将轮缘力和轮缘摩擦力的影响加入振动方程的总刚度矩阵中。

（六）曲线上未被平衡的离心力所作的虚功

曲线上因外轨超高与列车速度不相适应，列车通过曲线时产生未被平衡的离心力。该力分别作用于车体、转向架和轮对的质心。车体上未被平衡的离心力为：

$$F_c = m_c \left(\frac{gH}{s} - \frac{v^2}{R} \right)$$

（5-65）

但因未考虑车体横移自由度，因此将车体所受未被平衡离心力加于转向架上。作用在转向架上的离心力和力矩为：

第五章 轮轨系统耦合振动分析

$$F_{\mathrm{b}} = (m_{\mathrm{b}} + 0.5 m_{\mathrm{c}}) \left(\frac{gH}{s} - \frac{v^2}{R} \right) \left. \right\}$$
$$T_{\mathrm{b}} = 0.5(H_2 + H_3) F_c \qquad (5\text{-}66)$$

式中　H_2——转向架构架质心至二系悬挂点的垂向距离；
　　　H_3——车体质心至二系悬挂点的垂向距离。

作用于每一轮对上的未被平衡离心力为：

$$F_{\mathrm{w}j} = m_{\mathrm{w}} \left(\frac{gH}{s} - \frac{v^2}{R} \right) \qquad (5\text{-}67)$$

由此可得到离心力所做虚功为：

$$\delta W_4 = \sum_{i=1}^{2} F_{\mathrm{w}i} \delta y_{\mathrm{w}i} + F_{\mathrm{b}} \delta y_{\mathrm{b}} + 0.5 F_c [\delta y_{\mathrm{b}} - (H_1 + H_3)\delta \psi_{\mathrm{b}}] \qquad (5\text{-}68)$$

依据式（5-68）可以将未被平衡离心力加入到振动方程的总荷载列阵中。

（七）轮轨接触力虚功

为节省运算时间，计算中的每一时间步长内，轮轨接触的处理分为两个阶段。第一阶段中将轮轨接触处理为非线性弹簧，弹簧只能受压不能受拉，弹簧刚度依据赫兹接触中力与位移的关系经求导得到，进行接触力迭代。当轮轨接触处理为弹簧时，要在总应变能中加入接触弹簧的应变能。接触弹簧的应变能为：

$$U_{\mathrm{c}} = 1/2 \sum_{i=1}^{4} k_{\mathrm{c}i} \left[z_{\mathrm{w}\frac{i+1}{2}} + (-1)^i b \psi_{\mathrm{w}\frac{i+1}{2}} - z_{\mathrm{r}i} - \eta_{\mathrm{r}i} \right]^2 \qquad (5\text{-}69)$$

式中　$k_{\mathrm{c}i}$——轮轨接触弹簧瞬时刚度，在接触力迭代过程中依据前一步计算出的接触力进行计算。

为节省运算量，接触力收敛后处理为常力，继续进行蠕滑力迭代。由于轨底坡及踏面锥度的存在，轮轨接触力可分解为法向反力和横向水平分力，水平分力为：

$$P_{yi} = (-1)^{i+1} P_i \tan \delta_i = (-1)^{i+1} P_i \lambda \qquad (5\text{-}70)$$

接触力虚功为：

$$\delta W_5 = \sum_{i=1}^{4} \left\{ P_i \delta z_{\mathrm{r}i} + P_i \eta_{\mathrm{r}i} - P_i \left[\delta z_{\mathrm{w}\frac{i+1}{2}} + (-1)^i b \delta \psi_{\mathrm{w}\frac{i+1}{2}} \right] \right\} +$$
$$\sum_{i=1}^{4} P_{yi} \delta y_{\mathrm{w}\frac{i+1}{2}} - \sum_{i=1}^{4} P_{yi} \delta y_{\mathrm{r}i} \sum_{i=1}^{4} P_{yi} b \phi_{\mathrm{w}\frac{i+1}{2}} \delta \phi_{\mathrm{w}\frac{i+1}{2}} - \sum_{i=1}^{4} P_{yi} r_0 \delta \psi_{\mathrm{w}\frac{i+1}{2}} \qquad (5\text{-}71)$$

在不同的时间步长内，P_i 并非常量，所以式（5-71）中所包含的各项要在迭代过程中逐次加入总刚度矩阵和荷载列阵中。

（八）重力所做的虚功

由于振动系统是非线性的，应计入重力的影响。重力的虚功为：

$$\delta W_6 = 0.5 m_c g \delta z_c + m_b g \delta z_b + \sum_{i=1}^{2} m_w g \delta z_{wi} \tag{5-72}$$

依据式（5-72）可将重力影响加入总荷载列阵中。

三、振动方程的求解方法及过程

由于系统存在非线性因素，总刚矩阵和总荷载列阵不能采用前述的变分式一次性赋值，而需在迭代过程中逐步赋值和反复重建。振动系统的非线性振动方程组形为：

$$[M]\{\ddot{u}(t)\} + [C]\{\dot{u}(t)\} + \{F(t,u)\} = \{P(t,u,\dot{u})\} \tag{5-73}$$

式（5-73）中的弹性力及荷载列阵具有时变非线性特性。列车在轨道上运行，不同的时刻车轮处于不同的位置，钢轨表面不平顺值也不相同，荷载列阵发生变化。同时，荷载列阵中包含蠕滑力的影响，隐含有轮轨系统的振动位移、速度。轮轨接触力是波动的，而轮轨接触弹簧刚度具有非线性，瞬时接触刚度依赖于接触力。因此在每一时刻，要计算各车轮位置，根据一定的初始位移、速度和加速度及轮轨垂向力，计算蠕滑力及接触弹簧刚度，组建振动方程组并求解，进行轮缘与钢轨的贴靠判断、接触力迭代、蠕滑力饱和判断及蠕滑力迭代。在计算中的每一时间步长中及每一次迭代过程中都需反复组建和求解方程组。

（一）选择积分方法

根据方程组（5-73）的强非线性和时变特性，选取无条件稳定且无超调现象、对非线性方程有很强适应性的 Park 积分方法，对微分方程进行求解，其基本公式为：

$$\left.\begin{array}{l}\{\dot{u}_{n+1}\} = a_0\{u_{n+1}\} + \sum_{i=1}^{3} a_i\{u_{n-i+1}\} \\ \{\ddot{u}_{n+1}\} = a_0\{\dot{u}_{n+1}\} + \sum_{i=1}^{3} a_i\{\dot{u}_{n-i+1}\}\end{array}\right\} \tag{5-74}$$

式中：

$$\left.\begin{array}{ll} a_0 = \dfrac{10}{6\Delta t}, & a_1 = -\dfrac{15}{6\Delta t} \\ a_2 = \dfrac{1}{\Delta t}, & a_3 = -\dfrac{1}{6\Delta t} \end{array}\right\}$$

将式（5-74）代入式（5-73），得：

$$[M]\{a_0^2 u_{n+1} + a_0 B_0(u_n) + B_0(\dot{u}_n)\} + [C]\{a_0 u_{n+1} + B_0(u_n)\} + \{F_{n+1}\} \quad (5\text{-}75)$$
$$= \{P(u_{n+1}, \dot{u}_{n+1})\}$$

式中：

$$\left.\begin{array}{l} B_0(u_n) = \displaystyle\sum_{i=1}^{3} a_i u_{n-i+1} \\ B_0(\dot{u}_n) = \displaystyle\sum_{i=1}^{3} a_i \dot{u}_{n-i+1} \end{array}\right\} \quad (5\text{-}76)$$

（二）处理非线性因素

振动系统中主要包含非线性接触刚度和非线性蠕滑力两种非线性因素。根据这两种非线性因素不同的特点，采用不同的迭代方法进行处理。

1. 用直接迭代法处理非线性蠕滑力

采用式（2-65）和（2-66）对非线性蠕滑力进行迭代和修正。因蠕滑力与蠕滑的关系曲线是一上凸曲线，依据迭代法的稳定性理论，蠕滑力的直接迭代过程是稳定和收敛的。对于每一次蠕滑力迭代，方程（5-75）中的荷载列阵变为常量，即：

$$\{P\} = [M]\{a_0^2 u_{n+1} + a_0 B_0(u_n) + B_0(\dot{u}_n)\} + [C]\{a_0 u_{n+1} + B_0(u_n)\} + \{F_{n+1}\} \quad (5\text{-}77)$$

2. 用牛顿迭代法处理非线性接触力

对于轮轨非线性接触力，由力与位移的关系曲线是一上凹曲线，直接迭代方法是发散的。因迭代中非线性刚度取为切线刚度，因此改善迭代收敛性的最简化途径是采用牛顿迭代法。将式（5-77）改写为：

$$\begin{aligned} \{\psi(u_{n+1})\} &= a_0^2 [M]\{u_{n+1}\} + a_0 [C]\{u_{n+1}\} + \{F(u_{n+1})\} - \\ & \quad (\{P\}_{n+1} - a_0 [M]\{B_0(u_n)\} - [M]\{B_0(\dot{u}_n)\} - [C]\{B_0(u_n)\}) \\ &= 0 \end{aligned} \quad (5\text{-}78)$$

取静平衡位置作为位移列阵$\{u_{n+1}\}$的迭代初值，则第$i+1$次迭代结果为：

$$\{u_{n+1}^{(i+1)}\} = \{u_{n+1}^{(i)}\} - [[K_T]_{n+1}^{(i)}]^{-1} \{\psi(u_{n+1}^{(i)})\} \quad (5\text{-}79)$$

定义位移增量列阵为：

$$\{\Delta u_{n+1}^{(i)}\} = \{u_{n+1}^{(i+1)}\} - \{u_{n+1}^{(i)}\} \tag{5-80}$$

则位移增量列阵的第 $i+1$ 次迭代结果满足：

$$[K_T]_{n+1}^{(i)} \{\Delta u_{n+1}^{(i+1)}\} = -\{\psi(u_{n+1}^{(i)})\} \tag{5-81}$$

从方程组（5-81）中即可逐次求解出位移增量列阵。式（5-81）中，迭代雅可比阵 $[K_T]$ 为迭代误差列阵 $\{\psi\}$ 对位移列阵 $\{u_{n+1}\}$ 求偏导，即：

$$\begin{aligned}[K_T]_{n+1}^{(i)} &= \frac{\partial \{\psi(u_{n+1}^{(i)})\}}{\partial \{u_{n+1}\}} \\ &= a_0^2 [M] + a_0 [C] + \frac{\partial \{F(u_{n+1}^{(i)})\}}{\partial \{u_{n+1}\}}\end{aligned} \tag{5-82}$$

弹性力列阵中只含有接触力非线性项，其他弹性力均可表示为弹簧刚度与位移的乘积。式（5-82）中的偏导项包含两部分。一部分是系统中线性弹簧刚度组成的总刚中的元素，计算过程中是不变的。另一部分是对非线性接触力求偏导产生的总刚叠加项，可采用（5-81）式进行计算，在计算中的每一时间步长和每一迭代中均是变化的。

（三）起步方法

Park 方法是线性多步法，不能自动起步，需借助其他方法起步。自动起步的方法很多，可选取最常用的 Wilson-θ 法。在起步过程中，将轮轨接触简化为线性弹簧，但仍考虑非线性蠕滑力因素。这样可以使起步运算比较简便，同时可避免该方法对于非线性方程不收敛的麻烦。

在起步阶段，由于将接触弹簧作线性处理，且非线性蠕滑力采用直接迭代法。

（四）程序编制

计算程序包含一个主程序和多个子程序，各主要子程序的功能如下：
① 形成钢轨梁有限单元和无限单元刚度矩阵；
② 形成钢轨梁有限单元和无限单元质量矩阵；
③ 形成钢轨梁无限单元阻尼矩阵；
④ 组集总质量矩阵；
⑤ 计算各车轮位置、车轮所在钢轨单元的形函数值以及各车轮下轨面不平顺值；
⑥ 处理各部弹簧及相关的常数项；

⑦ 处理各部阻尼及相关的常数项；
⑧ 处理曲线上未被平衡的离心力、重力、各轮轨间垂向力的水平分力；
⑨ 计算轮轨间的蠕滑力。
⑩ 判断轮缘与钢轨的贴靠状态，处理轮缘力及轮缘摩擦力；
⑪ 进行蠕滑力饱和判断及修正；
⑫ 用全主元高斯方法求解代数方程；
⑬ 时间为 0 时计算各单元初始位置；
⑭ 第一、二步用 Wilson-θ 方法起步；
⑮ 从第三步开始用 Park 方法处理振动方程。

计算程序一般包含时间步长循环、轮缘贴靠状态判断循环、轮轨接触力迭代以及蠕滑力迭代等，构成四重循环调用结构。程序外层结构如图 5-21 所示。其中核心部分是用 Park 方法处理及求解振动方程，每一时间步长内的程序框图如图 5-22 所示。

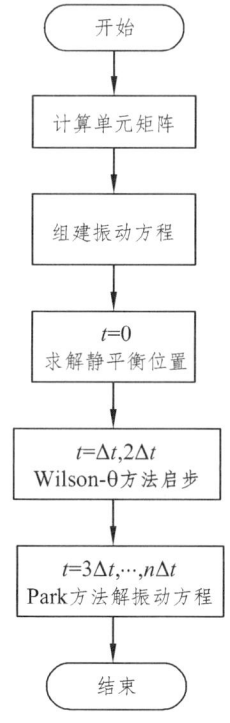

图 5-21　程序外层结构框图

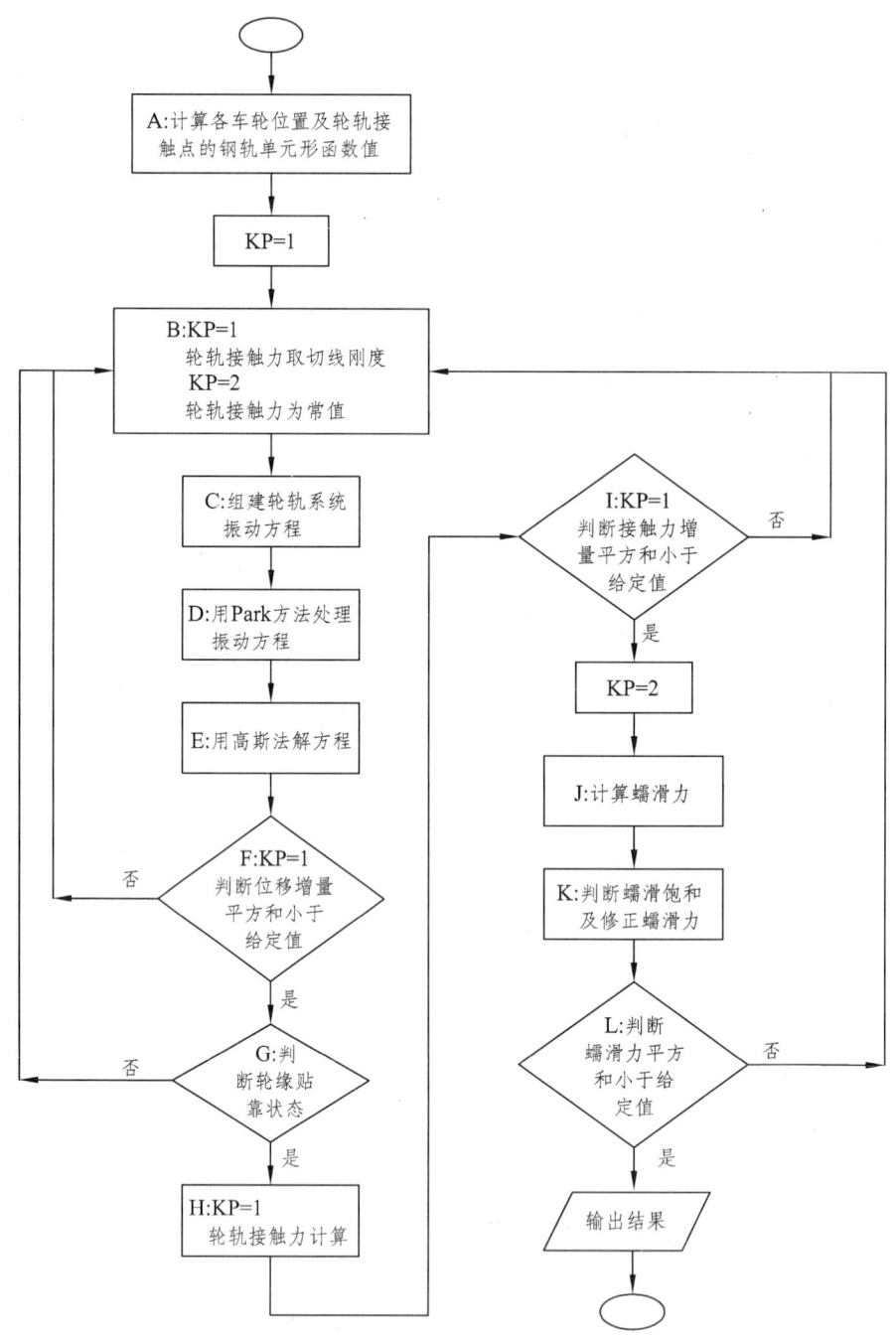

图 5-22 Park 方法求解振动方程程序段框图

程序中线路曲线半径、轨道垂向和横向不平顺可任意选择,且内外轨不平顺可以不一样。运算结果输出为轮轨间蠕滑力、轮轨垂向力、轮缘力,车辆及轨道振动的力、位移、速度和振动加速度等。

(五) 计算方法的参数选择

正式进行计算之前,除对车辆、轨道系统中各有关结构参数要进行研究和选择外,须对程序计算结果进行校验,并进行数值试验,选择与计算方法有关的合适的计算参数,如积分步长、收敛精度、模型长度等。

1. 积分步长

Park 方法是无条件稳定的,任意积分步长都能计算出结果。但步长增加时算法阻尼增大,步长太小耗费机时且增加舍入误差,因此必须根据求解的频率范围选择合适的步长。根据 Park 方法算法阻尼与积分步长的关系,对应振幅误差率小于 2.5% 的最高振型频率为 $0.1/\Delta t$ (Hz),对应振幅误差率小于 15% 的最高振型频率为 $0.15/\Delta t$ (Hz)。如积分步长取为 0.001 s,则对应 100 Hz 振型的振幅误差率为 2.5%,对应 150 Hz 的振型的振幅误率为 15%。如要确保 400 Hz 以内的振幅误差率小于 2.5%,则积分步长应小于 0.000 25 s。

实际计算中,为节省机时,根据不平顺的长度和列车速度进行时间步长数值试验。步长从 0.001 s 开始反复折半,计算出 2~3 组结果,当前后两组结果的误差在 5%~10% 以内时,认为步长是合适的。

2. 迭代误差限

迭代误差限依据节省机时且又满足最终结果精度的原则而确定。在轮轨非线性接触力的迭代过程中,首先控制广义位移列阵(含位移、转角)中各元素的精度,使位移增量列阵的 2-范数小于 10^{-8},即:

$$\sum_{i=1}^{11N+14} \mathrm{d}u_i^2 \leqslant 10^{-8} \tag{5-83}$$

相当于各位移、转角的精度为 $10^{-6} \sim 10^{-7}$,力的精度为 $10^{-4} \sim 10^{-5}$。当位移增量满足精度时,判断轮轨接触力的精度,如前后两次接触力值的相对误差小于 1%,即:

$$\frac{\sum_{i=1}^{4}(P_{i(k+1)}-P_{ik})^2}{\sum_{i=1}^{4}P_{i(k+1)}^2} \leqslant 0.01 \tag{5-84}$$

则接触力迭代结束,接触力按常值处理,继续进行蠕滑力迭代循环。

蠕滑力迭代循环中，控制轮轨间纵向和横向蠕滑力的精度，如前后两次蠕滑力值的相对误差小于1%，即：

$$\frac{\sum_{i=1}^{4}(T_{1i(k+1)}-T_{1ik})^2+(T_{2i(k+1)}-T_{2ik})^2}{\sum_{i=1}^{4}T_{1i(k+1)}^2+T_{2i(k+1)}^2} \leqslant 0.01 \qquad (5-85)$$

则蠕滑力迭代结束，进入下一时间步长循环。

3. 轨道计算跨数选取

如轨道计算段两端采用无限单元，则基本上消除了模型的边界效应，轨道的截取长度只取决于不平顺的长度和车轮驶出不平顺后振动的持续距离。在分析频率小于 200 Hz 时，车轮驶出不平顺后 2~3 个周期内振动即衰减到可忽略的程度，因此，对于低频段振动，不平顺以外保留 1~2 m 长的轨道就能取得足够的计算精度。

分别取不同的轨道长度（20，25，30 枕），计算出一些主要参量进行比较，当两种轨道长度下计算结果最大误差不超过 5% 时，说明轨道长度满足精度要求。

第六章 车辆-轨道-路基系统动力学的应用研究

车辆-轨道-路基系统动力学具有十分广泛的应用前景,在第一章的最后就列出了 8 个主要相关的应用领域或需要解决的问题,而且这些方面目前均有不同程度的研究和应用。在有关轮轨系统随机振动特性、车辆结构设计、轨道刚度及过渡段分析、道岔动力仿真及设计、轨道病害成因研究、路基动力特性研究和应用方面都有较大的进展,在动力学选线设计中的应用也已开始。本章中择其主要的应用研究情况加以介绍。

第一节 车辆-轨道-路基振动系统中的参数

在进行结构系统的振动分析时,不仅要根据实际情况建立或选择合适的振动分析模型,建立或选择稳定准确的计算方法,而且振动分析中的相关参数选择也尤其重要。许多情况下,计算参数选择的偏差还会造成计算结果的较大误差甚至失真,其影响可能超过模型化所造成的误差。另一方面,振动分析模型的选择往往也受制于计算参数,有些分析模型看上去十分合理和详尽,但涉及的计算参数太多,其中某些对计算结果有较大影响的参数还难以测试或确定,则该模型是不可取的。因此,对计算参数的研究和合理选择是有效地进行系统振动研究的最重要的环节之一。

一、车辆结构参数的选择

车辆被简化为由质量、弹簧和阻尼器组成的多刚体系统,因此其主要结构参数为轮对、转向架构架、车体各部分的质量和转动惯量,以及联系各部分结构的一系、二系悬挂的刚度和阻尼参数。不同的车辆具有不同的计算参数,应当根据研究中所选择的车型来确定相关的计算参数。由于车辆是机械结构,所以其参数相对易于确定。以下根据作者多年来在进行相关研究过程中的计算结果，列出了几种典型机车（或动车）、车辆的结构参数，仅供参考。

货车转向架通常不设一系悬挂，为保持振动计算程序的通用性，将货车一系悬挂的垂向刚度取大值处理。二系悬挂的减振器如为摩擦减振器，则将其摩擦力进行线性化处理后转化为线性阻尼。二系悬挂如为摇枕式结构，其横向刚度依据计算得到。

韶山 8（SS_8）型电力机车、德国 ICE 高速动车及法国 TGV 高速动车的转向架均为两轴转向架，在进行动力计算时可视为车辆处理，只是因为机车或动车的轮对上悬挂有牵引电机，所以在计算各部分的参数时，将电机质量的 2/3 加于转向架构架上，而另外的 1/3 加于轮对上。

韶山 1 和韶山 3 型电力机车的转向架为三轴转向架，因此计算程序应进行相应的修改，增加转向架上中间轮对的振动自由度。但是，三轴转向架的中间轴一般具有一定的横动量，可以在一定范围内自由地横向移动，故在计算中应当加以考虑。

事实上，机车动力学和车辆动力学的差异不在于转向架是两轴还是三轴，机车动力学除研究车辆动力学中的内容以外，最主要的差异在于还要研究轮轨间的黏着与滑动关系、牵引和制动等与列车运行动力有关的问题。

表 6-1　货车（配新转 8A 转向架）计算参数取值

参数名称	单位	取值	参数名称	单位	取值
车速	km/h	≤80	轴重	kN	210
车体质量	t	76	构架质量	t	2.0
构架摇头惯量	t·m²	2.66	构架侧滚惯量	t·m²	1.36
构架点头惯量	t·m²	2.64	轮对质量	t	1.0
轮对摇头惯量	t·m²	0.96	固定轴距	m	1.75
车轮名义半径	m	0.42	一系悬挂横向距	m	1.944
二系垂向刚度	kN/m	5.38×10^3	二系横向刚度	kN/m	4.5×10^4
二系垂向阻尼	kN·s/m	150	一系垂向刚度	kN/m	1.0×10^8
一系横向刚度	kN/m	2.0×10^4	一系纵向刚度	kN/m	2.0×10^4

表 6-2 客车（配 202 转向架）**计算参数**

参数名称	单位	取值	参数名称	单位	取值
车速	km/h	≤120	轴重	kN	150
车体质量	t	47.6	构架质量	t	3.0
构架摇头惯量	t·m^2	3.2	构架侧滚惯量	t·m^2	1.6
构架点头惯量	t·m^2	3.0	轮对质量	t	1.6
轮对摇头惯量	t·m^2	1.5	固定轴距	m	2.4
车轮名义半径	m	0.46	一系悬挂横向距	m	2.0
二系垂向刚度	kN/m	1.11×10^3	二系横向刚度	kN/m	4.5×10^4
二系垂向阻尼	kN·s/m	100	一系垂向刚度	kN/m	1.0×10^3
一系横向刚度	kN/m	1.5×10^4	一系纵向刚度	kN/m	1.5×10^4

表 6-3 韶山 8（SS$_8$）**型机车结构参数取值**

参数名称	单位	取值	参数名称	单位	取值
车速	km/h	≤170	轴重	kN	215
车体质量	t	47.6	构架质量	t	12.7
构架摇头惯量	t·m^2	22.3	构架侧滚惯量	t·m^2	9.5
构架点头惯量	t·m^2	21.7	轮对质量	t	3.7
轮对摇头惯量	t·m^2	2.5	固定轴距	m	2.9
车钩中心距	m	17.52	转向架中心距	m	9.0
一系悬挂横向距	m	2.1	车轮名义半径	m	0.46
二系悬挂横向距	m	2.25	二系垂向刚度	kN/m	2.12×10^3
二系横向刚度	kN/m	4.5×10^4	二系垂向阻尼	kN·s/m	240
二系侧滚角刚度	kN·m/rad	9.45×10^3	二系点头角刚度	kN·m/rad	315
二系侧滚阻尼矩	kN/rad	1.16×10^3	一系垂向刚度	kN/m	1.66×10^3
一系横向刚度	kN/m	1.5×10^4	一系纵向刚度	kN/m	1.5×10^4
一系垂向阻尼	kN·s/m	60			

表 6-4　德国 ICE 动车结构参数取值

参数名称	单位	取值	参数名称	单位	取值
车速	km/h	≤300	轴重	kN	195
车体质量	t	58.8	构架质量	t	5.35
构架摇头惯量	t·m²	5.8	构架侧滚惯量	t·m²	2.79
构架点头惯量	t·m²	5.46	轮对质量	t	2.2
轮对摇头惯量	t·m²	1.2	固定轴距	m	3.0
车轮名义半径	m	0.46	一系悬挂横向距	m	2.0
车钩中心距	m	20.56	转向架中心距	m	11.46
二系悬挂横向距	m	2.2	二系垂向刚度	kN/m	1.52×10^3
二系横向刚度	kN/m	4.5×10^4	二系垂向阻尼	kN·s/m	90
二系侧滚角刚度	kN·m/rad	1.98×10^3	二系点头角刚度	kN·m/rad	1.98×10^3
二系侧滚阻尼矩	kN/rad	117.4	一系垂向刚度	kN/m	2.42×10^3
一系横向刚度	kN/m	1.5×10^4	一系纵向刚度	kN/m	1.5×10^4
一系垂向阻尼	kN·s/m	30			

表 6-5　法国 TGV 动车结构参数取值

参数名称	单位	取值	参数名称	单位	取值
车速	km/h	≤300	轴重	kN	170
车体质量	t	53.5	构架质量	t	3.26
构架摇头惯量	t·m²	3.85	构架侧滚惯量	t·m²	2.13
构架点头惯量	t·m²	3.33	轮对质量	t	2.0
轮对摇头惯量	t·m²	1.1	固定轴距	m	3.0
车轮名义半径	m	0.46	一系悬挂横向距	m	2.0
二系悬挂横向距	m	2.2	二系垂向刚度	kN/m	3.28×10^3
二系横向刚度	kN/m	4.5×10^4	二系垂向阻尼	kN·s/m	30
一系垂向刚度	kN/m	1.31×10^3	一系垂向阻尼	kN·s/m	90

表 6-6 韶山 1 型（SS_1）机车主要参数取值

参数名称	单 位	取 值	参数名称	单 位	取 值
车速	km/h	≤90	轴重	kN	225
车体质量	t	76.33	构架质量	t	13.04
构架摇头惯量	t·m²	83.0	构架侧滚惯量	t·m²	5.34
构架点头惯量	t·m²	79.1	轮对质量	t	5.93
轮对摇头惯量	t·m²	1.73	固定轴距	m	4.6
车轮名义半径	m	0.625	一系悬挂横向距	m	2.11
车钩中心距	m	20.37	转向架中心距	m	10.02
二系垂向刚度	kN/m	8.18×10^3	二系横向刚度	kN/m	3.8×10^3
二系摇头角刚度	kN·m/rad	5.39×10^3	二系点头角刚度	kN·m/rad	1.34×10^4
二系侧滚角刚度	kN·m/rad	4.19×10^3	一系垂向刚度	kN/m	601
一系横向刚度	kN/m	1.0×10^4	一系纵向刚度	kN/m	1.0×10^4
一系垂向阻尼	kN·s/m	100			

表 6-7 韶山 3 型（SS_3）机车主要参数取值

参数名称	单 位	取 值	参数名称	单 位	取 值
车速	km/h	≤100	轴重	kN	225
车体质量	t	76.0	构架质量	t	12.64
构架摇头惯量	t·m²	77.6	构架侧滚惯量	t·m²	5.2
构架点头惯量	t·m²	74.0	轮对质量	t	6.12
轮对摇头惯量	t·m²	1.75	固定轴距	m	4.3
车轮名义半径	m	0.625	一系悬挂横向距	m	2.11
车钩中心距	m	21.42	转向架中心距	m	11.64
二系垂向刚度	kN/m	3.4×10^5	二系横向刚度	kN/m	3.8×10^3
二系摇头角刚度	kN·m/rad	5.39×10^3	二系点头角刚度	kN·m/rad	3.6×10^5
二系侧滚角刚度	kN·m/rad	3.8×10^5	一系垂向刚度	kN/m	1.1×10^3
一系横向刚度	kN/m	2.0×10^4	一系纵向刚度	kN/m	2.0×10^4
一系垂向阻尼	kN·s/m	100			

二、轮轨作用关系及不平顺参数的选择

轮轨作用关系包括轮轨间的接触力、接触位置、蠕滑力、轮缘力以及轮轨不平顺等方面的内容。

轮轨间的接触力依据车轮半径、轨头半径及轮轨间垂向力按赫兹接触理论进行计算。进行接触弹簧线性化处理时，取静轮载条件下的接触弹簧刚度，其计算方法已在第五章第一节中进行了描述。

当考虑钢轨翻转时，轮轨间的接触位置要随时重新计算，其计算方法可以参考有关轮轨接触几何学的相关内容。由于在轮轨系统动力分析中，考虑钢轨翻转和轮轨接触点变化的时间并不多，接触点位置的影响一般也认为比较小，此处也就不再加以介绍。

轮轨间的蠕滑力依据 Kalker 线性蠕滑理论进行计算，计算中应考虑轮轨接触力的变化，按 Johnson 三次曲线进行修正，有关计算方法已在相关章节中进行了介绍。蠕滑力饱和判断中，涉及轮轨踏面间的摩擦系数也就是轮轨黏着系数，一般情况下在 0.2~0.3 间选用，特殊情况下最大可取为 0.33，即钢轨头部最大剪应力出现在表面的情况。

当轮缘与钢轨发生贴靠时，轮缘摩擦系数一般取为 0.25~0.3，轮缘进行涂油等润滑时，摩擦系数可降至 0.1~0.15。

轮轨间的游间取为正常值，机车 16 mm、车辆 14 mm，有轨距加宽或轨距不平顺时，应将不平顺的影响计入钢轨的横向不平顺中，而在游间中不再计入轨道不平顺。

轮轨间的不平顺是一个比较复杂的问题，也是轮轨系统动力分析中主要的激振源，因此在计算中应进行适当地有针对性地选择。轮轨间的不平顺主要分为车轮不平顺和轨道不平顺两方面。

车轮不平顺主要考虑车轮不圆和车轮扁疤两类。车轮不圆可处理为车轮周期性的垂向位移，一般以不平顺沿轮周的长度和最大不平顺矢度按余弦函数计算。

$$\eta_w = \frac{\delta_w}{2}\left(1 - \cos\frac{2\pi x_w}{L_{\eta w}}\right) \quad (6-1)$$

式中　　δ_w——车轮不圆的矢度；

$L_{\eta w}$——车轮不圆沿周长方向的长度；

x_w——车轮自不圆顺起点所滚过的距离。

当采用轮对进行计算时，应同时对轮对垂向位移和轮对侧滚角施加周期激励。

$$\left.\begin{array}{l}z_{w}=z_{w}+\dfrac{1}{2}(\eta_{w1}+\eta_{w2})\\ \psi_{w}=\psi_{w}+\dfrac{1}{2b}(\eta_{w1}+\eta_{w2})\end{array}\right\}\qquad(6-2)$$

式中 z_w, ψ_w ——分别为轮对的垂向和侧滚位移；

η_{w1}, η_{w2} ——分别为左侧（或曲线外轨上）或右侧（或曲线内轨上）车轮的不圆顺值，以半径增大为正；

b ——两股钢轨中心距之一半。

但是，上述处理在程序实现中比较麻烦，也可采用将车轮不圆顺转移成为钢轨上的周期性轨面垂向不平顺的处理办法，其计算结果没有明显差异。

车轮上的扁疤不平顺在系统振动分析中理论上是可以考虑的，但扁疤不平顺会造成轮轨间的冲击作用，在计算程序中较难处理，且计算冲击时要求考虑较高频率范围的振动，时域计算中的时间步长应取得很小，毫秒级的时间步长是很难计算出正确结果的，一般应将时间步长取至微秒级，所以计算的实现十分困难。

轨道不平顺大致可分为三大类，即长波、短波和脉冲不平顺。长波不平顺主要是指波长大于转向架固定轴距的不平顺，包括轨道上的高低、轨距、水平（含扭曲）、轨向四种不平顺，以及四种长波不平顺的组合与叠加，即所谓的复合不平顺。短波不平顺是指波长短于转向架固定轴距的不平顺，主要是钢轨接头附近的高低、轨向和轨距等不平顺。脉冲不平顺主要为轨面的擦伤、剥离、普通接头处形成的台阶和折角、焊接接头处形成的低凹等不平顺。与车轮扁疤相类似，轨面脉冲不平顺会引发轮轨间的冲击，对振动计算的要求较高而实现较难。

除脉冲不平顺外，轨道长短波不平顺一般采用余弦函数模拟，如对高低不平顺，则有

$$\eta_r = \dfrac{\Delta}{2}\left(1-\cos\dfrac{2\pi x}{l}\right) \qquad (6-3)$$

式中 Δ, l ——分别为高低不平顺的幅值和波长，以轨面下凹为正。

轨道不平顺的表达方式分为两类，一是定值表达，二是随机表达。

轨道不平顺采用定值表达时，长、短波不平顺的波长和幅值参照铁路轨道的相关维修标准取值，或者针对需要研究的问题拟定。

轨道不平顺采用随机表达即为轨道不平顺的单边功率谱密度（PSD），简称为轨道谱。通过对实际轨道不平顺进行大量的实测统计，计算出不同波长不平

顺的功率谱密度。轨道谱一般按不平顺种类分别给出，因大量测试必须使用轨检车进行，而目前轨检车对短波不平顺还不适应或试测精度有限，所以应用中的轨道谱多数是不包括短波的长波不平顺谱。许多国家对轨道谱都进行过系统的研究，并提出供研究和设计用的轨道谱表达式，我国也正在积极地进行轨道谱的测试和研究，但尚未形成统一的可供实际应用的轨道谱表达式。

以下分别介绍比较典型的美国、德国、日本的轨道谱及我国在提速干线上实测统计后初步得到的轨道谱表达式，供随机振动分析或时域振动分析中需要按不平顺谱求取轨道不平顺时域样本时参考使用。

1. 美国轨道不平顺谱

美国运输部联邦铁路总署制定的铁路安全法规中，将美国铁路按轨道不平顺状态的安全限度和相应的允许速度分为 6 个等级，1998 年增补了 3 个高速等级后变为 9 个等级。在大约 10 万 km 的各级线路上，每个等级选取 5~10 个 8~16 km 的区段进行轨道不平顺检测、计算和统计分析，得到轨道不平顺的功率谱拟合表达为：

高低不平顺：

$$S_\mathrm{v}(\Omega) = \frac{kA_\mathrm{v}\Omega_\mathrm{c}^2}{\Omega^2(\Omega^2+\Omega_\mathrm{c}^2)} \tag{6-4}$$

轨向不平顺：

$$S_\mathrm{a}(\Omega) = \frac{kA_\mathrm{a}\Omega_\mathrm{c}^2}{\Omega^2(\Omega^2+\Omega_\mathrm{c}^2)} \tag{6-5}$$

水平和轨距不平顺：

$$S_\mathrm{c}(\Omega) = S_\mathrm{g}(\Omega) = \frac{4kA_\mathrm{v}\Omega_\mathrm{c}^2}{(\Omega^2+\Omega_\mathrm{c}^2)(\Omega^2+\Omega_\mathrm{s}^2)} \tag{6-6}$$

式（6-4），（6-5），（6-6）中， S ——轨道不平顺功率谱，单位为 $\mathrm{cm}^2 \cdot \mathrm{m/rad}$；

Ω ——不平顺的空间角频率，单位为 rad/m；

$\Omega_\mathrm{c}, \Omega_\mathrm{s}$ ——截断频率，单位为 rad/m；

k ——安全系数，$k=0.75$ 时计算结果与实测值接近，$k=1$ 偏向安全；

$A_\mathrm{v}, A_\mathrm{a}$ ——轨道不平顺谱的粗糙度常数。

轨道谱相关的各种参数如表 6-8 中所列。

表 6-8　美国轨道不平顺谱参数（1～6 级轨道）

符号	单位	1 级	2 级	3 级	4 级	5 级	6 级
A_v	cm²·m/rad	1.210 7	1.018 1	0.681 6	0.537 6	0.209 5	0.033 9
A_a	cm²·m/rad	3.363 4	1.210 7	0.412 8	0.302 7	0.076 2	0.033 9
Ω_s	rad/m	0.604 6	0.930 8	0.852 0	1.131 2	0.829	0.438 0
Ω_c	rad/m	0.824 5	0.824 5	0.824 5	0.824 5	0.824 5	0.824 5
货车允许速度	km/h	16	40	64	96	128	176
客车允许速度	km/h	24	48	96	128	144	176

2. 德国轨道不平顺谱

20 世纪 80 年代初，德国在进行高速列车的理论研究时，采用的轨道不平顺谱拟合公式为：

高低不平顺：

$$S_v(\Omega) = \frac{A_v \Omega_c^2}{(\Omega^2 + \Omega_r^2)(\Omega^2 + \Omega_c^2)} \tag{6-7}$$

轨向不平顺：

$$S_a(\Omega) = \frac{A_a \Omega_c^2}{(\Omega^2 + \Omega_r^2)(\Omega^2 + \Omega_c^2)} \tag{6-8}$$

水平不平顺：

$$S_c(\Omega) = \frac{A_v b^{-2} \Omega_c^2 \Omega^2}{(\Omega^2 + \Omega_r^2)(\Omega^2 + \Omega_c^2)(\Omega^2 + \Omega_s^2)} \tag{6-9}$$

式（6-7），（6-8），（6-9）中，S——轨道不平顺功率谱，单位为 m²·m/rad；

Ω——不平顺空间角频率，单位为 rad/m；

Ω_c，Ω_s，Ω_r——截断频率，单位为 rad/m；

b——车轮名义滚动圆距离之半，取 0.75 m；

A_v, A_a——轨道不平顺谱的粗糙度系数。

各相关参数如表 6-9 所列。

表 6-9 德国轨道谱粗糙度系数及截断频率

参数	Ω_c	Ω_r	Ω_s	A_a	A_v
单位	rad/m	rad/m	rad/m	$m^2 \cdot rad/m$	$m^2 \cdot rad/m$
低干扰系数	0.824 6	0.020 6	0.438 0	4.032×10^{-7}	2.119×10^{-7}
高干扰系数	0.824 6	0.020 6	0.438 0	10.80×10^{-7}	6.125×10^{-7}

3. 日本轨道不平顺谱

1980 年前后，日本在轨道不平顺 P 值为 25～35 的线路上，测取的 50 多个 500 m 长区段的轨道不平顺，得到轨向、水平、高低三种轨道不平顺谱的拟合表达式：

$$S(f) = \frac{A}{f^n} \tag{6-10}$$

式中　$S(f)$——轨道不平顺谱函数，单位为 $mm^2 \cdot m/r$；

　　　　f——不平顺的空间频率，单位为 m^{-1}；

　　　　A，n——不平顺谱的系数，如表 6-10 所列。

表 6-10 日本轨道不平顺谱系数

不平顺种类	轨道状态	短波		长波	
		A	n	A	n
轨向	好	0.17	2.05	0.006 5	3.06
	中	0.12	2.25	0.003 9	3.45
	差	0.27	2.25	0.002 9	3.64
水平	好			0.18	1.79
	中			0.25	1.78
	差			0.12	2.12
高低	好	0.008 3	3.1	0.14	1.97
	中	0.004 6	3.14	0.18	2.05
	差	0.004 6	3.24	0.45	1.89

4. 我国的轨道谱

1999 年铁道科学研究院对我国主要干线不同轨道结构、质量状态进行了较为系统的测试，得到了高低、水平和轨向不平顺谱的拟合表达式：

$$S(f) = \frac{A(f^2 + Bf + C)}{f^4 + Df^3 + Ef^2 + Ff + G} \tag{6-11}$$

式中　$S(f)$——轨道不平顺功率谱，单位为 $mm^2 \cdot m$；
　　　f——不平顺空间频率，单位为 m^{-1}；
　　　A，B，C，D，D，F，G——轨道不平顺谱系数。

表 6-11 给出了我国京哈、京广、京沪三大重载提速干线的轨道谱拟合曲线的特征系数。

表 6-11　我国提速干线轨道谱的拟合曲线特征系数

参　数	A	B	C	D	E	F	G
高低	0.665 0	-1.435 7	0.573 7	0.813 8	1.912 3	-0.123 4	0.006 3
轨向	0.705 2	-1.625 3	0.715 1	-2.597 7	3.712 8	-0.269 1	0.011 2
水平	0.121 4	-2.160 3	2.021 4	4.508 9	2.222 7	-0.039 6	0.007 3

三、轨道、路基结构参数的选择

我国目前的有砟轨道的轨道结构主要采用 60 kg/m 钢轨，弹条Ⅰ，Ⅱ，Ⅲ型扣件，Ⅱ，Ⅲ型预应力混凝土轨枕，厚度 35 cm 级配 25～70 mm、顶宽 3.1 m、边坡 1∶1.75 的碎石道床，其各种结构参数的取值参见表 6-12、表 6-13 所列。

表 6-12　60 kg/m 钢轨、Ⅱ型枕轨道主要计算参数取值

参数名称	单　位	取　值	参数名称	单　位	取　值
钢轨质量	t/m	0.060 64	钢轨垂向抗弯刚度	$kN \cdot m^2$	6.76×10^3
钢轨横向抗弯刚度	$kN \cdot m^2$	1.1×10^3	一组扣件的垂向刚度	kN/mm	50～80
一组扣件的垂向阻尼	$kN \cdot s/m$	40～70	一组扣件的横向刚度	kN/mm	40～80
一组扣件的横向阻尼	$kN \cdot s/m$	15～30	轨枕间距	m	0.575
轨枕质量	t	0.237	轨枕侧滚惯量	$t \cdot m^2$	0.13
半枕下道床的参振质量	t	0.26	半枕下道床的垂向刚度	kN/mm	100～300
半枕下道床的垂向阻尼	$kN \cdot s/m$	80～120	道床的横向刚度	kN/mm	40
道床横向阻尼	$kN \cdot s/m$	25	半枕下路基的垂向刚度	kN/mm	70
半枕下路基的垂向阻尼	$kN \cdot s/m$	80			

表 6-13 60 kg/m 钢轨、Ⅲ型枕轨道主要结构参数取值

参数名称	单位	取值	参数名称	单位	取值
钢轨质量	t/m	0.060 64	钢轨垂向抗弯刚度	kN·m²	6.76×10^3
钢轨横向抗弯刚度	kN·m²	1.1×10^3	一组扣件的垂向刚度	kN/mm	50~80
一组扣件的垂向阻尼	kN·s/m	40~70	一组扣件的横向刚度	kN/mm	40~80
一组扣件的横向阻尼	kN·s/m	15~30	轨枕间距	m	0.625
轨枕质量	t	0.32	轨枕侧滚惯量	t·m²	0.18
半枕下道床的参振质量	t	0.37	半枕下道床的垂向刚度	kN/mm	100~400
半枕下道床的垂向阻尼	kN·s/m	90~150	道床的横向刚度	kN/mm	60
道床横向阻尼	kN·s/m	30	半枕下路基的垂向刚度	kN/mm	80
半枕下路基的垂向阻尼	kN·s/m	90			

扣件的刚度为扣压件和轨下胶垫的刚度之和,对不同形式的扣件和轨下胶垫取值不同。由于提速和高速铁路运输的发展,我国对扣件的刚度越来越重视,对各种轨道的扣件刚度规定值也逐渐明确,可参考表 6-14 选取。对扣件的动刚度也进行了一定程度的研究,结果表明,动刚度约为静刚度的 1.2~1.5 倍。但对扣件的阻尼却缺乏较系统的研究,阻尼的取值主要依据阻尼比进行选配。

表 6-14 不同线路的扣件刚度参考值   kN/mm

重载线路轨道	70~90
客货混跑有砟轨道	50~80
客专有砟轨道	50~70
客专无砟轨道	30~50

石砟道床的刚度变化范围比较大,刚清筛过的道床的刚度较小,可能小于表 6-11 和 6-12 中所列的下限值,而随着道床在运营过程中的逐步板结,道床刚度逐渐增大,可能高于表中所列的上限值。实际计算时,如没有道床刚度的实测资料,可以取道床刚度的中间值。对于石砟道床的阻尼,国内外的

研究均不是很充分，阻尼值的选取也出入较大，通常情况下可根据阻尼比 0.3 进行选配。

路基的计算参数主要包括路基填料的弹性模量、密度、阻尼比等，其取值参考表 6-15 中所列数值进行。

表 6-15　路基相关参数的取值范围

参数部位	弹性模量/MPa	K_{30}值/(MPa/m)	泊松比	密度/(t/m³)	内摩擦角/(°)	阻尼比
道床	150~200	—	0.35~0.3	1.8~2.0	30~45	0.3
路基表层	60~180	190~220	0.3	1.95~2.3	27~30	0.45
路基底层	40~160	170~190	0.3	1.8~2.2	25~28	0.39
路堤下部	20~100	150~170	0.3~0.37	1.7~2.1	22~25	0.35
地基	20~60	—	0.3~0.37	1.8~1.85	18~21	0.35

第二节　轨道合理刚度及其匹配关系的研究

关于轨道合理刚度的研究，是车辆-轨道-路基系统动力学的一个重要的应用研究。随着列车速度的提高，轨道刚度对行车条件下的轮轨动力不平顺作用的影响越来越显著，合理的轨道刚度也更加受到重视。轨道刚度问题包括三个方面的问题：一是针对既定的运营条件轨道刚度的合理取值范围；二是轨道刚度在各层的合理分布和匹配关系；三是在各种轨道过渡段上，轨道刚度变化率的合理限值。

一、计算模型与方法

选用半车车辆-弹性点支承轨道垂向耦合振动空间模型。考虑半个车体和一个转向架，车体具有沉浮和侧滚 2 个自由度，车体与构架间为二系悬挂的弹簧和阻尼元件。转向架构架具有沉浮、侧滚、点头 3 个自由度，构架与轮对间设置一系弹簧和阻尼元件。每个轮对具有沉浮和侧滚 2 个自由度。车辆总自由度数为 9 个。

计算中车辆参数参照韶山 8 型机车选取。

轮轨间依据赫兹接触弹簧并进行线性简化，联系车辆与轨道间的振动，考虑直线地段轨道,在其中一股钢轨上设置正弦型垂向周期性不平顺对轮轨系统进行稳态激振,不平顺波深取为 1 mm,用波长和车速计算激振频率,对系统直接进行频域内的振动分析,得到轮轨系统中各振动变量随激振频率的变化情况。

计算过程中车辆模型施加于轨道的固定点上,车辆和轨道均不移动,而将轨面不平顺依据车速转化为时间的函数。

轨道参数参照 60 kg/m 钢轨、Ⅲ型枕轨道选取。轨道取 20 根轨枕的长度,钢轨在模型边界处为自由端。钢轨简化为弹性点支承上的欧拉梁,每一枕跨为一单元,两股钢轨共有 80 个自由度。扣件简化为弹簧和阻尼元件。轨枕视为刚体,每一轨枕具有沉浮和侧滚 2 个自由度,轨枕共有 40 个自由度。轨枕与道床间设置由道床台体计算得到的弹簧和阻尼元件。道床视简化为质量块,质量按台体质量进行计算,每一轨枕在钢轨正下方悬挂两个道床质量,每一道床质量具有沉浮位移,道床自由度共计 40 个。路基简化为弹簧和阻尼元件。

计算模型总自由度数为 169 个。

建立振动方程后,依据稳态解的指数表达式,将以偏微分表达的振动方程组转化为复系数的代数方程组,而后进行求解(参考第五章第四节第三部分中的相关内容)。

二、轨道各部刚度对轨道振动的影响

1. 扣件刚度

在其他参数不变化情况下,单独改变扣件刚度,在扣件刚度 40~160 kN/mm 范围内,研究轨道动力特性的变化规律,计算得到轨道各部动压力在同相共振峰和反向共振峰处的影响规律如图 6-1 所示。由计算结果的分析可见:

① 在 30 Hz 附近同相共振峰以下频段,扣件刚度对动压力的影响不明显。在 30 Hz 附近同相共振峰及 100 Hz 附近反相共振峰处,扣件刚度对各部动压力均有较明显的影响,两峰值处的动压力随着扣件刚度的增加总是增加的。

② 在所分析的频率和刚度范围内,扣件刚度越小,枕下动压力就越小。在 0~200 Hz 内,轮轨、枕上及基面动压力随扣件刚度变化分为两段:在 30 Hz 以下,动压力随扣件刚度加大而增加;在 30 Hz 以上,动压力随扣件刚度加大而减小。

③ 在 30 Hz 附近同相共振峰以下频段,扣件刚度对钢轨动位移有一定影响,但对轨枕及道床动位移影响不明显。在 30 Hz 同相共振峰附近,各部动位移峰值均十分明显;在 100 Hz 反相共振峰附近,轨枕和道床动位移峰值也十分明显,但钢轨动位移峰值不明显。

④ 在所分析的频率范围和刚度范围内,轨枕和道床动位移随扣件刚度增加而增加,但钢轨动位移随扣件刚度增加而减小,只是在同相共振峰后的一个较小频段内出现相反的情形。

⑤ 在 30 Hz 附近同相共振峰以下频段,扣件刚度对各部振动加速度的影响不明显。30 Hz 附近同相共振峰处,加速度存在微小峰值,但不明显;100 Hz 附近共振峰处,轨枕和道床加速度出现较大峰值,但钢轨加速度峰值不明显。

⑥ 扣件刚度增加,轨枕和道床加速度增大,而钢轨加速度减小,但在同相共振峰后的微小频段上,钢轨加速度表现出相反的变化情况。

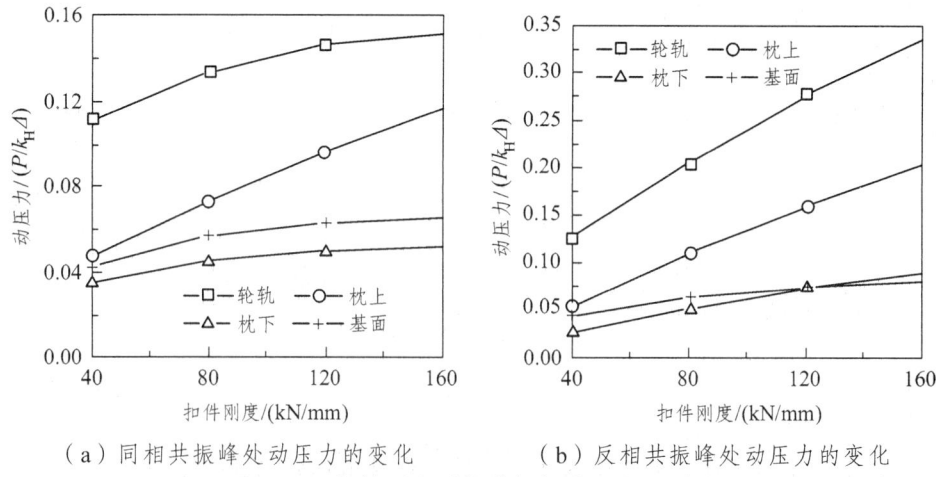

(a) 同相共振峰处动压力的变化　　(b) 反相共振峰处动压力的变化

图 6-1　扣件刚度对轨道各部动压力的影响

2. 道床刚度

在其他参数不变化情况下,单独改变道床刚度,在道床刚度(半枕)100～400 kN/mm 范围内,研究轨道动力特性的变化规律,计算得到轨道各部动压力在同相共振峰和反向共振峰处的影响规律如图 6-2 所示。由计算结果的分析可见:

① 在 30 Hz 附近同相共振峰以下频段上,道床刚度的变化对各部压力影响不明显,在同相共振峰及以上频段,道床刚度均有一定影响。

② 在同相及反相共振峰附近,道床刚度越小,各动压力值越小;在反相共振峰后的 100 Hz 左右,轮轨动压力和枕上动压力出现相反的变化趋势。

③ 道床刚度对轨枕和道床动位移影响较大,而对钢轨动位移影响较小,但在 30 Hz 以内对道床位移影响不大。随道床刚度加大,轨枕动位移减小,而道床动位移增加。

④ 道床刚度对钢轨振动加速度影响不明显。随道床刚度加大,轨枕加速度减小而道床加速度增加。

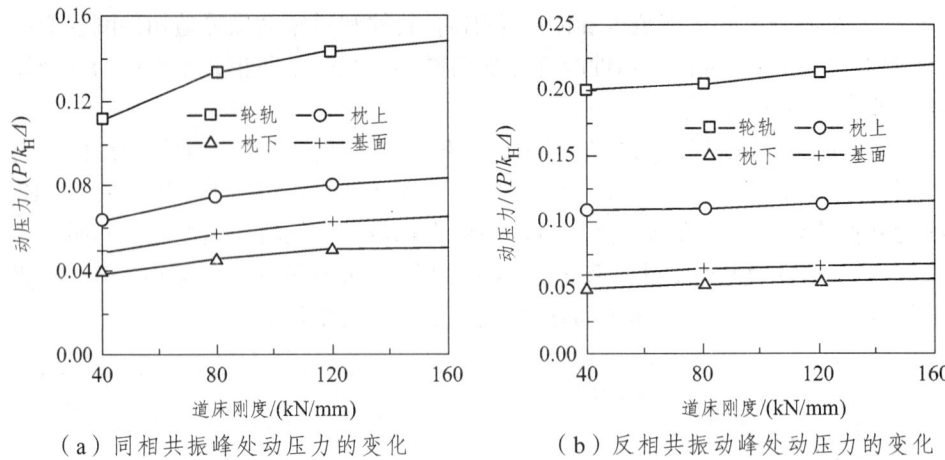

(a)同相共振峰处动压力的变化　　　(b)反相共振动峰处动压力的变化

图 6-2　道床刚度对轨道各部动压力的影响关系

三、轨道刚度的合理取值范围及匹配关系

同相共振峰是车辆-轨道系统发生同向位移条件下各振动变量可能出现的最大值,其频率点是考虑车辆影响时轨道振动的基频,同相振动是轨道不平顺引起的主要振动形式。因此,有理由将轨道刚度优化的频率点选择在同相共振动峰处。

为了对扣件刚度、道床刚度及其比值发生变化时轨道中的各种振动变量进行定量比较,特别定义了振动变量对刚度或刚度比值的敏感系数。设轨道刚度(或扣件或道床刚度)K 从 K_1 变化至 K_2,由此而引起某一振动变量 D 在同相共振峰处从 D_1 变化至 D_2,则定义如下的无量纲参数为敏感系数。即:

$$\zeta_D = \frac{(D_2-D_1)/(D_1+D_2)}{(K_2-K_1)/(K_1+K_2)} \quad (6-12)$$

敏感系数的含义是:刚度变化 100% 时振动变量变化的百分比。分析刚度匹配对轨道动力特性的影响时,轨道总刚度不变,扣件刚度与道床刚度的比值 η 发生变化,此时定义敏感系数为振动变量在同相共振峰处的变化率与 η 变化率的比值。即:

$$\zeta_\eta = \frac{(D_2-D_1)/(D_1+D_2)}{(\eta_2-\eta_1)/(\eta_1+\eta_2)} \quad (6-13)$$

敏感系数有正负之分,当 K 或 η 值增加使 D 值增加时,敏感系数为正,反之,敏感系数为负。

对扣件刚度、道床刚度、轨道总刚度及扣件与道床刚度比进行大量的组合与计算,得到轨道中的各部动压力(轮轨、枕上、枕下及路基面动压力)、各部动位移(钢轨、轨枕、道床动位移)及各部振动加速度(钢轨、轨枕及道床加速度)共 10 个振动变量的敏感系数,按绝对值的大小进行排序,表 6-16 中给出了前 5 项的情况。

表 6-16 轨道中振动变量的敏感系数的前五项排序

刚度变化种类	振动变量的敏感系数值
扣件刚度	1. 枕上动压力(0.521), 2. 基面动压力(0.266), 3. 轨枕加速度(0.266), 4. 道床动位移(0.265), 5. 道床加速度(0.264)
道床刚度	1. 基面动压力(0.140), 2. 枕下动压力(0.138), 3. 道床动位移(0.138), 4. 道床加速度(0.138), 5. 轮轨动压力(0.109)
轨道总刚度	1. 枕上动压力(3.641), 2. 基面动压力(1.292), 3. 道床加速度(1.264), 4. 道床动位移(1.255), 5. 枕下动压力(1.212)
扣件/道床刚度比值	1. 枕上动压力(0.222), 2. 轮轨动压力(-0.153), 3. 轨枕动位移(0.150), 4. 轨枕加速度(0.149), 5. 钢轨加速度(-0.123)

注意到表 6-16 中,振动变量对扣件与道床刚度比的敏感系数有正有负,即随着刚度比值的增加,轨道中的主要振动变量在同相共振峰处表现出较为复杂的变化关系,有的增加,有的减小,图 6-3 是轨道各部动压力随刚度比的变化情况,轨道刚度匹配的优化方法正是基于该特点建立。

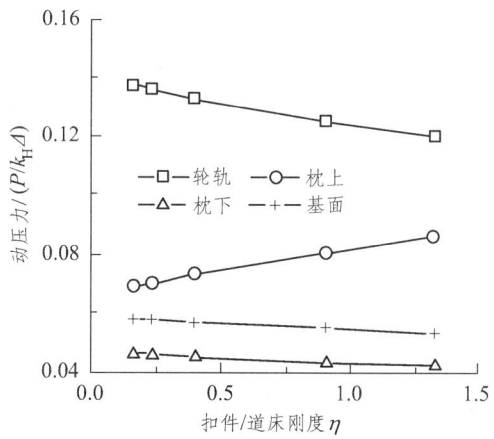

图 6-3 动压力随刚度比的变化情况

以轨道中 10 项振动变量（动压力 4 项、动位移 3 项、加速度 3 项）的敏感系数总和 Σ 等于零为动力优化目标函数。当刚度比 η 值较大（即扣件刚度增大、道床刚度较小）时，Σ 值为负；当刚度比 η 值减小时，Σ 值逐渐由负变正。由前述敏感系数的定义可知，敏感系数是振动变量增加比例与 η 值增加比例的比值，实际上表达了"振动变量–η"曲线上的斜率。因 Σ 值由负变正的特性，可知"振动变量–η"曲线是一条上凹曲线，在 Σ 值为零时取极小值。因此将 $\Sigma = 0$ 作为优化目标，求取最优的扣件/道床刚度比值。

在轨道总刚度为 78.8, 89.5, 104.1 kN/mm 三种情况下，扣件与道床刚度比发生变化时，轨道中 10 项振动变量的敏感系数进行了计算，其结果列于表 6-17 ~ 6-19 中，各表中的最后一行给出了敏感系数的总和 Σ 值。

由表 6-17 可见，在轨道总刚度为 78.8 kN/mm 的条件下，当 $\eta = 0.575$ 时，$\Sigma = -0.10$，而当 $\eta = 0.3365$ 时，$\Sigma = 0.193$，由此内插得到：当 $\eta = 0.494$ 时，$\Sigma = 0$，即扣件与道床的最优刚度比为 0.494。

由表 6-18 可见，在轨道总刚度为 89.5 kN/mm 的条件下，当 $\eta = 0.6546$ 时，$\Sigma = -0.10$，而当 $\eta = 0.3177$ 时，$\Sigma = 0.137$，由此内插得到：当 $\eta = 0.512$ 时，$\Sigma = 0$，即扣件与道床的最优刚度比为 0.512。

由表 6-19 可见，在轨道总刚度为 104.1 kN/mm 的条件下，当 $\eta = 0.575$ 时，$\Sigma = -0.01$，而当 $\eta = 0.3364$ 时，$\Sigma = 0.213$，由此内插得到：当 $\eta = 0.564$ 时，$\Sigma = 0$，即扣件与道床的最优刚度比为 0.564。

由此可见，随轨道总刚度增加，扣件与道床刚度最优比由小变大。轨道总刚度在 78.8 ~ 104.1 kN/mm 之间变化时，扣件与道床刚度的最优比例为 0.494 ~ 0.564。也就是说，扣件与道床刚度的最优匹配关系大约是：

$$\eta = \frac{扣件刚度}{道床刚度} = 0.5 \tag{6-14}$$

在扣件与道床刚度最优比值已确定的基础上，可以进行轨道总刚度的动力优化分析。但是，从轨道各振动变量对轨道总刚度的敏感系数值可以看到，在刚度的正常变化范围内，随着刚度的增加，动力作用总是增加的，即敏感系数总是正值，几乎没有例外。图 6-4 是各部动压力随轨道总刚度的变化情况。

因此，在前述所列 10 项动力参数中，无论怎样选择优化目标函数，优化的结果总是：轨道总刚度越小，轨道各动力作用越就小。

由此可见，在轨道总刚度优化分析方面，不太可能如刚度匹配优化分析中那样建立目标函数而得到优化结论，此时不得不依靠各种约束条件来限定轨道总刚度可选择的范围。这些约束条件中，有一部分还需要考虑轨道垂向刚度对横向动力参数的影响。

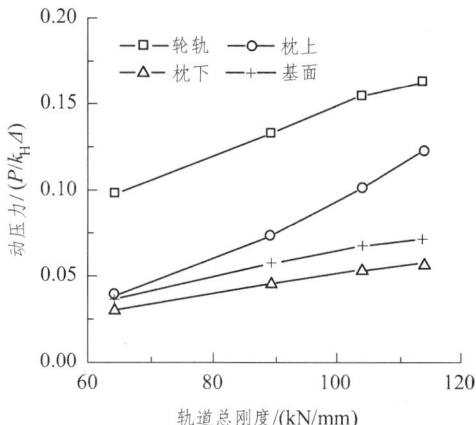

图 6-4 动压力随轨道总刚度的变化情况

表 6-17 振动变量对扣件与道床刚度比的敏感系数（轨道总刚度 78.8 kN/mm）

	扣件刚度/(kN/mm)		92.3	75	69	57.2	50
	道床刚度/(kN/mm)		80	100	120	170	300
	刚度比值 η		1.153 8	0.75	0.575	0.336 5	0.166 7
动压力	轮轨	量值	0.110	0.116	0.122	0.124	0.124
		ζ		−0.13	−0.08	−0.04	0
	枕上	量值	0.065	0.062	0.059	0.058	0.056
		ζ		0.111	0.081	0.045	0.073
	枕下	量值	0.037	0.038	0.039	0.039	0.039
		ζ		−0.06	−0.04	0	0
	基面	量值	0.046	0.047	0.049	0.049	0.050
		ζ		−0.05	−0.07	0	−0.04
动位移	钢轨	量值	1.545	1.635	1.712	1.722	1.710
		ζ		−0.13	−0.08	−0.02	0.015
	轨枕	量值	0.946	0.913	0.844	0.798	0.743
		ζ		0.084	0.129	0.149	0.148
	道床	量值	0.583	0.599	0.617	0.624	0.626
		ζ		−0.06	−0.05	−0.03	−0.01
加速度	钢轨	量值	3.469	3.616	3.761	3.803	3.815
		ζ		−0.10	−0.07	−0.03	−0.01
	轨枕	量值	2.127	2.054	1.899	1.795	1.671
		ζ		0.082	0.129	0.149	0.148
	道床	量值	1.311	1.348	1.389	1.403	1.408
		ζ		−0.07	−0.05	−0.03	−0.01
	敏感系数总和 Σ			−0.32	−0.10☆	0.193☆	0.314

注：最优扣件与道床刚度比在标注"☆"的两个刚度比之间。

表 6-18 振动变量对扣件与道床刚度比的敏感系数（轨道总刚度 89.5 kN/mm）

扣件刚度/（kN/mm）			133.3	109.1	94.9	75.3	66.7
道床刚度/（kN/mm）			100	120	145	240	400
刚度比值 η			1.333	0.9092	0.6546	0.3177	0.1668
动压力	轮轨	量值	0.120	0.125	0.133	0.136	0.137
		ζ		−0.11	−0.08	−0.04	−0.02
	枕上	量值	0.086	0.080	0.073	0.070	0.069
		ζ		0.191	0.118	0.081	0.042
	枕下	量值	0.042	0.043	0.045	0.046	0.046
		ζ		−0.06	−0.06	−0.04	0
	基面	量值	0.053	0.055	0.057	0.058	0.058
		ζ		−0.10	−0.05	−0.03	0
动位移	钢轨	量值	1.598	1.656	1.740	1.758	1.759
		ζ		−0.09	−0.06	−0.02	−0.00
	轨枕	量值	1.024	1.003	0.925	0.868	0.835
		ζ		0.055	0.104	0.123	0.284
	道床	量值	0.672	0.692	0.724	0.732	0.733
		ζ		−0.08	−0.06	−0.02	−0.00
加速度	钢轨	量值	3.594	3.725	3.914	3.955	3.959
		ζ		−0.10	−0.06	−0.02	−0.00
	轨枕	量值	2.303	2.257	2.082	1.953	1.878
		ζ		0.053	0.104	0.123	0.115
	道床	量值	1.511	1.557	1.628	1.646	1.648
		ζ		−0.08	−0.06	−0.02	−0.00
敏感系数总和 Σ				−0.32	−0.10☆	0.137☆	0.421

注：最优扣件与道床刚度比在标注"☆"的两个刚度比之间

表 6-19 振动变量对扣件与道床刚度比的敏感系数（轨道总刚度 104.1 kN/mm）

扣件刚度/(kN/mm)			200	150	135	114.5	100
道床刚度/(kN/mm)			150	200	235	340	600
刚度比值 η			1.333 3	0.75	0.575	0.336 4	0.166 7
动压力	轮轨	量值	0.143	0.150	0.155	0.157	0.158
		ζ		−0.09	−0.05	−0.03	−0.01
	枕上	量值	0.128	0.111	0.101	0.097	0.093
		ζ		0.254	0.155	0.107	0.087
	枕下	量值	0.050	0.052	0.053	0.053	0.053
		ζ		−0.07	−0.03	0	0
	基面	量值	0.063	0.065	0.067	0.067	0.067
		ζ		−0.06	−0.05	0	0
动位移	钢轨	量值	1.611	1.721	1.759	1.767	1.767
		ζ		−0.12	−0.04	−0.01	0
	轨枕	量值	1.027	1.026	1.003	0.968	0.929
		ζ		0.002	0.037	0.094	0.085
	道床	量值	0.797	0.826	0.845	0.850	0.851
		ζ		−0.06	−0.04	−0.02	−0.00
加速度	钢轨	量值	3.737	3.872	3.957	3.975	3.975
		ζ		−0.06	−0.04	−0.01	0
	轨枕	量值	2.451	2.376	2.256	2.179	2.090
		ζ		0.056	0.085	0.092	0.086
	道床	量值	1.793	1.858	1.902	1.912	1.914
		ζ		−0.06	−0.04	−0.01	−0.00
敏感系数总和 Σ				−0.26	−0.01☆	0.213☆	0.248

注：最优扣件与道床刚度比在标注"☆"的两个刚度比之间

轨道总刚度可选范围应当满足动态扣压力损失不超限以及轨枕在道床上振动时不脱离与道床的接触要求。

为保证车轮经过时扣压力损失不超限，扣件设计中要求严格控制胶垫刚度与扣压件刚度之比。一般要求要求扣压件刚度 K_c 与垫层刚度 K_p 之比值 K_p/K_c 为 7~11 为宜。对于某种特定的扣件类型，扣压件的刚度 K_c 一般变化不大，扣件的刚度主要靠轨下垫层调整。如对于弹条 I 型扣件，一组弹条扣压件的平均扣压刚度约为 3.92 kN/mm，则轨下垫层刚度不宜小于 27.44 kN/mm，即扣件刚度不宜小于 31 kN/mm，这是扣压力损失要求的扣件刚度的下限。因此，为确保扣压力动态损失在允许的范围内，取弹条 I 型扣件的扣件刚度的下限值为 40 kN/mm 是可行的。

由于轨道不平顺等原因激发振动时，轨枕与道床动态位移之差不应超过轨枕与道床的静位移差值，以避免轨枕脱离道床。对于 60 kg/m 钢轨，机车静轮重 107 kN，扣件刚度在 40~160 kN/mm，扣件与道床刚度比取为 0.5 时，轨枕与道床动位移差的限制值如表 6-20 所列。

表 6-20　轨枕与道床动静态位移差值

扣件刚度/(kN/mm)	40	80	120	160
道床刚度/(kN/mm)	80	160	240	320
轨道总刚度/(kN/mm)	62	86.9	101.7	111.6
静位移				
钢轨静位移/mm	1.73	1.23	1.05	0.96
轨枕静位移/mm	0.89	0.77	0.73	0.71
道床静位移/mm	0.48	0.53	0.56	0.58
轨枕与道床静位移差/mm	0.41	0.24	0.17	0.13
动位移				
同相峰钢轨位移/mm	1.49	1.71	1.75	1.72
同相峰轨枕位移/mm	0.75	0.93	1.11	1.03
同相峰道床位移/mm	0.45	0.69	0.82	0.88
轨枕与道床动位移差/mm	0.30	0.24	0.19	0.15

由表 6-20 可见：

① 轨道各部动位移与静位移表现出不同的变化规律。随轨道刚度加大，钢轨和轨枕静位移减小而道床静位移略有增加。而随轨道刚度加大，各部动位移均有所增加。

② 轨枕与道床间的静位移差和动位移差表现出相同的变化规律。随轨道刚度加大，位移差逐渐减小，但是，静位移差减小较快，而动位移差减小较慢。

③ 当轨道总刚度为 86.9 kN/mm 时,轨枕道床间动位移差与静位移差相等。当轨道总刚度大于 86.9 kN/mm 时,轨枕道床间动位移差大于静位移差。说明轨道刚度偏大,振动条件下轨枕与道床间会出现瞬间脱离,轨枕在道床上出现拍打现象,对道床稳定不利。当轨道总刚度小于 86.9 kN/mm 时,轨枕道床间动位移差小于静位移差,说明轨道刚度值是合理的。

④ 由前述扣压力损失给出了轨道总刚度的低限值,而由轨枕与道床位移差给出轨道总刚度的高限值,因此可以初步得到,有砟轨道总刚度的合理取值范围应当在 62 ~ 86.9 kN/mm 之间。

四、轨道过渡段刚度变化率合理限值研究

应用轮轨系统动力学方法,依据轮轨系统动力特性最优化为条件,针对路–桥、路–隧及道岔前后等过渡段结构,建立全车车辆平面模型(图 6-5),进行动力仿真计算,可得到了过渡段处轨面折角、轨道刚度合理变化率及合理的过渡措施等。不同车速条件下,过渡段的轨面折角限值为:

V = 160 km/h 时, α = 0.006 rad,即 i = 6‰;
V = 250 km/h 时, α = 0.003 rad,即 i = 3‰;
V = 350 km/h 时, α = 0.002 rad,即 i = 2‰。

当刚度差(刚度比)小于 2 倍时,可不考虑设置过渡段,当刚差大于 2 倍时,应依据刚度差值及车速等因素通过动力学计算分析,设置轨道刚度过渡段。

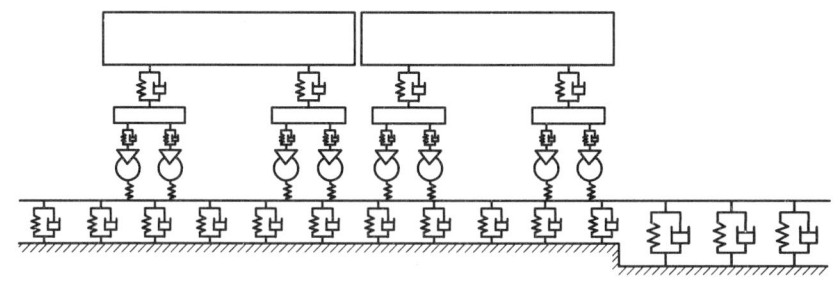

图 6-5 过渡段动力学模型

第三节 道岔动力学理论及其应用

将轮轨系统动力学的方法应用于道岔区,建立较为复杂和完善的车辆–道岔系统动力学的分析方法,在道岔设计完成投入生产以前,通过动力仿真计算,

对道岔的直向和侧向通过速度、道岔各部件的变形和强度等进行计算和评价，对设计进行初步检验并提出修改意见。目前，车–岔动力学仿真程序正在用于指导我国250 km/h和350 km/h高速客运专线道岔的设计和生产。

一、道岔的工作特点及道岔动力学的研究概况

道岔是列车从一股轨道转入或越过另一股轨道时必不可少的线路设备。道岔的工作特点主要有以下几点：

① 数量多。据统计，我国目前道岔总数已超过10万组，其中单开道岔约占95%。

② 寿命短。由于道岔结构中存在不可避免的量值较大的竖向及横向不平顺，致使道岔区内轮轨相互作用及变形情况复杂，道岔主要部件使用寿命短，如整铸辙叉的使用寿命约为80～100 Mt通过总重，仅为区间线路同型钢轨使用寿命的1/10～1/8。

③ 限速。由于列车通过道岔时，车轮与尖轨、心轨、翼轨和护轨等部位间会发生强烈的横向冲击，引起动能损失，同时由于导曲线半径较小且不设超高，列车未被平衡的离心加速度较大，因而限制了列车的过岔速度。

④ 结构复杂。如单开道岔主要由转辙器、辙叉及护轨、连接部分和岔枕组成；转辙器又主要由两根基本轨、两根尖轨、各种联结零件和道岔转辙机构组成；辙叉主要由心轨、翼轨、护轨及联结零件组成；岔枕长度分为多级等。

⑤ 安全性低。列车通过道岔时，轮轨间的横向作用力、车轮的减载率以及列车轨道各部件的振动加速度均较大，行车安全性较低。

⑥ 养护维修工作量大。道岔区内列车与轨道间的剧烈作用致使道岔各部件病害突出，主要有尖轨的侧面磨耗和扎伤、辙叉的垂直磨耗和压溃，故养护维修工作量较大。

以前道岔的振动分析主要是使用区间线路的弹性基础梁理论，即钢轨被视作等截面欧拉梁或分段变截面欧拉梁，模型中仅修改参振质量等动力参数，而对道岔结构中钢轨截面的变化、轨下支承弹性的变化、顶铁及间隔铁等附属零件对轮轨间作用力的影响都没有考虑，因而无法准确地得到道岔各部件的振动特性，许多部件的形式、尺寸凭使用经验或构造要求而设计。

有的研究者采用集总质量模型分析了列车通过辙叉时的动力冲击特性，并利用研究结果指导混凝土岔枕的设计，但因集总参数模型中辙叉的参振质量和基础弹性比难以准确地选取，且计算得到的只是局部的道岔部件动力特性，显然不能满足道岔动力设计的需要。

北美铁道协会采用 NUCARS 软件开发了一种道岔区轮轨动力计算方法，用于研究了货物列车通过 AREA20 道岔的轮轨系统横向动力特性，侧重于研究列车对尖轨的横向冲击作用，而不是对整个道岔区内轮轨系统空间耦合振动的研究。德国开发了 SIMPARK 动力分析软件，主要是研究列车经过固定辙叉时的振动特性。

过去我国对道岔结构的研究主要侧重于道岔结构的动力测试、固定辙叉纵断面优化、尖轨转换力计算以及无缝道岔附加温度力计算等方面。即：测试得到了各型道岔主要部件关键部位的应力、变形、振动特性；研究了车轮通过辙叉的运行轨迹并提出了新型磨耗型辙叉纵断面线形；用概率法研究了道岔各部位有关间隔尺寸的数值；用有限元法分析了固定式辙叉的静力特性；研究了弹性可弯尖轨扳动力的计算方法、道岔转换设备的振动参数、道岔护轨的动力性能、无缝道岔钢轨纵向力与位移的关系、长岔枕共振对道岔钢轨伤损的影响，等等。

我国对道岔区轮轨系统动力学的研究起步较晚，主要研究成果有：采用弹性点支承有限元铰接梁模型分析了道岔区间的轮轨作用力；采用模态法研究了固定辙叉式道岔的竖向振动特性；采用点支承变截面单元梁法研究了可动心轨辙叉的竖向振动特性。这些研究主要侧重于辙叉区内轮轨系统的竖向动力性能，而对转辙器部分、连接部分的振动特性，列车侧向过岔时轮轨系统的横向振动特性研究较少，还没有建立起整个道岔区内轮轨系统空间耦合振动模型，未形成较完整的理论体系，难以用于指导道岔的动力设计。

长期以来，道岔、钢轨接头及曲线被称为轨道结构的三大薄弱环节。无缝线路的发展以及曲线轨道的加强逐渐改善了轨道结构的工作条件，致使道岔成了铁路轨道的最薄弱环节，成了限制行车速度的关键设备。特别是随着我国铁路向重载、高速方向发展，研究道岔区轮轨相互作用机理、道岔轨道结构的受力和变形特性，完善道岔结构的动力设计理论和方法，已成了一件刻不容缓的任务。

二、道岔区轮轨系统空间耦合振动的分析模型

道岔结构的复杂性限制着道岔区轮轨系统动力学的发展，对道岔结构进行科学、合理地模型化是道岔区轮轨系统动力学理论研究中首要的和十分困难的工作。道岔结构模型化应本着合理描述道岔结构的主要特点、正确地反映道岔结构中各部件的受力与变形、尽量简单和便于数学描述等原则。道岔结构动力学模型不可能像区间线路那样简化为单边轨道模型，而需采用空间双层叠合梁

系结构，这就决定了道岔区轮轨系统动力分析模型应当是空间耦合振动模型。

1. 道岔的主要结构特点

可动心轨道岔是我国提速和高速道岔的主要型式，本节中以 60 kg/m 18 号可动心轨单开道岔为原型进行研究，其主要结构特点为：

① 多根钢轨参振及复杂的轮轨接触关系。除直股或侧股直接承受列车荷载外，其他钢轨通过岔枕的弯曲变形也承受着作用力。由于有多根钢轨的存在，车轮踏面与钢轨间可能出现多个接触点，车轮运行至道岔的不同位置时，接触状态不断变化，存在着复杂的轮轨接触关系。

② 岔枕的偏心受载及弯曲变形。若与区间线路一样将岔枕视为竖向平面内的刚性质量块，这与实际情况有一定的差距。

③ 钢轨截面的变化。尖轨与心轨被刨切处、翼轨轨底被切削处、翼轨补强板等处钢轨截面形状是变化的。

④ 扣件、垫层及道床提供变化的弹性与阻尼。由于岔枕长度的变化，使得道床对岔枕所提供的弹性阻尼逐枕不同。转辙器部分的基本轨、翼轨为单边扣紧方式，在两钢轨间距较小处仅使用一个扣板，滑床弹片的使用，均使得扣件提供的弹性阻尼会发生变化。尖轨、可动心轨与滑床台间无扣件联结，其间存在非线性作用力。

⑤ 次一级零部件在道岔结构中的传力、参振作用不容忽视。顶铁在基本轨与尖轨间、翼轨与可动心轨间传递着横向作用力；间隔铁将两股钢轨联结在一起共同承受着荷载作用；道岔中纵向温度力较大时，限位器限制两根钢轨的相对位移；同时支承两根钢轨以上的大垫板、滑床台的弯曲变形对钢轨的受力也有较大的影响。

⑥ 道岔中存在不可避免的结构不平顺。在立面上，由于采用藏尖式结构，车轮从道岔基本轨滚向尖轨或从尖轨滚向基本轨、从翼轨滚向心轨或从心轨滚向翼轨时，锥形踏面的车轮重心发生变化，犹如在轨道竖向不平顺上行驶。在平面上，由于尖轨及护轨缓冲段的存在，使列车受到横向冲击作用。同时，由于车轮接触点在尖轨与基本轨、心轨与翼轨上一定范围内发生变化，致使车轮犹如在轨道横向不平顺上行驶，引起列车的横向振动。

⑦ 道岔导曲线上不设超高，不设缓和曲线，轮轨横向作用力复杂。

⑧ 锁闭方式对轮轨作用力有影响。尖轨与可动心轨的转换有内锁闭和外锁闭二种方式。内锁闭是将锁闭装置设在转辙机的机构内部，转辙机的杆件直接受到列车通过时产生的车轮横压、冲击振动和尖轨反弹力。外锁闭是通过外锁闭装置把密贴尖轨直接锁闭在基本轨上，由外锁闭装置承受车轮横压、冲击振动和尖轨反弹力。现场测试表明，采用外锁闭装置时尖轨尖端、心轨尖端的动

态水平位移(开口)与动态垂直位移(跳动)比采用内锁闭装置时小得多,我国提速道岔上采用的是外锁闭装置,限制着尖轨与基本轨的相对位移。

2. 车辆模型

道岔区内车辆模型没有特殊要求,可选用现有半车或整车空间模型。为了更加理想地模拟车辆经过道岔时的动力特性,通常采用整车模型。车辆模型如图 6-6 所示。车体考虑横移、浮沉、侧滚、点头和摇头振动;转向架构架考虑横移、浮沉、侧滚、点头和摇头振动。轮对考虑横移、浮沉、侧滚和摇头振动,车辆模型共 31 个自由度。车轮为锥形或磨耗型踏面。轮轨竖向由非线性赫兹接触力联结,轮轨横向由踏面蠕滑力、轮缘力等作用力联结。

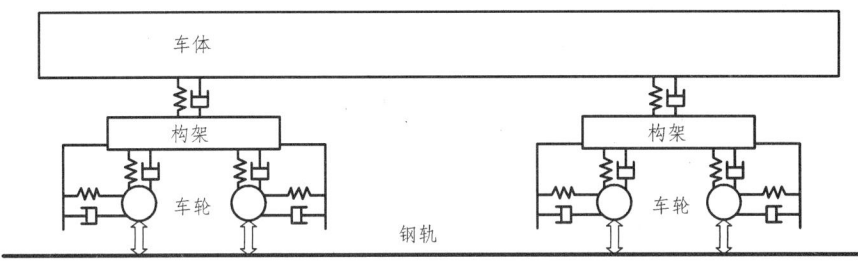

(a)车辆模型侧面

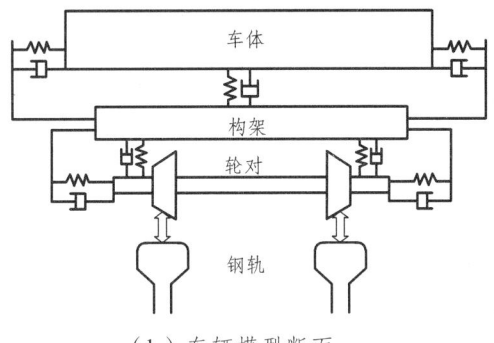

(b)车辆模型断面

图 6-6 道岔区轮轨系统动力分析模型中的车辆整车模型

3. 道岔的整体模型

建立可动心轨道岔的整体模型如图 6-7 所示,采用的基本假定及考虑的道岔结构主要特点有:

① 模型中考虑了每一根钢轨的参振。以岔枕支承点为节点,将钢轨结构离散化,钢轨视为在竖向和横向平面内双向可弯欧拉梁,尖轨、可动心轨及翼轨视为变截面梁,其他钢轨视为等截面梁。每一钢轨节点有 4 个自由度。

② 考虑岔枕的偏心受载和弯曲变形。以钢轨作用点为节点，将岔枕结构离散化，岔枕在竖向平面内视为单向可弯欧拉梁，在横向平面内视为刚性质量块。每一岔枕节点有 3 个自由度，即竖向位移、侧滚及横向位移。

③ 钢轨与岔枕的联结视为弹簧阻尼装置，其弹性和阻尼视支承情况不同而变化。岔枕与道床的联结也视为弹簧阻尼装置，在岔枕纵向上道床的支承弹性和阻尼视为均匀分布。

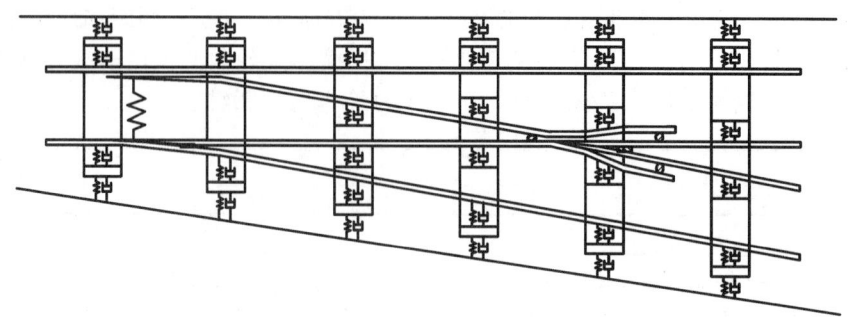

（a）道岔模型平面

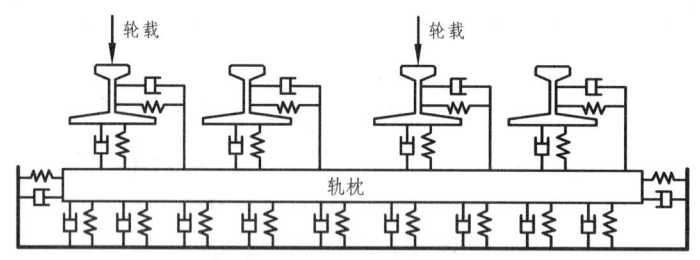

（b）道岔模型断面

图 6-7　道岔区轮轨系统动力分析模型中的道岔模型图

4. 转辙器部分的详细模型

转辙器部分的详细模型如图 6-8 所示,考虑的主要结构特点及其处理要点为：

① 尖轨与基本轨间的竖向耦合关系有两种。一是外锁闭装置限制着尖轨与基本轨的相对位移。如果转换装置为内锁闭方式，可将尖轨与基本轨视为互不相关的两个构件。如果转换装置为外锁闭装置，则尖轨与基本轨的相对位移受到锁闭铁的限制，将锁闭装置简化为弹簧，在两轨间传递竖向作用力。二是尖轨与基本轨间非线性竖向力限制着尖轨的跳动。在尖轨尖端，尖轨轨头下腭位于基本轨轨头以内，且与基本轨轨头下腭间存在着一定的间隙，当尖轨与基本轨轨头下腭贴靠时，基本轨限制尖轨的竖向位移。设这种非线性竖向力作用于钢轨单元节点处，若两钢轨在单元节点处贴靠，则存在密贴竖向力，在振动微

分方程组中补充两钢轨竖向位移相等的协调条件即可求出该竖向力；若两钢轨在单元节点处不贴靠,则该竖向力为零。该竖向力的作用范围视尖轨断面形状变化而变化,受到尖轨与基本轨轨头横向相对位置的影响,当尖轨轨头下腭位于基本轨轨头以外时,该竖向力即不存在。

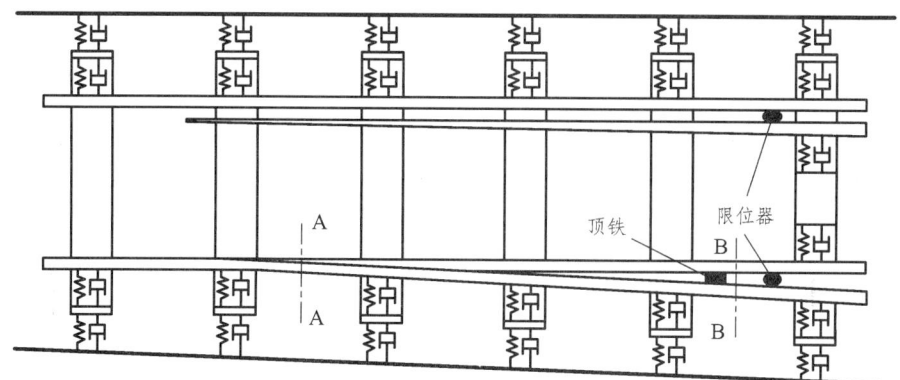

（a）道岔转辙器部分模型平面

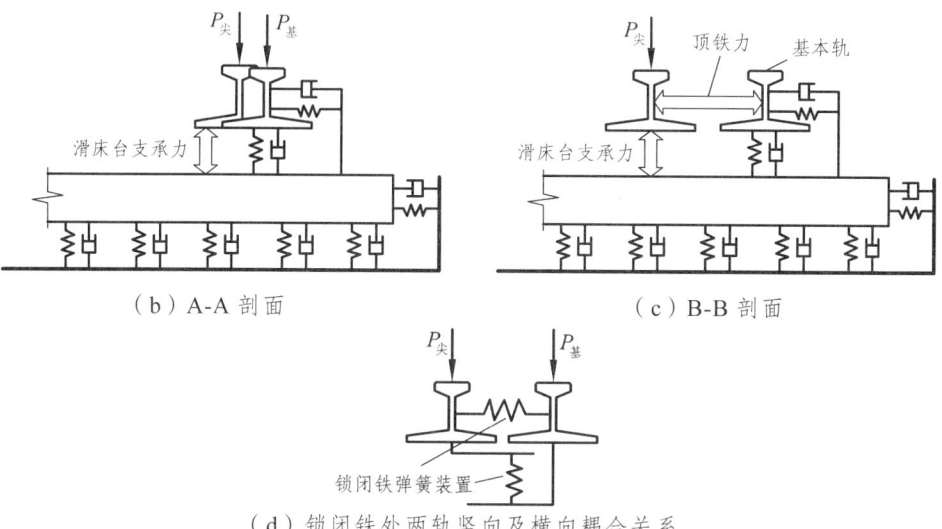

（b）A-A 剖面　　　　　　　　（c）B-B 剖面

（d）锁闭铁处两轨竖向及横向耦合关系

图 6-8　道岔区轮轨系统动力分析中的转辙器模型

② 尖轨与基本轨间的横向耦合关系有四种。

第一种是外锁闭铁装置在两钢轨间传递着横向作用力,可将锁闭铁视为横向弹簧装置。

第二种是尖轨与基本轨密贴区域内两钢轨轨头间传递着非线性的横向作用

力，为简化计算，可设钢轨单元节点处存在着非线性的横向力。若两钢轨在单元节点处贴靠，则存在横向力，在振动微分方程组中补充两钢轨横向位移协调条件即可求出该横向力；若两钢轨在单元节点处不贴靠，则横向作用力为零。

第三种是非线性的顶铁力。尖轨轨腰上设置的顶铁限制着尖轨与基本轨的横向相对位移。若基本轨与顶铁贴靠，则存在横向顶铁力，在振动微分方程组中补充顶铁处两钢轨横向位移相等的协调条件即可求出横向顶铁力；若基本轨与顶铁不贴靠，则横向顶铁力为零。

第四种是非线性的限位器横向摩擦力。当无缝道岔中存在较大的纵向温度力，致使限位器子母块间承受纵向作用力，则限位器将在两钢轨间传递非线性的横向摩擦力。首先假设限位器处两钢轨横向位移相等，在振动微分方程组中补充位移协调条件，可求出限位器横向摩擦力的大小，若该横向力小于或等于摩擦力，则求解完毕；若该横向力大于摩擦力，则在两钢轨上施加大小等于摩擦力的常值横向力。

③ 转辙器部分设置的弹片滑床板为尖轨提供一定的竖向弹性，可将转辙器部分的滑床板视为单向提供弹性的弹簧装置。当尖轨与滑床台贴靠时，弹片滑床板提供竖向弹性；当尖轨跳离滑床台时，滑床板对尖轨的位移不起任何作用。滑床板一端支承于岔枕上，另一端支承于基本轨轨底上，因而滑床板支点的支承反力与尖轨的位置有关。为简化计算，设滑床板的弹性支点位于滑床板中心。

④ 考虑转辙器连杆对尖轨横向振动的限制作用。将连杆视为弹簧装置，在两尖轨间传递横向作用力，其刚度可由连杆的直径与长度等尺寸求得。

5. 连接部分的详细模型

道岔连接部分的详细模型如图 6-9 所示，考虑的主要结构特点及其处理要点为：

① 考虑列车直向与侧向过岔两种工况。

② 考虑间隔铁在两股钢轨间的传力作用。将间隔铁视为刚性质量块，在两股钢轨间传递非线性竖向与横向作用力，在振动微分方程中补充间隔铁处两钢轨竖向及横向位移协调条件，即可求出竖向及横向间隔铁力。

③ 考虑同时支承两股钢轨的大垫板的抗弯刚度的影响。

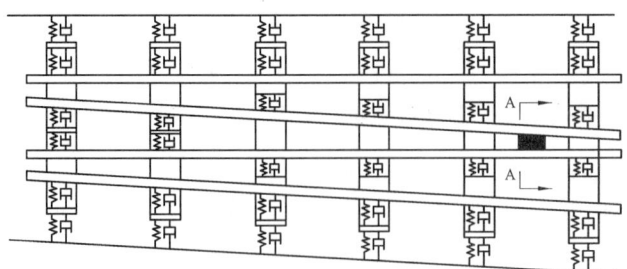

(a) 道岔连接部分模型平面

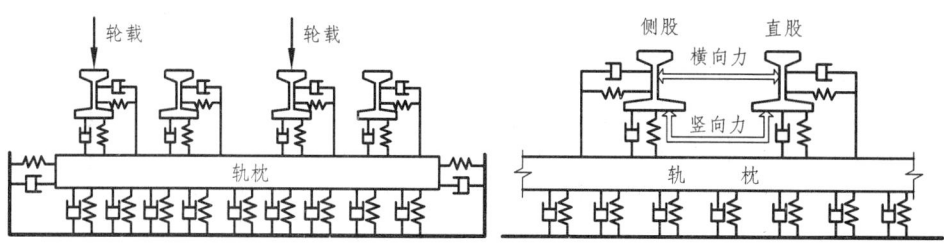

（b）道岔连接部分模型断面

（c）A-A 剖面

图 6–9　道岔区轮轨系统动力分析模型中的连接部分

6. 辙叉部分的详细模型

辙叉部分的详细模型如图 6-10 所示，考虑的主要结构特点及其处理要点为：

（a）辙叉模型平面

（b）A-A 剖面

（c）B-B 剖面

（d）C-C 剖面

（e）D-D 剖面

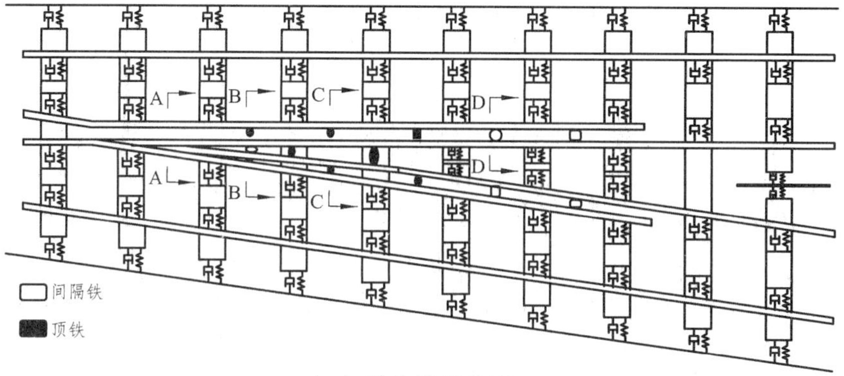

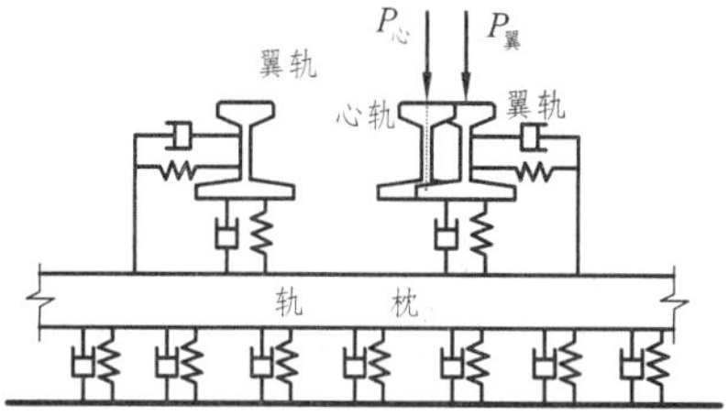

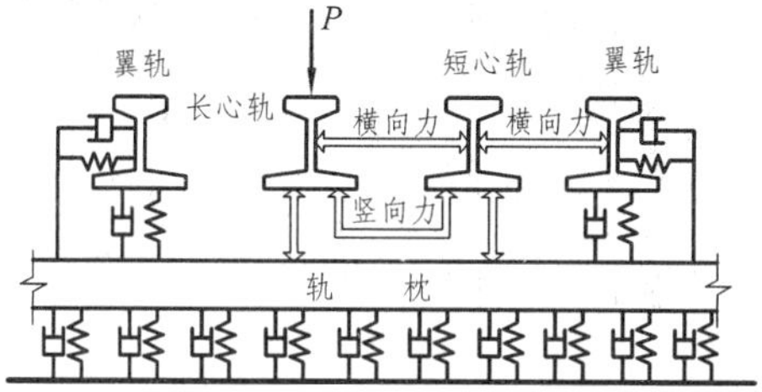

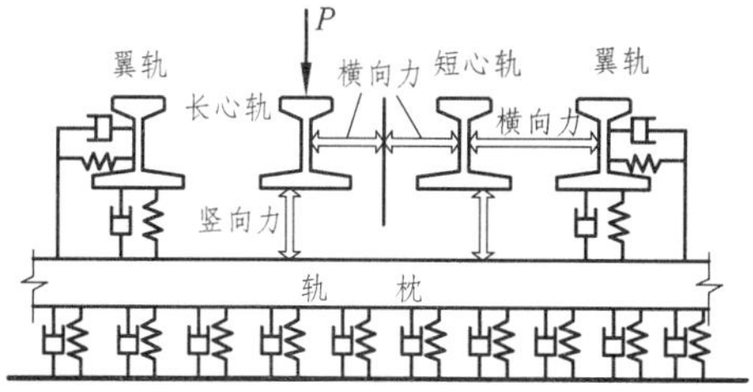

图 6–10　道岔区轮轨系统动力分析中的辙叉模型

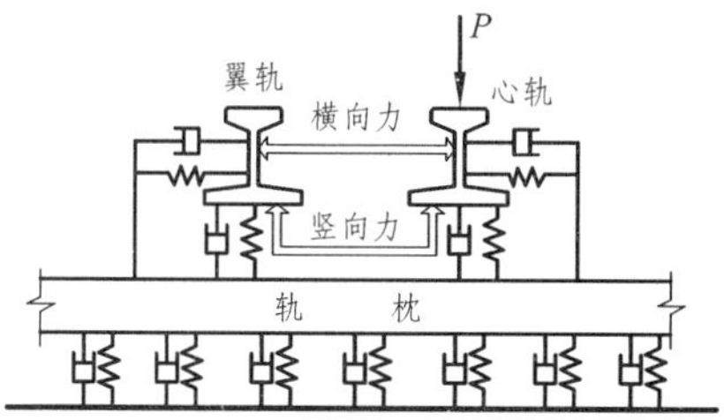

① 轮载在心轨与翼轨密贴区域内存在过渡区段。翼轨与心轨上所承受的轮载之和为总轮载,心轨与翼轨上轮载分布采用与转辙器部分相同的处理办法。

② 心轨与翼轨间的竖向耦合关系由外锁闭铁装置、心轨与翼轨轨头间非线性竖向作用力、长翼轨末端的竖向间隔铁力联结。

③ 心轨与翼轨间的横向耦合关系有三种:第一种是心轨与翼轨密贴区域内两钢轨轨头间传递着非线性的横向作用力;第二种是短心轨上的顶铁(直向过岔时)或长心轨上的顶铁(侧向过岔时)在心轨与翼轨间传递着非线性的横向顶铁力;第三种是长翼轨末端的横向间隔铁力。顶铁力、间隔铁力及心轨翼轨轨头横向力均可假设为未知变量,通过在振动微分方程组中补充相应的位移协调条件求解得到。

④ 长短心轨间的竖横向耦合关系通过间隔铁的竖、横向力联结。

⑤ 心轨与岔枕间的横向耦合关系由外锁闭装置来联结。

⑥ 辙叉部分设置的刚性滑床台,对心轨提供非线性竖向支承力。当心轨与滑床台贴靠时,滑床台提供竖向支承力,可由滑床台及心轨的竖向位移协调条件确定;当心轨跳离滑床台时,滑床台对心轨不起限制作用。

三、道岔区轮轨空间耦合振动分析中的轮轨关系

1. 车轮与钢轨的接触关系

道岔区轮轨系统动力分析中,应当考虑动态的轮轨接触关系,即在研究车辆经过道岔时的动力特征时,须运用轮轨接触几何关系的计算方法,考虑轮轨接触状态的时变特性。以空间某一点为原点坐标,将钢轨、车轮的平面轮廓线用一系列的离散点来表示,考虑钢轨的竖向及横向位移,轮对的竖向、横向、侧滚和摇头位移后,给出钢轨、车轮动态情况下的空间轮廓线,然后计算车轮轮廓线上的各离散点距钢轨踏面的距离。若两离散点间的距离为负值,表示两点间发生接触,该数值即为压缩量。压缩量最大的一点视为轮轨踏面接触点,假定接触斑为赫兹接触椭圆,则可采用式(6-15)求出法向力。同时,根据接触点处的法向角,即可求得该法向力在横向、竖向平面内的分力,即:

$$P = \left(\frac{\delta}{G}\right)^{\frac{3}{2}} \tag{6-15}$$

式中,P 为所求的法向力;δ 为轮轨接触点处的压缩位移,当 $\delta>0$ 时,法向力存在;G 为弹性弹数,可根据赫兹接触理论由式(6-16)确定,即:

$$G = \frac{3(1-\sigma)}{\pi E a} \int_0^{\frac{\pi}{2}} \frac{d\phi}{\sqrt{1-(1-\lambda^2)\sin^2\phi}} \quad (6\text{-}16)$$

式中，E 为弹性模量；σ 为泊松比；a，b 分别为轮轨接触椭圆长、短轴之半；$\lambda = a/b$。根据车轮、钢轨接触点处的纵、横截面轮廓半径，即可由赫兹接触理论求出椭圆半径，并可进一步计算出蠕滑系数。

车轮轮缘与钢轨的接触关系同样可由动态几何关系求得，只是此时轮缘接触与钢轨的接触位置位于钢轨顶角小圆弧内，法向力在水平面内的分力更大。

车轮轮背与护轨、翼轨的接触也可采用动态几何关系计算。将护轨、翼轨工作边视为垂直平面，车轮轮背视为圆形平面。因车轮摇头角、侧滚角的存在，两平面间存在夹角，可用一系列与钢轨工作面垂直的平面切割车轮轮背平面，并将相交的轮廓线离散化，便求得各离散点与钢轨间的距离。各离散点处的最大压缩量即为车轮轮背与护轨、翼轨间的压缩位移。设接触刚度为一常值，与接触位移的乘积即为接触力，且假设接触方向为横向，不存在竖向分力。

车轮与钢轨的接触点可能会有图 6-11 所示的几种情况。

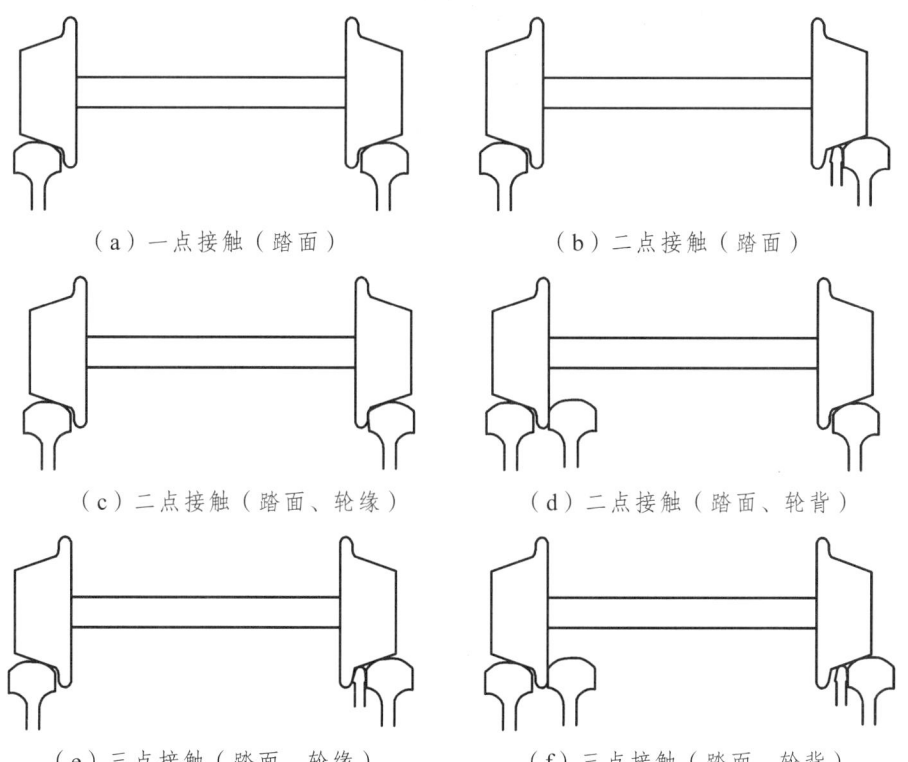

（a）一点接触（踏面） （b）二点接触（踏面）

（c）二点接触（踏面、轮缘） （d）二点接触（踏面、轮背）

（e）三点接触（踏面、轮缘） （f）三点接触（踏面、轮背）

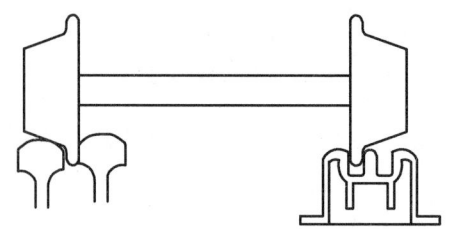

（g）固定辙叉上的二点接触（踏面、轮背）

图 6-11　道岔区车轮与钢轨可能出现的接触关系图

2. 车轮运行轨迹与道岔结构不平顺

列车运行至道岔中的不同位置时，因尖轨、心轨有降低值，致使车轮在钢轨踏面上的接触位置不断变化，若不考虑钢轨与车轮的竖向和横向位移，只考虑轮重下的压缩位移，列车在道岔的静态运行轨迹将如图 6-12 实线所示，并列两条实线部分表示轮载过渡地段。考虑车轮与钢轨的位移后，动态运行轨迹将在静态运行轨迹附近波动。

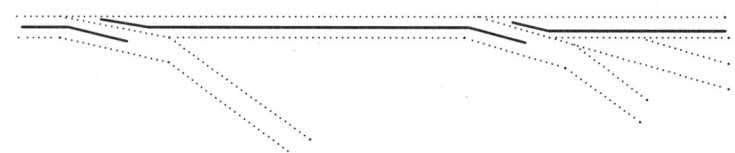

图 6-12　车轮直向通过可动心轨岔时的轨迹线

由于车轮轨迹线并不是一条直线，随着踏面接触点外移，车轮重心将会下降，形成竖向的结构不平顺，图 6-13 所示为车辆直逆向通过 18 号可动心轨道岔时，内侧车轮重心的动态和静态轨迹。由于右车轮接触点的变化，在转辙器部分引起波长较长的高低不平顺，而在辙叉部分引起波长较短的局部不平顺，同时还会引起左车轮的高低不平顺，这些不平顺是引起列车过岔时竖向振动的激励源。

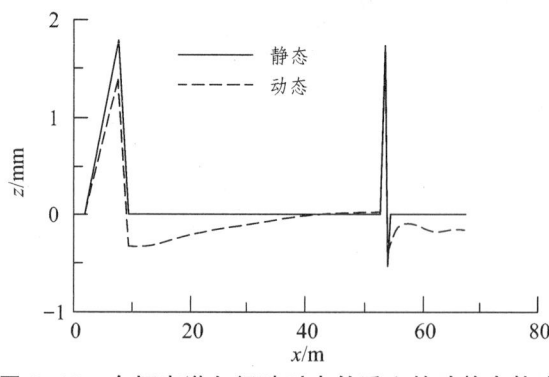

图 6-13　车辆直逆向行驶时内轮重心的动静态轨迹

四、道岔区轮轨系统动力特性分析

根据前述建立的道岔区轮轨系统动力分析模型,采用有限单元法离散后,列出系统中的总动能、总弹性势能及各种作用力的虚功表达式,在计算机中采用对号入座的方法组建系统的振动方程组。选用 Wilson-θ 法起步、Park 方法求解。

由于道岔区轮轨系统振动微分方程中自由度很多,且具有多重循环,计算难度很大,尤其是多个非线性因素所形成的多重迭代循环较难处理,本处特予说明,别的处理环节不再赘述。

振动方程的求解中除了要进行非线性接触力、非线性蠕滑力的迭代循环外,还要进行积分时间步长循环及轮缘贴靠判断、顶铁贴靠判断、尖轨和心轨与岔枕的接触判断、尖轨与基本轨、心轨与翼轨在横向平面内的接触判断,要想减少计算量并保证迭代的稳定性和收敛性,如何合理地组成多重循环结构是一个极为重要的问题。

直接积分法中,积分时间步长循环无疑应是最外层的循环结构。在轮轨空间耦合振动系统中,竖向振动对横向振动的影响很大,而横向振动对竖向振动的影响相对比较微弱,因此应首先进行轮轨接触力的迭代循环,这个循环应是最里层的循环结构。轮轨接触力迭代收敛后,蠕滑力是比较容易收敛的,而且受轮缘是否贴靠、顶铁是否贴靠等影响不大,因此非线性蠕滑力的迭代循环应是次里层的循环结构。由曲线动态通过理论可知,在大半径曲线上可完全由蠕滑力导向,只有在中小半径曲线上才要求轮缘力导向,在蠕滑力大小确定后,就比较容易判断是否还需要轮缘力导向,也就较容易判断轮缘是否贴靠钢轨,因此轮缘贴靠判断应是蠕滑力迭代循环的外一层循环。最后可将每一个顶铁的贴靠判断、尖轨和心轨下每一支承点的接触判断、尖轨与基本轨、心轨与翼轨的接触判断在同一循环结构中实现,这是次外层的循环结构。数值试验证明这种循环结构是合理的,通常在求解方程组 6~10 次左右,所有的迭代循环都已收敛。

以下列举一个计算实例。道岔为秦沈客运专线 18 号道岔,车辆为长春客车厂生产的高速动车,直向过岔速度为 200 km/h,侧向过岔速度为 80 km/h。给出了部分的动力分析结果。

1. 车辆直向过岔

车辆直向过岔时各主要动力响应如图 6-14 至 6-23 所示。

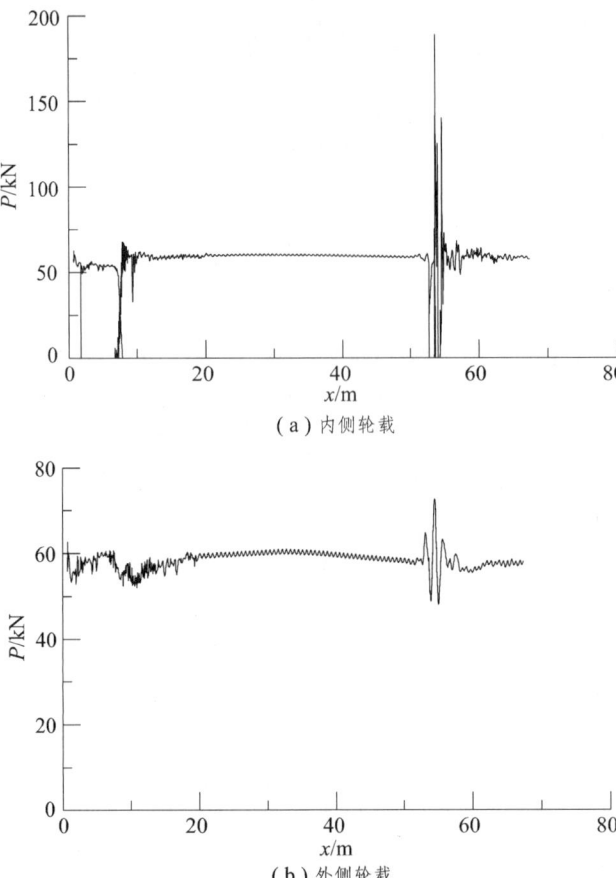

图 6-14 车辆直逆向过岔时动轮载计算结果

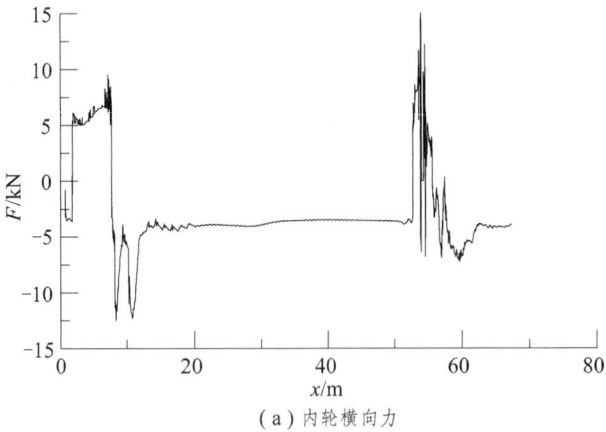

(a) 内轮横向力

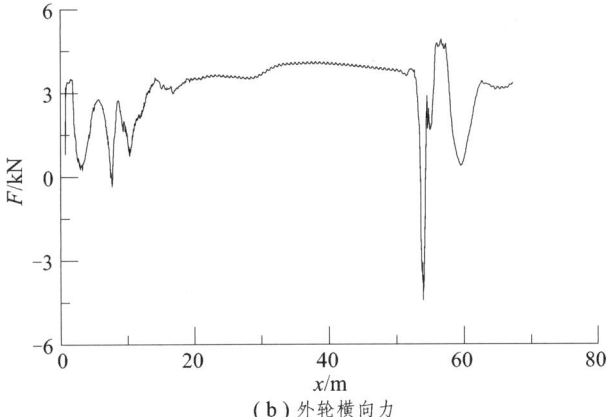

(b) 外轮横向力

图 6-15　车辆直逆向过岔时轮轨横向力的计算结果

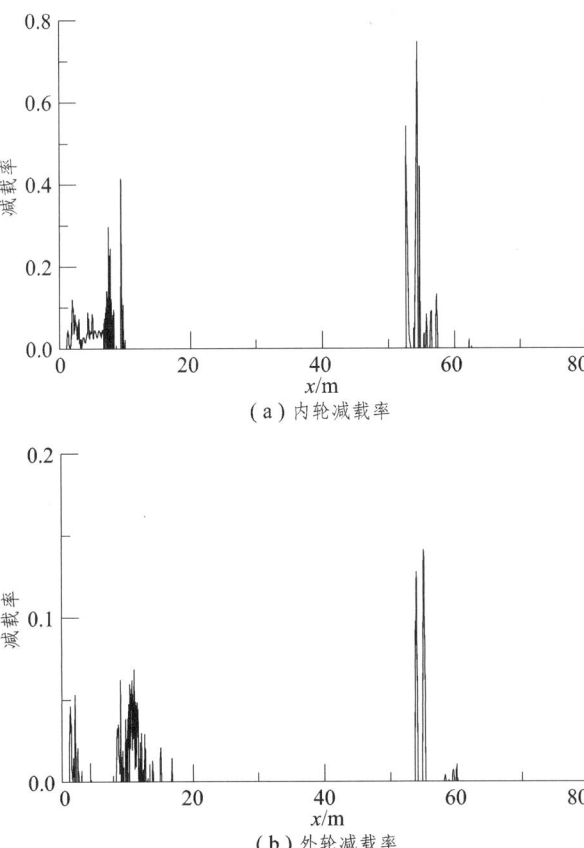

(a) 内轮减载率

(b) 外轮减载率

图 6-16　车辆直逆过岔时车轮减载率的计算结果

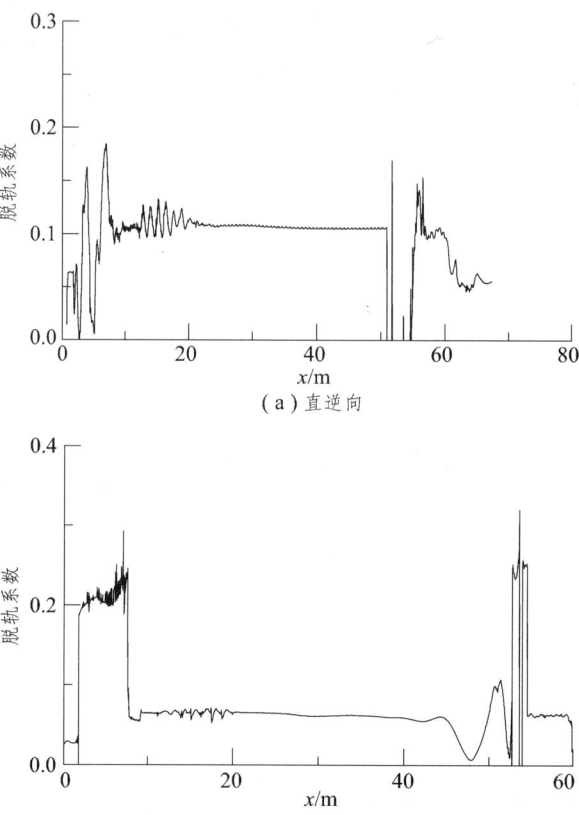

(a) 直逆向

(b) 直顺向

图 6-17 车辆直向过岔时内轨脱轨系的计算结果

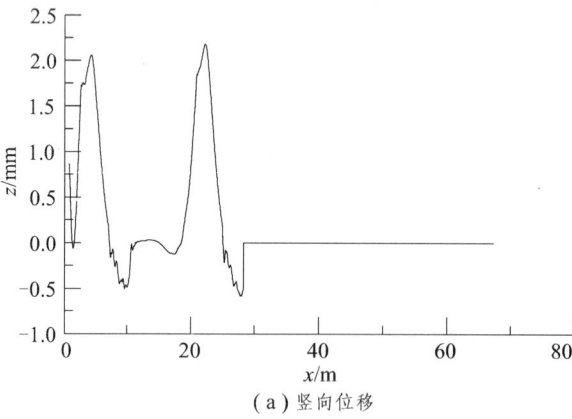

(a) 竖向位移

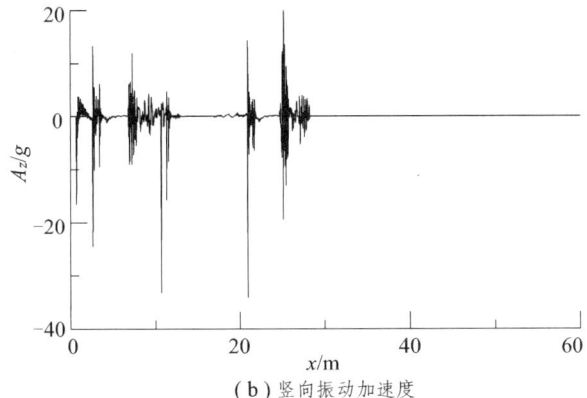

(b) 竖向振动加速度

图 6-18 车辆直逆向过岔时尖轨的竖向位移和振动加速度

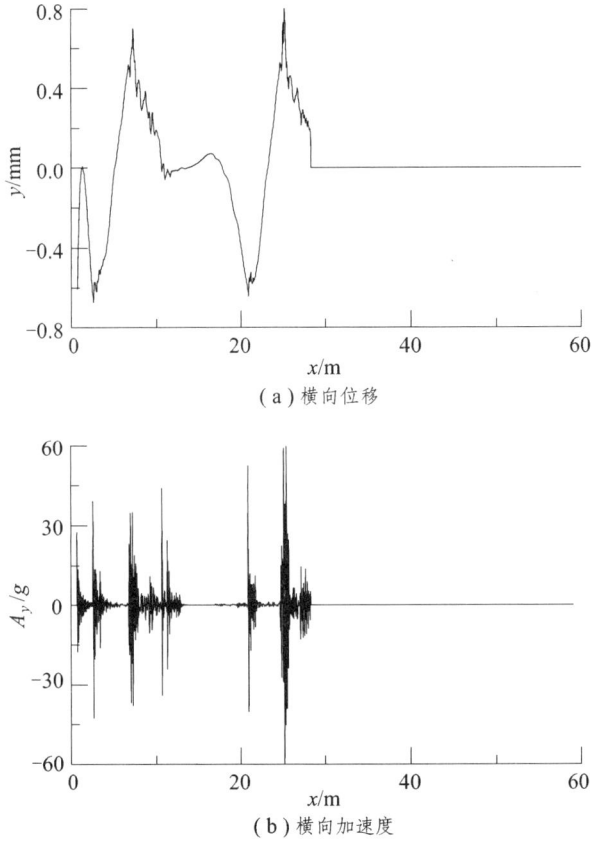

(a) 横向位移

(b) 横向加速度

图 6-19 车辆直逆向过岔时尖轨的横向位移和振动加速度

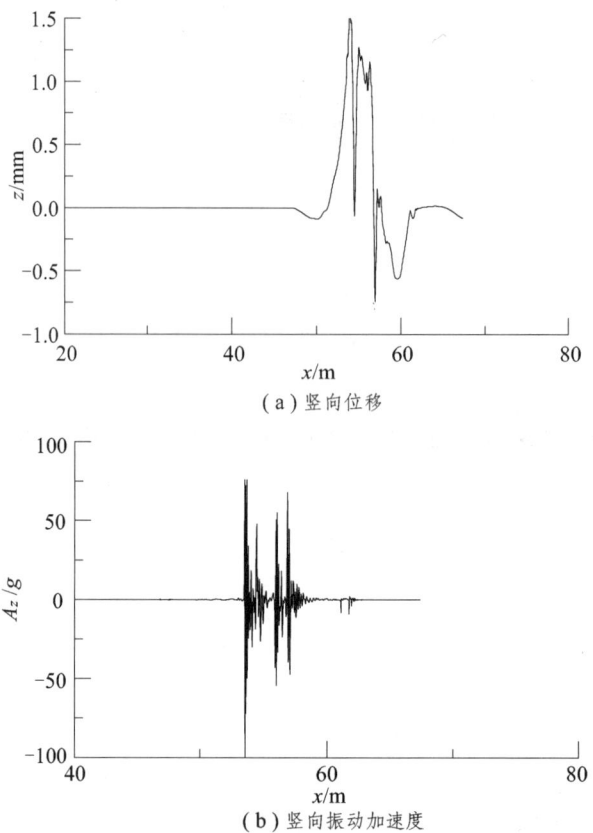

图 6-20 车辆直逆向过岔时心轨的竖向位移和振动加速度

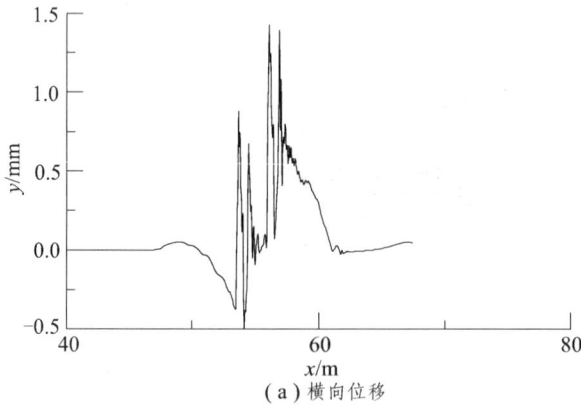

(a) 横向位移

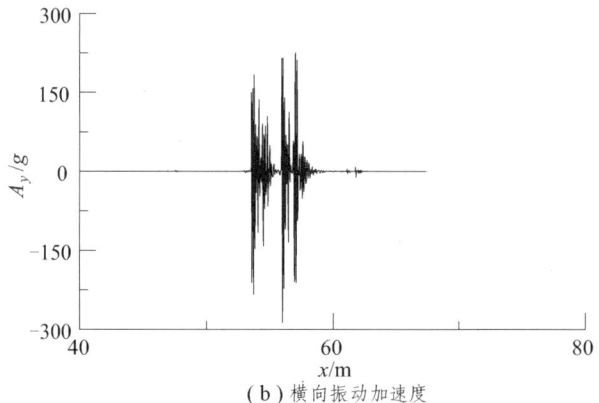

(b) 横向振动加速度

图 6-21 车辆直逆向过岔时心轨的横向位移及振动加速度

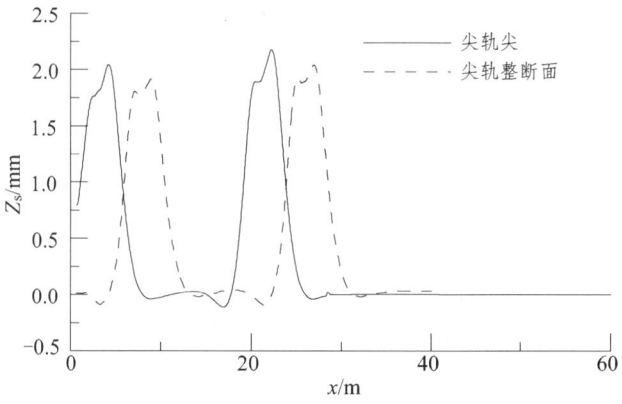

图 6-22 直逆向岔枕竖向位移

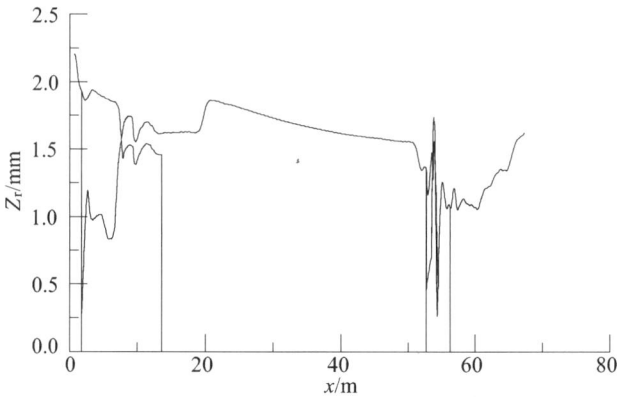

图 6-23 直逆向钢轨竖向位移

① 动轮载。内侧轮载在尖轨与基本轨、心轨与翼轨上存在着过渡，过渡范围均在尖轨或心轨顶宽 25～45 mm 范围内。由于结构不平顺的影响，内侧轮载在辙叉处存在着较大的波动。

② 轮轨横向力。在尖轨与心轨部分，因轮轨接触点在横向平面内变化，而导致车轮承受横向蠕滑力，而在其余部分只承受轮载水平分力。逆向、顺向过岔时车轮横向蠕滑力方向相反，内外侧车轮上作用力方向也相反，只是外侧车轮横向力小于内侧车轮，这主要是由于车轮横向移动而引起的横向蠕滑力。

③ 减载率。由于结构不平顺的影响，内轮减载率在尖轨处较小，而在心轨处有较大波动，但均小于 0.8 的安全限值，减载率较大范围不足 0.5 m。外轮减载率要小于内轮。

④ 脱轨系数。内轮上最大脱轨系数约为 0.3 左右，在安全限度内。外轮上脱轨系数很小未给出。

⑤ 尖轨尖端竖向位移及振动加速度。直逆向过岔时，尖轨尖端跳动量约为 0.5 mm，最大振动加速度约为 $35g$；直顺向过岔时，尖轨尖端跳动量约为 1.0 mm，最大振动加速度约为 $40g$。

⑥ 尖轨尖端横向位移及振动加速度。直逆向过岔时，尖轨尖端开口量约为 0.7 mm，最大振动加速度约为 $60g$；直顺向过岔时，尖轨尖端开口量约为 0.8 mm，最大振动加速度约为 $100g$。

⑦ 心轨尖端竖向位移及振动加速度。直逆向过岔时，心轨尖端跳动量约为 0.7 mm，最大振动加速度约为 $100g$；直顺向过岔时，心轨尖端跳动量约为 1.5 mm，最大振动加速度约为 $293g$。

⑧ 心轨尖端横向位移及振动加速度。直逆向过岔时，心轨尖端开口量约为 0.5 mm，最大振动加速度约为 $280g$；直顺向过岔时，心轨尖端开口量约为 0.7 mm，最大振动加速度约为 $500g$。

⑨ 岔枕竖向位移。尖轨尖端处岔枕竖向位移约为 2.2 mm，尖轨整断面处的岔枕竖向位移约为 2.0 mm。直逆向与直顺向过岔时岔枕竖向位移相等。

⑩ 钢轨竖向位移。由于帮轨的作用，从尖轨尖端向心轨尖端，钢轨位移逐渐减小，即轨道整体刚度逐渐增大。

2. 车辆侧向过岔

列车侧向过岔时各主要动力响应如图 6-24～6-28 所示。

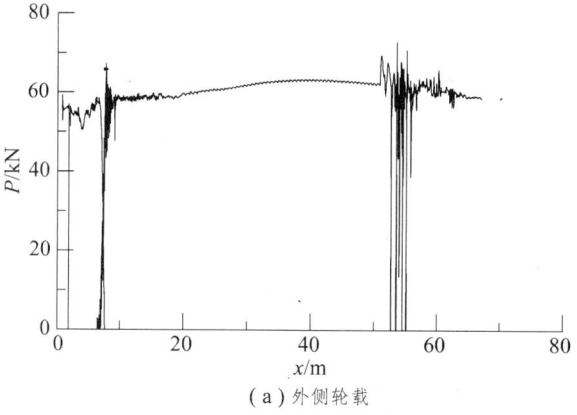

(a) 外侧轮载

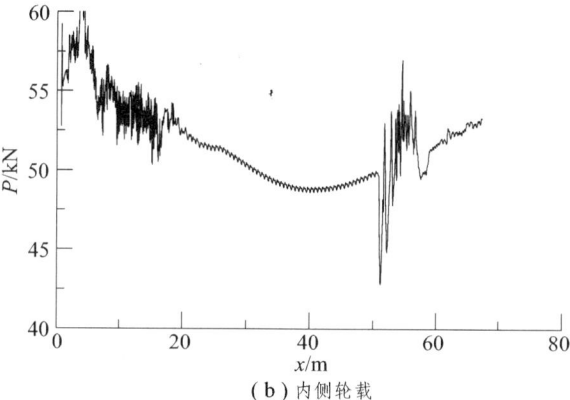

(b) 内侧轮载

图 6-24　车辆侧逆向过岔时的动轮载

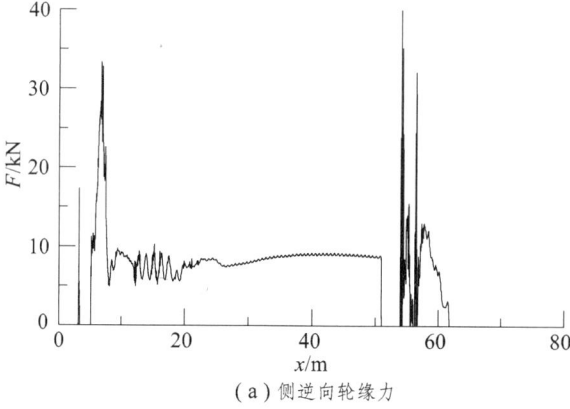

(a) 侧逆向轮缘力

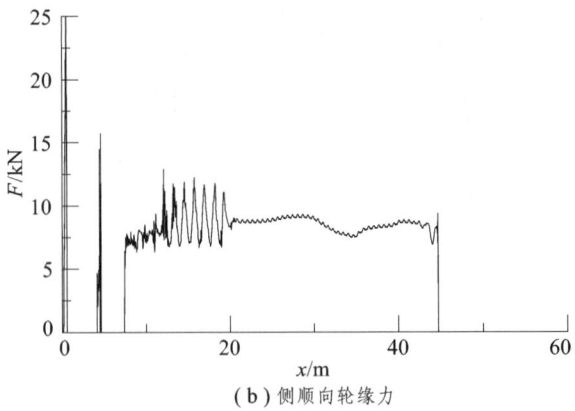

(b) 侧顺向轮缘力

图 6-25　车辆侧向过岔时的轮缘力

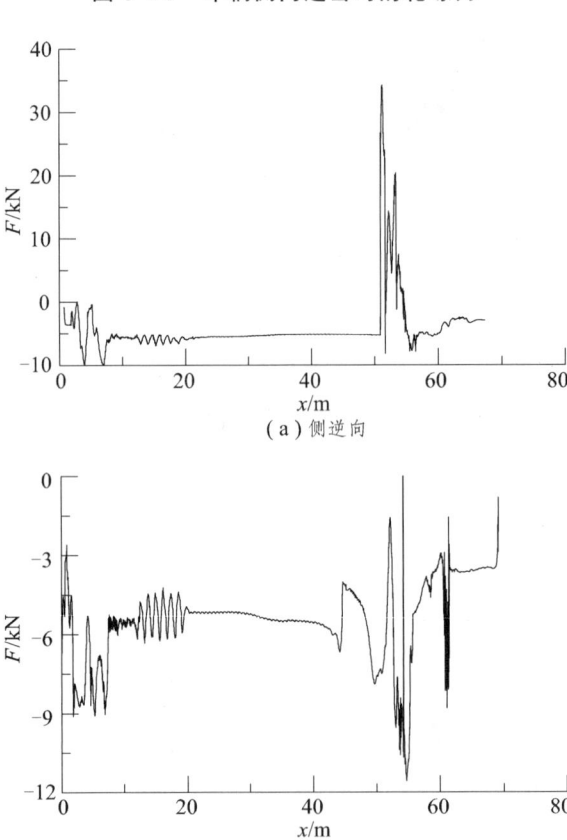

(a) 侧逆向

(b) 侧顺向

图 6-26　车辆侧向过岔时内轨横向力

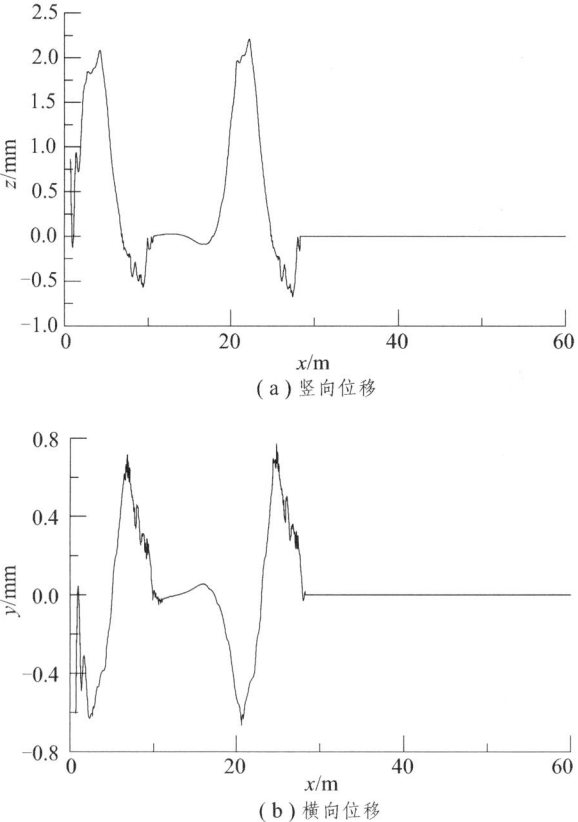

(a) 竖向位移

(b) 横向位移

图 6-27　车辆侧逆向过岔时尖轨尖端竖向及横向位移

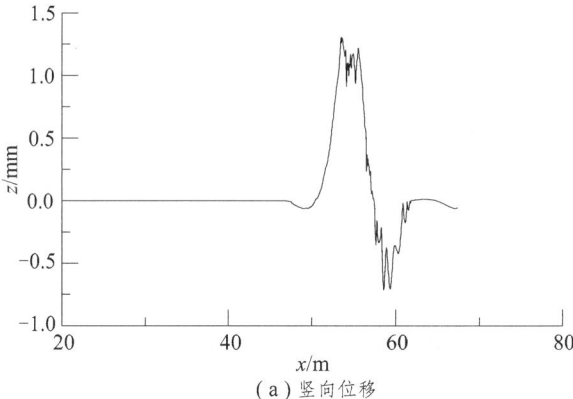

(a) 竖向位移

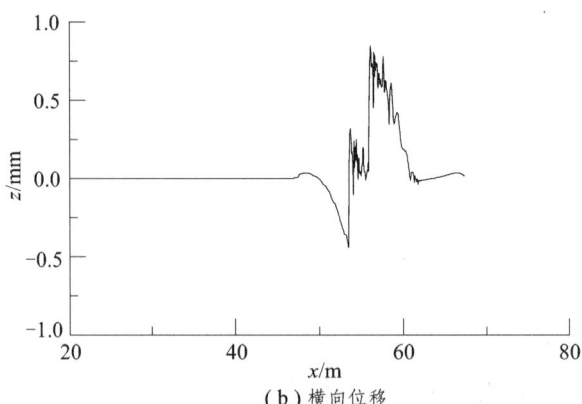

(b) 横向位移

图 6-28 车辆侧逆向过岔时心轨竖向及横向位移

① 轮载分布。与直向过岔相比，可动心轨部分存在三次轮载过渡，即轮载从翼轨过渡至长心轨、从长心轨过渡至短心轨、在斜接头处从短心轨过渡至岔后线路。列车侧顺向过岔时，轮载波动规律与侧逆向是一致的。

② 轮缘力。侧逆向与侧顺向过岔时，其轮缘力在尖轨及可动心轨部分的分布规律是不一样的。侧逆向过岔时，外轮与半切线尖轨间有较大的冲击作用力，而在导曲线部分轮缘力较小，因侧向防磨护轨的存在，心轨尖端处外轮与心轨不发生轮缘接触，驶过护轨后，与短心轨间仍有冲击作用力。侧顺向过岔时，因轮轨接触点在横向平面内的变化规律与侧逆向相反，心轨部分不与轮缘接触，而在驶出尖轨尖端后，还将与直基本轨发生横向冲击作用。侧逆向过岔时最大轮缘力大于侧顺向过岔。

③ 轮轨横向力。在转辙器及导曲线部分因高速客车的曲线通过性能较好，作用于内外轮上的横向力均较小。在辙叉部分，侧逆向过岔时因护轨冲击力的影响，内侧车轮横向力较大；外侧车轮在驶过防磨护轨后，对导曲线仍有冲击力。

④ 尖轨尖端竖向及横向位移。侧逆向过岔时，尖轨尖端跳动量约为 0.7 mm，尖轨尖端开口量约为 0.7 mm；侧顺向过岔时，尖轨尖端跳动量约为 1.0 mm，尖轨尖端开口量约为 0.7 mm。

⑤ 心轨尖端竖向及横向位移。侧逆向过岔时，心轨尖端跳动量约为 0.7 mm，开口量约为 0.5 mm；侧顺向过岔时，心轨尖端跳动量约为 0.8 mm，开口量约为 0.5 mm。

道岔区动力分析结果表明：直逆向过岔与直顺向过岔相比，各项动力响应差别不大，直顺向过岔时略大；侧逆向过岔与侧顺向过岔在横向动力作用方面有所不同，在优化尖轨平面线形时，宜同时进行双向过岔动力学分析，才能更为全面地反映尖轨的受力情况；由于侧向过岔时，在可动心轨部分存在三处结构不平顺，在高速行车时将会加剧轮轨动力作用，因而在侧向高速道岔中应尽量减少结构不平顺。

通过以上计算结果可见，道岔区轮轨系统动力学理论可对列车运行安全性、平稳性、轮载的过渡规律、结构不平顺、尖轨及心轨的跳动与开口、轨道及车辆响应进行分析，可用于确定过岔速度，优化道岔结构。

第四节　钢轨波形磨耗成因及预防减缓措施

滚滑接触表面，如铁路钢轨和车轮表面、公路路面及滚滑接触的机械零件表面，经常出现一种不均匀的表面波状变形现象，这种波状变形（不均匀磨损、不均匀塑性变形，或两者的综合效应）称之为波形磨耗，简称波磨。波磨一经形成，则造成接触表面的不平顺，引发动力作用，加大动作用力、振动和噪声，急剧缩短相关零部件的使用寿命。关于波形磨耗的研究已有一百多年的历史，但其形成原因及预措施目前尚未完全解决。

一、钢轨波形磨耗的研究概况及成因理论

钢轨波形磨耗出现得非常普遍。波形磨耗主要出现在重载运输线上，尤其在运煤、运矿专线上特别严重，在高速客运专线上也不同程度的发生，城市地铁上也较为普遍。在列车速度较高的铁路上，主要发生短波磨耗，一般出现在直线和制动地段。在车速较低的重载运输线上，主要发生长波磨耗，一般出现在曲线地段。

（一）钢轨波磨的影响因素及研究简况

影响钢轨波磨发生发展的因素很多，涉及钢轨材质、线路及机车车辆条件等多个方面。波磨形成明显地与钢轨材质和冶炼方法有关。如碱性转炉钢轨，硬化的索氏体易于出现波磨，而平炉钢轨则较少产生波磨。钢轨的化学成分有较大影响，锰和硅可能推迟波磨的出现，而氮则会促进波磨的出现。经辊式矫直的钢轨，因残余应力的影响，易出现波磨。经加热至 600 ℃ 热处理后的钢轨，因残余应力被释放而不易形成波磨。重型钢轨比轻型钢轨易出现波磨。线路纵坡较大、曲线半径较小、道床脏污板结及路基刚度较大的地段易产生波磨。大轴重及电力牵引会加速波磨的形成，等等。

一个多世纪以来，国内外许多专家学者对波磨的成因进行了广泛的研究。波磨发现初期（20 世纪 30 年代）出现了一个研究高潮，但人们很快认识到，

其成因并不如想象的那样简单，从而转入对波磨整治措施的研究。50年代研制出了钢轨打磨车对波磨进行打磨，人们一度乐观地认为波磨问题已得到圆满解决。但随着铁路运输向高速重载发展，波磨问题越来越严重，打磨费用也越来越高。许多地段波磨在打磨后 2～3 个月内又重新出现，人们开始怀疑打磨的有效性，意识到只有找到波磨成因以图预防才是根本的出路。于是在 80 年代初又出现了波磨的研究高潮，一直到 90 年代这一高潮有增无减。世界范围内的研究者们表现出顽强攻克波磨难题的势头，有关的研究文献浩如烟海，提出了数十种波磨成因的解释，涉及系统动力学、材料微观组织和性能、材料的塑性变形过程、残余应力、磨耗特性，以及钢轨内部的振动波和超声波的传递特性等诸多领域。

我国自 80 年代初开始系统地研究钢轨波磨问题，进行了大量探索和研究，积累了较丰富的现场观测数据，吸收了国外的研究成果并有一定的发展。在轮轨接触共振、轮对扭转张弛振动、轮对弯曲张弛振动、轨头塑性变形及磨耗特性等方面进行了大量的理论和试验研究。

但是，由于波磨问题的复杂性，关于其成因，迄今尚未取得共识。由于在有效预防波磨的措施方面未取得突破性进展，因此离波磨成因问题的彻底解决还有一定距离。

（二）钢轨波磨的成因理论分类

关于钢轨波磨形成和发展的机理有数十种解释，其中部分解释有一定的理论依据，也有一些解释尚处于推测阶段，此处统称为波磨成因理论。波磨成因理论归结起来大致可分为两类：第一类称为动力类成因理论，即波磨是由振动引起的；第二类称为非动力类成因理论，即波磨成因归结于冶金或材质性能、应力及变形特性等。

动力类成因理论认为，轮轨作用力因振动而出现波动，在一定条件下钢轨就会产生波磨，波磨可能是不均匀磨耗、不均匀塑性变形或两种成分的混合。而非动力类成因理论则认为，即使轮轨作用力为常值，也会因为不均匀塑性变形及磨损等原因形成波磨。

动力类成因理论又可分为自激振动、共振和反馈振动三类。自激振动理论注重轮轨系统中的自激因素、振动形式和形成条件，将它与波磨联系起来，解释波磨的成因。波磨的形成和发展受同一振动形式控制，波磨的发展程度对自激振动强度和波磨发展速率影响不大。反馈振动是指在重复荷载条件下，振动逐步加强的激化过程。由"不平顺—振动—更大的不平顺—更强的振动"构成波磨形成及发展的恶性循环，波磨越严重，其发展速率越大。共振理论则注重分析轮轨系统中周期性变化的因素对振动和波磨形成的影响。对于一种振动形式，当满足自激振动条件时表现为自激振动；当存在周期性因素激扰时可发生共振；既满足自激条件又受周期激扰时，仍表现为自激振动，周期激扰提供振动能量并激化自激振动；既不满足自激条件又无周期激扰时，表现为反馈振动。

在对波磨波长的看法上，动力类与非动力类存在明显的差异。动力类一般认为，波磨的波长决定于振动特性，是有限个波长的混合，与轮轨系统中某一种或几种振动形式相关。解释波磨成因时，也总是从实际波磨波长分析出发，寻找与之对应的振动形式。而非动力类一般认为，波磨的波长是随机分布的。

有关钢轨波磨形成原因的主要理论归纳如图6-29所示。

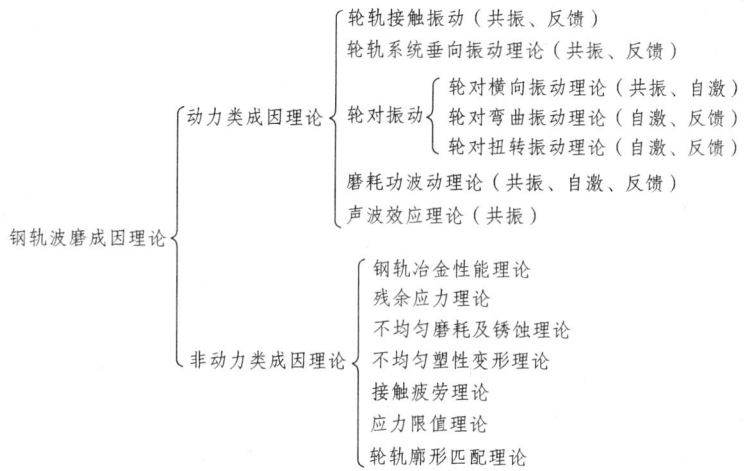

图6-29 钢轨波形磨耗成因理论分类图

（三）主要波磨成因理论的要点

1. 轮轨接触共振理论

1957年，英国学者Johnson等通过圆盘试验机和计算机模拟对波磨所进行的研究表明：接触共振使滚动体表面产生波磨。在低阻尼高负荷情况下，共振使圆盘表面产生塑性变形（共振作用），并在下一次滚动时激起更大幅度的振动（反馈作用），形成塑流型波磨。当接触应力较小而有一定相对滑动时，由不均匀磨损造成磨损型波磨。

波磨来源于表面上存在的单个不平顺或随机表面粗糙度，其形成一渐进过程。单个不平顺使系统受瞬时激振，足够大的振幅在激振点前方造成一系列衰减的塑性压痕，其间距取决于接触共振频率。在随机粗糙表面情况下，系统对粗糙度频谱中接近接触共振频率的部分产生放大作用，接触共振使特定的波长得到加强，在下一次载荷通过时激化更强的振动，从而逐渐形成波磨。影响波磨生成的主要因素是载荷、阻尼和表面粗糙度。增加系统的阻尼、减小接触压力及改变弹性可有效减缓波磨。

2. 轮轨系统垂向振动理论

（1）轮轨系统垂向共振理论。轮轨系统垂向共振是长波磨耗成因中一个不可忽略的因素。钢轨表面存在波长随机分布的不平顺，垂向共振将与垂向振动固有频率相对应的波长成分放大，逐渐滤掉与固有频率相差较大的波长成分，随机不平顺的带宽逐渐减小，与固有频率相对应的波长最终占据优势，垂向振动被激化。波磨的统计波长与垂向共振频率、车速存在对应关系，波磨是由于相同的列车以相同的速度行驶，由共振产生的轮轨振动附加力导致轨头表面塑性变形造成的，且曲线和直线上波磨成因相同。波磨形成的必要条件是系统垂向共振和轨头塑性变形。认为轨道阻尼已不可能再加大，预防减缓波磨的措施是提高钢轨强度。

（2）轮轨系统垂向"自激"振动理论。波磨的形成分成两个阶段，第一阶段是波磨的产生，第二阶段是波磨的发展。波磨的产生是随机振动所引起的钢轨表面塑性变形的结果，而波磨的发展却与波磨频率和轮轨系统垂向振动的固有频率有关，只有当既有波磨的激振频率小于系统的共振频率时波磨才会发展，反之就不会发展。

这实际上是一个反馈振动成波模型，所谓的"自激"是波磨发展中的一个渐进过程，已存在的波磨是波磨进一步发展时激发振动的原因，并不是真正的自激振动。随着波深增加，波磨向前移动，波长逐渐增加。预防波磨可以从两个方面着手。一是预防波磨产生，减小轨面原始不平顺、增大系统阻尼等。二是预防波磨发展，根据存在的波磨波长，选择适当的车速和系统的固有频率来消除波磨，但又会产生新的波磨。

（3）钢轨表面原始不平顺理论。钢轨上道时轨面存在几何不平顺，车轮经过时产生附加力作用，使轨面产生塑性变形积累，形成波磨。特别是当同一类型的机车车辆以同样速度通过不平顺时，振动对既定钢轨点的重复作用促成波磨。

（4）轮轨系统高频振动理论。轮轨系统的高频振动是钢轨波纹磨耗的成因。波磨是车轮/轨道系统高频（钢轨的 Pined-pined 频率附近）瞬态振动作用下磨耗过程的反馈效应。轨头表面的原始不平顺激起高频振动，又反过来影响轨头表面形状，当一定数量的车轮通过后，某些波长的不平顺被过滤，最后形成了波磨。波磨主要依赖于钢轨原始不平顺，是间断支承轨道-车轮系统共振峰值的直接反应。采用连续支承轨道可消除共振峰值，预防波磨的形成。

（5）轨枕弯曲振动理论。波磨波长与轨枕弯曲振动频率有密切联系，波磨是由于轨枕的弯曲振动产生的。列车速度对轨枕振动的影响较大，轨枕低频共振时，枕端位移可达到激振幅度的 3~4 倍，轨枕振动对道床的危害和对波磨形成的作用都是值得注意的。

3. 轮对振动理论

（1）轮对横向振动理论。刚性或伴有一次轴弯曲振动的轮对，运行于间断支承的钢轨上，由于曲线轨道横向和垂向弹性不均匀，在一定车速下轮对发生横向共振或次共振，发生共振的车轮枕间通过频率约为 15~30 Hz。共振或次共振时，可产生长波磨耗，也可产生短波磨耗，取决于蠕滑力特性曲线。蠕滑力饱和后如没有负斜率段，则轮对横向共振或次共振产生长波磨耗（长波模型、共振）。蠕滑力饱和后如出现负斜率段，轮对产生横向张弛振动（短波模型、自激振动）。轨枕附近因轮轨相对滑动速度加剧而出现高磨损区，从而形成波磨，波长为轨枕间距的分数或整数倍。直线轨道上，因同一轮对上两轮不平行或轮径不同，引起车轮横向蠕滑，同样可形成轮对横向张弛振动，引起波纹磨耗，即所谓的"小提琴模型"，轮对相当于弓，而钢轨相当于弦。有效的减缓措施是，加大扣件弹性以降低轨枕间断支承引起的轨道横向刚度不均匀性，减小簧下质量、减小轮对定位刚度及增大悬挂阻尼。

（2）轮对弯曲振动理论。轮轨间的横向蠕滑力波动比纵向蠕滑力大，且更易引起轨头塑性变形，因此轮对弯曲振动是波磨成因中最主要的一个因素。轮对在一阶弯曲固有频率处的振动引起长波磨耗，波长约为 160 mm；而三阶固有频率处的振动引起短波波磨，波长约为 39 mm。轮对弯曲振动可表现为自激振动，也可表现为反馈振动，两种振动形式都可能产生波磨。曲线轨道上由于横向作用力较大，因此波磨也较严重。减小轨面不平顺、采用刚度尽可能大的轮轴、加大轨道弹性和阻尼以及采用调整胶垫使内外轨刚度不均匀，都将有助于抑制波磨的形成。

（3）轮对扭转振动理论。该理论属轮对扭转反馈振动模型。波磨波长同系统的垂向和水平振动频率无密切联系，而与轮对扭转振动的频率相关。同时，以轨面无滑动且无严重磨损迹象否定黏滑振动的存在，认为轮轨间纵横向蠕滑力周期性波动是波磨的成因。从波峰至波谷蠕滑力逐渐加大，轮对扭转是蠕滑力波动的原因。

（4）轮对扭转张弛振动理论。波磨形成的机理是轮对的扭转自激振动。轮轨接触面上蠕滑力与蠕滑率的关系通常是非线性的，有正梯度段和负梯度段，分别对应于系统吸收和释放能量，二者达到平衡时可形成稳定的摩擦自激振动，包括近似正弦振动和张弛振动。就轮对而言，车轴作为扭转弹性体，时而储存能量，时而释放能量；与此相对应，轮轨接触面间时而黏着，时而滑动，钢轨踏面出现不均匀滑动，由此形成波磨。波磨波长呈随机分布，波长在直线及大半径曲线上略短，小半径曲线上略长。长波和短波磨耗具有相同的成因，长波由短波发展而成。在波磨形成过程中，制动起着决定性作用，而在波磨发展过程中，垂向振动的作用逐渐增强。在大气潮湿的地段，蠕滑力曲线上易出现负斜率段，自激振动和波磨易于形成。增加轨下基础的弹性、减小转向架菱形变形，采用不同车轴刚度不同辐板刚度的轮对，使自激振动频率各不相同，将减缓波磨。

4. 磨耗功波动理论

波磨不是单一原因，而是多个原因引起的。轮轨间的磨耗功（或摩擦功、蠕滑功）的波动反映了轮轨系统中多种振动形式的综合影响，钢轨磨损速率同磨耗功成正比。对于磨损型波磨，磨耗功的波动是形成波磨的原因。磨耗功大的地方对应波磨波谷，磨耗功小的地方则为波峰。多数短波磨耗及淬火轨上的长波磨耗属于磨损型波磨，可以通过研究轮轨间磨耗功的办法寻找其成因，亦可用磨耗功变化模拟波磨的发展过程。由于磨耗功包含多种振动形式，其中有些是自激振动，有些是反馈振动，因此以磨耗功分析波磨成因的模型是一种包括多种形式和振动性质的综合振动模型。

5. 声波效应

（1）驻波理论。轮重使钢轨产生垂向振动，并以很高的频率沿钢轨纵向传播，返回后形成驻波，钢轨与车轮的锤击作用使波磨形成。驻波波长 86 mm，频率 35 kHz。

（2）车轮弯曲弹性波理论。波长 30～70 mm 的波磨与车轮轮箍弯曲振动有关，该振动形成两种弯曲波沿轮周传播，一种波沿车轮旋转方向，另一种波以相似频率逆车轮旋转方向，两种波频率的差异引起车轮对钢轨的锤击。频率差异与车速成正比，在某一车速时，锤击频率与轮轴弯曲振动的固有频率相同，产生共振。一定的线路条件下，若某种车轮经常发生这种共振，就会出现波磨。

（3）表面超声波理论。钢轨表面的波磨有两个重要特征：一是表面出现密集的疲劳斑点的同时，出现周期分布的体积为疲劳斑点的 3～4 倍的方形凹坑，并逐渐发展成波磨；二是表面存在平行的几列而非一列波形。由于钢轨及车轮表面存在密集的超声波场，超声波的传播、反射及重复经过接触区引起轮轨接触表面沿双向的拍打，形成与超声波场相似的波磨。

6. 钢轨冶金性能理论

当钢轨受到列车作用发生振动时，振动波形上的两个波幅的间隔和钢轨波磨波峰（或波谷）的间隔没有明显的相关性。如果波磨是由振动引起的话，那么每根钢轨迟早都会出现波磨，但从现场调查的情况看，转炉钢比平炉钢更容易出现波磨，由此认为，材质具有明显的作用，振动只对波磨的形成起促进作用。

7. 残余应力理论

钢轨在生产过程中形成的残余应力在列车荷载下发生变化，轨头表层逐渐形成三向残余压应力场。残余应力量值对轮载作用次数具有累加效应，据测试，轨头表面下 2 mm 处的纵向残余应力可达到 600~800 MPa。轨头边缘附近区域产生局部塑性流动，因塑流区两侧的纵向压力、塑流区下方的有效残余压应力以及材料的黏弹性效应，在车轮滚过瞬间，轨头塑流区凸起，形成波磨的波峰，同时波峰附近发生残余应力放散，出现波谷。对波磨的有效预防措施是，对新钢轨进行打磨，消除残余应力集中区。

8. 不均匀磨损和锈蚀理论

（1）磨损及锈蚀理论。认为振动导致不同区域轮载不同，高轮载区域易硬化，产生较高的强度和抗磨能力，形成"波峰"，低轮载区域硬化较小，出现较低的强度和抗磨能力，形成"波谷"。波磨出现初期，波谷是由磨损引起的，而后锈蚀起着主要作用。锈蚀产生的铁氧化物被钢轨踏面的振动带走，使波谷加深，从而产生进一步的锈蚀。

（2）液体动力磨损理论。水和油等液体浸入轨面的毛细裂纹，在车轮的高压下形成剥离，而后发展成波磨。

（3）车轮跳动理论。钢轨波磨起因于车轮在钢轨上的跳动。与车轮相接触的点上，钢轨受到冷加工而硬化且较为干燥，未接触的地方较软且较潮湿，较软且较潮湿处比硬的干燥处容易生锈，便形成了波磨的波谷。

9. 不均匀塑性变形理论

（1）塑性压溃理论。普碳钢轨波磨的波谷位置有明显的飞边、压宽等变形现象，而波峰处塑性变形相对较小。经波峰、谷处钢轨表面及内部金相组织观察比较，波谷处金相变形量大，晶粒的碎细程度大，位错密度高，硬度值高。由于轮轨间切向力作用降低了钢轨的安定极限，列车荷载的最大接触应力瞬时超过安定极限而产生塑性变形压痕，随着变形的累积而形成波磨。钢轨强度在波磨形成中起着重要的作用，提高钢轨强度、降低切向力和法向力是减缓波磨的根本措施。

（2）塑性鼓包理论。在轮轨间法向接触应力、轨头内压应力、残余压应力和轮轨间的摩擦力联合作用下，使轨头内最大塑性区向前上方运动。一方面，轨头内部材料向两边挤动，由于旧轨轨头边缘约束区较小，轨头被压宽，形成波谷；另一方面，轨头内部材料沿纵向蠕动，晶体位错向前移动，位错密度增加，蓄积内能，当内能蓄积到一定程度时，材料被加工硬化，强度提高，可支持车轮通过包顶，形成波峰。该理论认为波磨产生是轮轨接触点上的力和负蠕滑率的联合作用，波磨呈锯齿状，波峰位置随运营时间向前移动，迎车面坡缓于送车面坡，波长与行车速度成正比。

10. 接触疲劳理论

波磨是由随机的踏面摩擦力及钢轨表面疲劳裂纹引起的不均匀磨损所造成的。表面热处理后的钢轨,自然磨损速率减小,而接触疲劳几率增加。重复荷载作用下,轨头亚表层剪应力与硬度比值最大处首先出现剪切疲劳裂纹,而后扩展至钢轨表面。裂纹密集处磨损加大,形成凹坑,即为波磨的波谷。液态脏物渗入裂纹,在车轮压力下于裂纹尖端处形成三向静水压力,加速裂纹扩展,裂纹密集处始终密集,波磨的峰谷位置被固定下来。可采用适当增大自然磨损率、降低接触应力等措施减缓波磨。

11. 应力限值理论

该理论来源于圆盘实验机的结果,波磨仅在剪应力(222.6~258 MPa)及压应力(742~860 MPa)处于一定范围时产生,高于或低于这个应力范围,波磨都不会产生。当轮轨接触应力比安定极限大很多时,发生连续的塑性变形和压溃,不易产生波磨;当接触应力比安定极限小很多时,也不易产生波磨;只有当接触应力比安定极限小且又比较接近时,如果由于某种原因使轮轨系统振动受到激励,例如接触共振,使钢轨多次周期性过载,那么轨头表层将产生间断性的塑性变形点,这就是塑流型波磨的开始。

12. 轮轨廓形匹配理论

轮轨踏面间的良好吻合是波磨发生的一个重要原因。提高轨道质量(如减少轨距误差),改进车辆性能(如引进自导向转向架),反而会有助于波磨的形成。因为它们使车轮每次都与轨头某一部位接触,轨头磨耗后与车轮踏面形成良好的吻合面。这种良好的吻合接触使轮轨接区为一长椭圆,由于旋转蠕滑的作用,促使轮对黏滑振动形成,在接触面上形成间隔均匀的横向磨损,触发波磨的发生。

二、我国重载线路上钢轨波形磨耗的特征

对我国典型的重载线路上的钢轨波形磨耗进行观察与测试,在对测试数据进行整理分析的基础上,总结了我国重载线路钢轨波形磨耗的特征及发生发展的规律。

(一)波磨多发地段的线路及运营特点

1. 波磨一般出现在曲线地段

曲线半径越小,波磨出现和发展速率越快。从半径 270 m 至 4 500 m 的曲线上都发现波磨,但大半径曲线上波磨的出现时间晚,发展速率慢。半径小于 1 000 m 的曲线上波磨较为突出。直线地段很少出现波磨。

2. 制动地段波磨严重

小半径曲线地段,无论列车运行工况如何(牵引、制动、惰行),均产生波

磨。半径稍大的曲线地段，波磨出现取决于列车运行工况，制动地段波磨较容易发生，波磨较严重。

3. 轨道弹性对波磨的发生发展影响较大

石质路基上波磨较土质路基上严重；波磨地段道床均有不同程度的板结，抬道及道床破底清筛后，波磨情况明显缓和；木枕地段的波磨明显较混凝土枕地段轻微。

（二）波磨的分类及发生特点

依据波磨的波长、波磨特征及出现部位不同大致可分为三类。

波纹磨耗：波长小于 100 mm；

中长波磨耗：波长 100～200 mm；

长波磨耗：波长大于 200 mm。

1. 长波磨耗

无论曲线几何参数如何，波长 200～700 mm 的长波磨耗总是出现在曲线外轨，长波又分为均匀长波和非均匀长波。

(1) 均匀长波。均匀长波的波长和波深都特别均匀，波长约为 250 ± 10 mm。一根钢轨上波磨分为三段，第一段始发于前一根钢轨送车端接头内 1～2 个转向架（货车转向架，下同）长度处，接头两侧波磨的波深和波长无明显差别，接头处无马鞍形磨耗，接头处波深并无明显加深，波磨延伸 7～8 m 后消失；第二段始发于内轨接头（错接接头）前方一个转向架长度处，延伸一段后消失；第三段在靠近下一接头处开始。

(2) 非均匀长波。非均匀长波的波长主要分布于 200～700 mm。对于错接接头，无论接头有无马鞍形磨耗，波磨总是从距接头约一个转向架处开始，波长逐渐加长，波深先加深而后变浅，在距接头两个转向架范围内波磨平息而后又开始加深。在正对内轨接头的外轨上，出现波长 600～700 mm 的凹坑，在前方一个转向架距离处出现波磨，少数情况下也有从凹坑直接发展成波磨的。当钢轨对接时，非均匀长波一般从接头马鞍形磨耗开始，波长渐长，波深先深（马鞍）、后浅、再深、渐浅的发展。

2. 中长波磨耗

个别地段，在缓和曲线(对应的圆曲线半径较小)的外轨上发现波长 150 mm 且波深波长非常均匀的中长波。观察表明，这种中长波的波长增大较缓慢，没有向长波磨耗发展的迹象。

3. 短波磨耗

曲线内轨上出现波长约 80 mm 且波长和波深均匀的短波纹。对应的曲线外轨有较严重的长波磨耗(波深约 1.2 mm)。内轨短波纹最大波深不超过 0.5 mm，发展到一定程度后渐趋稳定,目前尚无因波纹而换轨的情况。短波纹不但在波长上明显不同于长波,而且在始发症状上也有明显的差异。短波总是在轨条中部始发,随机地出现一个或多个黑色光斑,光斑有两种方向,一种与行车方向垂直,另一种与行车方向约成 45°角,随着波磨的发展,45°方向的光斑也逐渐变成垂直于行车方向,最后形成以黑色区域为波谷、光亮区域为波峰的波纹磨耗。

(三)波磨的特征

1. 波磨在直线上的特征

直线地段上很少发生钢轨波磨,只是在制动地段上有轻微出现。

2. 波磨在同一曲线上的特征

(1)缓和曲线上波磨始发点距 ZH 点一定的距离。通过测定这一距离,并依据缓和曲线长和圆曲线半径等可以计算波磨出现的临界半径,通过测试数据整理初步推断该临界半径为 1 500～2 500 m。

(2)在同一条曲线的不同部位,波磨出现的早迟及发展的快慢存在较大差异。曲线进口处波磨明显地比出口处严重。圆曲线上波磨比缓和曲线上严重。曲线进口处的 ZH 点和曲线出口处的 HZ 点附近没有波磨。

3. 波磨与轨枕位置没有关系

波磨波长与轨枕跨距没有明显关系。波磨的波峰和波谷位置与轨枕位置间没有明显关系。

4. 波峰和波谷的形状

(1)短波磨耗、中长波磨耗、均匀长波磨耗。波峰和波谷本身是对称的,波峰在两波谷正中,波谷在两波峰正中。但波谷与波峰不对称,以 1/2 波深画水平线,就能发现波谷区比波峰区长。

(2)非均匀长波。非均匀长波除波长不均匀以外,波峰和波谷也不对称,波峰向行车方向偏斜,波峰前端短且陡,后端长且缓,而波谷正好相反。一些波长特长的波磨,侧面呈碟状,是由两个或多个波谷逐渐发展而形成的。

5. 波磨与曲线半径的关系

(1)波磨波长与曲线半径无关。重点测量了混凝土枕曲线半径为 300,500 和 1 000 m 三段曲线上的波磨情况。三处曲线线路条件相近,平均车速差异不超过 10%,约 50 km/h。然后对测量数据进行谱分析。在波磨的波长谱上,波长约 250 mm 占绝对优势,且三种半径的曲线地段上情况相同,说明波磨的波长与线路曲线半径之间没有相关性。

(2)波磨发展速率与曲线半径有关。半径小于 600 m 的曲线上,有一半以上的换轨是由波磨到限控制。随着半径加大,波磨发展速率明显降低。而在半径特别小的曲线地段,因快速的钢轨侧磨影响,波磨发展速率反而有所降低。

曲线半径 300～350 m 左右的曲线上波磨发展速率最大（见表 6-21）。

表 6-21　石太线淬火钢轨上波磨的波深发展速率

曲线半径/m	统计曲线个数	波磨发展速率/（mm/月）
<299	20	0.075 2
300～349	27	0.105 7
350～399	8	0.048 3
400～449	8	0.068 8
450～499	5	0.051 1
500～549	7	0.056 7
550～599	2	0.068 0
>600	2	0.020 8

6. 木枕地段与混凝土枕地段的波磨特征不尽相同

（1）木枕地段波磨略轻于混凝土枕地段。测试数据的统计表明，混凝土枕上的波磨最大波深比木枕上波磨的最大波深约大 10%，平均波深约大 20%。木枕地段的波深比混凝土枕地段小，但测试结果并没有现场观测时显著。这是因为木枕地段波磨波长较大，现场观测的视觉误差所致。

（2）木枕地段波磨波长大于混凝土枕地段。在木枕波磨波长谱图上，占绝对优势的波长为 400 mm，而在混凝土枕线路上，这一优势波长约为 250 mm。

三、用于波磨成因研究的轮轨系统非线性空间耦合振动模型

以往的波磨成因理论的主要问题在于分析模型过于简化，忽略了轮轨系统中许多对波磨形成和发展有显著影响的因素。因此，要将波磨成因理论向深入一步推进，必须将有关的振动形式综合考虑，建立一个更为完善的波磨成因动力学模型，旨在将轮对弯曲和扭转振动置于轮轨的系统振动环境中加以考察，以轮轨间磨耗功这一综合指标的变化来研究钢轨波磨的动力学成因，以期了解曲线地段钢轨波形磨耗的形成原因、发展过程、影响因素并提出预防或减缓措施。

1. 模型概况

对于中长波和长波磨耗，其形成的外因是某一种或某几种振动造成的轮轨间力的波动，而其内因则是轨头的磨损、塑性变形。波磨形成过程中，是磨损还是塑性变形起主要作用，决定于轮轨接触应力和钢轨材质的硬度等因素。对于普碳轨，波磨主要是轨头塑性流动，属塑流型波磨；对于淬火轨，则通常属

磨损型波磨。因此，解决磨损型波磨成因问题的关键在于弄清轮轨系统振动条件下钢轨头部的磨损过程，即进行钢轨磨损的动力分析。

进行磨损动力分析的一般思路是，建立系统的振动分析模型，求解影响磨耗的动力参数值，然后选择合理的钢轨磨耗指数，用磨耗指数的值对磨损进行分析。关于磨耗指数的研究很多，现有各种繁简不一的磨耗指数达数十种之多，分别适用于不同的分析目的。英国 Derby 中心的研究和试验数据表明，磨损速率与磨耗功成正比，这一结论已逐渐为研究者们所接受。因此，在分析钢轨磨损时采用轮轨踏面间的磨耗功值作为衡量钢轨磨损速率的量值，即磨耗功大的地方钢轨磨损较快，反之亦然。为此，需要建立一个包含多种振动形式的轮轨系统空间耦合振动分析模型，用于计算钢轨磨耗功的量值，对照分析各振动参量、磨耗功及波磨的频率成分，判定致使波磨产生的振动形式；进一步进行结构参数分析，弄清形成波磨的各种可能的参数组合及振动激化的原因，从改变结构参数等方面入手寻找预防及减缓波磨的措施。

轮轨系统垂向振动并不是在曲线地段才被激化，直线上也存在，但直线上却很少生成波磨，这说明单独的轮轨垂向振动，无论是系统垂向振动、接触振动，还是轨枕弯曲振动，都不会直接形成波磨。但垂向振动造成轮轨间垂向力的波动，影响轮轨间黏着、滑动等一系列作用关系，从而制约着轮轨横向和纵向的振动。不论横向和纵向振动是被抑制还是被激化，都与垂向振动不无关系，因此必须将轮轨垂向振动考虑到分析模型中。

综上所述，研究波磨成因及发展中的动力学成因的模型，包含轮轨系统垂向振动、轮轨系统横向振动、轮对弯曲振动、轮对扭转振动等振动形式，称之为"轮轨系统垂向-横向-轮对扭转和弯曲非线性空间耦合振动时变模型"。

车体振动因频率较低，对波磨的影响是可以忽略的。但因振动模型是非线性的，静平衡位置对振动有影响，为方便程序设计，仍考虑车体垂向位移一个自由度。车体在曲线上的未被平衡离心力以等效离心力和力矩施加于转向架二系悬挂点上。

轮对上的车轴作为一个连续弹性体，其扭转振动和弯曲振动都存在无穷多个自振频率。就长波磨耗而言，所关心的是轮轴扭转和弯曲的一阶振动频率，而二阶振动频率已较高，模型中不予考虑。

道床及路基的参振对轮轨间的作用力有一定影响，但比起道床和路基的弹性与阻尼，参振质量的影响要小得多。况且道床和路基的参振质量极难确定，尤其在轮轨横向振动中的参振质量，既难确定又难以识别，因此不应当将道床参振问题纳入波磨分析模型，以突出重点。

轨枕间断支承效应不应当忽略。轨道受定点激振的研究表明，仅在

Pined-pined 频率（约 1 000 ~ 1 400 Hz）附近，轨枕间断支承的影响才显著，在其他频段内间断支承的影响都可以不考虑。但对于移动荷载，且分析垂向及横向耦合的多种振动形式，我们更注重车轮的枕间通过频率。就我国重载铁路上行车速度来看，车轮的枕间通过频率一般在 20 ~ 40 Hz（车速 40 ~ 80 km/h），这一频段正是可能影响波磨生成的各种振动形式的频段。而一些文献中将波磨成因归结为轨枕间断支承效应。因此分析模型中考虑轨枕的间断支承效应，但忽略钢轨断面的剪切和旋转效应，钢轨作为弹性点支承上双向可弯的欧拉梁。

波磨研究的振动模型由半个车体、一个转向架及无限长轨道组成。轨道中部 $N-1$ 个枕跨为轨道计算段，采用连续弹性点支承双向可弯梁有限单元。在计算段的两端，为消除边界效应，采用了连续弹性支承半无限长双向可弯梁无限单元。振动模型总单元数为：车辆 $3N+2$，机车 $3N+3$；自由度数为：车辆 $11N+26$ 个，机车 $11N+36$ 个。

振动模型的其他情况均已在第五章的相关内容中进行了描述。轮对的振动模型如图 6-30 所示。

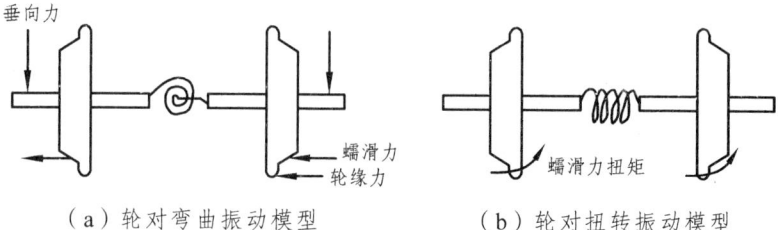

（a）轮对弯曲振动模型　　　　　（b）轮对扭转振动模型

图 6-30　钢轨波磨研究中轮轨空间耦合振动模型中的轮对弯曲和扭转振动模型

3. 轮轨间磨耗功的计算方法

依据轮轨间的作用力、轮轨位移和速度计算得到蠕滑率和蠕滑力后，轮轨踏面间的磨耗功可按下式计算得到，即

$$W_i = |T_{1i}\gamma_{1i}| + |T_{2i}\gamma_{2i}| + |M_{3i}\omega_{3i}| \tag{6-17}$$

由于磨耗功值综合反映了轮轨系统中所有动力因素对钢轨磨损的影响，因此在对钢轨波磨成因和发展过程的研究中，始终以磨耗功为研究对象。磨耗功大的地方钢轨磨损大，磨耗功小的地方钢轨磨损小；磨耗功的波动频率与波磨波长相对应；影响磨耗功的因素即为影响波磨生成和发展的因素；减缓波磨的措施也即是降低磨耗功波动量的措施。

当合成蠕滑力未超过库仑静摩擦力时，轮轨间没有相对滑动；当合成蠕滑力等于或大于库仑摩擦力时，蠕滑力达到饱和，轮轨黏着被破坏而出现滑动，蠕滑力即成为摩擦力。一般情况下，因动摩擦力小于最大静摩擦力，且随着相对滑动速度和加速度的增加，动摩擦力进一步减小。这是轮对扭转张弛振动或弯曲张弛振动得以形成的必要条件。因此，合理选取饱和后蠕滑力与蠕滑率曲线必须考虑到动滑动摩擦力的特性。

关于滑动摩擦力与滑动速度和加速度的关系，许多研究者进行过大量的研究，摩擦力表达式中一般只包含滑动速度，而将加速度的影响划分为加速滑动段和减速滑动段两部分。摩擦力与滑动速度的一般关系为：

$$\left.\begin{aligned}F_{k1} &= F_{k\min} + (F_s - F_{\min})e^{-\gamma V_r^\delta} \\ F_{k2} &= F_{k\min} + (F_0 - F_{\min})e^{-\gamma V_r^\delta}\end{aligned}\right\} \quad (6\text{-}18)$$

式中 F_{k1}，F_{k2}——分别为加速滑动和减速滑动段的摩擦力；

$F_{k\min}$——因滑动致使摩擦力下降到的最小摩擦力值；

F_s——最大静摩擦力；

F_0——减速滑动段最大摩擦力；

V_r——滑动速度；

γ, δ——试验常数。

由于 F_0 与 $F_{k\min}$ 相差较小，一般认为两者相等，式（6-18）变为：

$$\left.\begin{aligned}F_{k1} &= F_{k\min} + (F_s - F_{\min})e^{-\gamma V_r^\delta} \\ F_{k2} &= F_{k\min}\end{aligned}\right\} \quad (6\text{-}19)$$

如将式（6-19）中的第一式进行泰勒级数展开，就能得到更为常用的关于滑动速度的一次或二次多项式。

为了将式（6-19）的摩擦与滑动速度的关系应用于蠕滑力饱和阶段，须对其中各种系数逐项确定。依据相关的试验资料，取钢对钢接触时，$\delta = 1/2$，常数 $r = 1/V_x$，$V_x = V_{r\max}$（最大滑动速度），可由对各种半径的曲线上轮轨滑动速度的估算得到。最小滑动摩擦力 $F_{k\min}$ 的取值变化范围较大，各种试验资料也反映出很大的离散性，比值 $F_{k\min}/F_s$ 从 0.1~0.8 都有，即最小的滑动摩擦力可以下降到最大静摩擦力的 10%~80%，一般采用 $F_{k\min}/F_s = 0.5$。

轮轨相对滑动速度 V_r 与蠕滑率的关系为：

$$V_r = (\gamma - \gamma_c)V \quad (6\text{-}20)$$

式中 V——列车前进速度；

γ_c——轮轨间蠕滑力达到饱和时的蠕滑率，根据蠕滑力饱和的判断准则有

$$\gamma_c = 3\mu P/f \quad (6\text{-}21)$$

式中　　P——轮轨垂向力；

　　　　f——为蠕滑力系数。

在蠕滑力饱和前后采用式（6-22）中的第（1）式对蠕滑力进行修正迭代。为进行对比，同时考察了蠕滑力饱和后的四种变化情况，即（1）蠕滑力非线性下降；（2）蠕滑力直线下降；（3）蠕滑力不降低；（4）蠕滑力骤降，即：

$$T'_{Ri} = \begin{cases} T_{Ri}\left[1 - \dfrac{1}{3}\left(\dfrac{T_{Ri}}{\mu P_i}\right) + \dfrac{1}{27}\left(\dfrac{T_{Ri}}{\mu P_i}\right)^2\right] & T_{Ri} \leqslant 3\mu P_i \\ (1)\ \mu_d P_i + (\mu - \mu_d)P_i\, e^{-\frac{1}{S}\left(\frac{T_{Ri}}{\mu P_i} - 3\right)^{1/2}} & T_{Ri} > 3\mu P_i \\ (2)\ T_{Ri}\left[1 - \left(\dfrac{T_{Ri}}{\mu P_i} - 3\right)S\right] & T_{Ri} > 3\mu P_i \\ (3)\ \mu P_i & T_{Ri} > 3\mu P_i \\ (4)\ \mu_d P_i & T_{Ri} > 3\mu P_i \end{cases} \quad (6\text{-}22)$$

式中，μ_d 为摩擦力降到最小值时的滑动摩擦系数，μ_d 越小蠕滑力可能下降的量越大；S 为蠕滑力饱和后下降段的形状系数，S 越大蠕滑力下降曲线越陡。一般取 $\mu_d = 0.5$；$\mu, S = 3.0$。

因考虑了轮对的弯曲和扭转，蠕滑力所作的虚功可表示为式（6-23）。

$$\delta W = \sum_{i=1}^{4}\left[T_{2i}\delta y_{w_{\frac{i+1}{2}}} + (-1)^{i+1}T_{1i}b\delta\phi_{w_{\frac{i+1}{2}}} - T_{2i}\delta y_{ri} + \right. \\ \left. M_{3i}\phi_{w_{\frac{i+1}{2}}} - T_{1i}r_0\delta\theta_i + (-1)^{i+1}T_{2i}r_0\delta\beta_i - T_{2i}r_0\delta\psi_{w_{\frac{i+1}{2}}} \right] \quad (6\text{-}23)$$

式中　　β_i——轮对弯曲引起的车轮旋转角；

　　　　θ_i——轮对扭转引起的车轮旋转角。

四、轮对黏滑振动及其形成条件

轮对扭转振动一般在曲线地段才被激化。轮对弯曲振动在直线和曲线地段均存在并与轮轨系统垂向振动同时发生。一方面，系统垂向振动和轮对弯曲振动造成轮轨间蠕滑力和轮缘力波动，直接影响轮对的扭转振动。另一方面，因纵横两向蠕滑力的波动是互相关联的，轮对扭转振动必然引起横向蠕滑力的波动，诱发轮对弯曲振动，轮对弯曲带动轴承上下振动，从而引起轮轨垂向振动。

在一定条件下,轮轨系统垂向振动、轮对弯曲振动、轮对扭转振动三种振动形式,构成一个循环自激振动系统。这种循环自激振动在轮轨间的表现形式即为轮对黏滑自激振动。

大量的计算和分析表明,随着转向架、轨道及轮轨接触参数的选择不同,轮对多数情况下以黏滑振动最为常见,且黏滑振动又有多种类型,只在个别特殊条件下,轮对黏滑振动才会发生自激振动现象。

轮对在曲线上发生黏滑振动的必要条件为:

① 轮轨间出现较大滑动,轮对纵向滑动速度曲线与轮对扭转振动速度曲线出现交点,或轮对横向拖动速度曲线与轮对弯曲振动速度曲线出现交点;

② 蠕滑力饱和后出现骤降或负斜率段,且骤降量或负斜率值至少要达到一定量值(如降低 30%)。

1. 第一类轮对黏滑振动

第一类轮对黏滑振动由轨道横向刚度过大等因素诱发。在半径较小的曲线地段,轨轨间蠕滑力接近饱和,如轨道横向刚度偏大且轨距偏小,则轮对适应内外轨长度差的能力遭到削弱,轮轨间出现滑动,如蠕滑力特性曲线上存在负斜率段,就有可能形成轮对黏滑振动。

图 6-31 是小半径曲线地段因轨道刚度偏大时,货车导向轮发生黏滑振动的典型情况。图中给出的是轮轨间蠕滑力折减系数的时间历程。折减系数小于 0.33 时,蠕滑力达到饱和,轮轨间出现滑动,且折减系数越小,说明轮轨相对滑动速度越大。当折减系数大于 0.33 时,蠕滑力未达到饱和,轮轨处于黏着状态。为了使滑动与黏着一目了然,当折减系数大于 0.33 时,图 6-31 中将其取为 0。即折减系数为 0 对应黏着状态,折减系数不为 0 对应滑动状态。

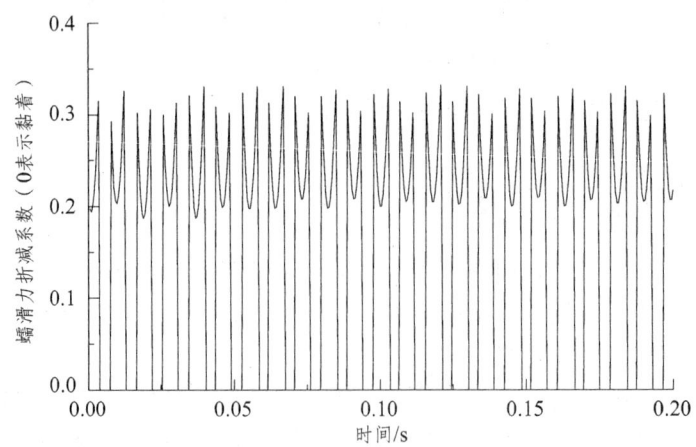

图 6-31 第一类轮对黏滑振动中轮轨间的黏着与滑动

分析表明：① 轮轨间的黏着和滑动距离基本相等；② 轮对黏滑振动主要是轮对扭转振动引起的，而轮对弯曲振动的作用在于加大了横向蠕滑力波动，促使蠕滑力达到饱和，从而形成黏滑振动；③ 该类黏滑振动表现为自激振动，振动一旦形成便长时间难以衰减。

2. 第二类轮对黏滑振动

第二类轮对黏滑振动发生在一系悬挂阻尼偏小等情况下。对于设有一系悬挂的转向架（如客车和机车转向架），当一系悬挂垂向阻尼较小时，轮对的垂向振动和弯曲振动得不到有效的抑制，促成轮对黏滑振动形成。这种黏滑振动与第一类黏滑振动的特点有所不同，轮轨间黏着段和滑动段长度不相等，且较第一类黏滑振动中要长得多。

图 6-32 描述了一系悬挂阻尼较小的客车通过小半径曲线时，导向轮发生黏滑振动的典型情况。滑动段略长，黏着段略短，约为 300~400 mm。黏着段与滑动段的长短与线路曲线半径无关，而取决于一系悬挂垂向刚度和轴刚度。滑动段中磨耗功呈现若干个周期的波动，其频率成分主要是轮轨垂向振动频率。

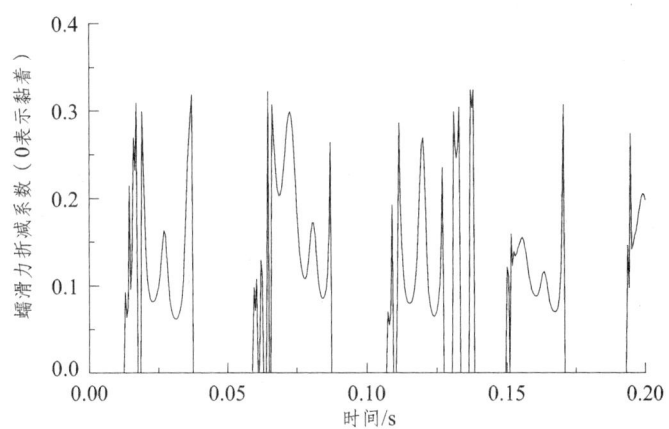

图 6-32 第二类轮对黏滑振动中轮轨间的黏着与滑动

由于柔软的一系弹簧和较低的阻尼对轮对弯曲振动的抑制作用降低，所以轮对弯曲振动明显加大。同时，因为轨道横向弹性较好，轮对的横向拖动速度波动也较大。轮对在纵向和横向均表现为黏滑，轮对黏滑振动由轮对弯曲振动和扭转振动共同作用而产生的。

3. 第三类轮对黏滑振动

第三类轮对黏滑振动是由于轮轨黏着系数降低等因素引起的。图 6-33 是货车通过小半径曲线时，当轮轨间黏着系数降至 0.13 左右时，轮对黏滑振动造成轮轨间典型的黏着和滑动过程。谱分析表明，黏滑振动主要是由轮轨系统垂向振动引起的，频率在 60 Hz 左右，在主频波动的波峰和波谷处有另一频率的波动，这是轮对弯曲振动引起的，其频率大约为 130 Hz。

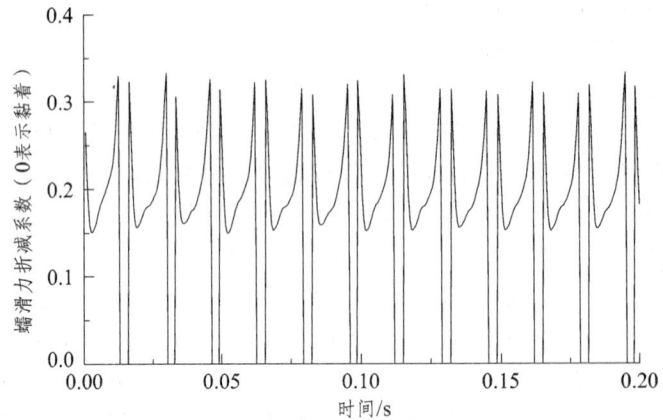

图 6-33　第三类轮对黏滑振动中轮轨间的滑动与黏着

4. 第四类轮对黏滑振动

第四类轮对黏滑振动发生于轨道存在不平顺的曲线地段，因轨道不平顺作用造成轮轨间出现短暂或瞬时滑动而诱发轮对黏滑振动。图 6-34 是货车在小半径曲线上通过马鞍形接头时，导向轮下发生黏滑振动时典型的轮轨间黏着与滑动的情况。

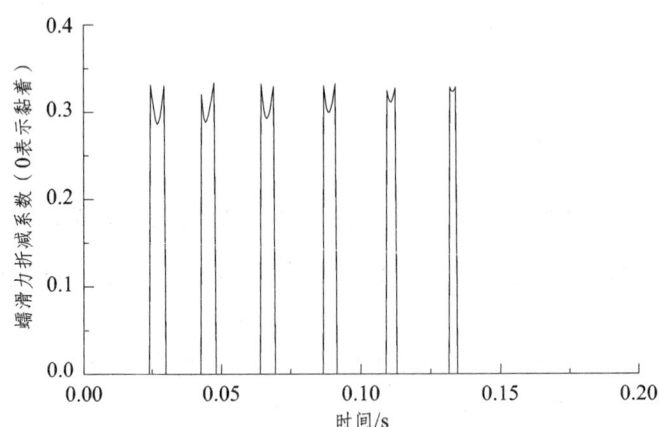

图 6-34　第四类黏滑振动下轮轨间的黏着与滑动

车轮在不平顺内及驶出不平顺后的某一时间内，轮对出现黏滑振动，黏滑振动持续一定时间后衰减完毕，振动消失，轮轨间恢复为黏着状态。各种振动变量的频谱曲线上几乎完全相似地在频率 50 Hz 处出现单一峰值,说明该类轮对黏滑振动不是单一的振动形式造成的,而是多种振动形式共同作用所产生的结果,轮轨系统垂向振动、轮对弯曲振动和轮对扭转振动,是对该黏滑振动影响较大的三种振动形式。

轮对黏滑振动之所以出现不同的形态(或类型),是因为随着轮轨系统中各参数取值的不同组合,各种振动形式的激化程度也不一样。第一类黏滑振动中,轮对扭转振动的激化程度较高,控制着黏滑振动;第二类黏滑振动中,轮对扭转和弯曲振动激化的程度均较高,两者共同控制着黏滑振动;第三、四类黏滑振动中,三种振动都被激化,以系统垂向振动最大、轮对弯曲振动次之、扭转振动最小,黏滑振动主要受垂向振动控制。

轮对发生黏滑振动时,磨耗功出现剧烈持续的波动,其结果是在钢轨上造成不均匀磨损,在一定条件下,钢轨不均匀磨损转化成波形磨耗。

五、钢轨波磨的成因及预防减缓措施

仅仅有轮对黏滑振动还不一定形成钢轨波磨,钢轨波磨形成还须具备另外三方面的条件:一是轨道上存在不平顺使黏滑振动的位置固定下来;二是某一列车车速占明显优势使黏滑振动的效应逐次累加;三是某一车型占明显优势使黏滑振动的效应逐次累加。

(一)钢轨波形磨耗的形成原因

1. 中长波磨成因

中长波磨的形成及发展原因是轮对的第一类黏滑振动。黏滑振动主要由轨道横向刚度偏大、轮轨黏着系数降低、列车制动力等因素引发。振动频率主要取决于轮对扭转振动固有频率,主频为 90 Hz,与轮轨系统中其他参数关系不大。这种黏滑振动将在钢轨上形成波长为 150 mm 左右的中长波。

中长波磨的波长极为均匀,钢轨接头等轨道不平顺只起着使黏滑振动归一化并加剧黏滑振动的作用,对波磨波长没有影响。且波磨在钢轨上较长距离内(一般约 5~10 m)同时发生,波深较为均匀,即使靠近钢轨接头处,波磨的波深也不会明显加大。

波磨形成后的发展过程中,垂向振动只是加剧黏滑振动,对波长没有影响。波磨发展过程中,波长保持不变。波磨形成初期发展较快,当波深达到 0.5 mm 后,大致保持均匀的发展速率。

2. 长波磨耗成因之一(非均匀长波)

设有一系悬挂的机车和客车,因一系悬挂阻尼不足引发第二类轮对黏滑振动，黏滑振动在钢轨上造成间距 300~1 000 mm 的高磨损段，钢轨上首先出现不连续的多个凹坑，而后逐渐发展成连续的波磨。这种波磨在形成过程中波长是变化的，最后稳定的波长取决于轮轨垂向振动、轮对扭转振动和轮对弯曲振动三种频率的共同作用，波长一般是不均匀的。波磨发展速率与波深有直接关系，波深越大，波磨发展越快。

设置一系悬挂的主要是机车和客车，但客车由于轴重较小，磨耗功及其波动值较小（磨耗功与轴重几乎成正比），且车速通常高于平均车速（高速车轮对黏滑振动影响较小），客车在波磨形成过程中作用不大。

机车的数量较少，对波磨形成的贡献也不大。只有在曲线半径较大，货车和客车轮对都不会发生黏滑振动而只有机车轮对发生黏滑振动时，机车轮对的黏滑振动才可产生波磨，但波磨的发展速率极慢。电力机车牵引地段之所以容易出现波磨，是因为大功率的电力机车可以良好地控制列车速度，使车速相对集中，从而致使波磨较非电力区段严重。由此可见，第二类轮对黏滑振动形成波磨的几率较小。

3．长波磨耗成因之二（均匀长波）

长波磨耗的第二种成因是轮对的第三类黏滑振动。第三类黏滑振动主要出现在轮轨黏着系数较低、曲线半径较小的地段。黏滑振动主要表现为轮轨垂向振动和轮对弯曲振动，所造成的波磨波长与轮轨垂向振动频率相对应。波磨形成初期的波长略短，约为 200 mm 左右。发展过程中波长逐渐加长，最后稳定的波长约为 250~270 mm。波磨在钢轨上较大范围内同时出现，波长和波深较为均匀，靠近接头处波深略有加大，但不明显。

波磨发展过程中，波深越大，发展速率越大，波磨发展速率同波深几乎呈线性关系。

4．长波磨耗成因之三（非均匀长波）

长波磨耗形成的第三种原因，也是最主要的原因，是由诸如接头之类的轨道不平顺引起的第四类轮对黏滑振动。只要轮轨间出现瞬时滑动，黏滑振动就被激发。在黏着系数降低、存在制动力、较大的过超高以及轨道横向刚度较大的情况下，车辆轮对第四类黏滑振动可能发生在半径 1 500 m 甚至更大半径的曲线上。因此，第四类黏滑振动出现最为普遍，由它引起的钢轨波磨也最多。

第四类黏滑振动产生的波磨波长在 270 mm 左右，因影响波长的因素较多，波长不均匀。

波磨自迎车端接头附近始发，由单个波形逐渐向钢轨小腰、大腰及送车端接头扩散，并发展成连续波磨，靠近钢轨接头处的波磨明显比钢轨中部严重。

许多波磨轨,在波磨尚未布满整根钢轨时,就因为迎车端接头附近波深到限而被迫下道。

波磨发展过程中,既有波深的影响较大。既有的波磨激化轮轨系统垂向振动和轮对振动,造成轮轨间的磨耗功波动量加大,波磨的发展速率随波深加大而变快,波磨发展速率与波深基本上成正比,与通过总重成指数关系。

长波磨耗的第三种原因也是最常见到的、曲线外轨淬火轨上、磨损型非均匀长波波磨的形成和发展过程。

(二)钢轨波磨的预防及减缓措施

1. 波磨的预防措施

预防波磨的关键在于消除波磨形成的必要条件。预防或彻底消除磨损型波磨的措施,可以从三个方面考虑:一是消除曲线地段轮对的各类黏滑振动;二是使轮对黏滑振动很快衰减;三是即使轮对黏滑振动存在,但只要消除车轮对钢轨不均匀磨损的累加效应,则波磨不会形成。依据这一思路,此处提出了三个方面的波磨预防的措施,但均较难以实施。

(1)改变轮轨蠕滑力特性曲线。饱和后蠕滑力的下降现象是轮对黏滑振动产生的根源。如能改变蠕滑力特性曲线形状,使蠕滑力饱和后不出现下降,或下降量不足以诱发轮对黏滑振动,则可预防钢轨波磨。改变蠕滑力特性曲线可采取两个方面的措施:其一,在轮踏面或轨面涂上特制的固体润滑剂,特制润滑剂能够改变蠕滑力特性曲线,使得当轮轨间出现滑动时,蠕滑力不是降低而是升高;其二,调整钢轨材质改变蠕滑力特性曲线。

(2)增设轮对弯曲振动和扭转振动阻尼。计算表明,当轮对弯曲和扭转振动阻尼达到 $100 \text{ kN} \cdot \text{m} \cdot \text{s/rad}$ 时,轮对黏滑振动很快衰减,则波磨难以形成。但要在滚动的轮对上设置扭转或弯曲振动阻尼,使阻尼既不影响轮对滚动,又能抑制轮对扭转或弯曲振动,其难度较大。不过,一系悬挂的垂向阻尼对抑制轮对弯曲振动有一定作用。设有一系悬挂的走行部,可以通过增大一系阻尼的办法,有效地减少轮对弯曲振动。

(3)离散列车速度。在曲线地段,仔细地控制通过列车的速度,确保最高与最低车速间各列车速度均匀分布,任何一种车速均不占优势。这样可以消除各通过车轮对钢轨不均匀磨损的重复和累加效应,可以预防波磨。但离散列车速度的实施较为困难,单为预防波磨而离散车速不一定经济,也不易被工务和机务部门接受。

2. 波磨的减缓措施

钢轨波磨之所以成为问题而需要研究解决,是因为在许多曲线地段,换轨周期由波磨控制。只要设法使波磨的生成与发展速度减缓到不控制换轨的程度,就达到了对波磨问题研究的目的。因此，在波磨的预防和减缓措施中，应当将研究重点放在波磨的减缓措施上。

切实可行的减缓波磨的措施必须是易于操作、经济合理，且能兼顾其他病害的措施。钢轨的波磨、侧磨及剥离等病害是相互关联的，在减缓钢轨病害的措施中，有些是共同的，有些却是相互抵触的。如果一味地强调减缓波磨而使其他钢轨病害急剧上升，当然是不合理的。如果某种减缓波磨的措施能够同时降低钢轨其他病害，当然最好；如果减缓波磨的措施增加了钢轨其他病害的发展速率，这就要求兼顾各种病害，使钢轨的各种病害寿命达到均衡，从而延长钢轨的使用寿命。这是考虑减缓波磨措施时最基本的出发点。

计算分析和试验研究均表明，以下各类措施对减缓钢轨波磨有不同程度的效果，可以根据具体情况在实践中加以应用。

（1）减少轨道不平顺。减小轨道不平顺不仅对减缓波磨有利，对减少轮轨系统中的其他病害也都十分有利。减少轨道不平顺意味着减少了轮对黏滑振动的发生几率及钢轨不均匀磨损的重复累加效应，从而有效地控制波磨的发生和发展速率。

（2）提高轨道的弹性和阻尼，并配以弹性和阻尼的定期调整。提高轨道的弹性和阻尼对减少轮轨系统中其他病害也十分有利。在轨道不平顺处所，增加轨道弹性可有效地减小轮对黏滑振动发生几率，提高轨道阻尼可明显降低波磨的发展速率。定期调整轨道弹性可改变垂向力和磨耗功波动的频率，延缓波磨的出现和发展。在波磨尚未出现或还没有发展成为连续波磨时，这种措施才有效，而当波磨已发展到很严重的程度时，本措施没有明显效果。

（3）适当降低曲线地段外轨超高。分析表明，过超高加大轮对黏滑振动，而欠超高抑制甚至消除轮对黏滑振动。在主要运行货车的线路上，外轨铺设淬火轨且主要出现磨损型波磨的曲线地段，可采用尽量降低外轨超高的办法减缓波磨。

（4）钢轨倒换。轮对在曲线和直线上的振动形式不同。轮对在曲线上可能发生黏滑振动而形成波磨，但在直线上，轮对发生黏滑振动的机会却很小，说明直线地段波磨的形成和发展受到较大限制。如将曲线地段的波磨轨倒换到直线地段，因黏滑振动消失，磨耗功显著降低，波磨的发展将得到明显抑制。

（5）钢轨打磨。钢轨打磨是最有效的减缓波磨的措施。国外钢轨打磨经过30多年的应用，已发展成为一种多功能的现代化养路技术。定期对钢轨进行打磨，不仅能消除和延缓钢轨波磨，同时也可清除钢轨表面的接触疲劳层，防治剥离等病害。施行钢轨打磨可将钢轨使用寿命延长50%~100%不等，打磨的投入产出比为1：10~1：8，具有显著的经济效益。

（6）提高钢轨材质强度及耐磨性能。提高钢轨材质强度和耐磨性能，不仅能减缓磨损型波磨，对塑流型波磨，提高材质强度也是最主要的减缓措施之一。轮对黏滑振动是波磨的成因，但波磨的形成和发展却总是表现为钢轨不均匀磨损或不均匀塑性变形的逐步累积。因此，能够减缓轨头磨损和塑性变形的措施就能减缓波磨，钢轨材质强度和耐磨性能的提高，无疑会延缓波磨的发生的发展过程。

（7）增大轮对轴刚度及一系悬挂阻尼。轮对轴刚度偏小是易于激发轮对黏滑振动的因素之一。如将轴刚度提高1倍，即轴直径增加约25%，可消除第一类轮对黏滑振动，对第二、三、四类轮对黏滑振动也能有效地抑制。因此，建议采用增加轴刚度却又不明显增加簧下质量的空心车轴。

设置一系悬挂的机车和客车，一系无阻尼或阻尼偏小是激发第二类轮对黏滑振动的主要因素。因此，增设或加大一系阻尼是有效减缓波磨的措施之一，也是迅速衰减轮轨冲击振动，减缓轮轨系统中其他病害的重要技术措施。

（8）控制涂油润滑。以减缓曲线外轨侧磨为目的的轮缘或轨侧涂油润滑，对减缓波磨是不利的，而过量涂油对减缓钢轨剥离也是不利的，因此建议有控制地进行涂油。控制涂油要求操作者随时细心地监视曲线地段钢轨的情况，当轨距角处出现疲劳斑点时，终止涂油，待疲劳斑点被磨掉后再继续涂油。使钢轨波磨、侧磨和剥离三种病害寿命达到均衡，从而使钢轨使用寿命最长。这是采用控制涂油润滑减缓波磨的基本出发点。

（9）反向行车。在有条件的线路上，定期组织反向行车，可以改变重载线路上"一样的列车、牵引同样的重量、以相近的速度向同一方向行驶"的情形，减小轮轨作用力和不均匀磨损重复累加的效果，可以起到明显的减缓波磨的作用。

第五节　高速铁路轨道位移波研究

法国在高速列车试验期间，曾多次清楚地观察到了列车前方所出现的轨道位移波现象，车速最低的一次约为 80 km/h，轨道的大幅度振动致使线路破坏严重，不得不限制列车速度。国内外许多专家均对这一现象进行过研究，但均是在假定移动谐振荷载作用下来研究弹性地基梁的振动，并假定在某一固定频率下分析列车速度和动力参数的影响，或在某一车速下分析振动频率的影响，未从列车与轨道耦合振动的角度进行分析。事实上，由于轨面不平顺等激励的影响，随着列车速度的提高，振动频率也将增大。另外，轨枕、道床和路基的动力参数对轨道振动也有较大的影响,因此有必要建立车辆、轨道耦合振动的动力学模型,对轨道位移波的动力特性做进一步的研究。

一、车辆与连续支承轨道耦合动力学模型

高速铁路上,列车荷载的移动对轨道结构的动力特性有较大影响,为便于用解析法分析轨道位移波现象,建立如图 6-35 所示的车辆、轨道耦合动力学模型。模型中,轨道被简化成三层连续弹性支承无限长梁模型;考虑了客车的二系悬挂特性,考虑了车体的浮沉与点头、转向架的浮沉与点头、车轮的浮沉振动;轮轨接触简化为线性弹簧联结。

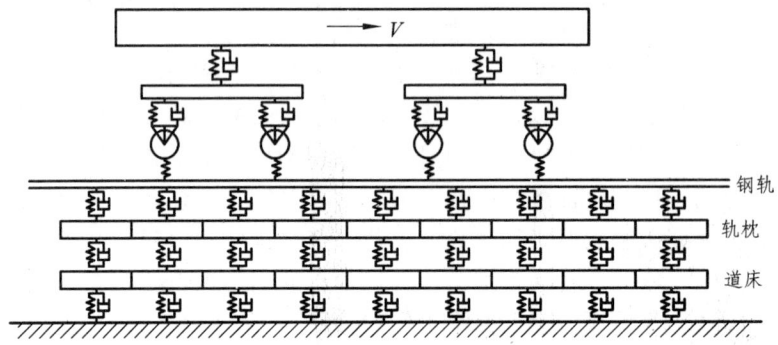

图 6-35 车辆、连续支承轨道耦合动力学模型

二、微分方程的建立与求解

1. 单个移动荷载作用下轨道的响应

为了使关于高速轨道位移波问题的研究便于理解,本节将由简到繁地进行叙述。设有单个变化的垂向力 $P(t)$ 以速度 v 在轨道上移动,此时轨道的振动方程式为:

$$\left.\begin{aligned}&EJ\frac{\partial^4 z_r}{\partial x^4}+m_r\frac{\partial^2 z_r}{\partial t^2}+N\frac{\partial^2 z_r}{\partial x^2}+c_r\left(\frac{\partial z_r}{\partial t}-\frac{\partial z_s}{\partial t}\right)+k_r(z_r-z_s)\\&=P(t)\delta(x-vt)\\&m_s\frac{\partial^2 z_s}{\partial t^2}+c_r\left(\frac{\partial z_s}{\partial t}-\frac{\partial z_r}{\partial t}\right)+c_s\left(\frac{\partial z_s}{\partial t}-\frac{\partial z_{ba}}{\partial t}\right)+k_r(z_s-z_r)+k_s(z_s-z_{ba})=0\\&m_{ba}\frac{\partial^2 z_{ba}}{\partial t^2}+c_s\left(\frac{\partial z_{ba}}{\partial t}-\frac{\partial z_s}{\partial t}\right)+c_b\frac{\partial z_{ba}}{\partial t}+k_s(z_{ba}-z_s)+k_b z_{ba}=0\end{aligned}\right\} \quad (6\text{-}24)$$

式中　EJ——钢轨抗弯刚度；

v——垂向力的移动速度；

N——钢轨内轴向力；

z_r，z_s，z_{ba}——分别为钢轨、轨枕及道床的垂向位移；

m_r，m_s，m_{ba}——分别为钢轨、轨枕及道床的分布质量；

k_r，k_s，k_b——分别为钢轨、轨枕及道床下的分布支承刚度；

c_r，c_s，c_b——分别为钢轨、轨枕及道床下的分布支承阻尼。

令 $\zeta = x - vt$，$z(x,t) = \bar{z}(\zeta,t)$，则有：

$$\left.\begin{aligned}\frac{\partial z}{\partial t} &= \frac{\partial \bar{z}}{\partial t} - v\frac{\partial \bar{z}}{\partial \zeta} \\ \frac{\partial^2 z}{\partial t^2} &= \frac{\partial^2 \bar{z}}{\partial t^2} - 2v\frac{\partial^2 \bar{z}}{\partial t \partial \zeta} + v^2\frac{\partial^2 \bar{z}}{\partial \zeta^2}\end{aligned}\right\} \quad (6\text{-}25)$$

代入式（6-24）中，得：

$$\left.\begin{aligned}&EJ\frac{\partial^4 \bar{z}_r}{\partial \zeta^4} + m_r\left(\frac{\partial^2 \bar{z}_r}{\partial t^2} - 2v\frac{\partial^2 \bar{z}_r}{\partial t \partial \zeta} + v^2\frac{\partial^2 \bar{z}_r}{\partial \zeta^2}\right) + N\frac{\partial^2 \bar{z}_r}{\partial \zeta^2} + \\ &c_r\left(\frac{\partial \bar{z}_r}{\partial t} - \frac{\partial \bar{z}_s}{\partial t} - v\frac{\partial \bar{z}_r}{\partial \zeta} + v\frac{\partial \bar{z}_s}{\partial \zeta}\right) + k_r(\bar{z}_r - \bar{z}_s) = P(t)\delta(\zeta) \\ &m_s\left(\frac{\partial^2 \bar{z}_s}{\partial t^2} - 2v\frac{\partial^2 \bar{z}_s}{\partial t \partial \zeta} + v^2\frac{\partial^2 \bar{z}_s}{\partial \zeta^2}\right) + c_r\left(\frac{\partial \bar{z}_s}{\partial t} - \frac{\partial \bar{z}_r}{\partial t} - v\frac{\partial \bar{z}_s}{\partial \zeta} + v\frac{\partial \bar{z}_r}{\partial \zeta}\right) + \\ &c_s\left(\frac{\partial \bar{z}_s}{\partial t} - \frac{\partial \bar{z}_{ba}}{\partial t} - v\frac{\partial \bar{z}_s}{\partial \zeta} + v\frac{\partial \bar{z}_{ba}}{\partial \zeta}\right) + k_r(\bar{z}_s - \bar{z}_r) + k_s(\bar{z}_s - \bar{z}_{ba}) = 0 \\ &m_{ba}\left(\frac{\partial^2 \bar{z}_{ba}}{\partial t^2} - 2v\frac{\partial^2 \bar{z}_{ba}}{\partial t \partial \zeta} + v^2\frac{\partial^2 \bar{z}_{ba}}{\partial \zeta^2}\right) + c_s\left(\frac{\partial \bar{z}_{ba}}{\partial t} - \frac{\partial \bar{z}_s}{\partial t} - v\frac{\partial \bar{z}_{ba}}{\partial \zeta} + v\frac{\partial \bar{z}_s}{\partial \zeta}\right) + \\ &c_b\left(\frac{\partial \bar{z}_{ba}}{\partial t} - v\frac{\partial \bar{z}_{ba}}{\partial \zeta}\right) + k_s(\bar{z}_{ba} - \bar{z}_s) + k_b\bar{z}_{ba} = 0\end{aligned}\right\} \quad (6\text{-}26)$$

设 $P(t) = \bar{P}e^{i\omega t}$，$\bar{z}(\zeta,t) = Z(\zeta)e^{i\omega t}$，代入式（6-26）中，得：

$$EJ\frac{d^4 Z_r}{d\zeta^4} + m_r\left(-\omega^2 Z_r - 2iv\omega\frac{dZ_r}{d\zeta} + v^2\frac{d^2 Z_r}{d\zeta^2}\right) + N\frac{d^2 Z_r}{d\zeta^2} +$$

$$c_r\left(i\omega Z_r - i\omega Z_s - v\frac{dZ_r}{d\zeta} + v\frac{dZ_s}{d\zeta}\right) + k_r(Z_r - Z_s) = \bar{P}\delta(\zeta)$$

$$\left.\begin{aligned}&m_{\mathrm{s}}\left(-\omega^2 Z_{\mathrm{s}}-2iv\omega\frac{\mathrm{d}Z_{\mathrm{s}}}{\mathrm{d}\zeta}+v^2\frac{\mathrm{d}^2 Z_{\mathrm{s}}}{\mathrm{d}\zeta^2}\right)+c_{\mathrm{r}}\left(i\omega Z_{\mathrm{s}}-i\omega Z_{\mathrm{r}}-v\frac{\mathrm{d}Z_{\mathrm{s}}}{\mathrm{d}\zeta}+v\frac{\mathrm{d}Z_{\mathrm{r}}}{\mathrm{d}\zeta}\right)+\\ &c_{\mathrm{s}}\left(i\omega Z_{\mathrm{s}}-i\omega Z_{\mathrm{ba}}-v\frac{\mathrm{d}Z_{\mathrm{s}}}{\mathrm{d}\zeta}+v\frac{\mathrm{d}Z_{\mathrm{ba}}}{\mathrm{d}\zeta}\right)+k_{\mathrm{r}}(Z_{\mathrm{s}}-Z_{\mathrm{r}})+k_{\mathrm{s}}(Z_{\mathrm{s}}-Z_{\mathrm{ba}})=0\\ &m_{\mathrm{ba}}\left(-\omega^2 Z_{\mathrm{ba}}-2iv\omega\frac{\mathrm{d}Z_{\mathrm{ba}}}{\mathrm{d}\zeta}+v^2\frac{\mathrm{d}^2 Z_{\mathrm{ba}}}{\mathrm{d}\zeta^2}\right)+c_{\mathrm{s}}\left(i\omega Z_{\mathrm{ba}}-i\omega Z_{\mathrm{s}}-v\frac{\mathrm{d}Z_{\mathrm{ba}}}{\mathrm{d}\zeta}+v\frac{\mathrm{d}Z_{\mathrm{s}}}{\mathrm{d}\zeta}\right)+\\ &c_{\mathrm{b}}\left(i\omega Z_{\mathrm{ba}}-v\frac{\mathrm{d}Z_{\mathrm{ba}}}{\mathrm{d}\zeta}\right)+k_{\mathrm{s}}(Z_{\mathrm{ba}}-Z_{\mathrm{s}})+k_{\mathrm{b}}Z_{\mathrm{ba}}=0\end{aligned}\right\} \quad (6\text{-}27)$$

应用傅里叶变换：

$$\overline{Z}(s)=\int_{-\infty}^{+\infty}Z(\zeta)\mathrm{e}^{-is\zeta}\mathrm{d}\zeta$$

对式（6-27）进行变换并经整理后得到：

$$\left.\begin{aligned}&[EJs^4-(m_{\mathrm{r}}v^2+N)s^2+(2v\omega m_{\mathrm{r}}-ivc_{\mathrm{r}})s+(i\omega c_{\mathrm{r}}-m_{\mathrm{r}}\omega^2+k_{\mathrm{r}})]\overline{Z}_{\mathrm{r}}+\\ &\quad[ivc_{\mathrm{r}}s-(i\omega c_{\mathrm{r}}+k_{\mathrm{r}})]\overline{Z}_{\mathrm{s}}=\overline{P}\\ &[-m_{\mathrm{s}}v^2s^2+(2v\omega m_{\mathrm{s}}-ivc_{\mathrm{r}}-ivc_{\mathrm{s}})s+(-m_{\mathrm{s}}\omega^2+i\omega c_{\mathrm{r}}+i\omega c_{\mathrm{s}}+k_{\mathrm{r}}+k_{\mathrm{s}})]\overline{Z}_{\mathrm{s}}+\\ &\quad[ivc_{\mathrm{r}}s-(i\omega c_{\mathrm{r}}+k_{\mathrm{r}})]\overline{Z}_{\mathrm{r}}+[ivc_{\mathrm{s}}s-(i\omega c_{\mathrm{s}}+k_{\mathrm{s}})]\overline{Z}_{\mathrm{ba}}=0\\ &[-v^2m_{\mathrm{ba}}s^2+(2v\omega m_{\mathrm{ba}}-ivc_{\mathrm{s}}-ivc_{\mathrm{b}})s+(-\omega^2m_{\mathrm{ba}}+i\omega c_{\mathrm{s}}+i\omega c_{\mathrm{b}}+k_{\mathrm{s}}+k_{\mathrm{b}})]\overline{Z}_{\mathrm{ba}}+\\ &\quad[ivc_{\mathrm{s}}s-(i\omega c_{\mathrm{s}}+k_{\mathrm{s}})]\overline{Z}_{\mathrm{s}}=0\end{aligned}\right\} \quad (6\text{-}28)$$

求解得：

$$\left.\begin{aligned}&\overline{Z}_{\mathrm{r}}(s)=\frac{f_1(s)}{g_1(s)}\overline{P}\\ &f_1(s)=\sum_{i=1}^{4}b_is^i\\ &g_1(s)=\sum_{i=1}^{8}a_is^i\end{aligned}\right\} \quad (6\text{-}29)$$

式中 a_i，b_i 为复常数。令 $g_1(s)=0$ 的根为 $\alpha_i(i=1,2,\cdots,8)$，其中四根的虚部为正，将式（6-30）分解成为：

$$\overline{Z}_{\mathrm{r}}(s)=\overline{P}\sum_{i=1}^{8}\frac{A_i}{s-\alpha_i} \quad (6\text{-}30)$$

式中，A_i 为复常数。

对式（6-30）进行傅里叶逆变换得：

$$Z(\zeta) = \frac{1}{2\pi}\int_{-\infty}^{+\infty} \overline{Z}(s)\mathrm{e}^{is\zeta}\mathrm{d}s = \overline{P}f(\zeta) \qquad (6\text{-}31)$$

设 $\alpha_i(i=1,2,3,4)$ 的虚部为正，由边界条件可得：

$$f(\zeta) = \begin{cases} \sum_{j=1}^{4} A_j \mathrm{e}^{i\alpha_j\zeta} & z \geqslant 0 \\ -\sum_{j=5}^{8} A_j \mathrm{e}^{i\alpha_j\zeta} & z < 0 \end{cases} \qquad (6\text{-}32)$$

2. 多个周期性荷载共同作用时轨道的响应

令 4 个车轮荷载的坐标为 ξ_i，荷载大小为 $\overline{P}_i$，由荷载叠加作用可求得任一坐标 η 处钢轨的振幅响应为：

$$z_{r\eta} = \sum_{j=1}^{4} \overline{P}_j \overline{f}(\eta,\xi_j) \qquad (6\text{-}33)$$

当钢轨响应点为荷载作用点时，采用矩阵表示为：

$$\{z_r\} = [G(\omega)]\{P\} \qquad (6\text{-}34)$$

式中，$G(\omega)$ 为 4 阶矩阵，可由式（6-32）求得。

3. 车辆作用下的线性耦合振动

车辆线位移以向下为正，转角以顺时针方向为正，以静平衡位置为坐标建立车辆的振动方程：

车体浮沉振动方程为：

$$m_c \ddot{z}_c + c_{2z}(2\dot{z}_c - \dot{z}_{b1} - \dot{z}_{b2}) + k_{2z}(2z_c - z_{b1} - z_{b2}) = 0$$

车体点头振动方程为：

$$J_c \ddot{\xi}_c + c_{2z}l_2(2l_2\dot{\xi}_c - \dot{z}_{b1} + \dot{z}_{b2}) + k_{2z}l_2(2l_2\xi_c - z_{b1} + z_{b2}) = 0$$

转向架浮沉振动：

$$m_b \ddot{z}_{b1} + (c_{2z} + 2c_{1z})\dot{z}_{b1} - c_{2z}(\dot{z}_c + l_2\dot{\xi}_c) - c_{1z}(\dot{z}_{w1} + \dot{z}_{w2}) + \\ (k_{2z} + 2k_{1z})z_{b1} - k_{2z}(z_c + l_2\xi_c) - k_{1z}(z_{b1} + z_{b2}) = 0$$

$$m_b \ddot{z}_{b2} + (c_{2z} + 2c_{1z})\dot{z}_{b2} - c_{2z}(\dot{z}_c - l_2\dot{\xi}_c) - c_{1z}(\dot{z}_{w3} + \dot{z}_{w4}) + \\ (k_{2z} + 2k_{1z})z_{b2} - k_{2z}(z_c - l_2\xi_c) - k_{1z}(z_{w3} + z_{w4}) = 0$$

转向架点头振动：

$$J_{b\xi}\ddot{\xi}_{b1} + c_{1z}l_1(2l_1\dot{\xi}_{b1} - \dot{z}_{w1} + \dot{z}_{w2}) + k_{1z}l_1(2l_1\xi_{b1} - z_{w1} + z_{w2}) = 0$$

$$J_{b\xi}\ddot{\xi}_{b2} + c_{1z}l_1(2l_1\dot{\xi}_{b2} - \dot{z}_{w3} + \dot{z}_{w4}) + k_{1z}l_1(2l_1\xi_{b2} - z_{w3} + z_{w4}) = 0$$

车轮浮沉振动:

$$\left. \begin{aligned} m_w\ddot{z}_{w1} + c_{1z}\dot{z}_{w1} - c_{1z}(\dot{z}_{b1} + l_1\dot{\xi}_{b1}) + k_{1z}z_{w1} - k_{1z}(z_{b1} + l_1\xi_{b1}) &= P_1(t) \\ m_w\ddot{z}_{w2} + c_{1z}\dot{z}_{w2} - c_{1z}(\dot{z}_{b1} - l_1\dot{\xi}_{b1}) + k_{1z}z_{w2} - k_{1z}(z_{b1} - l_1\xi_{b1}) &= P_2(t) \\ m_w\ddot{z}_{w3} + c_{1z}\dot{z}_{w3} - c_{1z}(\dot{z}_{b2} + l_1\dot{\xi}_{b2}) + k_{1z}z_{w3} - k_{1z}(z_{b2} + l_1\xi_{b2}) &= P_3(t) \\ m_w\ddot{z}_{w4} + c_{1z}\dot{z}_{w4} - c_{1z}(\dot{z}_{b2} - l_1\dot{\xi}_{b2}) + k_{1z}z_{w4} - k_{1z}(z_{b2} - l_1\xi_{b2}) &= P_4(t) \end{aligned} \right\} \quad (6\text{-}35)$$

式中　m_c, m_b, m_w ——分别为车体、构架及轮对质量;
　　　$J_{c\xi}$, $J_{b\xi}$ ——分别为车体及构架的点头惯量;
　　　k_{2z}, c_{2z} ——分别为二系悬挂的刚度与阻尼;
　　　k_{1z}, c_{1z} ——分别为一系悬挂的刚度与阻尼;
　　　l_2, l_1 ——分别为车辆定距、转向架固定轴距之半;
　　　$P_i(t)$ ——为轮轨接触力,可表示为

$$P_i(t) = k_H[\bar{z}_r(\zeta, t) + \Delta e^{j\omega(t+T_i)} - z_{wi}] \quad (6\text{-}36)$$

式中, k_H 为轮轨接触刚度;各车轮的相位为 $T_i = \xi_i/v$;钢轨表面不平顺的频率为 $\omega = 2\pi v/l$, l 为波长, Δ 为波幅。

令 $P_i(t) = \bar{P}e^{j\omega t}$, $z_{ri}(x,t) = \bar{z}_{ri}e^{j\omega t}$ 代入车辆的振动方程中,可求得:

$$\{\bar{z}_{ri}\} = [U(\omega)]\{\bar{P}\}$$

代入式(6-33)中得:

$$\{\bar{P}\} = k_H([G(\omega)\{\bar{P}\} + \Delta e^{j\omega T}[I] - [U(\omega)]\{\bar{P}\}) \quad (6\text{-}37)$$

由此可得:

$$[I] - k_H([G(\omega)] - [U(\omega)])\{\bar{P}\} = k_H \Delta e^{j\omega T} \quad (6\text{-}38)$$

至此可得钢轨及车辆各部件的振动响应。

三、轨道位移波的特征

1. 轨道位移波的波形

设轨道为 60 kg/m 钢轨、Ⅲ型混凝土轨枕及碎石道床结构,车辆为 ICE

高速动车,轨面不平顺波长取为 1.0 m,不考虑轨道阻尼及钢轨中的轴向温度力。

当车速 V = 400 km/h 时,钢轨位移如图 6-36(a)所示,图中纵坐标表示钢轨竖向位移与轨面不平顺幅值之比,点线表示实部,实线表示虚部,短划线表示幅值。

当列车速度提高到 498 km/h 时,列车前后方出现如图 6-36(b)所示的清晰的轨道位移波,此时位移波向无穷远处呈衰减趋势。

随着列车速度的更进一步提高,轨道位移的波动加剧,衰减趋势减弱,当 V = 498.3 km/h 时,轨道位移波如图 6-36(c)所示,此时所出现的轨道位移波不衰减,可以传播至无穷远处,该速度即为轨道的临界速度。

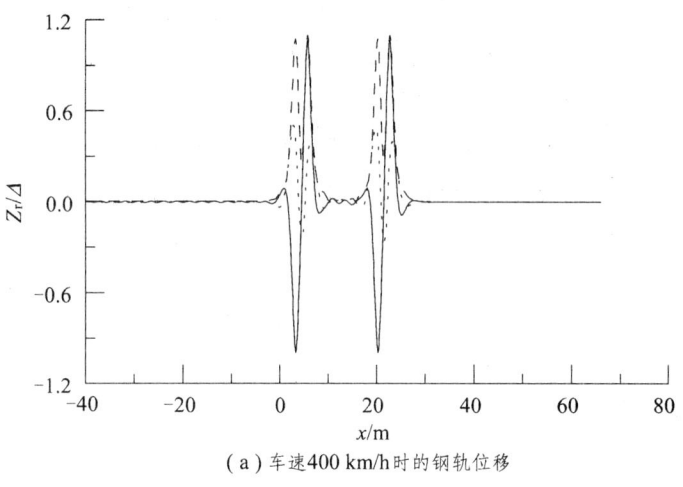

(a) 车速400 km/h时的钢轨位移

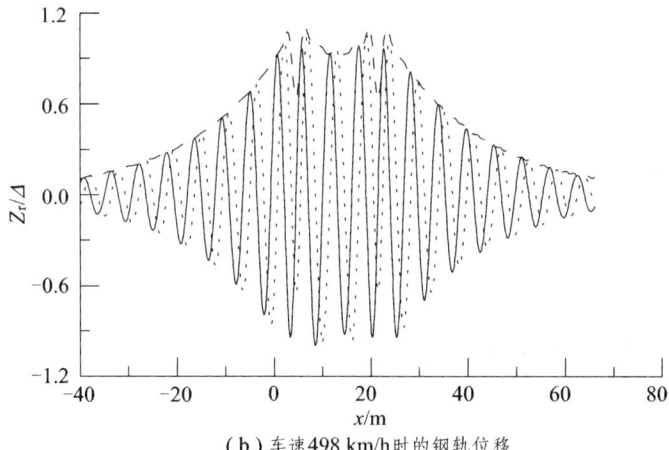

(b) 车速498 km/h时的钢轨位移

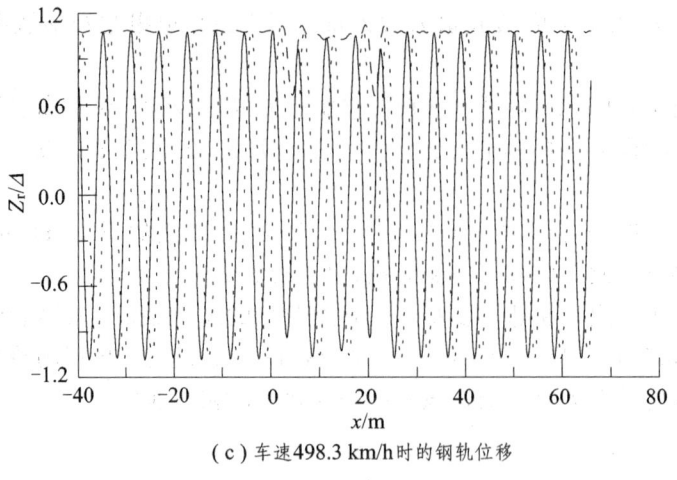

(c) 车速498.3 km/h时的钢轨位移

图 6-36　轨道位移波的波形

2. 轨道部件的位移波比较

同样条件下，在列车速度分别为 400 km/h，498 km/h，498.3 km/h 时，钢轨、轨枕及道床的位波幅值比较如图 6-37 所示。可以看出，轨枕及道床的位移波波形与钢轨具有相同的变化规律，只是幅值大小不同。其中钢轨的振动位移最大，轨枕与道床的振动位移较小，且与钢轨位移相差较大，轨枕位移比道床位移略大。轨道各部件的振动加速度波形与位移波形状相同，其幅值大小为位移波幅的与圆频率平方的乘积。

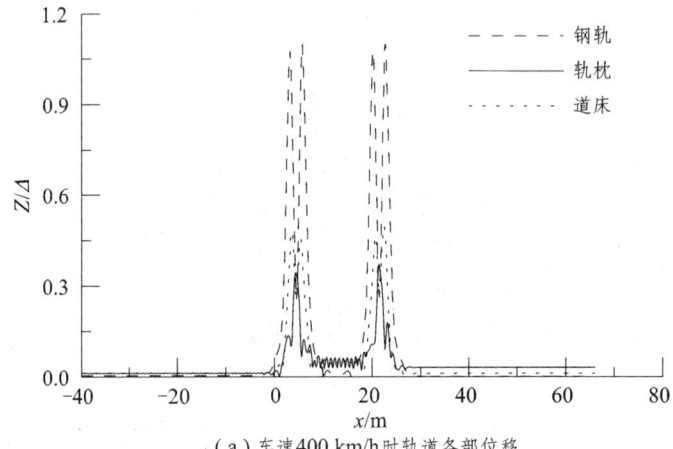

(a) 车速400 km/h时轨道各部位移

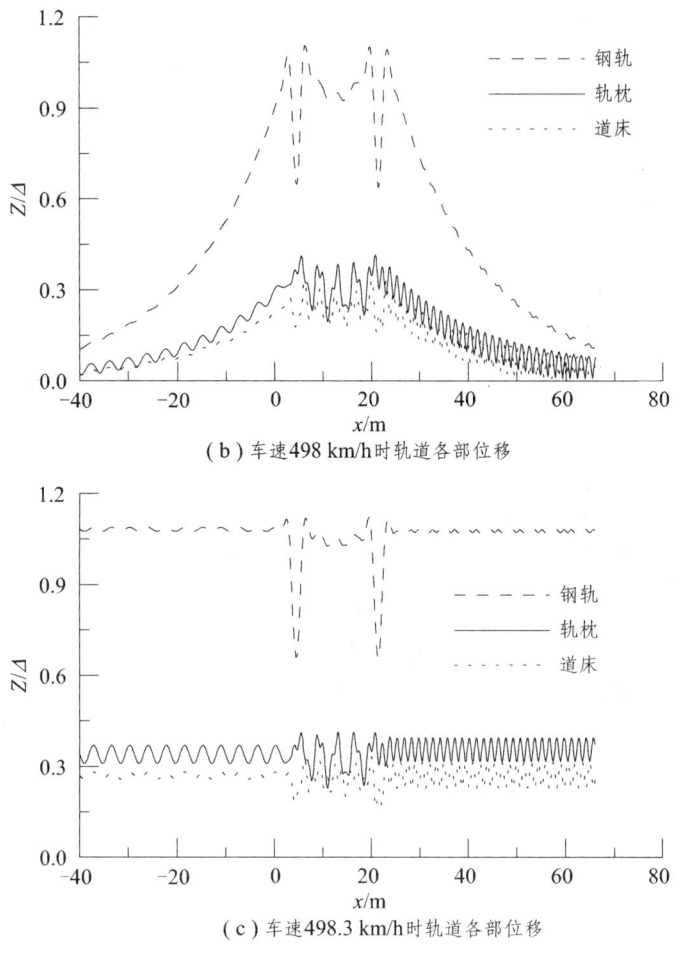

图 6-37 轨道各部件位移波波形

3. 轨道部件阻尼的影响

当列车速度为 498.3 km/h 时，不考虑轴向温度力，假设轨下垫层、道床、路基分别有 5 kN·s/m² 的阻尼分布，此时钢轨、轨枕及路基的位移波幅值比较如图 6-38 所示。可以看出，轨道部件设置阻尼对抑制轨道位移波的传递十分有效，在同样阻尼大小的情况下，轨下垫层及道床的阻尼最有效，而路基的阻尼影响相对较小。

若轨下垫层设置 50 kN·s/m² 的阻尼时，同样条件下钢轨的位移波比较如图 6-39 所示。可见，增大阻尼对抑制轨道位移波的传递更有效，在此情形下，轨道位移几乎没有发生波动。

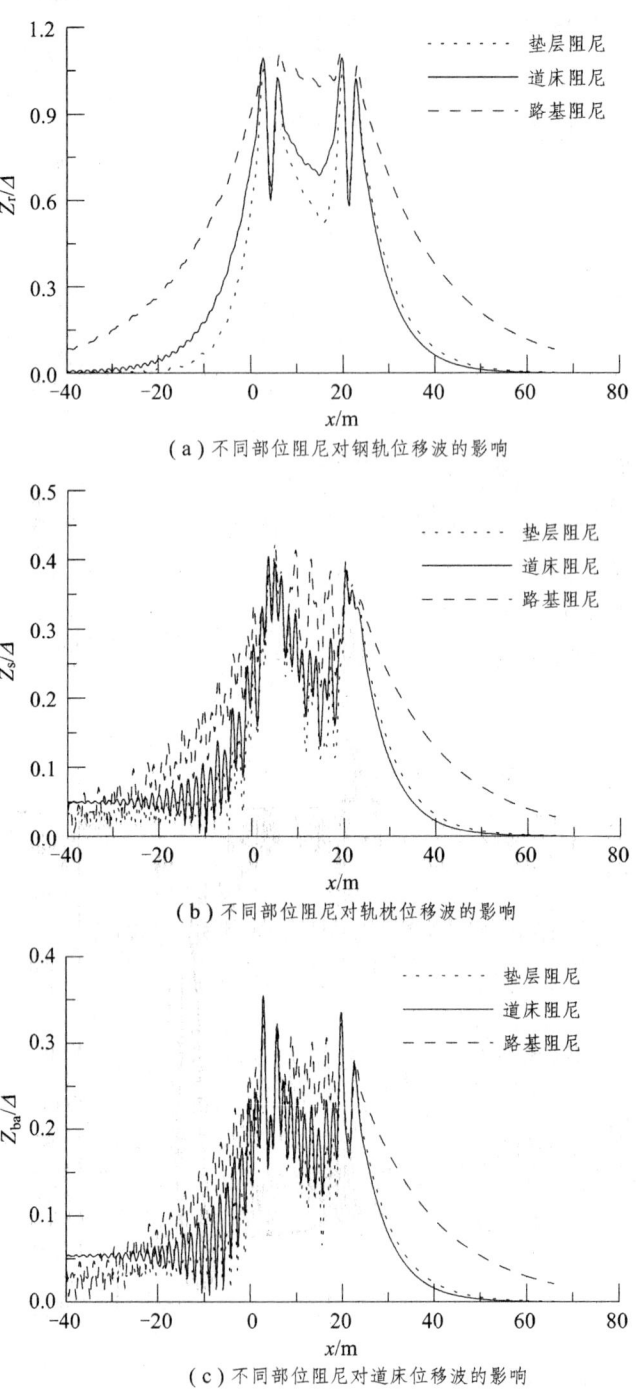

图 6-38 轨道部件阻尼对位移波的影响

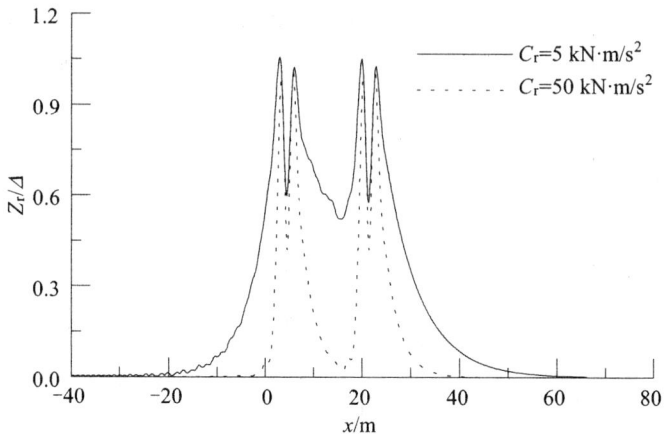

图 6-39 轨下胶垫不同阻尼对钢轨位移的影响

4. 列车速度的影响

由于轨道不平顺波长一定时，荷载频率与列车速度成正比，因此车速的变化同时也是频率的变化，可能引起式（6-30）方程的根有多种组合，轨道的位移波也表现出多种特性。

车辆前方距前轴 10 m 位置处及后方距后轴 10 m 位置处钢轨的位移幅值随车速的变化如图 6-40 所示。由此可以看出，车速变化时位移波的波动情况变化较大，车速分别在 169.5~388.0 km/h，498.3~1 000.0 km/h 间变化时，轨道位移波出现不衰减的情况，可见临界速度不是单一数值，而是在多段范围内出现。

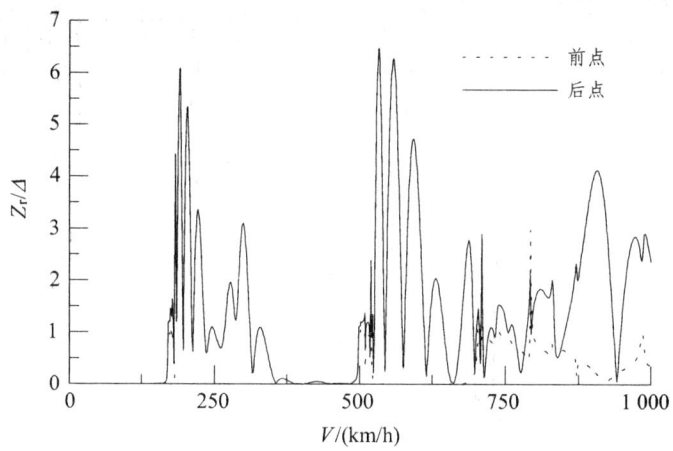

图 6-40 钢轨位移随车速的变化

此外，当车速超过临界速度起始值后，车辆前后的位移波幅值不一样，后端的位移波要大于前端的位移波。当车速为 300 km/h 时，钢轨的位移波如图

6-41 所示，车后及车下钢轨位移波动极大，而车前钢轨位移不发生波动，国外许多关于位移波的研究中也曾指出了这一现象。

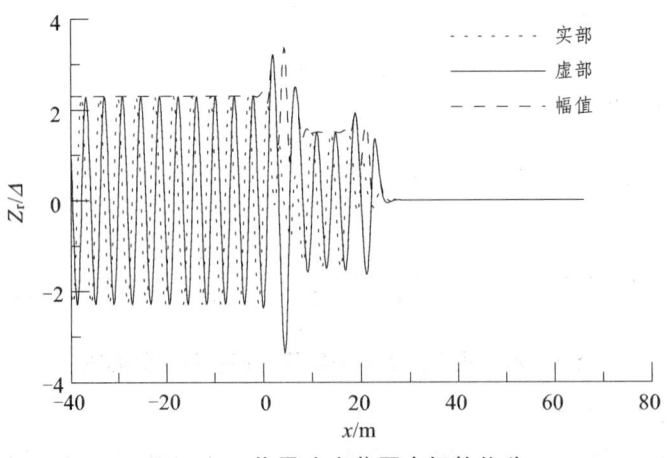

图 6-41　临界速度范围内钢轨位移

5. 不平顺波长对临界速度的影响

不平顺波长变化时，轨道位移波出现不衰减情况时对应的列车速度范围也将有所变化，如图 6-42 所示，图中黑实线表示临界速度范围。可以看出，轨面不平顺波长越短，轨道的临界速度越低。

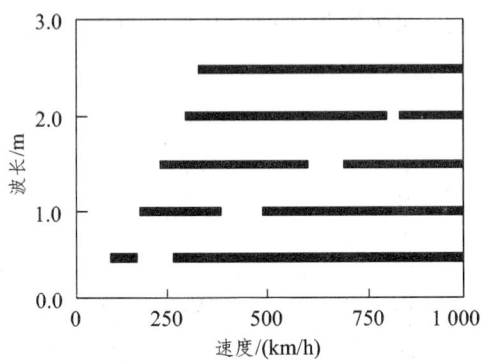

图 6-42　不同波长情况下临界速度范围

临界速度的出现，将引起轨道的剧烈振动，加速线路的破坏，因此通常把临界速度作为轨道所能容许的最高运行速度。图 6-43 显示了波长为 1.0 m 时列车前后 10 m 处钢轨的振动加速度随运行速度的变化，与图 6-40 对比可以看出，在第一临界速度范围内，钢轨的振动加速度值较小，最大值约为 67 g/mm，在钢轨的正常振动加速度范围内，不会引起过大的轨道振动与破坏，而在第二临界速度范围内，钢轨的振动加速度急剧增大，约为第一临界速度的 10~20 倍，此情况下轨道的破坏会大大加剧，必将限制列车速度的进一步提高。

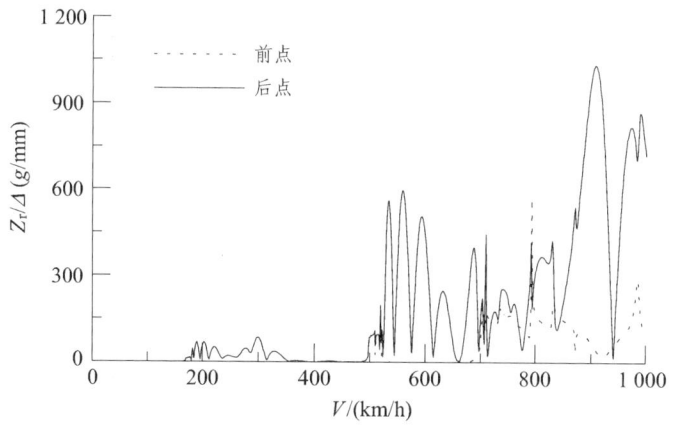

图 6-43　钢轨加速度随速度的变化

6. 速度与振动频率的关系

设列车速度为 250 km/h，振动频率在 0~2 000 Hz 内变化，相应于轨面不平顺波长在发生变化，列车前后 10 m 处钢轨的位移波幅值如图 6-44 所示。可以看出，当振动频率大于 44 Hz 时，轨道位移波将出现不衰减状况，对应于轨面不平顺波长 1.6 m。因此若要保证该线路能运行时速 250 km/h 的列车，应避免振动频率大于 44 Hz，即消除激振频率大于 44 Hz 的激励源。同时，还可以看出，当荷载频率小于 150 Hz 这一临界频率时，轨道位移波出现不衰减的情况主要出现在列车后方，而当荷载频率大于 150 Hz 时，列车前后方均将出现位移波不衰减的情况。计算表明，列车速度越高，该临界频率越低。

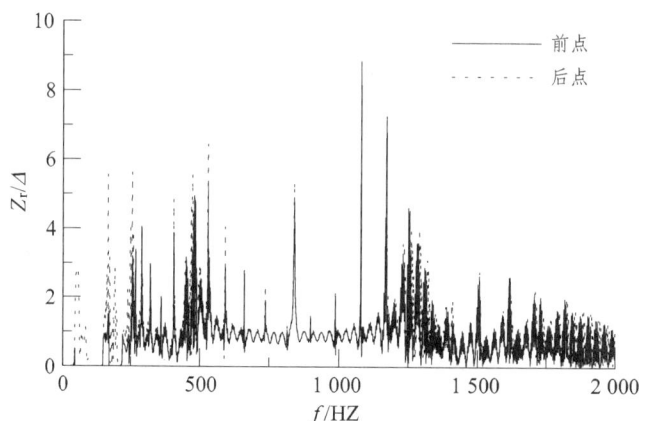

图 6-44　钢轨位移波随频率的变化

当振动频率一定时，轨道位移波随车速的变化是国内外学者研究得比较多的一种情况。图 6-45 表示当振动频率为 50 Hz 时，轨道位移波随车速的变化，可以看出，当车速大于 93 km/h 时，即出现轨道位移波不衰减的情况。计算表明，振动频率越低，临界速度越高，当振动频率为 52.5 Hz 时，定点谐振也将引起轨道位移波不衰减。

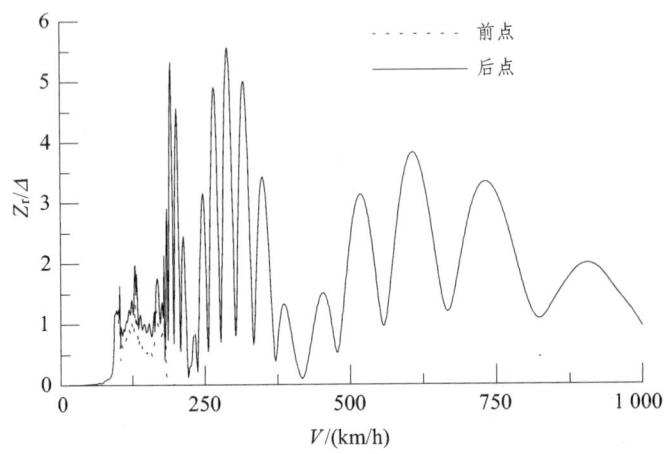

图 6-45　50 Hz 移动激振时的钢轨位移波

四、动力参数对轨道位移波的影响

1. 轴向温度力的影响

设钢轨中轴向温度压力为正，轴向温度拉力为负。不考虑轨道阻尼，轨面不平顺波长为 1.0 m，当 $N = 500$ kN 时，对应的第二临界速度为 497.1 km/h，当 $N = -500$ kN 时，对应的第二临界速度为 499.4 km/h，可见，钢轨内轴向温度力对轨道竖向位移和临界速度的影响较小，可不予考虑。

2. 无限车辆的影响

无限多节车辆作用下轨道位移的特性可能与单个车辆作用下有所不同。首先求无限多个等间距移动荷载作用下轨道的响应。

将轨道划分成无限多个长度为 L 的区间，L 相当于一节车辆的长度。将区间编号为 $N = 0, \pm 1, \cdots, \pm \infty$，令移动坐标系原点距 N 号区间始点为 ξ 的点的坐标为 $z = NL + \xi$。当各区间作用一个等值等距的荷载 $\overline{P}$ 时，各区间的相位差 $T = L/v$，若荷载是周期性变化的，则在 N 号区间上荷载大小为：

$$P^N(t) = \overline{P} e^{i\omega(t+NT)} \tag{6-39}$$

0 号区间中任一点钢轨的位移为 $y_\eta(x,t) = Y_\eta(z)\mathrm{e}^{i\omega t}$，距区间始点的距离为 η，振幅为：

$$z_\eta = \overline{P} \sum_{N=-\infty}^{+\infty} \mathrm{e}^{i\omega NT} f(\eta - NL - \xi) \quad (6\text{-}40)$$

（1）当 $\eta > \xi$ 时，在 0 号区间及 1 号区间上有

$$\left.\begin{aligned} z_{\eta 0} &= \overline{P} \sum_{j=1}^{4} A_j \mathrm{e}^{i\alpha_j(\eta-\xi)} \\ z_{\eta 1} &= -\overline{P}\mathrm{e}^{i\omega T} \sum_{j=5}^{8} A_j \mathrm{e}^{i\alpha_j(\eta-\xi-L)} \end{aligned}\right\} \quad (6\text{-}41)$$

可见，式（6-41）是以 $\mathrm{e}^{i(\alpha_j L - \omega T)}$，$\mathrm{e}^{-i(\alpha_j L - \omega T)}$ 为公比的无穷等比级数。公比的绝对值小于 1，收敛，可得：

$$z_\eta = \sum_{j=1}^{4} \frac{\overline{P} A_j \mathrm{e}^{i\alpha_j(\eta-\xi)}}{1 - \mathrm{e}^{i(\alpha_j L - \omega T)}} \sum_{j=5}^{8} \frac{\overline{P} A_j \mathrm{e}^{i\alpha_j(\eta-\xi-L)}}{1 - \mathrm{e}^{-i(\alpha_j L - \omega T)}} \quad (6\text{-}42)$$

（2）当 $\eta < \xi$ 时，在 0 号区间及 -1 号区间上，同样可得

$$z_\eta = \sum_{j=1}^{4} \frac{\overline{P} A_j \mathrm{e}^{i\alpha_j(\eta-\xi+L)}}{1 - \mathrm{e}^{i(\alpha_j L - \omega T)}} - \sum_{j=5}^{8} \frac{\overline{P} A_j \mathrm{e}^{i\alpha_j(\eta-\xi)}}{1 - \mathrm{e}^{-i(\alpha_j L - \omega T)}} = \overline{P}\overline{f}(\eta,\xi) \quad (6\text{-}43)$$

（3）当 $\eta = \xi$ 时，由 A_j，∂_j 的对称性可证明其连续性。然后求当一个区间作用有多个荷载时轨道的响应。令一个区间中 M 个荷载的坐标为 ξ_i，荷载大小为 $\overline{P}_i$，由荷载叠加作用可求得钢轨的振幅响应为

$$z_\eta = \sum_{j=1}^{M} \overline{P}_j \overline{f}(\eta, \xi_j) \quad (6\text{-}44)$$

当钢轨响应点为荷载作用点时，可采用矩阵表示为：

$$\{Z\} = [G(\omega)]\{P\} \quad (6\text{-}45)$$

不考虑轨道阻尼及钢轨中的轴向温度力。当 $V = 400$ km/h 时，钢轨位移如图 6-46（a）所示，轨道各部件的位移如图 6-46（b）所示。此时车轮下竖向位移最大，而两转向架间位移较小，各车轮下竖向位移相差较小。轨枕及道床位移与钢轨具有类似的规律，只是幅值大小不同。

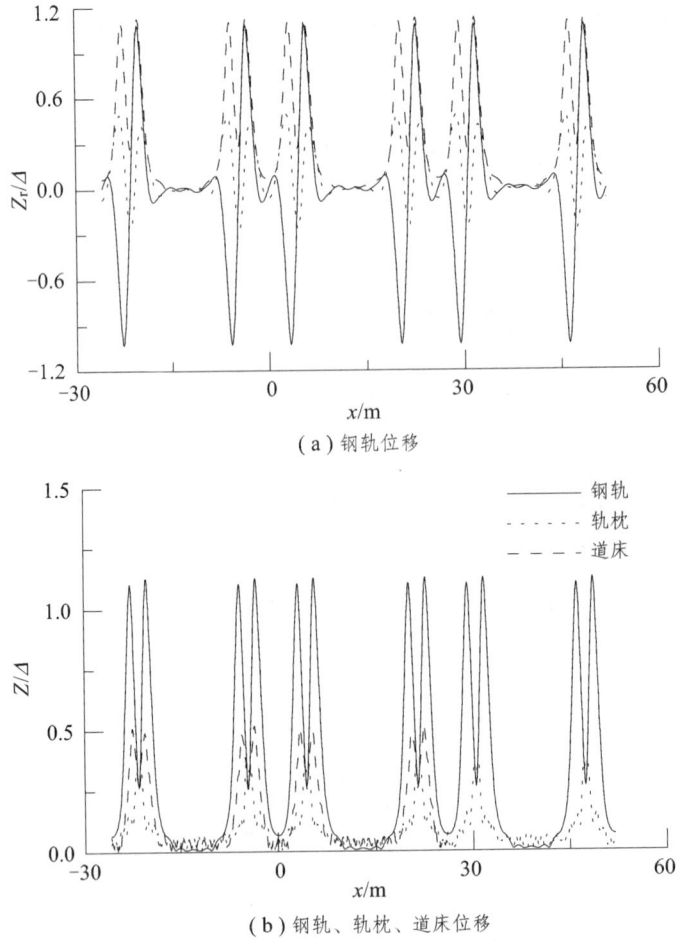

图 6-46 车速 $V = 400$ km/h 时的轨道位移

当列车速度提高到 498 km/h 时,钢轨位移波如图 6-47(a)所示,轨道各部件位移比较如图 6-47(b)所示。此时,轨道位移波动较大,转向架间的位移比车轮下位移略小,已经接近临界速度下轨道位移不衰减状况。

当列车速度提高到 500 km/h 时,钢轨位移波如图 6-48(a)所示,轨道各部件位移比较如图 6-48(b)所示。此时,轨道位移波动很大,转向架间的位移比车轮下位移大得多,列车已在临界速度范围内运行。

通过以上几个速度的分析,可以看出,临界速度是轨道的一种属性,与车辆并无太大关系,只要考虑了车辆与轨道的耦合振动,单节车辆与无限车辆所引起的轨道位移波只是幅值大小有差别,而其特性不会发生改变。

第六章 车辆-轨道-路基系统动力学的应用研究

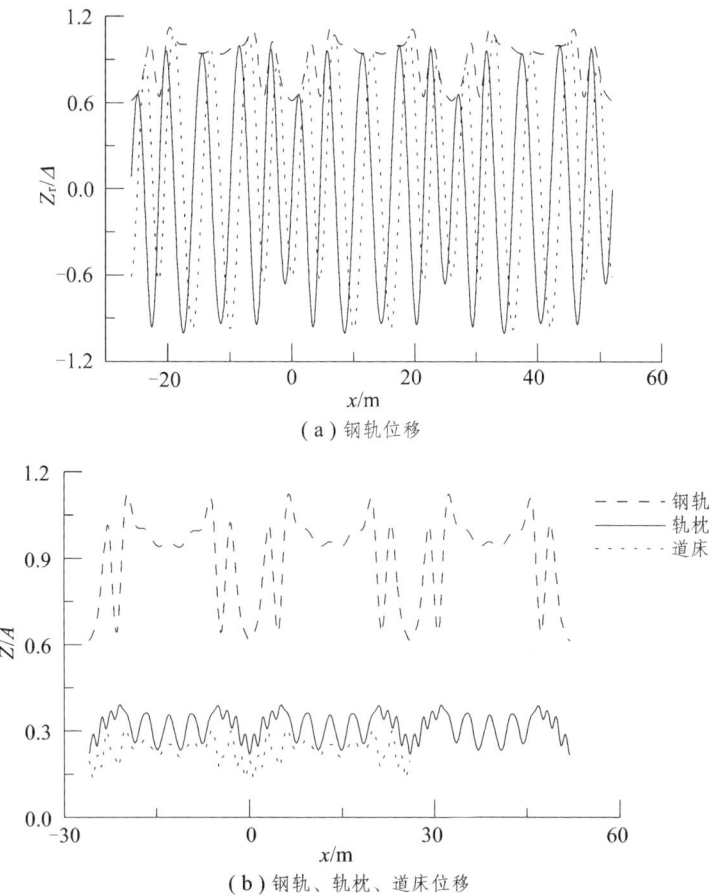

(a) 钢轨位移

(b) 钢轨、轨枕、道床位移

图 6-47 车速 $V=498$ km/h 时的轨道位移

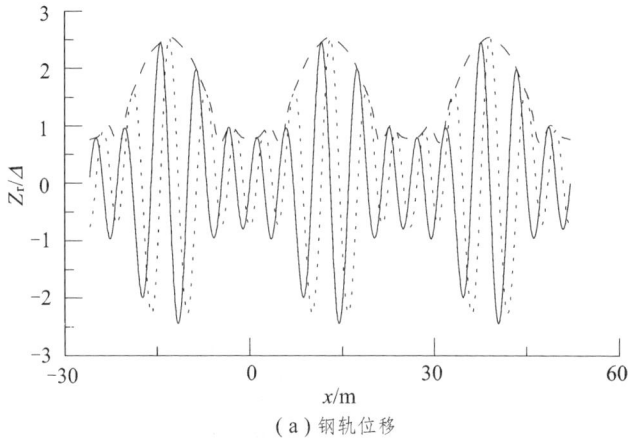

(a) 钢轨位移

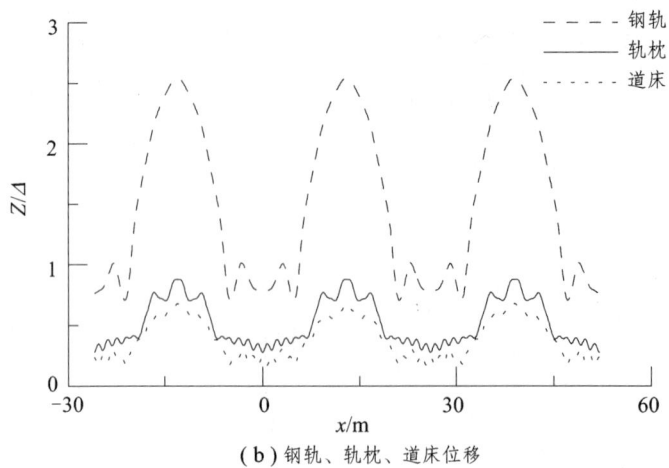

(b) 钢轨、轨枕、道床位移

图 6-48 车速 $V=500$ km/h 时的轨道位移

3. 轨道部件参振质量的影响

考虑钢轨类型的变化，轨面不平顺波长为 1.0 m，不计阻尼及轴向温度力。当钢轨为 75 kg/m 轨时，轨道位移随车速的变化如图 6-49 所示。车速分别在 169~362.0 km/h 和 476~1 000.0 km/h 间变化时，轨道位移波出现不衰减的情况。当钢轨 50 kg/m 轨时，轨道位移随车速的变化如图 6-50 所示。车速分别在 168~388.0 km/h 和 505~1 000.0 km/h 间变化时，轨道位移波出现不衰减的情况。

可见，钢轨参振质量越大，第二临界起始速度越小，第一临界速度变化不大。

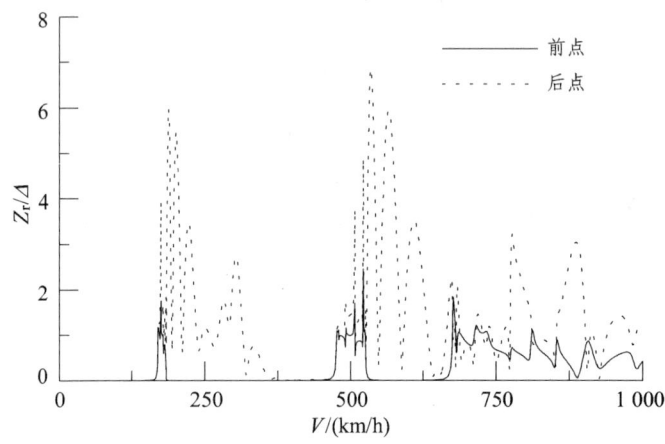

图 6-49 75 kg/m 钢轨时轨道位移

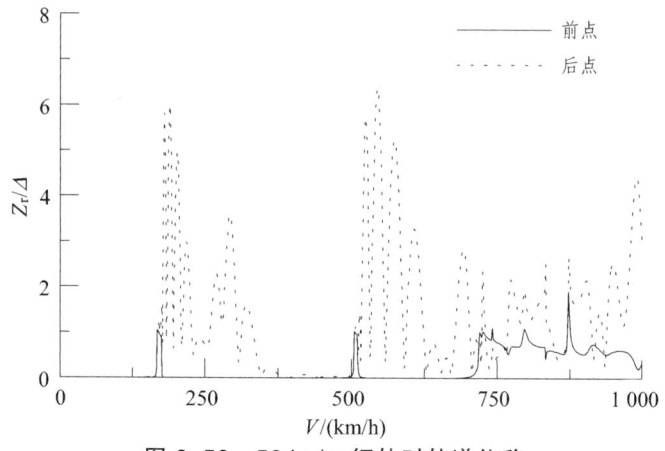

图 6-50　50 kg/m 钢轨时轨道位移

考虑轨枕质量的变化。轨枕分布质量为 $m_s = 300 \text{ kg/m}^2$ 时，对应轨道位移波出现不衰减的情况的车速分别在 165 ~ 379.0 km/h 和 490 ~ 1 000.0 km/h 间。轨枕质量为 $m_s = 200 \text{ kg/m}^2$ 时，对应轨道位移波出现不衰减的情况的车速分别在 176 ~ 366 km/h，509 ~ 1 000.0 km/h 间。可见，轨枕质量越大，临界速度越低。

考虑道床参振质量的变化。道床分布质量为 $m_{ba} = 900 \text{ kg/m}^2$ 时，对应轨道位移波出现不衰减的情况的车速分别在 151 ~ 339.0 kg/m² 和 474 ~ 1 000.0 km/h 间。道床质量为 $m_{ba} = 300 \text{ kg/m}^2$ 时，对应轨道位移波出现不衰减的情况的车速分别在 204 ~ 498.0 km/h 和 568 ~ 1 000.0 km/h 间。可见，道床质量越大，临界速度越低。

4. 轨道部件刚度的影响

考虑垫层刚度的变化。垫层刚度为 $k_r = 1 \times 10^8 \text{ N/m}^2$ 时，对应轨道位移波出现不衰减的情况的车速分别在 170 ~ 402.0 km/h 和 511 ~ 1000.0 km/h 间。垫层刚度为 $k_r = 5 \times 10^7 \text{ N/m}^2$ 时，对应轨道位移波出现不衰减的情况的车速分别在 170 ~ 363 km/h 和 452 ~ 1 000.0 km/h 间。可见，垫层刚度越小，临界速度越低。

考虑道床刚度的变化。道床刚度为 $k_s = 4.0 \times 10^8 \text{ N/m}^2$ 时，对应轨道位移波出现不衰减的情况的车速分别在 171 ~ 390.0 km/h 和 557 ~ 1 000.0 km/h 间。道床刚度为 $k_s = 1.0 \times 10^8 \text{ N/m}^2$ 时，对应轨道位移波出现不衰减的情况的车速分别在 161 ~ 354 km/h 和 361 ~ 1 000.0 km/h 间。可见，道床刚度越小，临界速度越低，提高道床刚度对提高第二临界速度比较有利。

考虑路基刚度的变化。路基刚度为 $k_b = 2.0 \times 10^8 \text{ N/m}^2$ 时，对应轨道位移波出现不衰减的情况的车速分别在 222 ~ 468.0 km/h 和 511 ~ 1 000.0 km/h 间。路基刚度为 $k_b = 0.5 \times 10^8 \text{ N/m}^2$ 时，对应轨道位移波出现不衰减的情况的车速分别在 120 ~ 314 km/h 和 492 ~ 1 000.0 km/h 间。可见，路基刚度越小，临界速度越低，提高路基刚度对提高第一临界速度比较有利。

通过前面的分析，可以看出：

① 位移波现象在高速铁路中的确存在。

② 临界速度与多种影响因素有关，其中振动频率起着至关重要的作用，不同的振动频率下临界速度不一样。

③ 列车前后位移波可能不一样，不同速度下轨道振动加速度可能不一样，因此线路的破坏状况不一样，宜根据线路振动状况确定容许通过速度。

④ 轨道刚度越大，临界速度越高；轨道质量越大，临界速度越低。这一规律与动力学响应研究及周围建筑物的减振需要相矛盾，通常弹性越好，减振效果越明显，因此应从提高临界速度和减振两方面的研究轨道刚度的合理匹配。

第六节 车辆-轨道-路基系统动力学的其他应用

车辆-轨道-路基系统动力学具有十分广泛的应用，除前面几节介绍的应用以外，本节再就轨道阻尼影响特性、轨道不平顺影响特性，以及轮轨系统相互作用频率分析等相关应用加以简要介绍。

一、轨道各部阻尼对轨道振动特性的影响

轨道阻尼主要包括扣件阻尼和道床阻尼。阻尼对轨道振动特性在不同频率区段表现出不同的影响规律。

利用轮轨系统垂向耦合频域分析模型。对于扣件阻尼，分别计算了扣件阻尼比 0.1（10.8 kN·s/m），0.3（32.3 kN·s/m），0.6（64.5 kN·s/m）及 0.9（96.8 kN·s/m）四种情况，轮轨间动压力的计算结果如图 6-51 所示。

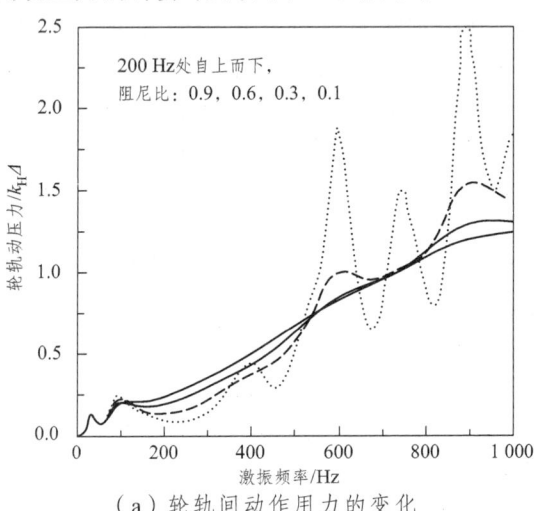

(a) 轮轨间动作用力的变化

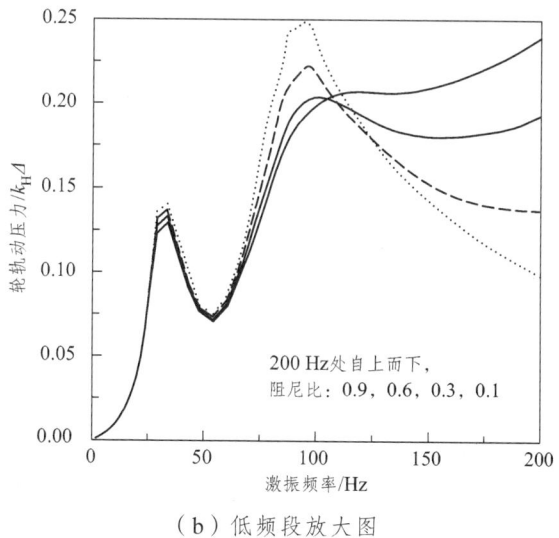

（b）低频段放大图

图 6-51　扣件阻尼对轮轨动作用力的影响

由图 6-51 可以看到：

① 扣件阻尼对高频段的轨道振动影响十分显著，因此加大扣件阻尼是有效控制轨道振动的关键。

② 扣件阻尼主要影响频率大于钢轨轨枕反相共振峰（图 6-51（a）上的第二峰）以后的高频段的动力作用。在钢轨轨枕同相共振峰（图 6-51（a）上的第一峰）附近及以下频段，扣件阻尼的变化对轨道动力作用的影响不明显。

③ 增加扣件阻尼，可有效地抑制高频段轨道动作用力的波动。当阻尼比为 0.1 时，1 000 Hz 以内存在 6 个共振峰，而当阻尼比加大到 0.3 时，共振峰减少至 4 个，当阻尼比加大至 0.6 时，共振峰减少至 2 个。

④ 扣件阻尼比不应低于 0.3。当扣件阻尼比加大至 0.6，即每组扣件的阻尼达到 64.5 kN·s/m 时，轮轨动压力谱图上高频段的共振全部消失，进一步加大阻尼的效果不大。

⑤ 扣件阻尼对枕上动压力、枕下动压力和路基面动压力的影响，与轮轨间动压力的影响规律相似。

对于道床阻尼，也进行了四种道床阻尼比的计算，即道床阻尼比为 0.1（35.7 kN·s/m），0.3（107.0 kN·s/m），0.6（214.0 kN·s/m），0.9（321.0 kN·s/m），得到的轮轨动压力如图 6-52 所示。

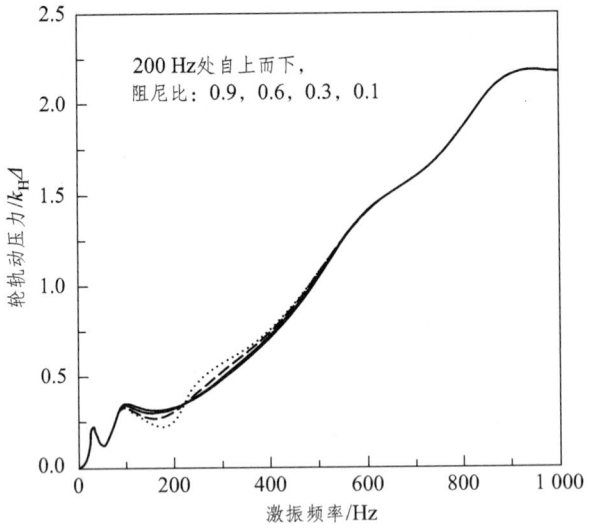

（a）轮轨间动作用力的变化

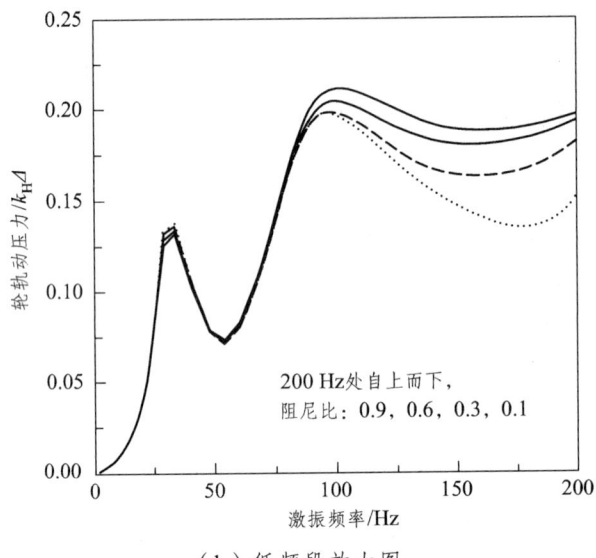

（b）低频段放大图

图 6-52 道床阻尼对轮轨动作用力的影响

由图 6-52 可见：

① 道床阻尼不如扣件阻尼的影响大。

② 道床阻尼对轨道动力的影响主要表现在 100~500 Hz 的频率段内，对其他频率段内的影响不大。

③ 由于道床阻尼对轨道振动的抑制作用仅仅局限在特定的频率段,而这一频率段并不是轨道中经常出现的振动频段,因此,道床阻尼对轨道振动的作用远没有我们想象的那么显著。也就是,为了保持道床的阻尼而进行的道床定期清筛,其效果并不十分突出。

④ 道床阻尼加大总是起到抑制共振峰的有利作用。阻尼比从 0.1 加大至 0.6 的过程中,对降低轨道振动有一定效果;而阻尼比从 0.6 加大至 0.9 时,效果已不明显。

⑤ 道床阻尼对枕上动压力、枕下动压力和路基面动压力的影响,与轮轨间动压力的影响规律相似。

二、轨道不平顺动力特性研究

随着列车速度的提高,既有线提速及新建 200 km/h 及以上客运专线的轨道误差标准必须进行系统的研究,才有可能制订出与车速相适应且保证列车运行舒适和安全的轨道不平顺管理标准,轮轨系统动力学在有关研究中起到了极大的作用。

如轨道扭曲不平顺,因两股钢轨的状态不一样,列车经过不平顺时,轮轨系统中垂向、横向及侧滚等多种振动形式均被激发,采用空间耦合振动分析模型才可能合理求解。设 300 m 半径的曲线上,外轨存在基长 2.5 m、矢度 1 mm 的三角坑,复合不平顺是在三角坑上叠加有一基长 2.5 m、矢度 2 mm 的方向不平顺。考察配新转 8A 的货车通过时的动力特性。同时计算了基长和矢度相同的高低不平顺以资比较。

图 6-53 给出了轮载的时域特性。当轨道上存在三角坑时,转向架上四个车轮的动轮载均出现大幅度波动(约 ±25 kN)。导向轮驶入不平顺时,出现减载,2 轮增载,减载量与增载量相等,前轴两轮载总和不变。与前轴的情况相似,4 轮减载而 3 轮增载,后轴两轮载总和也不变。转向架上四个车轮的增载和减载表现出对角车轮同性同值的特点。值得注意的是,虽然前后两轴进入不平顺存在时间差,但轮载却同时波动,后轴轮载波动并未表现出想象的相位滞后;转向架上只要有一个车轮进入不平顺,则所有车轮的轮载同时开始波动,且轮下有不平顺的车轮与轮下无不平顺的车轮的轮载波动量几乎相等。

转向架处于不平顺中间位置时,四个车轮的轮载增量为 0。前轴驶至不平顺最大矢度处,1、4 轮的减载量和 2、3 轮的增载量最大,而当后轴驶至不平顺最大矢度处时，1、4 轮增载和 2、3 轮减载达到最大值。后轴驶出不平顺区域时，四个车轮的轮载波动随之停止。

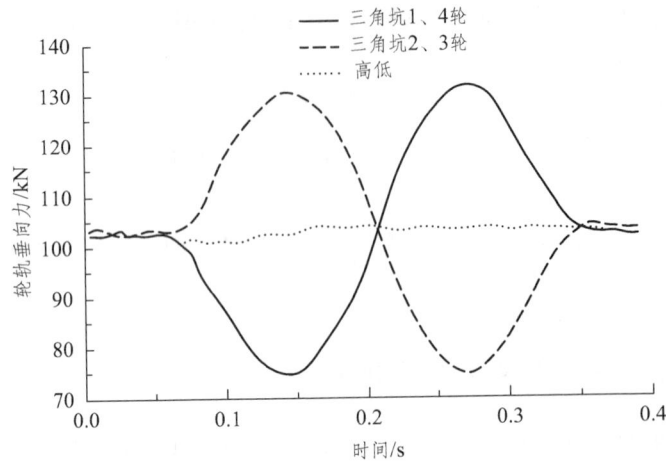

图 6-53　轮载波动时间历程

对不同波长的计算表明，只要不平顺波长比转向架固定轴距长，则轮载波动均具有上述特性，反之轮载波动特性有所不同。因此，当轨道不平顺的波长较转向架定距长时，应称为长波，反之应为短波。

图 6-54 是轮缘力的波动情况。轨枕间断支承效应使轮缘力始终处于波动状态，波动量大约在 ±2 kN 左右。高低不平顺对轮缘力几乎没有影响。而三角坑因引发车体和转向架的侧滚振动，轮缘力先减小而后增加，但总的来看，三角坑引起轮缘力的变化量不大。

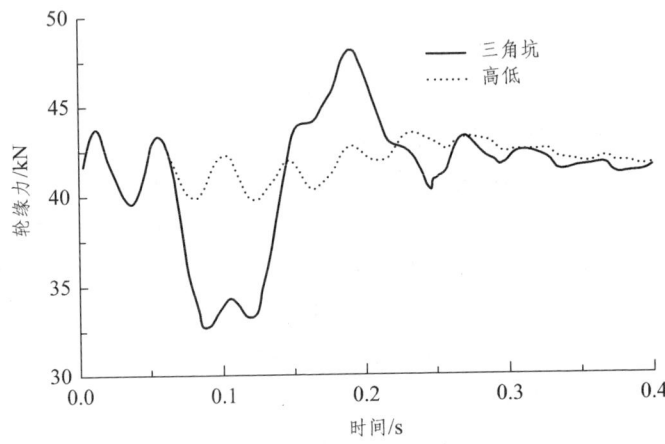

图 6-54　导向轮缘力的时间历程

当轨道上存在复合不平顺时，使轮载波动约大 10%。轨道方向不平顺引起的轮缘力波动与三角坑引起轮载波动的特点极为相似，轮缘力在不平顺范围内先小后大，完成一个周期的波动。但复合不平顺（其中主要是方向的影响）引起轮缘力的变化量要大得多，2 mm 的方向不平顺可引起轮缘力 ± 10 kN 的波动。

三、轨道与车辆相互作用频率范围

采用轮轨垂向耦合振动整车模型，利用模态法离散振动系统，建立系统的振动方程，而后对振动方程进行特征值求解，可以研究整个轮轨系统的各种固有振动频率的分布及其相应的模态值。

分析计算了Ⅱ混凝土枕轨道和 202 转向架客车系统竖向振动的固有频率和模态，其结果如表 6-22 所列。由于车辆的对称性，两个转向架及轮对有相同的固有频率和模态，表中只列出了部分结果。线路部分只列出了轮轨接触点处钢轨及轮轨接触点下方最近的轨枕和道床的模态比例因子。

从表 6-22 中可看出，轮轨系统的振动可以分为三个频率段。

（1）第一频率段为车辆、轨道系统的前 4 阶振动频率，主要是车辆簧上质量部分的振动，振动频率小于 10 Hz，其中第一阶为车体浮沉振动，其他三阶主要是车体点头振动和转向架的振动，此时车轮和线路的比例因子约为主振动的 1%，非常微小，可以认为车轮和线路几乎不参振。

（2）第二频率段约为 30～320 Hz，主要是车轮和轨道的振动，包含了线路同相振动段、钢轨与轨下基础反相振动段及枕上与道床底反相振动段。在这个频率段中，振动比较复杂，车轮和线路各部分振动交替出现最大值，而车辆簧上部分几乎不参振，轮轨系统的作用主要在这个频段。

（3）第三频率段约为 320 Hz 以上，是以钢轨振动为主，路基基本上不参振；轨枕振动随频率升高而降低，约 500 Hz 以后基本不再参加振动；与钢轨相比，车轮振动量很小，并随频率升高而降低，但并不消除，反映了轮轨相互作用频率范围很宽。

综上所述，车辆、轨道竖向系统的振动基本上可以分为三个不耦合的频率段，车辆簧上质量频率在高于 10 Hz 的振动中基本不参振；轨下基础基本不参与第一和第三频率段的振动；第三频率段中基本上是钢轨振动。

表 6-22 轮轨系统垂向振动固有频率和模态

模态阶数	频率/Hz	车体 浮沉	车体 点头	转向架 浮沉	转向架 点头	车轮 沉浮	轨道垂向位移 钢轨	轨道垂向位移 轨枕	轨道垂向位移 道床	主要振动部分
1	1.27	1.00	0.00	0.36	−0.00	0.00	0.00	0.00	0.00	车体浮沉
2	1.45	0.00	−0.33	1.00	−0.00	0.01	0.01	0.01	0.00	车体点头
3	6.84	0.00	0.00	−0.00	1.00	−0.01	−0.01	−0.01	−0.01	构架点头
4	8.50	−0.04	0.00	1.00	0.00	0.01	0.01	0.01	0.00	构架浮沉
5	30.97	0.00	0.00	−0.05	0.00	1.00	0.98	0.91	0.73	车轮
11	34.09	0.00	0.00	−0.01	0.03	1.00	0.98	0.97	0.85	
12	35.22	−0.00	0.00	0.03	0.04	0.45	0.44	1.00	0.90	轨枕
13	35.78	0.00	0.00	−0.00	0.03	1.00	0.98	0.94	0.86	车轮
14	36.92	0.00	0.00	−0.00	0.01	0.59	0.57	1.00	0.95	轨枕
15	37.62	−0.00	0.00	0.01	0.03	1.00	0.97	0.80	0.77	车轮
16	38.62	0.00	0.00	−0.01	0.00	0.60	0.59	1.00	1.00	道床
18	40.20	0.00	0.00	−0.01	0.00	0.55	0.54	0.95	1.00	
49	46.87	0.00	0.00	0.00	0.00	0.00	0.00	0.69	1.00	
50	69.99	0.00	0.00	−0.00	0.01	1.00	0.91	0.23	−0.47	车轮
56	93.87	0.00	0.00	−0.00	0.00	1.00	0.84	0.07	−0.03	
57	95.01	−0.00	0.00	0.00	0.01	0.23	0.19	1.00	−0.44	
94	112.66	−0.00	0.00	0.00	0.00	0.00	0.00	1.00	−0.26	
95	118.42	0.00	0.00	−0.00	−0.00	−0.46	−0.34	1.00	−0.22	轨枕
96	119.95	−0.00	0.00	−0.00	−0.00	−0.59	−0.43	1.00	−0.22	
97	279.52	−0.00	0.00	0.00	0.00	1.00	−0.42	0.54	−0.02	车轮
106	317.92	0.00	0.00	−0.00	0.00	1.00	−0.84	0.01	−0.00	
107	332.11	0.00	−0.00	0.00	0.00	−0.99	1.00	0.19	−0.00	
116	510.18	0.00	0.00	0.00	0.00	−0.27	1.00	0.05	−0.00	
124	775.90	0.00	0.00	−0.00	−0.00	−0.10	1.00	−0.01	0.00	钢轨
147	2024.7	0.00	−0.00	0.00	−0.00	−0.01	1.00	−0.00	0.00	
158	2923.4	0.00	−0.00	0.00	−0.00	−0.01	1.00	−0.00	0.00	

参考文献

(按作者姓氏英文字母或拼音为序)

[1] Ahlbeck D R. The development of analytical models for railroad track dynamics [J]. Railroad Track Mechanics & Technology, Pergamon Press, 1978:197-220.

[2] Andersson C, Nielsen J. Dynamic train/track interaction including state-dependent track properties and flexible vehicle components [J]. Vehicle System Dynamics, 1999, 33(Suppl.): 47-58.

[3] Auersch L. Vehicle-track interaction and soil dynamics [J]. Vehicle System Dynamics, 1998, 28(Suppl.): 553-558.

[4] Brockley C A. An Investigation f Rail Corrugation Using Friction-induced Vibration Theory.Wear, 122(1988) 99-106.

[5] Brockley C A. Influence of track support structure and locomotive traction characteristics on short wavelength corrugations. Wear, 153(2), Apr., 1992, 315-322.

[6] 蔡成标,翟婉明,王其昌. 高速列车与高架桥上无砟轨道相互作用研究[J]. 铁道工程学报, 2000, 3: 29-32.

[7] 蔡成标,翟婉明,赵铁军,等. 列车通过路桥过渡段时的动力作用研究[J]. 交通运输工程学报, 2001, 1(1): 17-19.

[8] Cai Z. Theoretical model for dynamic wheel/rail and track interaction [C]. Proceedings of 10th Interact ional Wheelset Congress, Sydney, Australia, September. 1992, 127~131.

[9] 长沙铁道学院随机振动研究室. 关于机车车辆/轨道系统随机激励函数的研究[J]. 长沙铁道学院学报, 1985, 1(2): 1-36.

[10] 陈道兴. 轮轨非平稳随机振动理论及其在钢轨螺孔疲劳裂损研究中的应用——兼论轨道结构可靠度设计, 铁科院博士生论文, 1991:北京.

[11] 陈果,翟婉明. 铁路轨道不平顺随机过程的数值模拟[J]. 西南交通大学学报, 1999(2).

[12] 陈果. 车辆-轨道耦合系统随机振动分析[D]. 西南交通大学博士学位论文, 2000.

[13] Clark R A. Discrete Support Track Dynamic Model Theory And Program Gudies. BRB Research Department TMT95, 1979.

[14] Clark R A. An investigation into the dynamic effects of railway vehicle running on corrugaeted rails[J]. Journal of Mechanical Engineering Science. Vol. 242, 1982, 65-76.

[15] Clark R A. Slip-stick vibrations may hold the key to corrugation puzzle. Railway Gaette International, 1984, 7, 531-533.

[16] Diana G. Interaction between railroad superstructure and railway Vehicles [J]. Vehicle System Dynamics, 1994, 23(Suppl.): 75-86.

[17] Dietz S. Interaction of vehicle and flexible tracks by Co-simulation of multibody vehicle system and finite element track models [C]. 17th IAVSD Symposium on Dynamics of Vehicles on Roads and Tracks, Lyngby, Denmark, 2001.

[18] Drozdziel J. The effect of railway vehicle-track system geometric deviation on its dynamics in the turnout zone [J]. Vehicle System Dynamics, 1999, 33(Suppl.): 641-652.

[19] Eisenman J. Railroad track structure for high-speed lines [J]. Railroad Track Mechanics and Technology, 1983, 1978: 39~61.

[20] Elkins J A. A method for predicting the dynamic response of a pantograph running at constant speed under a finite length of overhead equipment [J]. British Railways Board Research and Development Division Track Group Technical Note, TN DA 36, February, 1976.

[21] 范钦海. 钢轨波浪形磨耗形成机理及减缓措施研究. 中国铁道科学, 1994, 15（2）.

[22] Fermer M. Wheel/rail contact forces for flexible versus solid wheels due to tread irregularities [J]. Vehicle System Dynamics, 1994, 23(Suppl.): 142-157

[23] Frederick C O. The relationship between traffic and track damage-The effect of vertical loads[R]. Research and Development Division Railway Technical centre, Derby, Aug., 1977.

[24] Frohling R D. Low frequency dynamic vehicle-track interaction: modelling and simulation [J]. Vehicle System Dynamics, 1998, 28(Suppl.): 30-46.

[25] Garg V K. Dynamics of railway Vehicle system[M]. Academic Press, Canada, 1984.

[26] Grassie S L. The Corrugration of Railway Trcak. A Dissertation Submitted to University of Cambridge for Degree of Philosoph. November, 1979.

[27] Grassie S L. The dynamic response of railway track to high friency lateral excitation. J. of Mech. Engg. Sci., 24(1982) 91-95.

[28] Grassie S L. The dynamic response of railway track to high friency vertacal excitation. J. of Mech. Engng. Sci., 24(1982) 77-90.

[29] Grassie S L. The behaviour of railway wheelsets and track at high frequencies of excitation [J]. J. Mech. Engng. Sci., 1982, 24:103-111.

[30] Grassie S L. The dynamic loading of rails at corrugation frequences. Symposium on Contact Mechanics & Wear of Rail/Wheel Systems, 1982, 209-227.

[31] Grassie S L. The behaviour of railway wheelsets and track at high frequency vertical excition. J. Mech. Engr. Sci., 24(1982) 103-111.

[32] Grassie S L. An investigation into the generation of corrugation by transient spin creep. Wear, 1985, 103, 161-174.

[33] Grassie S L. Periodic micoslip between a rollinh wheel and a corrugated rail. Wear, 101(1985), 291-309.

[34] Grassie S L. Corrugation:variation on an enigma. Rly. Gaz. Intern., V146, N7, July, 1990, 531-533.

[35] Grassie S L. The harmonic response of railway track to vertical, lateral, longitudinal point forces [J]. Report No. CVEDLC-Mech/TRI 8, 1980, University Engineering Department, Cambridge.

[36] Grassie S L. Rail Corrugation: Characteristics, Cause and Treatments. Proceedings of the Institution of Mechanical Engineers, Vol. 207, 1993, 57-68.

[37] Gray G G. Johnson K.L..The dynamic response of elastic bodies in rolling contact to randam roughness of their surfaces. J. Sound Vibr.22, 1972, 323-342.

[38] Gurule S. Simulation of wheel/rail interaction in turnouts and special track work [J]. Vehicle System Dynamics, 1999, 33(Suppl.): 143-154.

[39] 郝瀛. 铁道工程[M]. 北京：中国铁道出版社，2000.

[40] Harvey R F. Results of Calculation of dynamic forces at a dipped rail joint for standard and proposed semi-supported joints[J]. B. R. B. Research and Development Division Technical Memorandum TMTS48，Marth 1975.

[41] Harvey R F. Approximate formula for Calculating wheel/rail forces and rail displacements at rail welds and for wheel-flats[J]. B. R. B. Research and Development Division Technical Memorandum TMT82，August 1977.

[42] Hanshimoto S. Power spectrum analysis of track irregularities on narrow gauge lines[J].Quaarterly Report. 1985，26(4): 122-125.

[43] Jenkins H H. The effect of track and vehicle parameters on wheel/rail vertical dynamic forces [J]. Railway Engineering Journal，1974，3(1): 2-16.

[44] Kalker J J. Considerations on Rail Corrugation. Vehicle System Dynamics，23(1994)，3-28.

[45] Kerry A D. 轨道力学及轨道工程(论文集)[C]. 北京：中国铁道出版社，1983.

[46] Lane G S. Track deterioration at discrete vertical irregularities-description of a computer model[J]. British Railways Board Research and Development Division Track Group Technical Note，TN TS 33，November，1978.

[47] 雷晓燕. 轨道力学与工程新方法[M]. 北京：中国铁道出版社，2002.

[48] 李炳权. 201 型 202 型客车转向架. 北京：人民铁道出版社，1965.

[49] 李成辉. 轨道结构振动理论及其应用研究[D]. 成都：西南交通大学博士学位论文，1996.

[50] 李定清. 轮轨垂向相互动力作用及其动力响应[J]. 铁道学报，1987，9(1): 1-8.

[51] 李德建，曾庆元. 列车-直线轨道空间耦合时变系统振动分析[J]. 铁道学报，1997，19(1):101-107.

[52] 李小珍. 高速铁路列车-桥梁系统耦合振动理论及应用研究[D]. 西南交通大学博士学位论文，2000.

[53] 梁波,蔡英,朱东生. 车-路垂向耦合系统的动力分析[J]. 铁道学报，2000，22(5): 65-71.

[54] Liang B. Dynamic analysis of the vehicle-subgrade model of a vertical coupled system [J]. Journal of Sound and Vibration，2001，245(1):79-92

[55] 刘学毅. 重载线路钢轨波形磨耗成因及预防减缓措施研究. 西南交通大学博士论文，1997.

[56] 刘学毅，王平，万复光. 轮轨空间耦合振动分析模型及其应用[J]. 铁道学报，1998，20(3): 102-108.

[57] 楼修生. 韶山 1 型电力机车. 北京：中国铁道出版社，1989.

[58] 罗林. 轨道随机干扰函数[J]. 北京：中国铁道科学，1982，13(1): 74-110.

[59] 罗强, 蔡英, 翟婉明. 高速铁路路桥过渡段的动力学性能分析[J]. 工程力学, 1999, 16(5): 65-70.

[60] 罗强, 蔡英. 高速铁路路桥过渡段变形限值与合理长度研究[J]. 铁道标准设计, 1999, 16(5): 2-4.

[61] Lyon D. The effect of vehicle and track parameters upon the loads at a dipped, rail joints [J]. B. R. B. Research and development Division Technical Memorandum, TMT36, June, 1974.

[62] Matsumoto A. Study on the formation mechanism of rail corrugation on cured track. Vehicle System Dynamics Supplement 25(1996), 450-465.

[63] Moriton Y. On the vibration of a bar supported by uniformly spaced springs [J]. Railway Technical Research Institute, Vol21, No.3, Sept. 1980.

[64] Munjal M L. Some mechanisms of excitation of a railway wheel [J]. Journal of Sound and Vibration, 1982, 81(4).

[65] Munjal M L. Vibration of a periodic rail-sleeper system excited by an oscillating stationary transverse force [J]. Journal of Sound and Vibration, 1982, 81(4).

[66] Newton S. G. An investigation into the dynamic effects on the track of wheel flats on railway vehicles. Journal of Mechanical Engineering Science, 1979, 21(4): 65-76.

[67] Newmark N M. A method of computation for structural dynamics [J]. J. Engi. Mech. Div., ASCE, V85(2), 1959

[68] Nielsen J. Train/track interaction: Coupling of moving and stationary dynamic systems[D]. Ph. D. Dissertation, Chalmers University of Technology, Gotebory, Sweden, 1993.

[69] Oscarsson J. Dynamic train/track/ballast interaction-computer models and full-scale experiments [J]. Vehicle System Dynamics, 1998, 28(Suppl.):73-84

[70] Oscarsson J. Dynamic train-track-ballast interaction with unevenly distributed track properties [C]. 17th IAVSD Symposium on Dynamics of Vehicles on Roads and Tracks, Lyngby, Denmark, 2001.

[71] 潘昌实. 隧道力学数值方法. 北京: 中国铁道出版社, 1995.

[72] Park K C. AnImproved Stiffly Stable Method for Direct Intergrationn of Nonlinear Structural Dynamic Equations, J.Appl. Mech., Jun, 1975.

[73] Park K C. An improved stiffly stable method for direct integration of nonlinear structural dynamic equations [J]. J. Appl. Mech., Jun, 1975.

[74] Popp K. Vehicle-track dynamics in the mid-frequency range [J]. Vehicle System Dynamics，1999，31(5-6)：423-464.

[75] Ripke D. Simulation of high frequency vehicle-track interactions [J]. Vehicle System Dynamics，1995，24(Suppl.)：72-85.

[76] 齐齐哈尔车辆工厂，四方车辆研究所. 新转 8 型及转 6A 型铁路货车转向架. 北京：人民交通出版社，1974.

[77] Sato Y. Abnormal wheel load of test train[J]. Permanent Way. Tokyo，1973，14: 1-8.

[78] Sato Y. Anti-Corrugation Property of Rail Steel.QR of RTRI，Vol. 35，No.4，Nov.1994.

[79] 四方车辆研究所编. 铁路客车转向架型式概要. 北京：人民铁道出版社，1977.

[80] 苏谦. 高速铁路路基空间时变耦合系统动力分析模型及其应用研究[D]. 成都，西南交通大学博士学位论文，2001.

[81] 苏谦, 蔡英. 高速铁路路基结构空间时变系统耦合动力分析[J]. 西南交通大学学报，2001.

[82] Suda Y. Effects of vibration system and rolling conditions on the development of corrugations. Wear，144(1991)，227-242.

[83] Suda Y. Basic study of corrugation mechanism on contact in order to control rail surfaces. Proc. 11th LAVSD Symp.，1989，18，566-577.

[84] Szole T. Simulation of vehicle-track interaction in the Medium frequency range with application to analysis of mechanical and thermal loading in contact [C]. 17th IAVSD Symposium on Dynamics of Vehicles on Roads and Tracks，Lyngby，Denmark，2001.

[85] 铁道部科学研究院铁道建筑研究所. 我国干线轨道不平顺功率谱的研究[R]. TY-1215，北京：铁道部科学研究院，1999.

[86] 童大埙. 铁路轨道. 北京：中国铁道出版社，1988.

[87] 王福天. 车辆系统动力学[M]. 北京：中国铁道出版社，1994.

[88] 王澜. 轨道结构随机振动理论及其在轨道结构减振中的应用[D]. 铁道科学研究院博士学位论文，北京，1988.

[89] 王平. 道岔区轮轨系统动力学的研究[D]. 成都：西南交通大学博士学位论文，1997.

[90] 王其昌. 轨道动力学分析. 西南交通大学，1987 年：成都

[91] 王其昌，蔡成标，罗强，等. 高速铁路路桥过渡段轨道折角限值分析[J]. 铁

道学报，1998，20(3): 109-113.

[92] 美国 Battele-Columbus 研究所. 铁路轨道动力学分析模型的发展. 王午生译.

[93] 吴章江. 车辆通过轨道低扣接头的垂向轮轨作用力计算. 铁路机车车辆，1982(1): 24-30.

[94] 许实儒，徐维杰，仲延禧. 钢轨接头处轮轨冲击力的模拟分析[J]. 铁道学报（工务工程专辑），1989.

[95] 西南交通大学. 轨道结构刚度合理值及其合理匹配的研究 D 子题：轨道刚度对轨道和列车动力性能影响的仿真分析[R]. 西南交通大学，2001.

[96] 邢书珍. 铁路轨道振动理论的研究. 中国铁道科学，1980，3(1).

[97] 颜秉善,王其昌. 钢轨力学与钢轨伤损. 峨眉：西南交通大学出版社,1989.

[98] 应怀樵. 波形和频谱分析与随机数据处理. 北京：中国铁道出版社，1985.

[99] 詹斐生. 机车动力学. 北京：中国铁道出版社，1990.

[100] 翟婉明. 车辆-轨道垂向系统的统一模型及其耦合动力学原理[J]. 铁道学报，1992，14(3): 10-21.

[101] 翟婉明. 铁道车辆在刚性及弹性轨道模型上振动模拟分析[J]. 铁道车辆，1994，(1): 15-20.

[102] Zhai W M. A Detailed Model for Investigating Vertical Interaction between Railway Vehicle and Track[J]. Vehicle System Dynamics，1994，23(Supplement): 603-615.

[103] 翟婉明. 高速铁路轮轨冲击振动的特征及其控制原理[J]. 铁道学报，1995，17(3): 28-33.

[104] Zhai W M. Coupling Model of Vertical and Lateral Vehicle/Track Interaction[J]. Vehicle System Dynamics，1996，26(1): 61-79.

[105] Zhai W. Dynamic Interaction Between a Lumped Mass Vehicle and a Discretely Supported Continues Rail Track[J]. Computers(Structures)，1997，63(5): 987-997.

[106] 翟婉明，任尊松. 提速列车与道岔的垂向相互作用研究[J]. 铁道学报，1998，20(3): 33-38.

[107] Zhai W M. Wheel/Rail Dynamic Interaction on Turnouts[C]. Proceedings of 12th International Wheelset Congress，Qingdao，September 1998，pp.447-451.

[108] 翟婉明. 铁路轮轨冲击振动模拟与试验[J]. 计算力学学报，1999，16(1): 93-99.

[109] Zhai W M. Vehicle-track Dynamics on a Ramp and on the Bridge: Simulation

and Measurements[J]. Vehicle System Dynamics, 1999, 33(Supplement): 604-615.

[110] 翟婉明,蔡成标,王开云. 轨道刚度对列车走行性能的影响[J]. 铁道学报, 2000, 22(6): 80-83.

[111] Zhai W M. Dynamic Effect of Vehicles on Tracks in the Case of Raising Train Speed[J]. Journal of Rail and Rapid Transit, 2001, 215(F2): 125-135.

[112] 翟婉明. 车辆–轨道耦合动力学研究的新进展[J]. 中国铁道科学, 2002, 23(2): 1-14.

[113] 翟婉明. 车辆–轨道耦合动力学. 第 2 版. [M]. 北京: 中国铁道出版社, 2002.

[114] 张格明. 中高速条件下车线桥动力分析模型与轨道不平顺影响[D]. 铁道科学研究院博士学位论文, 2001.

[115] 左藤吉彦. 新轨道力学[M]. 徐勇译. 北京: 中国铁道出版社, 2001.

[116] 佐藤吉彦, 须永阳一, 安藤蓣敏. 轨道力学(3) [J]. 铁道线路第 31 卷, 第 2 号.

[117] 左藤裕[日]著. 轨道力学[M]. 卢肇英译. 北京: 中国铁道出版社, 1981.